4법을 한 번에 비교할 수 있는

산업재산권 4법 대조

편저 : 대한법률편찬연구회

특허가 곧 경쟁력인 시대,
변리사 수험생 및 특허관련
실무자들의 필독서

대한민국 법률지식의 중심
법문 북스

머 리 말

변리사 시험을 준비하는 수험생들에게 산업재산권법의 숙지는 합격이라는 목표를 이루기 위해서 반드시 거쳐야 하는 관문이요, 기초가 되는 토대라고 할 수 있습니다. 그런데 법률은 그 용어부터가 난해하여 쉽게 접근하기가 어렵고 이를 체계적으로 이해하기는 더더욱 쉽지 않습니다. 본서는 이러한 점을 고려하여 산업재산권법 4법 (특허법, 실용신안법, 디자인보호법, 상표법)을 쉽게 비교해가며 공부할 수 있도록 편집하였습니다. 독자들은 일일이 법전을 뒤적일 필요없이 특허법 조문들을 기준으로 하여 그 내용에 해당하는 실용신안법, 디자인보호법, 상표법들을 바로 비교해 볼 수 있어서 불필요한 시간낭비를 줄일 수 있을 것입니다. 또한 법조문 뿐 아니라 관련되는 중요판례들을 수록하여 조문에 대한 이해를 돕도록 하였습니다. 특히 산업재산권법에 따른 하위법령들, 등록령 및 그에 따른 규칙들, 특허협력조약(PCT) 등도 비교 및 대조해 볼 수 있도록 편집, 수록하여 산업재산권 전반을 보다 효과적으로 파악할 수 있도록 하였습니다. 그리고 특허분쟁에 따른 소송에 활용될 수 있도록 산업재산권법에서 준용되는 민사소송법(민법 포함)도 찾아보기 쉽게 실어놓아 수험생 뿐 아니라 특허 관련 실무에 종사하는 분들에게도 본서가 많이 활용 될 수 있으리라 생각됩니다. 아무쪼록 본서를 많이 활용하여 수험생들은 합격이라는 목표를 조기에 달성하기를 기원하고, 실무자들의 업무에 작은 도움이나마 되었으면 하는 바람입니다.

　본서가 출간되기까지 물심양면으로 지원을 아끼지 않고 도움을 주신 법문북스의 김현호 사장님에게 감사드리며, 유난히 기승을 부렸던 올 여름의 무더위 속에서 땀방울을 흘렸던 편집실의 노고에도 고마움을 표합니다.

2010.9. 대한법률편찬연구회

차 례

장 목 차

산업재산권법 4법 대조

특허법　실용신안법　디자인보호법　상표법

p.1 – p.336　　p.1 – p.336　　p.1 – p.336　　p.1 – p.336

특허법	실용신안법	디자인보호법	상표법
[시행 2010. 7.28] [법률 제9985호, 2010. 1.27, 일부개정] **제1장 총칙** **제1조 【목적】** 이 법은 발명을 보호·장려하고 그 이용을 도모함으로써 기술의 발전을 촉진하여 산업발전에 이바지함을 목적으로 한다. **제2조 【정의】** 이 법에서 사용하는 용어의 정의는 다음과 같다. <개정 1995.12.29> 1. "발명"이라 함은 자연법칙을 이용한 기술적 사상의 창작으로서 고도한 것을 말한다. 2. "특허발명"이라 함은 특허를 받은 발명을 말한다. 3. "실시"라 함은 다음 각목의 1에 해당하는 행위를 말한다. 　가. 물건의 발명인 경우에는 그 물건을 생산·사용·양도·대여 또는 수입하거나 그 물건의 양도 또는 대여의 청약(양도 또는 대여를 위한 전시를 포함한다. 이하 같다)을 하는 행위	[시행 2009. 7. 1] [법률 제9371호, 2009. 1.30, 일부개정] **제1장 총칙** **제1조 【목적】** 이 법은 실용적인 고안을 보호·장려하고 그 이용을 도모함으로써 기술의 발전을 촉진하여 산업발전에 이바지함을 목적으로 한다. **제2조 【정의】** 이 법에서 사용하는 용어의 정의는 다음과 같다. 1. "고안"이라 함은 자연법칙을 이용한 기술적 사상의 창작을 말한다. 2. "등록실용신안"이라 함은 실용신안등록을 받은 고안을 말한다. 3. "실시"라 함은 고안에 관한 물품을 생산·사용·양도·대여 또는 수입하거나 그 물품의 양도 또는 대여의 청약(양도 또는 대여를 위한 전시를 포함한다. 이하 같다)을 하는 행위를 말한다.	[시행 2010. 5. 5] [법률 제10012호, 2010. 2. 4, 타법개정] **제1장 총칙** **제1조 【목적】** 이 법은 디자인의 보호 및 이용을 도모함으로써 디자인의 창작을 장려하여 산업발전에 이바지함을 목적으로 한다. <개정 2004.12.31> **제2조 【정의】** 이 법에서 사용하는 용어의 정의는 다음과 같다. <개정 1995.12.29, 1997.8.22, 2001.2.3, 2004.12.31> 1. "디자인"이라 함은 물품[물품의 부분(제12조를 제외한다) 및 글자체를 포함한다. 이하 같다]의 형상·모양·색채 또는 이들을 결합한 것으로서 시각을 통하여 미감을 일으키게 하는 것을 말한다. 1의2. "글자체"라 함은 기록이나 표시 또는 인쇄 등에 사용하기 위하여 공통적인 특징을 가진 형태로 만들어진 한 벌의 글자꼴(숫자, 문장부호 및 기호 등의 형태를 포함한다)을 말한	[시행 2010. 7.28] [법률 제9987호, 2010. 1.27, 일부개정] **제1장 총칙** **제1조 【목적】** 이 법은 상표를 보호함으로써 상표사용자의 업무상의 신용유지를 도모하여 산업발전에 이바지함과 아울러 수요자의 이익을 보흐함을 목적으로 한다. **제2조 【정의】** ①이 법에서 사용하는 용어의 정의는 다음과 같다. <개정 1995.12.29, 1997.8.22, 2004.12.31, 2007.1.3> 1. "상표"라 함은 상품을 생산·가공·증명 또는 판매하는 것을 업으로 영위하는 자가 자기의 업무에 관련된 상품을 타인의 상품과 식별되도록 하기 위하여 사용하는 다음 각 목의 어느 하나에 해당하는 것(이하 "표장"이라 한다)을 말한다. 　가. 기호·문자·도형·입체적 형상·색채·홀로그램·동작 또는 이들을 결합한 것 　나. 그 밖에 시각적으로 인식할 수 있는 것

특허법	실용신안법	디자인보호법	상표법
나. 방법의 발명인 경우에는 그 방법을 사용하는 행위 다. 물건을 생산하는 방법의 발명인 경우에는 나목의 행위 외에 그 방법에 의하여 생산한 물건을 사용·양도·대여 또는 수입하거나 그 물건의 양도 또는 대여의 청약을 하는 행위 ▶판례 **특허법 제2조에서 규정하는 '물건을 생산하는 방법'에 속하는 특허발명의 특허청구범위에 기재된 용도 한정을 특허발명의 기술내용으로 인정할 수 있는지 여부(원칙적 소극)** 특허법 제2조에서 규정하는 '물건을 생산하는 방법'에 속하는 특허발명은 판례법상 물건의 알려지지 않은 용도를 발견한 것에 가치를 인정하여 특허를 부여하는 '용도발명'에 해당하지 아니하므로, 특허청구범위에 기재된 용도 한정이 나머지 구성의 '생산방법'에 영향을 줄 수 있는 것이 아닌 한 특허발명의 기술내용으로 인정할 수 없다(특허법원 2007.12.28. 선고 2007허4571 판결). ▶판례 **미생물기탁제도의 적용대상에서**	▶판례 **선출원의 의장이 후출원의 실용신안의 신규성 유무의 판단자료로 될수 있는지 여부(적극)** 실용신안의 목적은 실용적 가치에 있고 의장은 심미적 가치를 목적으로 하는 것이기는 하나, 그것은 모두 물건의 형상, 모양에 구현되는 것이므로 심미적 가치를 목적으로 의장의 대상이 동시에 실용신안의 대상이 될수도 있는 것이므로, 선출원된 인용의장의 형상 및 모양이 본원 실용신안과 동일 또는 유사한 것인 이상 그 출원이전에 동 분야에서 공지, 공용된 것인지 여부 즉 신규성 유무의 판단자료로 삼았다 하여 위법이 있다고 할 수 없다. (대법원 1983.3.22. 선고 82후56 판결)	다. 2. "등록디자인"이라 함은 디자인등록을 받은 디자인을 말한다. 3. "디자인등록"이라 함은 디자인심사등록 및 디자인무심사등록을 말한다. 4. "디자인심사등록"이라 함은 디자인등록출원이 디자인등록요건의 전부를 갖추고 있는지를 심사하여 행하는 디자인등록을 말한다. 5. "디자인무심사등록"이라 함은 디자인등록출원이 이 법에 의한 디자인의 등록요건중 제26조제2항의 규정에 의하여 적용이 제외되는 등록요건 외의 등록요건을 갖추고 있는지를 심사하여 행하는 디자인등록을 말한다. 6. "실시"라 함은 디자인에 관한 물품을 생산·사용·양도·대여 또는 수입하거나 그 물품의 양도 또는 대여의 청약(양도나 대여를 위한 전시를 포함한다. 이하 같다)을 하는 행위를 말한다. ▶판례 **디자인의 유사 여부에 관한 판단 기준 및 디자인보호법이 요**	2. "서비스표"라 함은 서비스업을 영위하는 자가 자기의 서비스업을 타인의 서비스업과 식별되도록 하기 위하여 사용하는 표장을 말한다. 3. "단체표장"이라 함은 상품을 생산·제조·가공·증명 또는 판매하는 것 등을 업으로 영위하는 자나 서비스업을 영위하는 자가 공동으로 설립한 법인이 직접 사용하거나 그 감독하에 있는 소속단체원으로 하여금 자기 영업에 관한 상품 또는 서비스업에 사용하게 하기 위한 표장을 말한다. 3의2. "지리적 표시"라 함은 상품의 특정 품질·명성 또는 그 밖의 특성이 본질적으로 특정 지역에서 비롯된 경우에 그 지역에서 생산·제조 또는 가공된 상품임을 나타내는 표시를 말한다. 3의3. "동음이의어(同音異義語) 지리적 표시"라 함은 동일한 상품에 대한 지리적 표시에 있어서 타인의 지리적 표시와 발음은 동일하지만 해당 지역이 다른 지리적 표시를 말한다. 3의4. "지리적 표시 단체표장"이라 함은 지리적 표시를 사용할 수 있는 상품을 생산·제조

특허법	실용신안법	디자인보호법	상표법
제외되는 공지의 균주인지 여부의 판단 시점(특허출원시) 미생물의 기탁은 출원명세서의 기재를 보완하고자 하는 것이어서 그 미생물들이 공지의 균주이거나 그 발명이 속하는 기술분야에서 통상의 지식을 가진 자가 용이하게 얻을 수 있는 것인지 여부는 명세서 제출 당시인 출원시를 기준으로 하는 것이고, 그 명세서 공개 당시를 기준으로 판단하는 것은 아니다. (대법원 1997. 3. 25. 선고 96후658 판결)		**구하는 객관적 창작성의 의미** 디자인의 유사 여부는 이를 구성하는 각 요소를 분리하여 개별적으로 대비할 것이 아니라 그 외관을 전체적으로 대비 관찰하여 보는 사람으로 하여금 상이한 심미감을 느끼게 하는지 여부에 따라 판단하여야 하므로 그 지배적인 특징이 유사하다면 세부적인 점에 다소 차이가 있을지라도 유사하다고 보아야 하고, 디자인보호법이 요구하는 객관적 창작성이란 과거 또는 현존의 모든 것과 유사하지 아니한 독특함만을 말하는 것은 아니므로 과거 및 현존의 것을 기초로 하여 거기에 새로운 미감을 주는 미적 창작이 결합되어 그 전체에서 종전의 디자인과는 다른 미감적 가치가 인정되는 정도면 디자인등록을 받을 수 있으나, 부분적으로는 창작성이 인정된다고 하여도 전체적으로 보아서 종전의 디자인과 다른 미감적 가치가 인정되지 않는다면 디자인등록을 받을 수 없다(대법원 2008.9.25. 선고 2008도3797 판결).	또는 가공하는 것을 업으로 영위하는 자만으로 구성된 법인이 직접 사용하거나 그 감독하에 있는 소속단체원으로 하여금 자기 영업에 관한 상품에 사용하게 하기 위한 단체표장을 말한다. 4. "업무표장"이라 함은 영리를 목적으로 하지 아니하는 업무를 영위하는 자가 그 업무를 표상하기 위하여 사용하는 표장을 말한다. 5. "등록상표"라 함은 상표등록을 받은 상표를 말한다. 6. "상표의 사용"이라 함은 다음 각목의 1에 해당하는 행위를 말한다. 　가. 상품 또는 상품의 포장에 상표를 표시하는 행위 　나. 상품 또는 상품의 포장에 상표를 표시한 것을 양도 또는 인도하거나 그 목적으로 전시·수출 또는 수입하는 행위 　다. 상품에 관한 광고·정가표·거래서류·간판 또는 표찰에 상표를 표시하고 전시 또는 반포하는 행위 ②제1항제6호 가목 내지 다목의 규정에 의한 상품 상품의 포장, 광고, 간판 또는 표찰에

특허법	실용신안법	디자인보호법	상표법
			상표를 표시하는 행위에는 상품, 상품의 포장, 광고, 간판 또는 표찰을 표장의 형상으로 하는 것을 포함한다. <신설 1997.8.22> ③서비스표·단체표장 및 업무표장에 관하여는 이 법에서 특별히 규정한 것을 제외하고는 이 법중 상표에 관한 규정을 적용한다. ▶판례 **명함의 이면, 거래명세서에 상표를 표시하고 이를 거래 상대방에게 교부한 행위 및 신문에 상표를 표시하고 광고하는 행위** 명함의 이면, 거래명세서에 상표를 표시하고 이를 거래 상대방에게 교부한 행위 및 신문에 상표를 표시하고 광고하는 행위는 상표법 제2조 제1항 제6호 (다)목이 규정하고 있는 상표의 사용행위에 해당한다고 본 사례. (대법원 2002. 11. 13. 자 2000마4424 결정)
제3조 【미성년자등의 행위능력】 ①미성년자·한정치산자 또는 금치산자는 법정대리인에 의하지 아니하면 특허에 관한 출원·청구 기타의 절차(이하 "	**제3조 【「특허법」의 준용】** 「특허법」 제3조 내지 제7조, 제7조의2, 제8조 내지 제26조, 제28조, 제28조의2 내지 제28조의5의 규정은 실용신안에 관	**제4조 【미성년자 등의 행위능력】** ①미성년자·한정치산자 또는 금치산자는 법정대리인에 의하지 아니하면 디자인등록에 관한 출원·청구, 그 밖의 절차	**제5조 【「특허법」의 준용】** 「특허법」 제3조 내지 제26조 및 제28조 내지 제28조의5의 규정은 상표에 관하여 이를 준용한다. 이 경우 동법 제3조제2항

특허법	실용신안법	디자인보호법	상표법
특허에 관한 절차"라 한다)를 밟을 수 없다. 다만, 미성년자와 한정치산자가 독립하여 법률행위를 할 수 있는 경우에는 그러하지 아니하다. ②제1항의 법정대리인은 친족회의 동의없이 상대방이 청구한 심판 또는 재심에 대한 절차를 밟을 수 있다. <개정 1995.1.5, 1997.4.10, 2006.3.3> ③삭제 <2006.3.3>	하여 이를 준용한다.	(이하 "디자인에 관한 절차"라 한다)를 밟을 수 없다. 다만, 미성년자와 한정치산자가 독립하여 법률행위를 할 수 있는 경우에는 그러하지 아니하다. ②제1항의 법정대리인은 친족회의 동의 없이 상대방이 청구한 디자인무심사등록이의신청·심판 또는 재심에 대한 절차를 밟을 수 있다. [전문개정 2009.6.9]	중 "심판"은 "상표등록이의신청·심판"으로 보고, 동법 제4조 중 "출원심사의 청구인"은 "상표등록이의신청인"그로 보며, 동법 제6조·제11조제1항제4호 및 제17조 본문 중 "제132조의3"은 각각 "제70조의2 또는 제70조의3"으로 보고, 동법 제15조제1항 중 "제132조의3"은 "제26조의 규정에 따른 상표등록이의신청 이유 등의 보정기간, 제70조의2 또는 제70조의3"으로 보며, 동법 제28조제2항 단서 중 "특허권 및 특허"는 "상표권 및 심표"로, "「특허협력조약」 제2조(vii)"는 "「표장의 국제등록에 관한 마드리드협정에 대한 의정서」(이하 "의정서"라 한다) 제2조(2)"로 본다. <개정 2007.1.3>
제4조 【법인이 아닌 사단등】 법인이 아닌 사단 또는 재단으로서 대표자 또는 관리인이 정하여져 있는 경우에는 그 사단 또는 재단의 이름으로 출원심사의 청구인, 심판의 청구인 및 피청구인 또는 재심의 청구인 및 피청구인이 될 수 있다. <개정 2001.2.3, 2006.3.3>	**제3조 【「특허법」의 준용】**	**제4조의2 【법인이 아닌 사단 등】** 법인이 아닌 사단 또는 재단으로서 대표자 또는 관리인이 정하여져 있는 경우에는 그 사단 또는 재단의 이름으로 디자인무심사등록이의신청인, 심판의 청구인 및 피청구인 또는 재심의 청구인 및 피청구인이 될 수 있다. [본조신설 2009.6.9]	**제5조 【「특허법」의 준용】**

특허법	실용신안법	디자인보호법	상표법
제5조 【재외자의 특허관리인】 ①국내에 주소 또는 영업소를 가지지 아니하는 자(이하 ″재외자″라 한다)는 재외자(법인의 경우에는 그 대표자)가 국내에 체재하는 경우를 제외하고는 그 재외자의 특허에 관한 대리인으로서 국내에 주소 또는 영업소를 가지는 자(이하 ″특허관리인″이라 한다)에 의하지 아니하면 특허에 관한 절차를 밟거나 이 법 또는 이 법에 의한 명령에 의하여 행정청이 한 처분에 대하여 소를 제기할 수 없다. <개정 2001.2.3> ②특허관리인은 수여된 범위안에서 특허에 관한 모든 절차 및 이 법 또는 이 법에 의한 명령에 의하여 행정청이 한 처분에 관한 소송에 대하여 본인을 대리한다. <개정 2001.2.3> ③ 삭제 <2001.2.3> ④ 삭제 <2001.2.3>	**제3조 【「특허법」의 준용】**	**제4조의3 【재외자의 디자인관리인】** ①국내에 주소 또는 영업소가 없는 자(이하 ″재외자″라 한다)는 재외자(법인인 경우에는 그 대표자)가 국내에 체재하는 경우를 제외하고는 그 재외자의 디자인에 관한 대리인으로서 국내에 주소 또는 영업소가 있는 자(이하 ″디자인관리인″이라 한다)에 의하지 아니하면 디자인에 관한 절차를 밟거나 이 법 또는 이 법에 따른 명령에 따라 행정청이 한 처분에 대하여 소를 제기할 수 없다. ②디자인관리인은 위임된 권한의 범위에서 디자인에 관한 절차 및 이 법 또는 이 법에 따른 명령에 따라 행정청이 한 처분에 관한 소송에 대하여 본인을 대리한다. [본조신설 2009.6.9]	**제5조 【「특허법」의 준용】**
제6조 【대리권의 범위】 국내에 주소 또는 영업소를 가진 자로부터 특허에 관한 절차를 밟을 것을 위임받은 대리인은 특별한 수권을 얻지 아니하면 특허출원의 변경·포기·취하, 특	**제3조 【「특허법」의 준용】**	**제4조의4 【대리권의 범위】** 국내에 주소 또는 영업소가 있는 자로부터 디자인에 관한 절차를 밟을 것을 위임받은 대리인은 특별히 권한을 위임받지 아니하면 다음 각 호에 해당하는	**제5조 【「특허법」의 준용】**

특허법	실용신안법	디자인보호법	상표법
허권의 존속기간의 연장등록출원의 취하, 특허권의 포기, 신청의 취하, 청구의 취하, 제55조제1항의 규정에 의한 우선권 주장이나 그 취하, 제132조의3의 규정에 의한 심판청구 또는 복대리인의 선임을 할 수 없다. <개정 1993.12.10, 1995.1.5, 1998.9.23, 2001.2.3, 2006.3.3>		행위를 할 수 없다. 1. 디자인등록출원의 포기·취하, 디자인권의 포기 2. 신청의 취하 3. 청구의 취하 4. 제67조의2 또는 제67조의3에 따른 심판청구 5. 복대리인의 선임 [본조신설 2009.6.9]	
제7조 【대리권의 증명】 특허에 관한 절차를 밟는 자의 대리인(특허관리인을 포함한다. 이하 같다)의 대리권은 이를 서면으로써 증명하여야 한다. <개정 2001.2.3>	제3조 【「특허법」의 준용】	제4조의5 【대리권의 증명】 디자인에 관한 절차를 밟는 자의 대리인(디자인관리인을 포함한다. 이하 같다)의 대리권은 서면으로 증명하여야 한다. [본조신설 2009.6.9]	제5조 【「특허법」의 준용】
제7조의2 【행위능력 등의 흠에 대한 추인】 행위능력 또는 법정대리권이 없거나 특허에 관한 절차를 밟음에 필요한 수권(授權)이 흠결된 자가 밟은 절차는 보정된 당사자나 법정대리인의 추인이 있는 때에는 행위시에 소급하여 그 효력이 발생한다. [본조신설 2006.3.3]	제3조 【「특허법」의 준용】	제4조의6 【행위능력 등의 흠결에 대한 추인】 행위능력 또는 법정대리권이 없거나 디자인에 관한 절차를 밟는데 필요한 권한의 위임이 흠결된 자가 밟은 절차는 보정된 당사자나 법정대리인의 추인이 있으면 행위시로 소급하여 그 효력이 발생한다. [본조신설 2009.6.9]	
제8조 【대리권의 불소멸】 특허에 관한 절차를 밟는 자의 위임에 의한 대리인의 대리권은	제3조 【「특허법」의 준용】	제4조의7 【대리권의 불소멸】 디자인에 관한 절차를 밟는 자의 위임에 의한 대리인의 대리권	제5조 【「특허법」의 준용】

특허법	실용신안법	디자인보호법	상표법
본인의 사망이나 능력의 상실, 본인인 법인의 합병에 의한 소멸, 본인인 수탁자의 신탁임무의 종료, 법정대리인의 사망이나 능력의 상실 또는 대리권의 소멸이나 변경으로 인하여 소멸하지 아니한다.		은 다음 각 호의 사유로 소멸하지 아니한다. 1. 본인의 사망이나 행위능력의 상실 2. 본인인 법인의 합병에 의한 소멸 3. 본인인 수탁자의 신탁임무의 종료 4. 법정대리인의 사망이나 행위능력의 상실 5. 법정대리인의 대리권의 소멸이나 변경 [본조신설 2009.6.9]	
제9조 【개별대리】 특허에 관한 절차를 밟는 자의 대리인이 수인이 있는 때에는 특허청 또는 특허심판원에 대하여 각 자가 본인을 대리한다. <개정 1995.1.5>	제3조 【「특허법」의 준용】	제4조의8 【개별대리】 디자인에 관한 절차를 밟는 자의 대리인이 2명 이상이면 특허청장 또는 특허심판원장에 대하여 각각의 대리인이 본인을 대리한다. [본조신설 2009.6.9]	제5조 【「특허법」의 준용】
제10조 【대리인의 개임등】 ①특허청장 또는 심판장은 특허에 관한 절차를 밟는 자가 그 절차를 원활히 수행할 수 없거나 구술심리에서 진술할 능력이 없다고 인정되는 등 그 절차를 밟는데 적당하지 아니하다고 인정되는 때에는 대리인에 의하여 그 절차를 밟도록 명할	제3조 【「특허법」의 준용】	제4조의9 【대리인의 개임 등】 ①특허청장 또는 심판장은 디자인에 관한 절차를 밟는 자가 그 절차를 원활히 수행할 수 없거나 구술심리에서 진술할 능력이 없다고 인정되는 등 그 절차를 밟는데 적당하지 아니하다고 인정되면 대리인에 의하여 그 절차를 밟도록 명할	제5조 【「특허법」의 준용】

특허법	실용신안법	디자인보호법	상표법
수 있다. <개정 2001.2.3> ②특허청장 또는 심판장은 특허에 관한 절차를 밟는 자의 대리인이 그 절차를 원활히 수행할 수 없거나 구술심리에서 진술할 능력이 없다고 인정되는 등 그 절차를 밟는데 적당하지 아니하다고 인정되는 때에는 그 개임을 명할 수 있다. <개정 2001.2.3> ③특허청장 또는 심판장은 제1항 및 제2항의 경우에 변리사로 하여금 대리하게 할 것을 명할 수 있다. ④특허청장 또는 심판장은 제1항 또는 제2항의 규정에 의하여 명령을 한 후 제1항 또는 제2항의 규정에 의한 대리인의 선임 또는 개임전에 제1항의 특허에 관한 절차를 밟는 자 또는 제2항의 대리인이 특허청 또는 특허심판원에 대하여 한 특허에 관한 절차는 무효로 할 수 있다. <개정 1995.1.5>		수 있다. ②특허청장 또는 심판장은 디자인에 관한 절차를 밟는 자의 대리인이 그 절차를 원활히 수행할 수 없거나 구술심리에서 진술할 능력이 없다고 인정되는 등 그 절차를 밟는데 적당하지 아니하다고 인정되면 그 대리인을 바꿀 것을 명할 수 있다. ③특허청장 또는 심판장은 제1항 및 제2항의 경우에 변리사로써 대리하게 할 것을 명할 수 있다. ④특허청장 또는 심판장은 제1항 또는 제2항에 따라 명령을 한 후 제1항 또는 제2항에 따른 대리인의 선임 또는 개임 전에 제1항의 디자인에 관한 절차를 밟는 자 또는 제2항의 대리인이 특허청장 또는 특허심판원장에 대하여 한 디자인에 관한 절차의 전부 또는 일부를 무효로 할 수 있다. [본조신설 2009.6.9]	
제11조 【복수당사자의 대표】 ① 2인이상이 특허에 관한 절차를 밟는 때에는 다음 각 호의 어느 하나에 해당하는 사항을 제외하고는 각 자가 전원을 대표	**제3조 【「특허법」의 준용】**	**제4조의10 【복수당사자의 대표】** ① 2명 이상이 공동으로 디자인에 관한 절차를 밟는 때에는 다음 각 호의 어느 하나에 해당하는 사항을 제외하고는 각	**제5조 【「특허법」의 준용】**

특허법	실용신안법	디자인보호법	상표법
한다. 다만, 대표자를 선정하여 특허청 또는 특허심판원에 신고한 때에는 그러하지 아니하다. <개정 1995.1.5, 1998.9.23, 2001.2.3, 2006.3.3> 1. 특허출원의 변경·포기·취하 또는 특허권의 존속기간의 연장등록출원의 취하 2. 신청의 취하·제55조제1항의 규정에 의한 우선권주장 또는 그 취하 3. 청구의 취하 4. 제132조의3의 규정에 의한 심판청구 ②제1항 단서의 규정에 의하여 신고한 때에는 대표자로 선임된 사실을 서면으로 증명하여야 한다.		자가 전원을 대표한다. 다만, 대표자를 선정하여 특허청장 또는 특허심판원장에게 신고하면 그 대표자가 전원을 대표한다. 1. 디자인등록출원의 포기·취하 2. 신청의 취하 3. 청구의 취하 4. 제67조의2 또는 제67조의3에 따른 심판청구 ②제1항 단서에 따라 신고한 때에는 대표자로 선임된 사실을 서면으로 증명하여야 한다. [본조신설 2009.6.9]	
제12조 【「민사소송법」의 준용】 이 법에서 대리인에 관하여 특별한 규정이 있는 것을 제외하고는 「민사소송법」 제1편제2장제4절의 규정을 준용한다. <개정 2006.3.3>	제3조 【「특허법」의 준용】	제4조의11 【「민사소송법」의 준용】 이 법에서 대리인에 관하여 특별한 규정이 있는 것을 제외하고는 「민사소송법」 제1편제2장제4절을 준용한다. [본조신설 2009.6.9]	제5조 【「특허법」의 준용】
제13조 【재외자의 재판적】 재외자의 특허권 또는 특허에 관한 권리에 관하여 특허관리인이 있는 때에는 그 특허관리인의 주소 또는 영업소를, 특허관리	제3조 【「특허법」의 준용】	제4조의12 【재외자의 재판관할】 재외자의 디자인권 또는 디자인에 관한 권리에 관하여 디자인관리인이 있으면 그 디자인관리인의 주소 또는 영업소를,	제5조 【「특허법」의 준용】

특허법	실용신안법	디자인보호법	상표법
인이 없는 때에는 특허청 소재지를 「민사소송법」 제11조의 규정에 의한 재산소재지로 본다. <개정 2002.1.26, 2006.3.3> **제14조 【기간의 계산】** 이 법 또는 이 법에 의한 명령에 의한 기간의 계산은 다음 각호에 의한다. <개정 1995.12.29, 2001.2.3, 2006.3.3> 1. 기간의 초일은 이를 산입하지 아니한다. 다만, 그 기간이 오전 영시부터 시작하는 때에는 그러하지 아니하다. 2. 기간을 월 또는 연으로 정한 때에는 역에 의하여 계산한다. 3. 월 또는 연의 처음부터 기간을 기산하지 아니하는 때에는 최후의 월 또는 연에서 그 기산일에 해당하는 날의 전일로 기간이 만료한다. 다만, 월 또는 년으로 정한 경우에 최종의 월에 해당 일이 없는 때에는 그 월의 말일로 기간이 만료한다. 4. 특허에 관한 절차에 있어서 기간의 말일이 공휴일(「근로자의 날 제정에 관한 법률」에 의한 근로자의 날 및 토요일을	**제3조 【「특허법」의 준용】**	디자인관리인이 없으면 특허청 소재지를 「민사소송법」 제11조에 따른 재산이 있는 곳으로 본다. [본조신설 2009.6.9] **제4조의13 【기간의 계산】** 이 법 또는 이 법에 따른 명령에 따른 기간의 계산은 다음 각 호에 따른다. 1. 기간의 초일은 산입하지 아니한다. 다만, 그 기간이 오전 0시부터 시작하는 때에는 그러하지 아니하다. 2. 기간을 월 또는 연으로 정한 때에는 역(력)에 따라 계산한다. 3. 월 또는 연의 처음부터 기간을 기산하지 아니하는 때에는 마지막 월 또는 연에서 그 기산일에 해당하는 날의 전일로 기간이 만료한다. 다만, 월 또는 연으로 정한 경우에 마지막 월에 해당 일이 없으면 그 월의 말일로 기간이 만료한다. 4. 디자인에 관한 절차에 있어서 기간의 말일이 토요일이나 공휴일(「근로자의 날 제정에 관한 법률」에 따른 근로자의 날을 포함한다)에 해당하면 기간은 그 다음 날로 만료한다.	**제5조 【「특허법」의 준용】**

특허법	실용신안법	디자인보호법	상표법
포함한다)에 해당하는 때에는 기간은 그 다음날로 만료한다. **제15조 【기간의 연장등】** ①특허청장 또는 특허심판원장은 청구에 따라 또는 직권으로 제132조의3에 따른 심판의 청구기간을 1회에 한하여 30일 이내에서 연장할 수 있다. 다만, 교통이 불편한 지역에 있는 자의 경우에는 그 횟수 및 기간을 추가로 연장할 수 있다. <개정 2009.1.30> ②특허청장·특허심판원장·심판장 또는 심사관은 이 법에 따라 특허에 관한 절차를 밟을 기간을 정한 때에는 청구에 따라 그 기간을 단축 또는 연장하거나 직권으로 그 기간을 연장할 수 있다. 이 경우 특허청장 등은 해당절차의 이해관계인의 이익이 부당하게 침해되지 아니하도록 단축 또는 연장 여부를 결정하여야 한다. <개정 2007.1.3> ③심판장 또는 심사관은 이 법의 규정에 의하여 특허에 관한 절차를 밟을 기일을 정한 때에는 청구에 의하여 또는 직권으로 그 기일을 변경할 수 있다.	제3조 【「특허법」의 준용】	[본조신설 2009.6.9] **제4조의14 【기간의 연장 등】** ①특허청장 또는 특허심판원장은 청구에 따라 또는 직권으로 제29조의3에 따른 디자인무심사등록이의신청이유 등의 보정기간, 제67조의2 또는 제67조의3에 따른 심판의 청구기간을 1회에 한하여 30일 이내에서 연장할 수 있다. 다만, 교통이 불편한 지역에 있는 자의 경우에는 그 횟수 및 기간을 추가로 연장할 수 있다. ②특허청장·특허심판원장·심판장 또는 심사관은 이 법에 따라 디자인에 관한 절차를 밟을 기간을 정한 때에는 청구에 따라 그 기간을 단축 또는 연장하거나 직권으로 그 기간을 연장할 수 있다. 이 경우 특허청장 등은 해당 절차의 이해관계인의 이익이 부당하게 침해되지 아니하도록 단축 또는 연장 여부를 결정하여야 한다. ③심판장 또는 심사관은 이 법에 따라 디자인에 관한 절차를 밟을 기일을 정한 때에는 청구에 따라 또는 직권으로 그 기일을 변경할 수 있다.	제5조 【「특허법」의 준용】

특허법	실용신안법	디자인보호법	상표법
▶특허청 – 현행 「특허법」 제15조제1항이 법률 제7871호로 삭제된 특허이의신청에 관한 취소결정 불복심판의 청구기간에 대하여도 적용되는지 여부(「특허법」 제15조제1항, 부칙 제7조 등 관련) [법제처 09-0187, 2009.6.26, 특허청 특허심사정책과] 【질의요지】 현행 「특허법」 제15조제1항이 2006. 3. 3. 법률 제7871호로 삭제된 특허이의신청에 관한 특허 취소결정 불복심판의 청구기간에 대하여도 적용되는지? 【회답】 현행 「특허법」 제5조제1항은 2006. 3. 3. 법률 제7871호로 삭제된 특허이의신청에 관한 특허 취소결정 불복심판의 청구기간에 대하여는 적용되지 않습니다.		[본조신설 2009.6.9]	
제16조 【절차의 무효】 ①특허청장 또는 특허심판원장은 제46조의 규정에 의한 보정명령을 받은 자가 지정된 기간 이내에 그 보정을 하지 아니한 경우에는 특허에 관한 절차를 무효로 할 수 있다. 다만, 제82조제2항의 규정에 의한 심사청구료를 납부하지 아니하여 보정명령을	**제3조 【「특허법」의 준용】**	**제4조의15 【절차의 무효】** ①특허청장 또는 특허심판원장은 제17조에 따른 보정명령을 받은 자가 지정된 기간 이내에 그 보정을 하지 아니하면 디자인에 관한 절차를 무효로 할 수 있다. ②특허청장 또는 특허심판원장은 제1항에 따라 디자인에 관	**제86조의11 【절차의 무효】** 특허청장은 제86조의10의 규정에 의하여 보정명령을 받은 자가 지정된 기간 이내에 그 수수료를 납부하지 아니하는 경우에는 당해 절차를 무효도 할 수 있다. [본조신설 2001.2.3]

특허법	실용신안법	디자인보호법	상표법
받은 자가 지정된 기간 이내에 그 심사청구료를 납부하지 아니한 경우에는 특허출원서에 첨부한 명세서에 관한 보정을 무효로 할 수 있다. ②특허청장 또는 특허심판원장은 제1항의 규정에 의하여 특허에 관한 절차가 무효로 된 경우로서 지정된 기간을 지키지 못한 것이 보정명령을 받은 자가 책임질 수 없는 사유에 의한 것으로 인정되는 때에는 그 사유가 소멸한 날부터 14일 이내에 보정명령을 받은 자의 청구에 의하여 그 무효처분을 취소할 수 있다. 다만, 지정된 기간의 만료일부터 1년이 경과한 때에는 그러하지 아니하다. ③특허청장 또는 특허심판원장은 제1항 본문·단서의 규정에 따른 무효처분 또는 제2항 본문의 규정에 따른 무효처분의 취소처분을 할 때에는 그 보정명령을 받은 자에게 처분통지서를 송달하여야 한다. <신설 2007.1.3> [전문개정 2001.2.3]		한 절차가 무효로 된 경우로서 지정된 기간을 지키지 못한 것이 보정명령을 받은 자가 책임질 수 없는 사유에 의한 것으로 인정되면 그 사유가 소멸한 날부터 14일 이내에 보정명령을 받은 자의 청구에 따라 그 무효처분을 취소할 수 있다. 다만, 지정된 기간의 만료일부터 1년이 지난 때에는 그러하지 아니하다. ③특허청장 또는 특허심판원장은 제1항에 따른 무효처분 또는 제2항 본문에 따른 무효처분의 취소처분을 할 때에는 그 보정명령을 받은 자에게 처분통지서를 송달하여야 한다. [본조신설 2009.6.9]	제5조 【「특허법」의 준용】
제17조 【절차의 추후보완】 특허에 관한 절차를 밟은 자가 책임질 수 없는 사유로 인하여	제3조 【「특허법」의 준용】	제4조의16 【절차의 추후 보완】 디자인에 관한 절차를 밟은 자가 책임질 수 없는 사유로 인	제5조 【「특허법」의 준용】

특허법	실용신안법	디자인보호법	상표법
제132조의3의 규정에 의한 심판의 청구기간, 제180조제1항의 규정에 의한 재심의 청구기간을 준수할 수 없을 때에는 그 사유가 소멸한 날부터 14일 이내에 지키지 못한 절차를 추후보완할 수 있다. 다만, 그 기간의 만료일부터 1년이 경과한 때에는 그러하지 아니하다. <개정 2001.2.3>		하여 제67조의2 또는 제67조의3에 따른 심판의 청구기간, 제73조의3에 따른 재심의 청구기간을 지킬 수 없을 때에는 그 사유가 소멸한 날부터 14일 이내에 지키지 못한 절차를 추후보완할 수 있다. 다만, 그 기간의 만료일부터 1년이 지난 때에는 그러하지 아니하다. [본조신설 2009.6.9]	
제18조 【절차의 효력의 승계】 특허권 또는 특허에 관한 권리에 관하여 밟은 절차의 효력은 그 특허권 또는 특허에 관한 권리의 승계인에게 미친다.	**제3조 【「특허법」의 준용】**	**제4조의17 【절차의 효력의 승계】** 디자인권 또는 디자인에 관한 권리에 관하여 밟은 절차의 효력은 그 디자인권 또는 디자인에 관한 권리의 승계인에게 미친다. [본조신설 2009.6.9]	**제5조 【「특허법」의 준용】**
제19조 【절차의 속행】 특허청장 또는 심판장은 특허에 관한 절차가 특허청 또는 특허심판원에 계속중에 특허권 또는 특허에 관한 권리의 이전이 있는 때에는 그 특허권 또는 특허에 관한 권리의 승계인에 대하여 그 절차를 속행하게 할 수 있다. <개정 1995.1.5, 2001.2.3>	**제3조 【「특허법」의 준용】**	**제4조의18 【절차의 속행】** 특허청장 또는 심판장은 디자인에 관한 절차가 특허청 또는 특허심판원에 계속(繫屬) 중에 디자인권 또는 디자인에 관한 권리가 이전되면 그 디자인권 또는 디자인에 관한 권리의 승계인에 대하여 그 절차를 속행하게 할 수 있다. [본조신설 2009.6.9]	**제5조 【「특허법」의 준용】**
제20조 【절차의 중단】 특허에	**제3조 【「특허법」의 준용】**	**제4조의19 【절차의 중단】** 디자	**제5조 【「특허법」의 준용】**

특허법	실용신안법	디자인보호법	상표법
관한 절차가 다음 각 호의 어느 하나에 해당하는 경우에는 특허청 또는 특허심판원에 계속중인 절차는 중단된다. 다만, 절차를 밟을 것을 위임받은 대리인이 있는 경우에는 그러하지 아니하다. <개정 1995.1.5, 2001.2.3, 2006.3.3> 1. 당사자가 사망한 경우 2. 당사자인 법인이 합병에 의하여 소멸한 경우 3. 당사자가 절차를 밟을 능력을 상실한 경우 4. 당사자의 법정대리인이 사망하거나 그 대리권을 상실한 경우 5. 당사자의 신탁에 의한 수탁자의 임무가 종료한 경우 6. 제11조제1항 단서의 규정에 의한 대표자가 사망하거나 그 자격을 상실한 경우 7. 파산관재인 등 일정한 자격에 의하여 자기 이름으로 남을 위하여 당사자가 된 자가 그 자격을 잃거나 사망한 경우		인에 관한 절차가 다음 각 호의 어느 하나에 해당하는 경우에는 특허청 또는 특허심판원에 계속 중인 절차는 중단된다. 다만, 절차를 밟을 것을 위임받은 대리인이 있으면 그러하지 아니하다. 1. 당사자가 사망한 경우 2. 당사자인 법인이 합병에 따라 소멸한 경우 3. 당사자가 절차를 밟을 능력을 상실한 경우 4. 당사자의 법정대리인이 사망하거나 그 대리권을 상실한 경우 5. 당사자의 신탁에 의한 수탁자의 임무가 끝난 경우 6. 제4조의10제1항 각 호 외의 부분 단서에 따른 대표자가 사망하거나 그 자격을 상실한 경우 7. 파산관재인 등 일정한 자격에 따라 자기 이름으로 다른 사람을 위하여 당사자가 된 자가 그 자격을 잃거나 사망한 경우 [본조신설 2009.6.9]	
제21조【중단된 절차의 수계】 제20조의 규정에 의하여 특허청 또는 특허심판원에 계속중	**제3조【「특허법」의 준용】**	**제4조의20【중단된 절차의 수계】** 제4조의19에 따라 특허청 또는 특허심판원에 계속 중인	**제5조【「특허법」의 준용】**

특허법	실용신안법	디자인보호법	상표법
인 절차가 중단된 때에는 다음 각 호의 어느 하나에 해당하는 자가 그 절차를 수계하여야 한다. <개정 1995.1.5, 2001.2.3, 2006.3.3> 1. 제20조제1호의 경우에는 그 상속인·상속재산관리인 또는 법률에 의하여 절차를 속행할 자. 다만, 상속인은 상속을 포기할 수 있을 때까지 그 절차를 수계하지 못한다. 2. 제20조제2호의 경우에는 합병에 의하여 설립되거나 합병 후 존속하는 법인 3. 제20조제3호 및 제4호의 경우에는 절차를 밟을 능력을 회복한 당사자 또는 법정대리인이 된 자 4. 제20조제5호의 경우에는 새로운 수탁자 5. 제20조제6호의 경우에는 새로운 대표자 또는 각 당사자 6. 제20조제7호의 경우에는 같은 자격을 가진 자		절차가 중단된 때에는 다음 각 호의 어느 하나에 해당하는 자가 그 절차를 이어 밟아야 한다. 1. 제4조의19제1호의 경우에는 그 상속인·상속재산관리인 또는 법률에 따라 절차를 속행할 자. 다만, 상속인은 상속을 포기할 수 있을 때까지 그 절차를 이어 밟지 못한다. 2. 제4조의19제2호의 경우에는 합병에 따라 설립되거나 합병 후 존속하는 법인 3. 제4조의19제3호 및 제4호의 경우에는 절차를 밟을 능력을 회복한 당사자 또는 법정대리인이 된 자 4. 제4조의19제5호의 경우에는 새로운 수탁자 5. 제4조의19제6호의 경우에는 새로운 대표자 또는 각 당사자 6. 제4조의19제7호의 경우에는 같은 자격을 가진 자 [본조신설 2009.6.9]	
제22조 【수계신청】 ①제20조의 규정에 의하여 중단된 절차에 관한 수계신청은 상대방도 할 수 있다. ②특허청장 또는 심판장은 제20조의 규정에 의하여 중단된	**제3조 【「특허법」의 준용】**	**제4조의21 【수계신청】** ①제4조의19에 따라 중단된 절차에 관한 수계신청은 제4조의20 각 호에 규정된 자 및 상대방도 할 수 있다. ②특허청장 또는 심판장은 제4	**제5조 【「특허법」의 준용】**

특허법	실용신안법	디자인보호법	상표법
절차에 관한 수계신청이 있는 때에는 이를 상대방에게 통지하여야 한다. ③특허청장 또는 심판관은 제20조의 규정에 의하여 중단된 절차에 관한 수계신청에 대하여 직권으로 조사하여 이유없다고 인정한 때에는 결정으로 기각하여야 한다. <개정 1995.1.5> ④특허청장 또는 심판관은 결정 또는 심결의 등본을 송달한 후에 중단된 절차에 관한 수계신청에 대하여는 수계하게 할 것인가의 여부를 결정하여야 한다. <개정 1995.1.5, 2001.2.3> ⑤특허청장 또는 심판관은 제21조에 규정된 자가 중단된 절차를 수계하지 아니하는 경우에는 직권으로 기간을 정하여 수계를 명하여야 한다. <개정 1995.1.5> ⑥제5항의 규정에 의한 기간내에 수계가 없는 경우에는 그 기간이 만료되는 날의 다음날에 수계가 있는 것으로 본다. ⑦특허청장 또는 심판장은 제6항의 규정에 의하여 수계가 있는 것으로 본 경우에는 이를 당사자에게 통지하여야 한다.		조의19에 따라 중단된 절차에 관한 수계신청이 있는 때에는 이를 상대방에게 알려야 한다. ③특허청장 또는 심판관은 제4조의19에 따라 중단된 절차에 관한 수계신청에 대하여 직권으로 조사하여 이유 없다고 인정한 때에는 결정으로 기각하여야 한다. ④특허청장 또는 심판관은 결정 또는 심결의 등본을 송달한 후에 중단된 절차에 관한 수계신청에 대하여는 수계하게 할 것인가의 여부를 결정하여야 한다. ⑤특허청장 또는 심판관은 제4조의20에 규정된 자가 중단된 절차를 이어 밟지 아니하면 직권으로 기간을 정하여 수계를 명하여야 한다. ⑥제5항에 따른 기간에 이어 밟지 아니하면 그 기간이 만료되는 날의 다음 날에 이어 밟은 것으로 본다. ⑦특허청장 또는 심판장은 제6항에 따라 수계가 있는 것으로 본 경우에는 이를 당사자에게 알려야 한다. [본조신설 2009.6.9]	

특허법	실용신안법	디자인보호법	상표법
제23조 【절차의 중지】 ①특허청장 또는 심판관이 천재·지변 기타 불가피한 사유로 인하여 그 직무를 행할 수 없는 때에는 특허청 또는 특허심판원에 계속중인 절차는 그 사유가 소멸될 때까지 중지된다. <개정 1995.1.5, 2001.2.3> ②특허청장 또는 심판관은 당사자가 부정기간의 장애로 특허청 또는 특허심판원에 계속중인 절차를 속행할 수 없는 때에는 결정으로 그 중지를 명할 수 있다. <개정 1995.1.5, 2001.2.3> ③특허청장 또는 심판관은 제2항의 규정에 의한 결정을 취소할 수 있다. <개정 1995.1.5> ④제1항 및 제2항의 규정에 의한 중지 또는 제3항의 규정에 의한 취소를 한 때에는 특허청장 또는 심판장은 이를 각각 당사자에게 통지하여야 한다. <개정 2001.2.3>	제3조 【「특허법」의 준용】	제4조의22 【절차의 중지】 ①특허청장 또는 심판관이 천재지변이나 그 밖의 불가피한 사유로 인하여 그 직무를 행할 수 없는 때에는 특허청 또는 특허심판원에 계속 중인 절차는 그 사유가 없어질 때까지 중지된다. ②당사자에게 일정하지 아니한 기간 특허청 또는 특허심판원에 계속 중인 절차를 속행할 수 없는 장애사유가 생긴 경우에는 특허청장 또는 심판관은 결정으로 그 절차의 중지를 명할 수 있다. ③특허청장 또는 심판관은 제2항에 따른 결정을 취소할 수 있다. ④제1항 및 제2항에 따른 중지 또는 제3항에 따른 취소를 한 때에는 특허청장 또는 심판장은 이를 각각 당사자에게 알려야 한다. [본조신설 2009.6.9]	제5조 【「특허법」의 준용】
제24조 【중단 또는 중지의 효과】 특허에 관한 절차가 중단 또는 중지된 경우에는 그 기간의 진행은 정지되고 그 절차의 수계통지를 하거나 그 절차를 속행한 때부터 다시 모든 기간	제3조 【「특허법」의 준용】	제4조의23 【중단 또는 중지의 효과】 디자인에 관한 절차가 중단되거나 중지된 경우에는 그 기간의 진행은 정지되고 그 절차의 수계통지를 하거나 그 절차를 속행한 때부터 전체기간	제5조 【「특허법」의 준용】

특허법	실용신안법	디자인보호법	상표법
이 진행된다. <개정 1993.12.10> 제25조 【외국인의 권리능력】 재외자중 외국인은 다음 각호의 1에 해당하는 경우를 제외하고 특허권 또는 특허에 관한 권리를 향유할 수 없다. 1. 그 자가 속하는 국가에서 대한민국 국민에 대하여 그 국민과 동일한 조건으로 특허권 또는 특허에 관한 권리의 향유를 인정하는 경우 2. 대한민국이 그 외국인에 대하여 특허권 또는 특허에 관한 권리의 향유를 인정하는 경우에는 그 자가 속하는 국가에서 대한민국 국민에 대하여 그 국민과 동일한 조건으로 특허권 또는 특허에 관한 권리의 향유를 인정하는 경우 3. 조약 및 이에 준하는 것(이하 "조약"이라 한다)에 의하여 특허권 또는 특허에 관한 권리의 향유를 인정하고 있는 경우	제3조 【「특허법」의 준용】	이 새로이 진행된다. [본조신설 2009.6.9] 제4조의24 【외국인의 권리능력】 재외자 중 외국인은 다음 각호의 어느 하나에 해당하는 경우를 제외하고 디자인권 또는 디자인에 관한 권리를 향유할 수 없다. 1. 그 자가 속하는 국가에서 대한민국 국민에 대하여 그 국민과 같은 조건으로 디자인권 또는 디자인에 관한 권리의 향유를 인정하는 경우 2. 대한민국이 그 외국인에 대하여 디자인권 또는 디자인에 관한 권리의 향유를 인정하는 경우에는 그 자가 속하는 국가에서 대한민국 국민에 대하여 그 국민과 같은 조건으로 디자인권 또는 디자인에 관한 권리의 향유를 인정하는 경우 3. 조약 및 이에 준하는 것(이하 "조약"이라 한다)에 따라 디자인권 또는 디자인에 관한 권리의 향유를 인정하고 있는 경우 [본조신설 2009.6.9]	제5조 【「특허법」의 준용】
제26조 【조약의 효력】 특허에 관하여 조약에 이 법에서 규정	제3조 【「특허법」의 준용】	제4조의25 【조약의 효력】 디자인에 관하여 조약에 이 법에서	제5조 【「특허법」의 준용】

특허법	실용신안법	디자인보호법	상표법
한 것과 다른 규정이 있는 경우에는 그 규정에 따른다. **제27조 삭제** <2001.2.3> **제28조 【서류제출의 효력발생시기】** ①이 법 또는 이 법에 의한 명령에 의하여 특허청 또는 특허심판원에 제출하는 출원서·청구서 기타의 서류(물건을 포함한다. 이하 이 조에서 같다)는 특허청 또는 특허심판원에 도달된 날부터 그 효력이 발생된다. <개정 1995.1.5> ②제1항의 출원서·청구서 기타의 서류를 우편으로 특허청 또는 특허심판원에 제출하는 경우에 우편물의 통신일부인에서 표시된 날이 분명한 경우에는 그 표시된 날, 그 표시된 날이 불분명한 경우에는 우체국에 제출한 날을 우편물의 수령증에 의하여 증명한 날에 특허청 또는 특허심판원에 도달한 것으로 본다. 다만, 특허권 및 특허에 관한 권리의 등록신청서류와 「특허협력조약」 제2조(vii)의 규정에 의한 국제출원(이하 "국제출원"이라 한다)에 관한 서류를 우편으로 제출하는 경우에는 그러하지 아니	제3조 【「특허법」의 준용】	규정한 것과 다른 규정이 있으면 그 규정에 따른다. [본조신설 2009.6.9] **제4조의26 【서류제출의 효력발생시기】** ①이 법 또는 이 법에 따른 명령에 따라 특허청장 또는 특허심판원장에게 제출하는 출원서·청구서, 그 밖의 서류(물건을 포함한다. 이하 이 조에서 같다)는 특허청장 또는 특허심판원장에게 도달한 날부터 그 효력이 발생한다. ②제1항의 출원서·청구서, 그 밖의 서류를 우편으로 특허청장 또는 특허심판원장에게 제출하는 경우에 우편물의 통신일부인(通信日附印)에서 표시된 날이 분명한 경우에는 그 표시된 날, 그 표시된 날이 불분명한 경우에는 우편물의 수령증에 의하여 증명한 날에 특허청장 또는 특허심판원장에게 도달한 것으로 본다. 다만, 디자인권 및 디자인에 관한 권리의 등록신청서류를 우편으로 제출하는 경우에는 그러하지 아니하다. ③제1항 및 제2항에 규정된 것 외의 우편물의 지연, 우편물의	제5조 【「특허법」의 준용】

특허법	실용신안법	디자인보호법	상표법
하다. <개정 1995.1.5, 1998.9.23, 2006.3.3> ③삭제 <1998.9.23> ④제1항 및 제2항에 규정된 것 외의 우편물의 지연·우편물의 망실 및 우편업무의 중단으로 인한 서류제출에 관하여 필요한 사항은 지식경제부령으로 정한다. <개정 1993.3.6, 1995.12.29, 1998.9.23, 2001.2.3, 2008.2.29>		망실(亡失) 및 우편업무의 중단으로 인한 서류제출에 필요한 사항은 지식경제부령으로 정한다. [본조신설 2009.6.9]	
제28조의2 【고유번호의 기재】 ①특허에 관한 절차를 밟는 자 중 지식경제부령이 정하는 자(제2항 또는 제3항의 규정에 의하여 이미 고유번호를 부여받은 자를 제외한다)는 특허청 또는 특허심판원에 자신의 고유번호의 부여를 신청하여야 한다. <개정 2001.2.3, 2008.2.29> ②특허청장 또는 특허심판원장은 제1항의 규정에 의한 신청이 있는 경우에 신청인의 고유번호를 부여하고 이를 통지하여야 한다. ③특허청장 또는 특허심판원장은 제1항의 규정에 의한 특허에 관한 절차를 밟는 자가 고유번호의 부여 신청을 하지 아니하는 경우에는 직권으로 고	제3조 【「특허법」의 준용】	제4조의27 【고유번호의 기재】 ①디자인에 관한 절차를 밟는 자 중 지식경제부령으로 정하는 자는 특허청장 또는 특허심판원장에게 자신의 고유번호의 부여를 신청하여야 한다. ②특허청장 또는 특허심판원장은 제1항에 따른 신청이 있는 경우에 신청인의 고유번호를 부여하고 이를 알려야 한다. ③특허청장 또는 특허심판원장은 제1항에 따라 고유번호의 부여 신청을 하지 아니하는 자에 대하여는 직권으로 고유번호를 부여하고 이를 알려야 한다. ④제2항 또는 제3항에 따라 고유번호를 부여받은 자가 디자인에 관한 절차를 밟는 경우에	제5조 【「특허법」의 준용】

특허법	실용신안법	디자인보호법	상표법
유번호를 부여하고 이를 통지하여야 한다. ④제2항 또는 제3항의 규정에 의하여 고유번호를 부여받은 자가 특허에 관한 절차를 밟는 경우에는 지식경제부령이 정하는 서류에 자신의 고유번호를 기재하여야 한다. 이 경우 이 법 또는 이 법에 의한 명령의 규정에 불구하고 당해 서류에 주소(법인인 경우에는 영업소의 소재지)를 기재하지 아니할 수 있다. <개정 2001.2.3, 2008.2.29> ⑤제1항 내지 제4항의 규정은 특허에 관한 절차를 밟는 자의 대리인에 관하여 이를 준용한다. ⑥고유번호의 부여 신청, 고유번호의 부여 및 통지 기타 고유번호에 관하여 필요한 사항은 지식경제부령으로 정한다. <개정 2008.2.29> [본조신설 1998.9.23]		는 지식경제부령으로 정하는 서류에 자신의 고유번호를 적어야 한다. 이 경우 이 법 또는 이 법에 따른 명령의 규정에도 불구하고 해당 서류에 주소(법인인 경우에는 영업소의 소재지)를 적지 아니할 수 있다. ⑤디자인에 관한 절차를 밟는 자의 대리인에 관하여는 제1항부터 제4항까지의 규정을 준용한다. ⑥고유번호의 부여 신청, 고유번호의 부여 및 통지, 그 밖에 고유번호에 필요한 사항은 지식경제부령으로 정한다. [본조신설 2009.6.9]	
제28조의3【전자문서에 의한 특허에 관한 절차의 수행】①특허에 관한 절차를 밟는 자는 이 법에 의하여 특허청장 또는 특허심판원장에게 제출하는 특허출원서, 기타 서류를 지식경	**제3조【「특허법」의 준용】**	**제4조의28【전자문서에 의한 디자인에 관한 절차의 수행】**①디자인에 관한 절차를 밟는 자는 이 법에 따라 특허청장 또는 특허심판원장에게 제출하는 디자인등록출원서, 그 밖의 서	**제5조【「특허법」의 준용】**

특허법	실용신안법	디자인보호법	상표법
제부령이 정하는 방식에 따라 전자문서화하고 이를 정보통신망을 이용하여 제출하거나 플로피디스크 또는 광디스크 등 전자적 기록매체에 수록하여 제출할 수 있다. <개정 2001.2.3, 2006.3.3, 2008.2.29> ②제1항의 규정에 의하여 제출된 전자문서는 이 법에 의하여 제출된 서류와 동일한 효력을 가진다. ③제1항의 규정에 의하여 정보통신망을 이용하여 제출된 전자문서는 당해 문서의 제출인이 정보통신망을 통하여 접수번호를 확인한 때에 특허청 또는 특허심판원에서 사용하는 접수용 전산정보처리조직의 파일에 기록된 내용으로 접수된 것으로 본다. <개정 2001.2.3> ④제1항의 규정에 의하여 전자문서로 제출할 수 있는 서류의 종류·제출방법 기타 전자문서에 의한 서류의 제출에 관하여 필요한 사항은 지식경제부령으로 정한다. <개정 2008.2.29> [본조신설 1998.9.23]		류를 지식경제부령으로 정하는 방식에 따라 전자문서화하고 이를 정보통신망을 이용하여 제출하거나 플로피디스크 또는 광디스크 등 전자적 기록매체에 수록하여 제출할 수 있다. ②제1항에 따라 제출된 전자문서는 이 법에 따라 제출된 서류와 같은 효력을 가진다. ③제1항에 따라 정보통신망을 이용하여 제출된 전자문서는 해당 문서의 제출인이 정보통신망을 통하여 접수번호를 확인한 때에 특허청 또는 특허심판원에서 사용하는 접수용 전산정보처리조직의 파일에 기록된 내용으로 접수된 것으로 본다. ④제1항에 따라 전자문서로 제출할 수 있는 서류의 종류·제출방법, 그 밖에 전자문서에 의한 서류의 제출에 필요한 사항은 지식경제부령으로 정한다. [본조신설 2009.6.9]	
제28조의4 【전자문서 이용신고 및 전자서명】 ①전자문서에 의하여 특허에 관한 절차를 밟	**제3조 【「특허법」의 준용】**	**제4조의29 【전자문서 이용신고 및 전자서명】** ①전자문서에 의하여 디자인에 관한 절차를	**제5조 【「특허법」의 준용】**

특허법	실용신안법	디자인보호법	상표법
고자 하는 자는 미리 특허청장 또는 특허심판원장에게 전자문서 이용신고를 하여야 하며, 특허청 또는 특허심판원에 제출하는 전자문서에 제출인을 식별할 수 있도록 전자서명을 하여야 한다. ②제28조의3의 규정에 의하여 제출된 전자문서는 제1항의 규정에 의한 전자서명을 한 자가 제출한 것으로 본다. ③제1항의 규정에 의한 전자문서 이용신고 절차·전자서명 방법등에 관하여 필요한 사항은 지식경제부령으로 정한다. <개정 2008.2.29> [본조신설 1998.9.23]		밟으려는 자는 미리 특허청장 또는 특허심판원장에게 전자문서 이용신고를 하여야 하며, 특허청장 또는 특허심판원장에게 제출하는 전자문서에 제출인을 식별할 수 있도록 전자서명을 하여야 한다. ②제4조의28에 따라 제출된 전자문서는 제1항에 따른 전자서명을 한 자가 제출한 것으로 본다. ③제1항에 따른 전자문서 이용신고 절차, 전자서명 방법 등에 필요한 사항은 지식경제부령으로 정한다. [본조신설 2009.6.9]	
제28조의5 【정보통신망을 이용한 통지등의 수행】 ①특허청장·특허심판원장·심판장·심판관·심사장 또는 심사관은 제28조의4제1항의 규정에 의하여 전자문서 이용신고를 한 자에게 서류의 통지 및 송달(이하 "통지등"이라 한다)을 하고자 하는 경우에는 정보통신망을 이용하여 이를 행할 수 있다. <개정 2001.2.3> ②제1항의 규정에 따라 정보통신망을 이용하여 행한 서류의	**제3조 【「특허법」의 준용】**	**제4조의30 【정보통신망을 이용한 통지등의 수행】** ①특허청장·특허심판원장·심판장·심판관·심사장 또는 심사관은 제4조의29제1항에 따라 전자문서 이용신고를 한 자에게 서류의 통지 및 송달(이하 "통지등"이라 한다)을 하려는 경우에는 정보통신망을 이용하여 할 수 있다. ②제1항에 따라 정보통신망을 이용하여 한 서류의 통지등은 서면으로 한 것과 같은 효력을	**제5조 【「특허법」의 준용】**

특허법	실용신안법	디자인보호법	상표법
통지등은 서면으로 행한 것과 동일한 효력을 가진다. <개정 2001.2.3> ③제1항의 규정에 의한 서류의 통지등은 당해 통지등을 받는 자가 사용하는 전산정보처리조직의 파일에 기록된 때에 특허청 또는 특허심판원에서 사용하는 발송용 전산정보처리조직의 파일에 기록된 내용으로 도달한 것으로 본다. <개정 2001.2.3> ④제1항의 규정에 의하여 정보통신망을 이용하여 행하는 통지등의 종류·방법등에 관하여 필요한 사항은 지식경제부령으로 정한다. <개정 2001.2.3, 2008.2.29> [본조신설 1998.9.23]		가진다. ③제1항에 따른 서류의 통지등은 해당 통지등을 받는 자가 사용하는 전산정보처리조직의 파일에 기록된 때에 특허청 또는 특허심판원에서 사용하는 발송용 전산정보처리조직의 파일에 기록된 내용으로 도달한 것으로 본다. ④제1항에 따라 정보통신망을 이용하여 행하는 통지등의 종류·방법 등에 필요한 사항은 지식경제부령으로 정한다. [본조신설 2009.6.9]	
제2장 특허요건 및 특허출원	**2장 실용신안등록요건 및 실용신안등록출원**	**제2장 디자인등록요건 및 디자인등록출원** <개정 2004.12.31>	**제2장 상표등록요건 및 상표등록출원**
제29조 【특허요건】 ①산업상 이용할 수 있는 발명으로서 다음 각 호의 어느 하나에 해당하는 것을 제외하고는 그 발명에 대하여 특허를 받을 수 있다. <개정 2001.2.3, 2006.3.3>	**제4조 【실용신안등록의 요건】** ①산업상 이용할 수 있는 물품의 형상·구조 또는 조합에 관한 고안으로서 다음 각 호의 어느 하나에 해당하는 것을 제외하고는 그 고안에 대하여 실	**제5조 【디자인등록의 요건】** ① 공업상 이용할 수 있는 디자인으로서 다음 각호의 1에 해당하는 것을 제외하고는 그 디자인에 대하여 디자인등록을 받을 수 있다. <개정 2001.2.3,	**제6조 【상표등록의 요건】** ①다음 각호의 1에 해당하는 상표를 제외하고는 상표등록을 받을 수 있다. <개정 1997.8.22> 1. 그 상품의 보통명칭을 보통으로 사용하는 방법으로 표시

특허법	실용신안법	디자인보호법	상표법
▶판례 **특허법상 발명의 진보성 유무의 판단 기준** 특허법 제29조 제1항 제2호, 제2항의 각 규정은 특허출원 전에 국내 또는 국외에서 반포된 간행물에 기재된 발명이나, 선행의 공지기술로부터 용이하게 도출될 수 있는 창작일 때에는 신규성이나 진보성을 결여한 것으로 보고 특허를 받을 수 없도록 하려는 취지인바, 이와 같은 진보성 유무를 가늠하는 창작의 난이도는 그 기술구성의 차이와 작용효과를 고려하여 판단하여야 하는 것이므로, 특허된 기술의 구성이 선행기술과 차이가 있을 뿐 아니라 그 작용효과에 있어서 선행기술에 비하여 현저하게 향상 진보된 것인 때에는, 기술의 진보발전을 도모하는 특허제도의 목적에 비추어 특허발명의 진보성을 인정하여야 하고, 특허발명의 유리한 효과가 상세한 설명에 기재되어 있지 아니하더라도 그 발명이 속하는 기술분야에서 통상의 지식을 가진 자가 상세한 설명의 기재로부터 유리한 효과를 추론할 수 있을 때에는 진보성 판단을 함에 있어서 그 효과도 참작	용신안등록을 받을 수 있다. 1. 실용신안등록출원 전에 국내 또는 국외에서 공지되었거나 공연히 실시된 고안 2. 실용신안등록출원 전에 국내 또는 국외에서 반포된 간행물에 게재되거나 대통령령이 정하는 전기통신회선을 통하여 공중이 이용할 수 있는 고안 ②실용신안등록출원 전에 그 고안이 속하는 기술분야에서 통상의 지식을 가진 자가 제1항 각 호의 어느 하나에 규정된 고안에 의하여 극히 용이하게 고안할 수 있는 것일 때에는 그 고안에 대하여는 제1항의 규정에 불구하고 실용신안등록을 받을 수 없다. ③실용신안등록출원한 고안이 그 실용신안등록출원을 한 날 전에 실용신안등록출원 또는 특허출원을 하여 그 실용신안등록출원을 한 후에 출원공개되거나 등록공고된 다른 실용신안등록출원 또는 특허출원의 출원서에 최초로 첨부된 명세서 또는 도면에 기재된 고안 또는 발명과 동일한 경우 그 고안에 대하여는 제1항의 규정에 불구하고 실용신안등록을 받을 수 없다. 다만, 그 실용신	2004.12.31> 1. 디자인등록출원전에 국내 또는 국외에서 공지되었거나 공연히 실시된 디자인 2. 디자인등록출원전에 국내 또는 국외에서 반포된 간행물에 게재되었거나 전기통신회선을 통하여 공중이 이용가능하게 된 디자인 3. 제1호 또는 제2호에 해당하는 디자인에 유사한 디자인 ②디자인등록출원전에 그 디자인이 속하는 분야에서 통상의 지식을 가진 자가 제1항제1호 또는 제2호에 해당하는 디자인의 결합에 의하거나 국내에서 널리 알려진 형상·모양·색채 또는 이들의 결합에 의하여 용이하게 창작할 수 있는 디자인(제1항 각호의 1에 해당하는 디자인을 제외한다)에 대하여는 제1항의 규정에 불구하고 디자인등록을 받을 수 없다. <개정 1997.8.22, 2001.2.3, 2004.12.31> ▶판례 **디자인보호법 제5조 제1항 제1호 또는 제2호에 해당하는 디자인의 결합뿐만 아니라 위 디자인 각각에 의하여 용이하게 창작될 수**	한 표장만으로 된 상표 2. 그 상품에 대하여 관용하는 상표 3. 그 상품에 산지·품질·원재료·효능·용도·수량·형상(포장의 형상을 포함한다)·가격·생산방법·가공방법·사용방법 또는 시기를 보통으로 사용하는 방법으로 표시한 표장만으로 된 상표 ▶판례 **등록상표 "Linux"가 서적 등의 지정상품에 사용될 경우 식별력이 없는 상표라거나 수요자 기만 상표에 해당한다고 볼 수 없다고 한 사례** 컴퓨터 운영체제 프로그램의 보통명칭 내지 관용표장으로 널리 알려진 등록상표 "Linux"가 그 지정상품 중 '서적, 팸플릿, 학습지, 녹화된 테이프(음악이 아닌 것), 녹화된 콤팩트디스크{음악이 아닌 시디(CD)}'에 사용될 경우 그 상품의 내용이 그 프로그램에 관련된 것임을 암시할 가능성이 없는 것은 아니지만, 위 지정상품의 일반 수요자가 상표보다는 그 상품에 수록된 창작물의 내용이나 그 내용을 나타내는 제목에 중점을 두고 상품을 거래하는 점

특허법	실용신안법	디자인보호법	상표법
하여야 한다. (대법원 2002. 8. 23. 선고 2000후 3234 판결) 1. 특허출원전에 국내 또는 국외에서 공지되었거나 공연히 실시된 발명 ▶판례 구 특허법 제29조 제1항 제1호에서 말하는 '특허출원 전'의 의미 및 어떤 발명 또는 기술이 특허출원 전에 공지 또는 공연 실시된 것인지를 인정함에 있어 특허출원 후에 작성된 문건들을 기초로 삼을 수 있는지 여부(적극) 구 특허법(2001. 2. 3. 법률 제6411호로 개정되기 전의 것) 제29조 제1항 제1호 소정의 '특허출원 전에 국내에서 공지되었거나 공연히 실시된 발명'에서 '특허출원 전'의 의미는 발명의 공지 또는 공연 실시된 시점이 특허출원 전이라는 의미이지 그 공지 또는 공연 실시된 사실을 인정하기 위한 증거가 특허출원 전에 작성된 것을 의미하는 것은 아니므로, 법원은 특허출원 후에 작성된 문건들에 기초하여 어떤 발명 또는 기술이 특허출원 전에 공지 또는 공연 실시된 것인지 여부를 인정할 수 있다(대	안등록출원의 고안자와 다른 실용신안등록출원의 고안자나 특허출원의 발명자가 동일한 경우 또는 그 실용신안등록출원 당시 출원인과 다른 실용신안등록출원이나 특허출원의 출원인이 동일한 경우에는 그러하지 아니하다. ▶판례 구 실용신안법 제4조 제3항 소정의 '고안의 동일성'에 대한 판단 기준 구 실용신안법(1993. 12. 10. 법률 제4596호로 개정되기 전의 것) 제4조 제3항에서 규정하고 있는 고안의 동일성을 판단함에 있어서는 양 고안의 기술적 구성이 동일한가 여부에 의하여 판단하되 고안의 효과도 참작하여야 할 것인바, 기술적 구성에 차이가 있더라도 그 차이가 과제 해결을 위한 구체적 수단에 있어서 주지관용기술의 부가, 삭제, 변경 등으로 새로운 효과의 발생이 없는 정도의 미세한 차이에 불과하다면 양 고안은 서로 동일하다고 보아야 한다(대법원 2003. 2. 26. 선고 2001후1624 판결). ④제3항을 적용할 때 다른 실용신안등록출원 또는 특허출원	있는 것도 디자인보호법 제5조 제2항에 의하여 디자인등록을 받을 수 없는지 여부 및 그 규정의 취지 디자인보호법 제5조 제2항은 그 디자인이 속하는 분야에서 통상의 지식을 가진 자가 제1항 제1호 또는 제2호에 해당하는 디자인의 결합에 의하여 용이하게 창작할 수 있는 것은 디자인등록을 받을 수 없도록 규정하고 있는데, 여기에는 위 각 호에 해당하는 디자인의 결합뿐만 아니라 위 디자인 각각에 의하여 용이하게 창작할 수 있는 디자인도 포함된다고 봄이 타당하고, 그 규정의 취지는 위 각 호에 해당하는 디자인의 형상·모양·색채 또는 이들의 결합을 거의 그대로 모방 또는 전용하였거나, 이를 부분적으로 변형하였다고 하더라도 그것이 전체적으로 볼 때 다른 미감적 가치가 인정되지 않는 상업적·기능적 변형에 불과하거나, 또는 그 디자인 분야에서 흔한 창작수법이나 표현방법에 의해 이를 변경·조합하거나 전용하였음에 불과한 디자인 등과 같이 창작수준이 낮은 디자인은 그 디자인이 속하는 분야에서 통상의	등에 비추어 볼 때, 위 컴퓨터 운영체제 프로그램에 관한 내용이 위 지정상품에 수록될 수 있다는 사정만으로 일반 수요자가 등록상표를 보고 위 지정상품에 수록된 내용을 보통으로 사용하는 방법으로 표시한 것으로 인식한다고 보기 어려워, 등록상표가 상표법 제6조 제1항 제3호의 상표에 해당한다고 볼 수 없고, 또 등록상표가 위 지정상품의 용도나 효용 등을 보통으로 사용하는 방법으로 표시한 표장만으로 된 상표에 해당하지 아니하는 이상, 등록상표의 사용으로 수요자들이 상품의 품질을 오인할 염려가 있다고 볼 수도 없어 등록상표가 상표법 제7조 제1항 제11호의 상품의 품질을 오인하게 하거나 수요자를 기만할 염려가 있는 상표에 해당한다고 볼 수도 없다고 한 사례. (대법원 2002. 12. 10. 선고 2000후3418 판결) 4. 현저한 지리적 명칭·그 약어 또는 지도만으로 된 상표 5. 흔히 있는 성 또는 명칭을 보통으로 사용하는 방법으로 표시한 표장만으로 된 상표 6. 간단하고 흔히 있는 표장만

특허법	실용신안법	디자인보호법	상표법
법원 2007.4.27. 선고 2006후2660 판결). 2. 특허출원전에 국내 또는 국외에서 반포된 간행물에 게재되거나 대통령령이 정하는 전기통신회선을 통하여 공중이 이용가능하게 된 발명 ②특허출원전에 그 발명이 속하는 기술분야에서 통상의 지식을 가진 자가 제1항 각호의 1에 규정된 발명에 의하여 용이하게 발명할 수 있는 것일 때에는 그 발명에 대하여는 제1항의 규정에 불구하고 특허를 받을 수 없다. <개정 2001.2.3> ▶판례 구 특허법 제29조 제2항에 의한 발명의 진보성 유무의 판단 방법 및 진보성 판단의 대상이 된 발명의 명세서에 개시되어 있는 기술을 알고 있음을 전제로 하여 사후적으로 통상의 기술자가 그 발명을 용이하게 발명할 수 있는지를 판단할 수 있는지 여부(소극) 구 특허법(2006. 3. 3. 법률 제7871호로 개정되기 전의 것) 제29조 제2항 규정에 의하여 선행기술에 의하여 용이하게 발명할 수 있는 것인지에 좇아 발명의	이 다음 각 호의 어느 하나에 해당하는 경우 제3항 중 "출원공개"는 "출원공개 또는 「특허협력조약」 제21조에 따른 국제공개"로, "출원서에 최초로 첨부된 명세서 또는 도면에 기재된 고안 또는 발명"은 국어로 출원한 경우 "국제출원일에 제출한 국제출원의 명세서, 청구의 범위 또는 도면에 기재된 고안 또는 발명"으로, 외국어로 출원한 경우 "국제출원일에 제출한 국제출원의 명세서, 청구의 범위 또는 도면과 그 출원번역문에 다 같이 기재된 고안 또는 발명"으로 본다. <개정 2009.1.30> 1. 다른 실용신안등록출원이 제34조제1항에 따라 실용신안등록출원으로 보는 국제출원(제40조제4항에 따라 실용신안등록출원으로 되는 국제출원을 포함한다)인 경우 2. 특허출원이 「특허법」 제199조제1항에 따라 특허출원으로 보는 국제출원(「특허법」 제214조제4항에 따라 특허출원으로 되는 국제출원을 포함한다)인 경우	지식을 가진 자가 용이하게 창작할 수 있는 것이어서 디자인등록을 받을 수 없다는 데 있다(대법원 2010.5.13. 선고 2008후2800 판결). ③디자인등록출원한 디자인이 당해 디자인등록출원을 한 날 전에 디자인등록출원을 하여 당해 디자인등록출원을 한 후에 출원공개·등록공고 또는 제23조의6의 규정에 따라 디자인공보에 게재된 타디자인등록출원의 출원서의 기재사항 및 출원서에 첨부된 도면·사진 또는 견본에 표현된 디자인의 일부와 동일하거나 유사한 경우에 그 디자인에 대하여는 제1항의 규정에 불구하고 디자인등록을 받을 수 없다. <신설 2001.2.3, 2004.12.31, 2007.1.3>	으로 된 상표 7. 제1호 내지 제6호외에 수요자가 누구의 업무에 관련된 상품을 표시하는 것인가를 식별할 수 없는 상표 ②제1항제3호 내지 제6호에 해당하는 상표라도 제9조의 규정에 의한 상표등록출원전에 상표를 사용한 결과 수요자간에 그 상표가 누구의 업무에 관련된 상품을 표시하는 것인가 현저하게 인식되어 있는 것은 그 상표를 사용한 상품을 지정상품(제10조제1항 및 제47조제2항제3호의 규정에 의하여 지정한 상품 및 추가로 지정한 상품을 말한다. 이하 같다)으로 하여 상표등록을 받을 수 있다. <개정 2001.2.3> ▶판례 원래 식별력 없는 표장이 상표법 제6조 제2항에 의해 상표등록을 받을 수 있는 요건인 '사용에 의한 식별력'을 취득하였는지 여부의 판단 기준 및 동일성이 긴정되는 상표의 장기간 사용이 상표법 제6조 제2항의 '사용에 의한 식별력' 취득에 영향을 미치는지 여부(적극) [1] 상표법 제6조 제2항이 상표

특허법	실용신안법	디자인보호법	상표법
진보성 유무를 판단함에 있어서는, 적어도 선행기술의 범위와 내용, 진보성 판단의 대상이 된 발명과 선행기술의 차이 및 통상의 기술자의 기술수준에 대하여 증거 등 기록에 나타난 자료에 기하여 파악한 다음, 이를 기초로 하여 통상의 기술자가 특허출원 당시의 기술수준에 비추어 진보성 판단의 대상이 된 발명이 선행기술과 차이가 있음에도 그러한 차이를 극복하고 선행기술로부터 그 발명을 용이하게 발명할 수 있는지를 살펴보아야 한다. 이 경우 진보성 판단의 대상이 된 발명의 명세서에 개시되어 있는 기술을 알고 있음을 전제로 하여 사후적으로 통상의 기술자가 그 발명을 용이하게 발명할 수 있는지를 판단해서는 안 된다(대법원 2009.11.12. 선고 2007후3660 판결). ▶판례 **특허청구범위의 청구항이 복수의 구성요소로 되어 있는 경우 진보성 판단의 대상 및 특허발명의 진보성 판단의 기초가 되는 기술적 곤란성의 평가 방법** 특허발명의 진보성을 판단함에 있어서는 그 특허청구범위의 청			를 등록출원 전에 사용한 결과 수요자 사이에 그 상표가 누구의 상품을 표시하는 상표인가가 현저하게 인식되어 있는 것은, 같은 법 제6조 제1항 제3호 내지 제6호의 규정에 불구하고 상표등록을 받을 수 있도록 규정한 것은, 원래 식별력이 없는 표장이어서 특정인에게 독점사용하도록 하는 것이 적당하지 않은 표장에 대하여 대세적 권리를 부여하는 것이므로 그 기준은 엄격하게 해석·적용되어야 할 것이지만, 상표의 사용기간, 사용횟수 및 사용의 계속성, 그 상표가 부착된 상품의 생산·판매량 및 시장점유율, 광고·선전의 방법, 횟수, 내용, 기간 및 그 액수, 상품품질의 우수성, 상표사용자의 명성과 신용, 상표의 경합적 사용의 정도 및 태양 등을 종합적으로 고려할 때, 당해 상표가 사용된 상품에 대한 거래자 및 수요자 대다수에게 특정인의 상품을 표시하는 것으로 인식되기에 이르렀다면 사용에 의한 식별력의 취득을 인정할 수 있다. [2] 사용에 의한 식별력을 취득하는 상표는 실제로 사용한 상표 그 자체에 한하고 그와 유사한

특허법	실용신안법	디자인보호법	상표법
구항에 기재된 기술적 사항이 그 판단의 대상이 되는 것이지만, 특허청구범위의 청구항이 복수의 구성요소로 되어 있는 경우에는 각 구성요소가 유기적으로 결합한 전체로서의 기술사상이 진보성 판단의 대상이 되는 것이지 각 구성요소가 독립하여 진보성 판단의 대상이 되는 것은 아니므로, 어느 특허발명의 진보성 판단의 기초가 되는 기술적 구성의 곤란성을 평가함에 있어서도 과제의 해결원리를 배제한 채 특허청구범위에 기재된 복수의 구성을 하나 하나 분해한 후 비교되는 발명의 대응구성요소로부터 각각 분해된 개별 구성요소를 도출하는 데 기술적인 어려움이 있는지만을 따져서는 아니 되고, 특유의 과제의 해결원리에 기초하여 그 발명에 채용된 특유한 구성요소들과 나머지 구성요소들 사이의 결합관계를 포함하여 유기적으로 결합된 전체로서의 구성의 곤란성을 살펴보아야 한다. (특허법원 2007.4.6. 선고 2006허6099 판결) ③특허출원한 발명이 당해 특허출원을 한 날전에 특허출원 또는 실용신안등록출원을 하여			상표에 대하여까지 식별력 취득을 인정할 수는 없지만, 그와 동일성이 인정되는 상표의 장기간의 사용은 위 식별력 취득에 도움이 되는 요소이다(대법원 2008.9.25. 선고 2006후2288 판결). ③제1항제3호(산지에 한한다) 또는 제4호의 규정에 해당하는 표장이라도 그 표장이 특정 상품에 대한 지리적 표시인 경우에는 그 지리적 표시를 사용한 상품을 지정상품으로 하여 지리적 표시 단체표장등록을 받을 수 있다. <신설 2004.12.31> ▶**판례** **영어참고서를 지정상품으로 한 등록상표 "영어 실력기초"의 특별현저성 유무(소극)** 영어참고서를 지정상품으로 한 등록상표 "영어 실력기초"를 구성하고 있는, "영어", "실력", "기초" 등의 각 단어는 특별현저성이 결여된 기술적 표장에 불과한 것으로서, 위 상표는 그 지정상품과 관련지어 볼 때 "영어 실력을 향상시키는 기초적인 영어참고서"로 인식되어지므로, 구 상표법 제8조 제1항 제3호에 해당되어 같은 법 제46조 제1호에 의하여 무효이다. (대법

특허법	실용신안법	디자인보호법	상표법
당해 특허출원을 한 후에 출원공개되거나 등록공고된 타특허출원 또는 실용신안등록출원의 출원서에 최초로 첨부된 명세서 또는 도면에 기재된 발명 또는 고안과 동일한 경우에 그 발명에 대하여는 제1항의 규정에 불구하고 특허를 받을 수 없다. 다만, 당해 특허출원의 발명자와 타특허출원의 발명자나 실용신안등록출원의 고안자가 동일한 경우 또는 당해 특허출원의 특허출원시의 특허출원인과 타특허출원이나 실용신안등록출원의 출원인이 동일한 경우에는 그러하지 아니하다. <개정 1993.12.10, 1997.4.10, 1998.9.23, 2001.2.3, 2006.3.3> ④제3항을 적용할 때 다른 특허출원 또는 실용신안등록출원이 다음 각 호의 어느 하나에 해당하는 경우 제3항 중 "출원공개"는 "출원공개 또는 「특허협력조약」 제21조에 따른 국제공개"로, "출원서에 최초로 첨부된 명세서 또는 도면에 기재된 발명 또는 고안"은 국어로 출원한 경우 "국제출원일에 제출한 국제출원의 명세서, 청구의 범위 또는 도면에 기재된 발명 또는 고안"으로, 외국어로			원 1990.11.27. 선고 90후410 판결)

특허법	실용신안법	디자인보호법	상표법
출원한 경우 "국제출원일에 제출한 국제출원의 명세서, 청구의 범위 또는 도면과 그 출원 번역문에 다 같이 기재된 발명 또는 고안"으로 본다. <개정 2009.1.30> 1. 다른 특허출원이 제199조제1항에 따라 특허출원으로 보는 국제출원(제214조제4항에 따라 특허출원으로 되는 국제출원을 포함한다)인 경우 2. 실용신안등록출원이 「실용신안법」 제34조제1항에 따라 실용신안등록출원으로 보는 국제출원(같은 법 제40조제4항에 따라 실용신안등록출원으로 되는 국제출원을 포함한다)인 경우 ▶판례 **선택발명의 특허 요건 및 명세서 기재의 정도** 선행 또는 공지의 발명에 구성요건이 상위개념으로 기재되어 있고 위 상위개념에 포함되는 하위개념만을 구성요건 중의 전부 또는 일부로 하는 이른바 선택발명은 선행발명이 선택발명을 구성하는 하위개념을 구체적으로 개시하지 아니하고, 선택발명에 포함되는 하위개념들 모두가 선행			

특허법	실용신안법	디자인보호법	상표법
발명이 갖는 효과와 질적으로 다른 효과를 갖고 있거나, 질적인 차이가 없더라도 양적으로 현저한 차이가 있는 경우에 한하여 특허를 받을 수 있고, 선택발명의 상세한 설명에 그와 같은 효과가 있음을 구체적으로 확인할 수 있는 비교실험자료 또는 대비결과까지 기재하여야 하는 것은 아니라고 하더라도 통상의 기술자가 선택발명으로서의 효과를 이해할 수 있을 정도로 명확하고 충분하게 기재하여야 명세서 기재요건이 구비되었다고 할 수 있다. (대법원 2007.9.6.선고 2005후3338 판결)			
제30조 【공지 등이 되지 아니한 발명으로 보는 경우】 ①특허를 받을 수 있는 권리를 가진 자의 발명이 다음 각 호의 어느 하나에 해당하는 경우에는 그날부터 6월이내에 특허출원을 하면 그 특허출원된 발명에 대하여 제29조제1항 또는 제2항의 규정을 적용함에 있어서는 그 발명은 제29조제1항 각 호의 어느 하나에 해당하지 아니한 것으로 본다. <개정	**제5조 【공지 등이 되지 아니한 고안으로 보는 경우】** ①실용신안등록을 받을 수 있는 권리를 가진 자의 고안이 다음 각 호의 어느 하나에 해당하는 경우에는 그 날부터 6월 이내에 실용신안등록출원을 하면 그 실용신안등록출원된 고안에 대하여는 제4조제1항 또는 제2항의 규정을 적용함에 있어서 제4조제1항 각 호의 어느 하나에 해당하지 아니하는 것으로 본		

특허법	실용신안법	디자인보호법	상표법
1993.12.10, 2001.2.3, 2006.3.3> 1. 특허를 받을 수 있는 권리를 가진 자에 의하여 그 발명이 제29조제1항 각 호의 어느 하나에 해당하게 된 경우. 다만, 조약 또는 법률에 따라 국내 또는 국외에서 출원공개되거나 등록공고된 경우를 제외한다. 2. 특허를 받을 수 있는 권리를 가진 자의 의사에 반하여 그 발명이 제29조제1항 각호의 1에 해당하게 된 경우 3. 삭제 <2006.3.3> ②제1항제1호의 규정을 적용받고자 하는 자는 특허출원서에 그 취지를 기재하여 출원하고, 이를 증명할 수 있는 서류를 특허출원일부터 30일이내에 특허청장에게 제출하여야 한다. <개정 2006.3.3> **제31조 삭제** <2006.3.3> **제32조 【특허를 받을 수 없는 발명】** 공공의 질서 또는 선량한 풍속을 문란하게 하거나 공중의 위생을 해할 염려가 있는 발명에 대하여는 제29조제1항 및 제2항의 규정에 불구하고 특허를 받을 수 없다.	다. 1. 실용신안등록을 받을 수 있는 권리를 가진 자에 의하여 그 고안이 제4조제1항 각 호의 어느 하나에 해당하게 된 경우. 다만, 조약 또는 법률에 따라 국내 또는 국외에서 출원공개되거나 등록공고된 경우를 제외한다. 2. 실용신안등록을 받을 수 있는 권리를 가진 자의 의사에 반하여 그 고안이 제4조제1항 각 호의 어느 하나에 해당하게 된 경우 ②제1항제1호의 규정을 적용받고자 하는 자는 실용신안등록출원서에 그 취지를 기재하여 출원하고, 이를 증명할 수 있는 서류를 실용신안등록출원일부터 30일 이내에 특허청장에게 제출하여야 한다. **제6조 【실용신안등록을 받을 수 없는 고안】** 다음 각 호의 어느 하나에 해당하는 고안에 대하여는 제4조의 규정에 불구하고 실용신안등록을 받을 수 없다. 1. 국기 또는 훈장과 동일하거		
		제6조 【디자인등록을 받을 수 없는 디자인】 다음 각 호의 어느 하나에 해당하는 디자인에 대하여는 제5조의 규정에 불구하고 디자인등록을 받을 수 없다. <개정 2004.12.31> 1. 국기·국장·군기·훈장·	**제7조 【상표등록을 받을 수 없는 상표】** ①다음 각 호의 어느 하나에 해당하는 상표는 제6조에도 불구하고 상표등록을 받을 수 없다. <개정 1993.12.10, 1997.8.22, 2001.2.3, 2004.12.31, 2007.1.3, 2010.1.27>

특허법	실용신안법	디자인보호법	상표법
[전문개정 1995.12.29] ▶판례 **인체를 필수 구성요건으로 하는 발명이 인체에 행하여지는 수술 또는 치료방법 등 의료행위에 해당하지 않는 경우, 특허로서 보호받을 수 있는지 여부(한정 적극)** 인체를 필수 구성요건으로 하는 발명이 특허의 대상에서 제외된다고 보아 온 근거는, 의료행위는 인간의 존엄 및 생존에 깊이 관계되어 있는 점, 모든 사람은 의사의 도움을 통하여 질병의 진단, 치료, 경감 또는 예방할 수 있는 의료방법을 선택하고 접근할 수 있는 권리가 보호되어야 한다는 점, 의료행위에 관한 발명을 특허의 대상으로 하게 되면 의사가 의료행위를 수행함에 있어 특허의 침해 여부를 신경쓰게 되어 의료행위에 대한 자유로운 접근이 어렵게 되는 점 등을 들 수 있는바, 인체를 필수 구성요건으로 하는 발명이라 하더라도 인체에 행하여지는 수술 또는 치료방법 등 의료행위에 해당하지 않는 한, 그 발명을 실행할 때 필연적으로 신체를 손상하거나, 신체의 자유를 비인도적으로 구	나 유사한 고안 2. 공공의 질서 또는 선량한 풍속을 문란하게 하거나 공중의 위생을 해할 염려가 있는 고안	포장·기장 기타 공공기관등의 표장과 외국의 국기·국장 또는 국제기관등의 문자나 표지와 동일 또는 유사한 디자인 2. 디자인이 주는 의미나 내용 등이 일반인의 통상적인 도덕관념인 선량한 풍속에 어긋나거나 공공질서를 해칠 우려가 있는 디자인 3. 타인의 업무에 관계되는 물품과 혼동을 가져올 염려가 있는 디자인 4. 물품의 기능을 확보하는데 불가결한 형상만으로 된 디자인	1. 대한민국의 국기(國旗), 국장(國章), 군기(軍旗), 훈장, 포장(褒章), 기장(記章), 대한민국 또는 공공기관의 감독용이나 증명용 인장(印章) 또는 기호와 동일하거나 이와 유사한 상표 ▶판례 **상표법 제7조 제1항 제1호 소정의 '저명한 국제기관'의 의미** 상표법 제7조 제1항 제1호의 입법 취지에 비추어 볼 때 여기서 말하는 저명한 국제기관이라 함은 원칙적으로 상표등록 사정 당시 존재하는 기관으로서 그 조직이나 활동상황 등에 의해 국제적으로 널리 알려질 것을 요하고, 이미 오래 전에 폐지되어 위 사정 당시에 활동을 하지 않는 경우에는 이에 해당하지 않는다. (대법원 1998. 6. 26. 선고 97후1443 판결) 1의2. 「공업소유권의 보호를 위한 파리협약」(이하 "파리협약"이라 한다) 동맹국, 세계무역기구 회원국 또는 「상표법조약」 체약국(이하 이 항에서 "동맹국등"이라 한다)의 국기와 동일하거나 이와 유사한 상표 1의3. 국제적십자, 국제올림픽

특허법	실용신안법	디자인보호법	상표법
속하여 특허법 제32조 소정의 '공공의 질서 또는 선량한 풍속을 문란하게 하거나 공중의 위생을 해할 염려가 있는 발명'에 해당되어 특허가 허용될 수 없는 경우를 제외하고는, 산업상 이용이 가능하여 특허로서 보호받을 수 있다. (특허법원 2004. 7. 15. 선고 2003허6104 판결)			위원회 또는 저명한 국제기관의 명칭, 약칭, 표장과 동일하거나 이와 유사한 상표. 다만, 국제적십자, 국제올림픽위원회 또는 저명한 국제기관이 자기의 명칭, 약칭 또는 표장을 상표등록출원한 때에는 그러하지 아니하다. 1의4. 파리협약 제6조의3에 따라 세계지적소유권기구로부터 통지받아 특허청장이 지정한 동맹국등의 문장(紋章), 기(旗), 훈장, 포장, 기장 또는 동맹국등이 가입한 정부 간 국제기구의 명칭, 약칭, 문장, 기, 훈장, 포장, 기장과 동일하거나 이와 유사한 상표. 다만, 동맹국 또는 동맹국등이 가입한 정부 간 국제기구가 자기의 명칭·약칭(동맹국등이 가입한 정부 간 국제기구에 한정한다) 표장을 상표등록출원한 때에는 그러하지 아니하다. 1의5. 파리협약 제6조의3에 따라 세계지적소유권기구로부터 통지받아 특허청장이 지정한 동맹국등 또는 그 공공기관의 감독용이나 증명용 인장 또는 기호와 동일하거나 유사한 상표로서 그 인장 또는 기호가 사용되고 있는 상품과 동일하

특허법	실용신안법	디자인보호법	상표법
			거나 유사한 상품에 관하여 사용하는 것 2. 국가·인종·민족·공공단체·종교 또는 저명한 고인과의 관계를 허위로 표시하거나 이들을 비방 또는 모욕하거나 이들에 대하여 나쁜 평판을 받게 할 염려가 있는 상표 3. 국가·공공단체 또는 이들의 기관과 공익법인의 영리를 목적으로 하지 아니하는 업무 또는 영리를 목적으로 하지 아니하는 공익사업을 표시하는 표장으로서 저명한 것과 동일 또는 유사한 상표. 다만, 국가·공공단체 또는 이들의 기관과 공익법인 또는 공익사업체에서 자기의 표장을 상표등록출원한 때에는 그러하지 아니하다. 4. 상표 그 자체 또는 상표가 상품에 사용되는 경우 수요자에게 주는 의미와 내용 등이 일반인의 통상적인 도덕관념인 선량한 풍속에 어긋나거나 공공의 질서를 해칠 우려가 있는 상표 ▶판례 상표법 제7조 제1항 제4호의 '공공의 질서 또는 선량한 풍속을

특허법	실용신안법	디자인보호법	상표법
			문란하게 할 염려가 있는 상표'의 의미 구 상표법 제7조 제1항 제4호는 '공공의 질서 또는 선량한 풍속을 문란하게 할 염려가 있는 상표'는 상표등록을 받을 수 없다고 규정하고 있는바, 여기서 '공공의 질서 또는 선량한 풍속을 문란하게 할 염려가 있는 상표'라고 함은 상표의 구성 자체 또는 그 상표가 지정상품에 사용되는 경우 일반 수요자에게 주는 의미나 내용이 사회 공공의 질서에 위반하거나 사회 일반인의 통상적인 도덕관념인 선량한 풍속에 반하는 경우뿐만 아니라, 그 상표를 등록하여 사용하는 행위가 공정한 상품유통질서나 국제적 신의와 상도덕 등 선량한 풍속에 위배되는 경우도 포함되며 (대법원 2000. 4. 21. 선고 97후860, 877(병합), 884(병합) 판결 참조), 또한 그 상표의 사용이 사회 공공의 이익을 침해하는 것이라면 이는 공공의 질서에 위반되는 것으로서 허용될 수 없다고 보아야 할 것이다(대법원 2009.5.28. 선고 2007후3325 판결). ▶판례 상표 "JAMES DEAN"여 저명한

특허법	실용신안법	디자인보호법	상표법
			고인과의 관계를 허위로 표시한 상표에 해당하는지 여부(소극) 출원상표 "JAMES DEAN"은 단순히 고인의 성명 그 자체를 상표로 사용한 것에 지나지 아니할 뿐 동인과의 관련성에 관한 아무런 표시가 없어 이를 가리켜 상표법 제7조 제1항 제2호 소정의 고인과의 관계를 허위로 표시한 상표에 해당하지 않는다. (대법원 1997. 7. 11. 선고 96후2173 판결) 5. 정부가 개최하거나 정부의 승인을 얻어 개최하는 박람회 또는 외국정부가 개최하거나 외국정부의 승인을 얻어 개최하는 박람회의 상패·상장 또는 포장과 동일 또는 유사한 표장이 있는 상표. 다만, 그 상패·상장 또는 포장을 받은 자가 당해 박람회에서 수상한 상품에 관하여 상표의 일부로서 그 표장을 사용할 때에는 그러하지 아니하다. 6. 저명한 타인의 성명·명칭 또는 상호·초상·서명·인장·아호·예명·필명 또는 이들의 약칭을 포함하는 상표. 다만, 그 타인의 승낙을 얻은 경우에는 그러하지 아니하다.

특허법	실용신안법	디자인보호법	상표법
			7. 선출원에 의한 타인의 등록상표(지리적 표시 등록단체표장을 제외한다)와 동일 또는 유사한 상표로서 그 지정상품과 동일 또는 유사한 상품에 사용하는 상표 ▶판례 **양 상표가 서로 유사해 보이더라도 거래실정상 일반 수요자들이 상품의 품질이나 출처에 관한 오인·혼동할 염려가 없는 경우, 그 등록이 무효인지 여부(소극)** 비록 상표 자체의 외관, 칭호, 관념에서 서로 유사하여 일반적·추상적·정형적으로는 양 상표가 서로 유사해 보인다 하더라도 당해 상품을 둘러싼 일반적인 거래실정, 즉 시장의 성질, 고객층의 재산이나 지식정도, 전문가인지 여부, 연령, 성별, 당해 상품의 속성과 거래방법, 거래장소, 고장수리의 사후보장 여부, 상표의 현존 및 사용상황, 상표의 주지정도, 당해 상품과의 관계 수요자의 일상 언어생활 등을 종합적·전체적으로 고려하여 거래사회에서 수요자들이 구체적·개별적으로는 명백히 상품의 품질이나 출처에 오인·혼동의 염려가 없을 경우에는, 양 상표가 공존하더라

특허법	실용신안법	디자인보호법	상표법
			도 당해 상표권자나 수요자 및 거래자들의 보호에 아무런 지장이 없다 할 것이어서 그러한 상표의 등록을 금지하거나 등록된 상표를 무효라고 할 수는 없다. (대법원 1996. 9. 24. 선고 96후153,96후191 판결) 7의2. 선출원에 의한 타인의 지리적 표시 등록단체표장과 동일 또는 유사한 상표로서 그 지정상품과 동일한 상품에 사용하는 상표 8. 상표권이 소멸한 날(상표등록을 무효로 한다는 심결이 있은 경우에는 심결확정일을 말한다)부터 1년을 경과하지 아니한 타인의 등록상표(지리적 표시 등록단체표장을 제외한다)와 동일 또는 유사한 상표로서 그 지정상품과 동일 또는 유사한 상품에 사용하는 상표 8의2. 지리적 표시 단체표장권이 소멸한 날(단체표장등록을 무효로 한다는 심결이 있은 경우에는 심결확정일을 말한다)부터 1년을 경과하지 아니한 타인의 지리적 표시 등록단체표장과 동일 또는 유사한 상표로서 그 지정상품과 동일한 상품에 사용하는 상표

특허법	실용신안법	디자인보호법	상표법
			9. 타인의 상품을 표시하는 것이라고 수요자간에 헉저하게 인식되어 있는 상표(지리적 표시를 제외한다)와 동일 또는 유사한 상표로서 그 타인의 상품과 동일 또는 유사한 상품에 사용하는 상표 9의2. 특정 지역의 상품을 표시하는 것이라고 수쿄자간에 현저하게 인식되어 있는 타인의 지리적 표시와 동일 또는 유사한 상표로서 그 지리적 표시를 사용하는 상품과 동일한 상품에 사용하는 상표 10. 수요자간에 현저하게 인식되어 있는 타인의 상둠이나 영업과 혼동을 일으키게 할 염려가 있는 상표 ▶판례 **상표법 제7조 제10호에 따른 상표 부등록사유의 판단 ㄱ준** 상표법 제7조 제1항 제10호에 따른 부등록사유란, 타연의 선사용상표 또는 서비스표의 저명 정도, 당해 상표와 타인의 선사용상표 또는 서비스표의 각 구성, 상품 혹은 영업의 유사 내지 밀접성 정도, 선사용상표 또는 서비스표 권리자의 사업다각화 정도, 이들 수요자 층의 즁복 정도

상표법	디자인보호법	실용신안법	특허법
등을 비교·종합한 결과, 당해 상표의 수요자가 그 상표로부터 타인의 저명한 상표 또는 서비스표나 그 상품 또는 영업 등을 쉽게 연상하여 출처에 혼동을 일으키게 할 염려가 있는 경우를 의미한다(대법원 2010.5.27. 선고 2008후2510 판결). 11. 상품의 품질을 오인하게 하거나 수요자를 기만할 염려가 있는 상표 ▲판례 **상표법 제7조 제1항 제11호에서 규정하고 있는 '수요자를 기만할 염려가 있는 상표'에 해당하는지 여부의 판단 기준** 등록상표가 상표법 제7조 제1항 제11호에서 규정하고 있는 수요자를 기만할 염려가 있는 상표에 해당하려면, 그 등록상표나 지정상품과 대비되는 선사용상표나 그 사용상품이 반드시 저명하여야 할 필요까지는 없고, 국내 수요자나 거래자에게 그 상표나 상품이라고 하면 곧 특정인의 상표나 상품이라고 인식될 수 있을 정도로 알려져 있으면 되며, 이러한 경우 그 선사용상표와 동일·유사한 상표가 그 사용상품과 동일·유사한 상품에 사용되			

특허법	실용신안법	디자인보호법	상표법
			고 있거나, 또는 어떤 상표가 선사용상표와 동일·유사하고, 선사용상표의 구체적인 사용실태나 양 상표가 사용되는 상품 사이의 경제적인 견련의 정도 기타 일반적인 거래실정 등에 비추어, 그 상표가 선사용상표의 사용상품과 동일·유사한 상품에 사용된 경우에 못지않을 정도로 선사용상표의 권리자에 의하여 사용되고 있다고 오인될 만한 특별한 사정이 있으면 수요자로 하여금 출처의 오인·혼동을 일으켜 수요자를 기만할 염려가 있다고 보아야 한다(대법원 2010.1.28. 선고 2009후3275 판결). ▶판례 **화장품류를 지정상품으로 하는 상표 "NECTAR"가 상표법 제7조 제1항 제11호에 해당하는지 여부** 출원상표의 "NECTAR"라는 영문단어 자체는 그리이스 신화에 나오는 "신주(신주)"에서 유래한 것이나, 오늘날 일반수요자의 입장에서 출원상표에 으하여 인식하는 상품은 "감미로운 음료, 감로, 과즙" 정도라 할 것인데, 출원상표의 지정상품들연 화장품류(향수, 향유, 로션 등)와는 동

특허법	실용신안법	디자인보호법	상표법
			일 계통에 속하는 상품이라거나 재료, 용도, 외관, 제법, 판매 등의 점에서 계통을 공통히 하는 관계에 있다 할 수 없고, 양자가 같은 액체 형상을 하고 있어 캔이나 병 등의 용기에 담아 거래된다고 하는 경우에도 음료류와 화장품류는 그 용기에 있어서나 판매처에 있어서 확연히 구별되므로 거래통념상 화장품류의 일반수요자들 사이에서 출원상표로 인하여 상품 자체나 그 품질을 오인할 염려는 없는 것으로 보아야 한다. (대법원 1994.12.9. 선고 94후623 판결) 12. 국내 또는 외국의 수요자 간에 특정인의 상품을 표시하는 것이라고 인식되어 있는 상표(지리적 표시를 제외한다)와 동일 또는 유사한 상표로서 부당한 이익을 얻으려 하거나 그 특정인에게 손해를 가하려고 하는 등 부정한 목적을 가지고 사용하는 상표 12의2. 국내 또는 외국의 수요자간에 특정 지역의 상품을 표시하는 것이라고 인식되어 있는 지리적 표시와 동일 또는 유사한 상표로서 부당한 이익

특허법	실용신안법	디자인보호법	상표법
			을 얻으려 하거나 그 지리적 표시의 정당한 사용자에게 손해를 가하려고 하는 등 부정한 목적을 가지고 사용하는 상표 13. 상표등록을 받고자 하는 상품 또는 그 상품의 포장의 기능을 확보하는데 불가결한 입체적 형상만으로 되거나 색채 또는 색채의 조합만으로 된 상표 14. 세계무역기구 회원국내의 포도주 및 증류주의 산지에 관한 지리적 표시로서 구성되거나 동 표시를 포함하는 상표로서 포도주·증류주 또는 이와 유사한 상품에 사용하고자 하는 상표. 다만, 지리적 표시의 정당한 사용자가 그 해당 상품을 지정상품으로 하여 제9조제3항의 규정에 따른 지리적 표시단체표장등록출원을 한 때에는 그러하지 아니하다. 15. 「종자산업법」 제111조에 따라 등록된 품종명칭과 동일하거나 유사한 상표로서 그 품종명칭과 동일 또는 이와 유사한 상품에 대하여 사용하는 상표 ②제1항제6호·제9호·제9호의 2 및 제10호의 규정에 해당하는 상표라도 상표등록출원시에

특허법	실용신안법	디자인보호법	상표법
			이에 해당(상표등록출원인이 당해 규정의 타인에 해당하는지 여부에 관한 사항을 제외한다) 하지 아니하는 것에 대하여는 당해 규정은 적용하지 아니한다. <개정 2004.12.31, 2007.1.3> ③제1항제7호 · 제7호의2 · 제8호 및 제8호의2는 상표등록출원 시에 이에 해당하는 것에 대하여 적용한다. 다만, 상표등록출원인(이하 "출원인"이라 한다)이 해당 규정의 타인에 해당하는지 여부에 관하여는 상표등록출원시를 기준으로 하지 아니한다. <개정 1997.8.22, 2004.12.31, 2007.1.3, 2010.1.27> ④제1항제8호 및 제8호의2는 다음 각 호의 어느 하나에 해당하는 경우에는 적용하지 아니한다. <개정 1993.12.10, 1997.8.22, 2004.12.31, 2007.1.3, 2010.1.27> 1. 등록상표가 상표권이 소멸한 날부터 소급하여 1년 이상 사용되지 아니한 경우 2. 등록상표가 제1항제6호 · 제9호 · 제9호의2 · 제10호 · 제11호 · 제12호 및 제12호의2, 제8조 또는 제73조제1항제7호의 규정에 위반한 것을 사유로 무효 또는 취소의 심결이 확정된

특허법	실용신안법	디자인보호법	상표법
			후 그 정당한 출원인이 상표등록출원한 경우 3. 등록상표에 대한 상표권의 존속기간갱신등록신청이 되지 아니한 채 제43조제2항 단서에 따른 6개월의 기간이 지난 후에 상표등록출원한 경우 4. 제8조제5항 및 동조 제6항의 규정에 따라 취소심판청구인이 상표등록출원한 경우 5. 제8조제5항 각 호의 어느 하나에 해당하는 경우로서 동항의 규정에 따라 취소심판청구인이 상표등록을 받을 수 있는 기간이 지난 후에 상표등록출원이 있는 경우 ⑤제73조제1항제2호·제3호·제5호 내지 제12호의 규정에 해당한다는 것을 이유로 상표등록의 취소심판이 청구되고 그 청구일이후에 다음 각호의 1에 해당하게 된 때에는 상표권자 및 그 상표를 사용한 자는 그 해당하게 된 날부터 3년이 경과한 후에 상표등록출원을 하지 아니하면 소멸된 등록상표와 동일 또는 유사한 상표를 그 지정상품과 동일 또는 유사한 상품(지리적 도시 단체표장의 경우에는 동일한 상품에 한한다)에 대하여 상표등록

특허법	실용신안법	디자인보호법	상표법
			을 받을 수 없다. <개정 1997.8.22, 2004.12.31> 1. 존속기간의 만료로 인하여 상표권이 소멸한 경우 2. 상표권자가 상표권 또는 지정상품의 일부를 포기한 경우 3. 상표등록 취소의 심결이 확정된 경우 ⑥제1항제7호의2·제8호의2 및 제9호의2의 규정은 동음이의어 지리적 표시 단체표장 상호간에는 이를 적용하지 아니한다. <신설 2004.12.31> [2006헌바113, 2006헌바114(병합), 2009.4.30. 상표법(1997. 8. 22. 법률 제5355호로 개정된 것) 제7조 제3항 본문의 "타인의 등록상표가 제71조 제3항의 규정에 의하여 무효로 된 경우에도 이에 해당하는 것으로 본다"중 제7조 제1항 제7호에 관한 부분은 헌법에 위반된다.] ▶판례 **표장이 의장적 기능도 있는 경우, 상표로서의 사용에 해당하는지 여부의 판단 기준** 의장과 상표는 배타적, 선택적인 관계에 있는 것이 아니므로 의장이 될 수 있는 형상이나 모양이라고 하더라도 그것이 상표의 본

특허법	실용신안법	디자인보호법	상표법
			질적인 기능이라고 할 수 있는 자타상품의 출처표시를 위하여 사용되는 것으로 볼 수 있는 경우에는 위 사용은 상표로서의 사용이라고 보아야 한다. (대법원 2000. 12. 26. 선고 98도2743 판결)
제33조 【특허를 받을 수 있는 자】 ①발명을 한 자 또는 그 승계인은 이 법에서 정하는 바에 의하여 특허를 받을 수 있는 권리를 가진다. 다만, 특허청직원 및 특허심판원직원은 상속 또는 유증의 경우를 제외하고는 재직중 특허를 받을 수 없다. <개정 1995.1.5, 2001.2.3> ②2인이상이 공동으로 발명한 때에는 특허를 받을 수 있는 권리는 공유로 한다.	제11조 【「특허법」의 준용】 실용신안등록요건 및 실용신안등록출원에 관하여는 「특허법」 제33조부터 제35조까지, 제37조, 제38조, 제41조, 제43조, 제44조, 제46조, 제47조, 제51조, 제52조 및 제54조부터 제56조까지의 규정을 준용한다. [전문개정 2009.1.30]	제3조 【디자인등록을 받을 수 있는 자】 ①디자인을 창작한 자 또는 그 승계인은 이 법에서 정하는 바에 의하여 디자인등록을 받을 수 있는 권리를 가진다. 다만, 특허청직원 및 특허심판원직원은 상속 또는 유증의 경우를 제외하고는 재직중 디자인등록을 받을 수 없다. <개정 1993.12.10, 1995.1.5, 2001.2.3, 2004.12.31> ②2인 이상이 공동으로 디자인을 창작한 때에는 디자인등록을 받을 수 있는 권리는 공유로 한다. <개정 1993.12.10, 2004.12.31>	제3조 【상표등록을 받을 수 있는 자】 국내에서 상표를 사용하는 자 또는 사용하고자 하는 자는 자기의 상표를 등록받을 수 있다. 다만, 특허청직원 및 특허심판원직원은 상속 또는 유증의 경우를 제외하고는 재직중 상표를 등록받을 수 없다. <개정 1995.1.5> 제3조의2 【단체표장의 등록을 받을 수 있는 자】 상품을 생산·제조·가공·증명 또는 판매하는 것 등을 업으로 영위하는 자나 서비스업을 영위하는

특허법	실용신안법	디자인보호법	상표법
			자가 공동으로 설립한 법인(지리적 표시 단체표장의 경우에는 그 지리적 표시를 사용할 수 있는 상품을 생산·제조 또는 가공하는 것을 업으로 영위하는 자만으로 구성된 법인에 한한다)은 자기의 단체표장을 등록받을 수 있다. [본조신설 2004.12.31] **제4조【업무표장의 등록을 받을 수 있는 자】** 국내에서 영리를 목적으로 하지 아니하는 업무를 영위하는 자는 자기의 업무표장을 등록받을 수 있다.
제34조【무권리자의 특허출원과 정당한 권리자의 보호】 발명자가 아닌 자로서 특허를 받을 수 있는 권리의 승계인이 아닌 자(이하 "무권리자"라 한다)가 한 특허출원이 제33조제1항 본문의 규정에 의한 특허를 받을 수 있는 권리를 가지지 아니한 사유로 제62조제2호에 해당되어 특허를 받지 못하게 된 경우에는 그 무권리자의 특허출원후에 한 정당한 권리자의 특허출원은 무권리자가 특허출원한 때에 특허출원한 것으로 본다. 다만, 무권리자가 특허를	제11조 【「특허법」의 준용】	**제14조【무권리자의 디자인등록출원과 정당한 권리자의 보호】** 디자인 창작자가 아닌 자로서 디자인등록을 받을 수 있는 권리의 승계인이 아닌 자(이하 "무권리자"라 한다)가 한 디자인등록출원이 제3조제1항 본문의 규정에 따른 디자인등록을 받을 수 있는 권리를 가지지 아니한 사유로 제26조제1항제3호에 해당되어 디자인등록을 받지 못하게 된 경우에는 그 무권리자의 디자인등록출원후에 한 정당한 권리자의 디자인등록출원은 무권리자가 디자	

특허법	실용신안법	디자인보호법	상표법
받지 못하게 된 날부터 30일을 경과한 후에 출원을 한 경우에는 그러하지 아니하다. <개정 2001.2.3> [전문개정 1997.4.10]		인등록출원한 때에 디자인등록출원한 것으로 본다. 다만, 무권리자가 디자인등록을 받지 못하게 된 날부터 30일을 경과한 후에 정당한 권리자가 디자인등록출원을 한 경우에는 그러하지 아니하다. <개정 2004.12.31>	
제35조 【무권리자의 특허와 정당한 권리자의 보호】 제33조제1항 본문의 규정에 의한 특허를 받을 수 있는 권리를 가지지 아니한 자에 대하여 제133조제1항제2호에 해당되어 특허를 무효로 한다는 심결이 확정된 경우에는 그 특허출원 후에 한 정당한 권리자의 특허출원은 무효로 된 그 특허의 출원시에 특허출원한 것으로 본다. 다만, 그 특허의 등록공고가 있는 날부터 2년을 경과한 후 또는 심결이 확정된 날부터 30일을 경과한 후에 특허출원을 한 경우에는 그러하지 아니하다. [전문개정 2006.3.3]	**제11조 【「특허법」의 준용】**	**제15조 【무권리자의 디자인등록과 정당한 권리자의 보호】** 제3조제1항 본문의 규정에 의한 디자인등록을 받을 수 있는 권리를 가지지 아니한 사유로 그 디자인등록에 대한 취소결정 또는 무효로 한다는 심결이 확정된 경우에는 그 디자인등록출원후에 한 정당한 권리자의 디자인등록출원은 취소 또는 무효로 된 그 등록디자인의 디자인등록출원시에 디자인등록출원한 것으로 본다. 다만, 취소결정 또는 심결이 확정된 날부터 30일을 경과한 후에 디자인등록출원을 한 경우에는 그러하지 아니하다. <개정 2004.12.31>	
제36조 【선출원】 ①동일한 발명에 대하여 다른 날에 2이상의 특허출원이 있는 때에는 먼저	**제7조 【선출원】** ①동일한 고안에 대하여 다른 날에 2 이상의 실용신안등록출원이 있는 때에	**제16조 【선출원】** ①동일 또는 유사한 디자인에 대하여 다른 날에 2이상의 디자인등록출원	**제8조 【선출원】** ①동일 또는 유사한 상품에 사용할 돋일 또는 유사한 상표에 관하여 다른 날

특허법	실용신안법	디자인보호법	상표법
특허출원한 자만이 그 발명에 대하여 특허를 받을 수 있다. ▶판례 **구 특허법 제36조의 적용에 있어 두 발명이 물건의 발명과 방법의 발명으로 서로 발명의 범주가 다르다고 하여 '동일한 발명'이 아니라고 단정할 수 있는지 여부 (소극)** 구 특허법(2001. 2. 3. 법률 제6411호로 개정되기 전의 것) 제36조를 적용하기 위한 전제로서 두 발명이 서로 동일한 발명인지 여부는 대비되는 두 발명의 실체를 파악하여 따져보아야 할 것이지 표현양식에 따른 차이에 따라 판단할 것은 아니므로, 대비되는 두 발명이 각각 물건의 발명과 방법의 발명으로 서로 발명의 범주가 다르다고 하여 곧바로 동일한 발명이 아니라고 단정할 수 없다(대법원 2007.1.12. 선고 2005후3017 판결). ②동일한 발명에 대하여 같은 날에 2이상의 특허출원이 있는 때에는 특허출원인의 협의에 의하여 정하여진 하나의 특허출원인만이 그 발명에 대하여 특허를 받을 수 있다. 협의가 성립하지 아니하거나 협의를	는 먼저 실용신안등록출원한 자만이 그 고안에 대하여 실용신안등록을 받을 수 있다. ②동일한 고안에 대하여 같은 날에 2 이상의 실용신안등록출원이 있는 때에는 실용신안등록출원인 간의 협의에 의하여 정하여진 하나의 실용신안등록출원인만이 그 고안에 대하여 실용신안등록을 받을 수 있다. 협의가 성립하지 아니하거나 협의를 할 수 없는 때에는 어느 실용신안등록출원인도 그 고안에 대하여 실용신안등록을 받을 수 없다. ③실용신안등록출원된 고안과 특허출원된 발명이 동일한 것으로서 그 실용신안등록출원과 특허출원이 다른 날에 출원된 것일 때에는 제1항의 규정을 준용하고, 그 실용신안등록출원과 특허출원이 같은 날에 출원된 것일 때에는 제2항의 규정을 준용한다. ④실용신안등록출원 또는 특허출원이 무효·취하 또는 포기되거나 거절결정이나 거절한다는 취지의 심결이 확정된 때에는 그 실용신안등록출원 또는 특허출원은 제1항 내지 제3항의 규정을 적용함에 있어서는	이 있는 때에는 먼저 디자인등록출원한 자만이 그 디자인에 관하여 디자인등록을 받을 수 있다. <개정 2004.12.31> ②동일 또는 유사한 디자인에 대하여 같은 날에 2이상의 디자인등록출원이 있는 때에는 디자인등록출원인의 협의에 의하여 정하여진 하나의 디자인등록출원인만이 그 디자인에 대하여 디자인등록을 받을 수 있다. 협의가 성립하지 아니하거나 협의를 할 수 없는 때에는 어느 디자인등록출원인도 그 디자인에 대하여 디자인등록을 받을 수 없다. <개정 2004.12.31> ③디자인등록출원이 무효·취하·포기 또는 거절결정이나 거절한다는 취지의 심결이 확정된 때에는 그 디자인등록출원은 제1항 및 제2항의 규정을 적용함에 있어서는 처음부터 없었던 것으로 본다. 다만, 제2항 후단에 해당하여 그 디자인등록출원에 대하여 거절결정이나 거절한다는 취지의 심결이 확정된 때에는 그러하지 아니하다. <개정 2007.1.3> ④디자인을 창작한 자가 아닌 자로서 디자인등록을 받을 수	에 2 이상의 상표등록출원이 있는 때에는 먼저 출원한 자만이 그 상표에 관하여 상표등록을 받을 수 있다. ▶판례 **등록상표 '생활정보'의 특별현저성의 유무** 등록상표가 한자로 '생활정보'라고 횡서표기한 문자상표라면 그 '생활정보'라는 용어는 우리의 생활 주변에서 일어나는 여러가지 뜻을 전달하는 뜻이 있으므로 이 사건 등록상표는 그 지정상품인 잡지와의 관계에 있어서 그 효능이나 용도 등 상품의 성질을 보통으로 사용하는 방법으로 표시한 표장만으로 된 상표이므로 자타 상품을 식별할 수 있는 기능이 결여되는 것으로서 상표로서의 특별현저성이 없다. (대법원 1987.8.18. 선고 86후190 판결) ②동일 또는 유사한 상품에 사용할 동일 또는 유사한 상표에 관하여 같은 날에 2 이상의 상표등록출원이 있는 때에는 출원인의 협의에 의하여 정하여진 하나의 출원인만이 그 상표에 관하여 상표등록을 받을 수 있다. 협의가 성립하지 아니하

특허법	실용신안법	디자인보호법	상표법
할 수 없는 때에는 어느 특허출원인도 그 발명에 대하여 특허를 받을 수 없다. ③특허출원된 발명과 실용신안등록출원된 고안이 동일한 경우 그 특허출원과 실용신안등록출원이 다른 날에 출원된 것일 때에는 제1항의 규정을 준용하고, 그 특허출원과 실용신안등록출원이 같은 날에 출원된 것일 때에는 제2항의 규정을 준용한다. <개정 1998.9.23, 2001.2.3, 2006.3.3> ④특허출원 또는 실용신안등록출원이 무효·취하 또는 포기되거나 거절결정이나 거절한다는 취지의 심결이 확정된 때에는 그 특허출원 또는 실용신안등록출원은 제1항 내지 제3항의 규정을 적용함에 있어서는 처음부터 없었던 것으로 본다. 다만, 제2항 후단(제3항의 규정에 의하여 준용되는 경우를 포함한다)의 규정에 해당하여 그 특허출원 또는 실용신안등록출원에 대하여 거절결정이나 거절한다는 취지의 심결이 확정된 때에는 그러하지 아니하다. <개정 2001.2.3, 2006.3.3> ⑤발명자 또는 고안자가 아닌 자로서 특허를 받을 수 있는	처음부터 없었던 것으로 본다. 다만, 제2항 후단(제3항의 규정에 의하여 준용되는 경우를 포함한다)의 규정에 해당하여 그 실용신안등록출원 또는 특허출원에 대하여 거절결정 또는 거절한다는 취지의 심결이 확정된 때에는 그러하지 아니하다. ⑤고안자 또는 발명자가 아닌 자로서 실용신안등록을 받을 수 있는 권리 또는 특허를 받을 수 있는 권리의 승계인이 아닌 자가 한 실용신안등록출원 또는 특허출원은 제1항 내지 제3항의 규정을 적용함에 있어서는 처음부터 없었던 것으로 본다. ⑥특허청장은 제2항의 경우에는 실용신안등록출원인에게 기간을 정하여 협의의 결과를 신고할 것을 명하고 그 기간 이내에 신고가 없는 때에는 협의는 성립되지 아니한 것으로 본다.	있는 권리의 승계인이 아닌 자가 한 디자인등록출원은 제1항 및 제2항의 규정을 적용함에 있어서는 처음부터 없었던 것으로 본다. <개정 1993.12.10, 2004.12.31> ⑤특허청장은 제2항의 경우에는 디자인등록출원인에게 기간을 정하여 협의의 결과를 신고할 것을 명하고 그 기간내에 신고가 없는 때에는 제2항의 규정에 의한 협의는 성립되지 아니한 것으로 본다. <개정 2004.12.31>	거나 협의를 할 수 없는 때에는 특허청장이 행하는 추첨에 의하여 결정된 하나의 출원인만이 상표등록을 받을 수 있다. ③상표등록출원이 포기·취하 또는 무효가 된 때 또는 상표등록거절결정이나 심결이 확정된 때에는 그 상표등록출원은 제1항 및 제2항의 규정을 적용함에 있어서는 처음부터 없었던 것으로 본다. <개정 2001.2.3> ④특허청장은 제2항의 경우에는 출원인에게 기간을 정하여 협의의 결과를 신고할 것을 명하고 그 기간내에 신고가 없는 때에는 제2항의 규정에 의한 협의는 성립되지 아니한 것으로 본다. ⑤제73조제1항제3호의 규정에 해당한다는 것을 이유로 상표등록의 취소심판이 청구되고 그 청구일이후에 다음 각 호의 어느 하나에 해당하게 된 때에는 그 해당하게 된 날(제3호의 경우 상표등록 취소의 심결에 대하여 소가 제기된 후 소취하나 상고취하로 그 상표등록 취소의 심결이 확정된 대에는 그 취하일을 말한다)부터 6개월간

특허법	실용신안법	디자인보호법	상표법
권리 또는 실용신안등록을 받을 수 있는 권리의 승계인이 아닌 자가 한 특허출원 또는 실용신안등록출원은 제1항 내지 제3항의 규정을 적용함에 있어서는 처음부터 없었던 것으로 본다. ⑥특허청장은 제2항의 경우에는 특허출원인에게 기간을 정하여 협의의 결과를 신고할 것을 명하고 그 기간내에 신고가 없는 때에는 제2항의 규정에 의한 협의는 성립되지 아니한 것으로 본다. ▶판례 **구 특허법(1980.12.31. 법률 제3325호로 개정되기 전의 것)상 발명의 동일성 여부의 판단방법** 구 특허법(1980.12.31. 법률 제3325호로 개정되기 전의 것)상 출원발명이 선출원의 발명과 동일한 발명인지의 여부를 판단하기 위하여는 먼저 두 발명의 성격(물건에 관한 발명인지, 방법에 관한 발명인지)과 그 특허발명의 범위를 확정하여야 할 것이며 그 중 하나가 물건(장치)에 관한 발명으로 되어 있고 다른 하나가 방법에 관한 발명으로 되어 있을 때에는 그 발명의 실체를 파악하			은 취소심판청구인만이 상표등록출원을 하여 소멸된 등록상표와 동일 또는 유사한 상표를 그 지정상품과 동일 또는 유사한 상품에 대하여 상표등록을 받을 수 있다. <개정 1997.8.22, 2007.1.3> 1. 제43조제2항 단서의 기간이 경과한 경우 2. 상표권자가 상표권 또는 지정상품의 일부를 포기한 경우 3. 상표등록 취소의 심결이 확정된 경우 ⑥제73조제1항제3호에 해당한다는 것을 이유로 상표등록의 취소심판이 청구되고 그 청구일 이후에 다음 각 호의 어느 하나에 해당하는 상표등록출원이 있는 경우에는 취소심판청구인만이 상표등록을 받을 수 있다. <신설 2007.1.3> 1. 상표권의 존속기간 만료로 취소심판이 청구된 등록상표가 소멸되는 경우에 있어서 제43조제2항 단서의 기간 중 그 소멸된 등록상표와 동일하거나 유사한 상표를 그 지정상품과 동일하거나 유사한 상품에 대하여 상표등록출원한 경우 2. 상표등록 취소의 심결에 대하여 소가 제기된 후 소취하나

특허법	실용신안법	디자인보호법	상표법
여 동일한 발명인데 표현양식에 따른 차이가 있는 것에 지나지 아니하는 것인지, 아니면 장치와 방법 양자에 관하여 각각 별개의 발명이 있었는지 여부를 먼저 확정하여 설시하고 이에 터잡아 두 발명의 동일성 여부를 판단하여야 할 것이다. (대법원 1990.2.27. 선고 89후148 판결)			상고취하로 그 상표등록 취소의 심결이 확정되어 취소심판이 청구된 등록상표가 소멸되는 경우에 있어서 그 취소심결의 확정일부터 소취하길 또는 상고취하일까지의 기간 중 그 소멸된 등록상표와 동일 하거나 유사한 상표를 그 지정상품과 동일하거나 유사한 상품에 대하여 상표등록출원한 경우 ⑦제1항 및 제2항의 규정은 다음 각호의 1에 해당하는 경우에는 이를 적용하지 아니한다. <신설 2004.12.31, 2007.1.3> 1. 동일하지 아니한 상품에 대하여 동일 또는 유사한 표장으로 2 이상의 지리적 표시 단체표장등록출원 또는 지리적 표시 단체표장등록출원과 상표등록출원이 있는 경우 2. 서로 동음이의어 지리적 표시에 해당하는 표장으로 2 이상의 지리적 표시 단체 표장등록출원이 있는 경우 ⑧제5항의 규정은 다음 각호의 1에 해당하는 경우에는 이를 적용하지 아니한다. <신설 2004.12.31, 2007.1.3> 1. 소멸된 지리적 표시 등록단체표장과 동일 또는 우사한 표장으로 그 지정상품과 동일하

특허법	실용신안법	디자인보호법	상표법
			지 아니한 상품에 대하여 상표 등록출원을 한 경우 2. 소멸된 지리적 표시 등록단 체표장과 서로 동음이의어 지 리적 표시에 해당하는 표장으 로 지리적 표시 단체표장등록 출원을 한 경우
제37조【특허를 받을 수 있는 권리의 이전등】 ①특허를 받을 수 있는 권리는 이전할 수 있다. ②특허를 받을 수 있는 권리는 질권의 목적으로 할 수 없다. ③특허를 받을 수 있는 권리가 공유인 경우에는 각 공유자는 다른 공유자의 동의를 얻지 아니하면 그 지분을 양도할 수 없다.	제11조【「특허법」의 준용】	제23조의4【디자인등록을 받을 수 있는 권리의 이전등】 ①디자인등록을 받을 수 있는 권리는 이전할 수 있다. 다만, 기본디자인등록을 받을 수 있는 권리와 유사디자인등록을 받을 수 있는 권리는 함께 이전하여야 한다. <개정 2004.12.31> ②디자인등록을 받을 수 있는 권리는 질권의 목적으로 할 수 없다. <개정 2004.12.31> ③디자인등록을 받을 수 있는 권리가 공유인 경우에는 각 공유자는 다른 공유자 전원의 동의를 얻지 아니하면 그 지분을 양도할 수 없다. <개정 2004.12.31> [본조신설 1997.8.22]	
제38조【특허를 받을 수 있는 권리의 승계】 ①특허출원전에 있어서 특허를 받을 수 있는 권리의 승계는 그 승계인이 특	제11조【「특허법」의 준용】	제24조【디자인등록을 받을 수 있는 권리의 승계】 ①디자인등록출원 전에 있어서 디자인등록을 받을 수 있는 권리의	

특허법	실용신안법	디자인보호법	상표법
허출원을 하지 아니하면 제3자에게 대항할 수 없다. ②동일한 자로부터 승계한 동일한 특허를 받을 수 있는 권리에 대하여 같은 날에 2이상의 특허출원이 있는 때에는 특허출원인의 협의에 의하여 정한 자외의 자의 승계는 그 효력이 발생하지 아니한다. ③동일한 자로부터 승계한 동일한 발명 및 고안에 대한 특허를 받을 수 있는 권리 및 실용신안등록을 받을 수 있는 권리에 대하여 같은 날에 특허출원 및 실용신안등록출원이 있는 때에도 제2항과 같다. ④특허출원후에 있어서 특허를 받을 수 있는 권리의 승계는 상속 기타 일반승계의 경우를 제외하고는 특허출원인변경신고를 하지 아니하면 그 효력이 발생하지 아니한다. <개정 2001.2.3> ⑤특허를 받을 수 있는 권리의 상속 기타 일반승계가 있는 경우에는 승계인은 지체없이 그 취지를 특허청장에게 신고하여야 한다. ⑥동일인으로부터 승계한 동일한 특허를 받을 수 있는 권리의 승계에 관하여 같은 날에 2		승계는 그 승계인이 디자인등록출원을 하지 아니하면 제3자에게 대항할 수 없다. ②동일한 자로부터 승계한 같은 디자인등록을 받을 수 있는 권리에 대하여 같은 날에 둘 이상의 디자인등록출원이 있는 때에는 디자인등록출원인의 협의에 의하여 정한 자 외의 자의 승계는 그 효력이 발생하지 아니한다. ③디자인등록출원 후에 있어서 디자인등록을 받을 수 있는 권리의 승계는 상속, 그 밖의 일반승계의 경우를 제외하고는 디자인등록출원인변경신고를 하지 아니하면 그 효력이 발생하지 아니한다. ④디자인등록을 받을 수 있는 권리의 상속, 그 밖의 일반승계가 있는 경우에는 승계인은 지체 없이 그 취지를 특허청장에게 신고하여야 한다. ⑤동일인으로부터 승계한 같은 디자인등록을 받을 수 있는 권리의 승계에 관하여 같은 날에 둘 이상의 디자인등록출원인변경신고가 있는 때에는 신고를 한 자 간의 협의에 의하여 정한 자 외의 자의 신고는 그 효력이 발생하지 아니한다.	

특허법	실용신안법	디자인보호법	상표법
이상의 특허출원인변경신고가 있는 때에는 신고를 한 자간의 협의에 의하여 정한 자외의 자의 신고는 그 효력이 발생하지 아니한다. <개정 2001.2.3> ⑦제36조제6항의 규정은 제2항·제3항 및 제6항의 경우에 이를 준용한다. <개정 1993.12.10> **제39조 삭제** <2006.3.3> **제40조 삭제** <2006.3.3> **제41조 【국방상 필요한 발명등】** ①정부는 국방상 필요한 경우에는 외국에의 특허출원을 금지하거나 발명자·출원인 및 대리인에게 그 발명을 비밀로 취급하도록 명할 수 있다. 다만, 정부의 허가를 얻은 때에는 외국에 특허출원을 할 수 있다. ②정부는 특허출원한 발명이 국방상 필요한 경우에는 특허를 하지 아니할 수 있으며, 전시·사변 또는 이에 준하는 비상시에 있어서 국방상 필요한 경우에는 특허를 받을 수 있는 권리를 수용할 수 있다. <개정 1995.12.29>	**제11조 【「특허법」의 준용】**	⑥제2항 및 제5항의 경우에는 제16조제5항을 준용한다. [전문개정 2009.6.9]	

특허법	실용신안법	디자인보호법	상표법
③제1항의 규정에 의한 외국에의 특허출원 금지 또는 비밀취급에 따른 손실에 대하여는 정부는 정당한 보상금을 지급하여야 한다. <개정 2001.2.3> ④제2항의 규정에 의하여 특허하지 아니하거나 수용한 경우에는 정부는 정당한 보상금을 지급하여야 한다. ⑤제1항의 규정에 의한 외국에의 특허출원의 금지 또는 비밀취급명령을 위반한 경우에는 그 발명에 대하여 특허를 받을 수 있는 권리를 포기한 것으로 본다. ⑥제1항의 규정에 의한 비밀취급명령을 위반한 경우에는 비밀취급에 따른 손실보상금의 청구권을 포기한 것으로 본다. ⑦제1항의 규정에 의한 외국에의 특허출원의 금지·비밀취급의 절차·제2항 내지 제4항의 규정에 의한 수용 및 보상금 지급의 절차 기타 필요한 사항은 대통령령으로 정한다.		제7조 【유사디자인】 ①디자인권자 또는 디자인등록출원인은 자기의 등록디자인 또는 디자인등록출원한 디자인(이하 "기본디자인"이라 한다)에만 유사	

특허법	실용신안법	디자인보호법	상표법
		한 디자인(이하 "유사디자인"이라 한다)에 대하여는 유사디자인만으로 디자인등록을 받을 수 있다. <개정 1997.8.22, 2004.12.31>	

▶판례
확인대상디자인이 유사디자인의 권리범위에 속하기 위한 요건
유사디자인이 등록되면 그 디자인권은 최초의 등록을 받은 기본디자인권과 합체하고 유사디자인의 권리범위는 기본디자인의 권리범위를 초과하지 않는다고 할 것이므로, 확인대상디자인이 유사디자인의 권리범위에 속한다고 할 수 있으려면 유사디자인과 유사하다는 사정만으로는 부족하고 기본디자인과도 유사하여야 할 것이다(대법원 1989. 8. 8. 선고 89후25 판결, 대법원 1995. 6. 30. 선고 94후1749 판결 등 참조). 이 경우 기본디자인의 권리범위는 유사디자인의 유사범위까지 확장되는 것은 아니다(대법원 2008.12.24. 선고 2006후1643 판결).

②제1항의 규정에 의하여 등록을 받은 유사디자인 또는 디자인등록출원된 유사디자인에만 유사한 디자인에 대하여는 제1항의 규정을 적용하지 아니한

특허법	실용신안법	디자인보호법	상표법
		다.　<개정 2004.12.31> **제8조 【신규성상실의 예외】**　①디자인등록을 받을 수 있는 권리를 가진 자의 디자인이 제5조제1항제1호 또는 제2호에 해당하게 된 경우 그 디자인은 그 날부터 6개월 이내에 그 자가 디자인등록출원한 디자인에 대하여 동조제1항 및 제2항의 규정을 적용함에 있어서는 동조제1항제1호 또는 제2호에 해당하지 아니한 것으로 본다. <개정 2001.2.3, 2004.12.31, 2007.1.3> ②제1항의 규정을 적용받고자 하는 자는 디자인등록출원시 디자인등록출원서에 그 취지를 기재하여 특허청장에게 제출하고 이를 증명할 수 있는 서류를 디자인등록출원일부터 30일 이내에 특허청장에게 제출하여야 한다. 다만, 자기의 의사에 반하여 그 디자인이 제5조제1항 각호의 1에 해당하게 된 경우에는 그러하지 아니하다. <개정 2001.2.3, 2004.12.31> [전문개정 1997.8.22]	
제42조 【특허출원】　①특허를 받고자 하는 자는 다음 각호의	**제8조 【실용신안등록출원】**　①실용신안등록을 받고자 하는 자	**제9조 【디자인등록출원】**　①디자인등록을 받고자 하는 자는 다	**제9조 【상표등록출원】**　①상표등록을 받고자 하는 지는 다음

특허법	실용신안법	디자인보호법	상표법
사항을 기재한 특허출원서를 특허청장에게 제출하여야 한다. <개정 2001.2.3> 1. 특허출원인의 성명 및 주소(법인인 경우에는 그 명칭 및 영업소의 소재지) 2. 특허출원인의 대리인이 있는 경우에는 그 대리인의 성명 및 주소나 영업소의 소재지(대리인이 특허법인인 경우에는 그 명칭, 사무소의 소재지 및 지정된 변리사의 성명) 3. 삭제 <2001.2.3> 4. 발명의 명칭 5. 발명자의 성명 및 주소 6. 삭제 <2001.2.3> ②제1항의 규정에 의한 특허출원서에는 다음 각호의 사항을 기재한 명세서와 필요한 도면 및 요약서를 첨부하여야 한다. 1. 발명의 명칭 2. 도면의 간단한 설명 3. 발명의 상세한 설명 4. 특허청구범위	는 다음 각 호의 사항을 기재한 실용신안등록출원서를 특허청장에게 제출하여야 한다. 1. 실용신안등록출원인의 성명 및 주소(법인인 경우에는 그 명칭 및 영업소의 소재지) 2. 실용신안등록출원인의 대리인이 출원하는 경우에는 그 대리인의 성명·주소 및 영업소의 소재지(대리인이 특허법인인 경우에는 그 명칭, 사무소의 소재지 및 지정된 변리사의 성명) 3. 고안의 명칭 4. 고안자의 성명 및 주소 ②제1항의 규정에 의한 실용신안등록출원서에는 다음 각호의 사항을 기재한 명세서와 도면 및 요약서를 첨부하여야 한다. 1. 고안의 명칭 2. 도면의 간단한 설명 3. 고안의 상세한 설명 4. 실용신안등록청구범위 ③제2항제3호의 규정에 따른 고안의 상세한 설명에는 그 고안이 속하는 기술분야에서 통상의 지식을 가진 자가 그 고안을 쉽게 실시할 수 있도록 지식경제부령이 정하는 기재방법에 따라 명확하고 상세하게	음 각호의 사항을 기재한 디자인심사등록출원서 또는 디자인무심사등록출원서를 특허청장에게 제출하여야 한다. <개정 1993.12.10, 1997.8.22, 2001.2.3, 2004.12.31> 1. 디자인등록출원인의 성명 및 주소(법인인 경우에는 그 명칭 및 영업소의 소재지) 2. 디자인등록출원인의 대리인이 있는 경우에는 그 대리인의 성명 또는 주소나 영업소의 소재지(대리인이 특허법인인 경우에는 그 명칭, 사무소의 소재지 및 지정된 변리사의 성명) 3. 삭제 <2001.2.3> 4. 디자인의 대상이 되는 물품 4의2. 단독디자인등록출원 또는 유사디자인등록출원의 여부 5. 기본디자인의 디자인등록번호 또는 디자인등록출원번호(제7조제1항의 규정에 의하여 유사디자인으로 디자인등록을 받고자 하는 경우에 한한다) 6. 디자인을 창작한 자의 성명 및 주소 7. 제23조제3항에 규정된 사항(우선권주장을 하고자 하는 경우에 한하여 기재한다) ②제1항의 규정에 의한 디자인	각호의 사항을 기재한 상표등록출원서를 특허청장에게 제출하여야 한다. <개정 1993.3.6, 1995.12.29, 2001.2.3, 2008.2.29> 1. 출원인의 성명 및 주소(법인인 경우에는 그 명칭 및 영업소의 소재지) 2. 출원인의 대리인이 있는 경우에는 그 대리인의 성명 및 주소나 영업소의 소재지(대리인이 특허법인인 경우에는 그 명칭, 사무소의 소재지 및 지정된 변리사의 성명) 3. 상표 4. 지정상품 및 그 유구분 5. 제20조제3항에 규정된 사항(우선권주장을 하고자 하는 경우에 한하여 기재한다) 6. 삭제 <2001.2.3> 7. 기타 지식경제부령이 정하는 사항 ②상표등록을 받으려고 하는 상표가 입체적 형상·색채·홀로그램·동작 또는 그 밖에 시각적으로 인식할 수 있는 것으로 된 상표인 경우에는 지식경제부령이 정하는 바에 따라 그 취지를 출원서에 적어야 한다. <개정 2007.1.3, 2008.2.29>
▶판례 발명이 특허장애사유가 있는지를 판단함에 있어서 특허청구범위의 기재만으로 권리범위가 명백하게 되는 경우 발명의 상세한 설명이나 도면 등 다른 기재에 의하여			▶판례

특허법	실용신안법	디자인보호법	상표법
특허청구범위를 제한 해석할 수 있는지 여부(소극) 특허권의 권리범위는 특허청구범위에 기재된 바에 의하여 정해지므로, 발명이 특허를 받을 수 없는 사유가 있는지 여부를 판단함에 있어서 특허청구범위의 기재만으로 권리범위가 명백하게 되는 경우에는 특허청구범위의 기재 자체만을 기초로 하여야 하지 발명의 상세한 설명이나 도면 등 다른 기재에 의하여 특허청구범위를 제한 해석하는 것은 허용되지 않는다. (대법원 2006.10.13. 선고 2004후776 판결) ③제2항제3호의 규정에 따른 발명의 상세한 설명에는 그 발명이 속하는 기술분야에서 통상의 지식을 가진 자가 그 발명을 쉽게 실시할 수 있도록 지식경제부령이 정하는 기재방법에 따라 명확하고 상세하게 기재하여야 한다. <개정 2007.1.3, 2008.2.29> **▶판례** **의약의 용도발명에 관한 특허출원 명세서에 있어서 '발명의 상세한 설명'을 위한 약리효과의 기재 정도** 특허출원서에 첨부하는 명세서에	기재하여야 한다. <개정 2007.1.3, 2008.2.29> ④제2항제4호의 규정에 의한 실용신안등록청구범위에는 보호를 받고자 하는 사항을 기재한 항(이하 "청구항"이라 한다)이 1 이상 있어야 하며, 그 청구항은 다음 각 호에 해당하여야 한다. 1. 고안의 상세한 설명에 의하여 뒷받침될 것 2. 고안이 명확하고 간결하게 기재될 것 3. 삭제 <2007.1.3> **▶판례** **구 실용신안법 제8조 제4항 제1호의 규정 취지 및 실용신안 등록청구범위가 '고안의 상세한 설명에 의하여 뒷받침되고 있는지' 여부의 판단 기준** 구 실용신안법(1998. 9. 23. 법률 제5577호로 전문 개정되기 전의 것) 제8조 제4항은 " 제2항 제4호의 규정에 의한 실용신안 등록청구범위에는 보호를 받고자 하는 사항을 기재한 항(이하 '청구항'이라 한다)이 1 또는 2 이상 있어야 하며, 그 청구항은 다음 각 호에 해당하여야 한다."고 규정하고 있고, 제1호에서 고안의 상세한	심사등록출원서 또는 디자인무심사등록출원서에는 각 디자인에 관한 다음 각호의 사항을 기재한 도면을 첨부하여야 한다 <개정 1993.12.10, 1997.8.22, 2001.2.3, 2004.12.31> 1. 디자인의 대상이 되는 물품 2. 디자인의 설명 및 창작내용의 요점 3. 디자인의 일련번호(제11조의2의 규정에 의하여 복수디자인등록출원하는 경우에 한한다) ③디자인등록출원인은 제2항의 도면에 갈음하여 디자인의 사진 또는 견본을 제출할 수 있다 <개정2001.2.3, 2004.12.31> ④디자인무심사등록을 받고자 하는 자는 디자인무심사등록출원서에 제1항 각호의 사항외에 제11조의2의 규정에 의한 복수디자인등록출원여부 및 디자인의 수를 기재하여야 한다. <개정 1997.8.22, 2001.2.3, 2004.12.31> ⑤제11조의2의 규정에 따라 복수디자인등록출원을 하고자 하는 자는 디자인무심사등록출원서에 제1항 각호의 규정에 따른 사항 및 각 디자인의 일련번호를 기재하여야 한다.	**상표법 제9조 제1항 제2호 소정의 국가 등을 비방, 모욕하거나 악평을 받게 할 염려가 있는지 여부에 대한 판단기준** 상표법 제9조 제1항 제2호는 국가, 민족,…저명한 고인을 표시하는 상표에 대하여는 동조 동항 제1호와는 달리 그 관계를 허위로 표시하거나 이를 비방 또는 모방하거나 악평을 받게 할 염려가 있는 것에 한하여 등록을 불허하고 있는 바, 위와 같은 염려가 있는지의 여부는 당해 표장자체가 가지고 있는 외관, 칭호, 관념과 지정상품 및 일반거래의 실정 등을 종합적으로 관찰하여 객관적으로 판단하여야 한다. (대법원 1989.7.11. 선고 89후346 판결) ③단체표장등록을 받고자 하는 자는 제1항 각호의 사항외에 대통령령이 정하는 단체표장의 사용에 관한 사항을 정한 정관을 첨부한 단체표장등록출원서를 제출하여야 한다. 이 경우 제2조제1항제3호의4의 규정에 의한 지리적 표시단체표장을 등록받고자 하는 자는 그 취지를 단체표장등록출원서에 기재하여야 하고, 제2조제1항제3호

특허법	실용신안법	디자인보호법	상표법
기재될 '발명의 상세한 설명'에는 그 발명이 속하는 기술분야에서 통상의 지식을 가진 자가 당해 발명을 명세서 기재에 의하여 출원시의 기술 수준으로 보아 특수한 지식을 부가하지 않고서도 정확하게 이해할 수 있고 동시에 재현할 수 있도록 그 목적·구성·작용 및 효과를 기재하여야 하고, 특히 약리효과의 기재가 요구되는 의약의 용도발명에 있어서는 그 출원 전에 명세서 기재의 약리효과를 나타내는 약리기전이 명확히 밝혀진 경우와 같은 특별한 사정이 있지 않은 이상 특정 물질에 그와 같은 약리효과가 있다는 것을 약리데이터 등이 나타난 시험 예로 기재하거나 또는 이에 대신할 수 있을 정도로 구체적으로 기재하여야만 비로소 발명이 완성되었다고 볼 수 있는 동시에 명세서의 기재요건을 충족하였다고 볼 수 있다. (대법원 2004. 12. 23. 선고 2003후1550 판결) ④제2항제4호의 규정에 의한 특허청구범위에는 보호를 받고자 하는 사항을 기재한 항(이하 "청구항"이라 한다)이 1 또는 2이상 있어야 하며, 그 청	설명에 의하여 뒷받침될 것을 들고 있는데, 이 조항의 취지는 실용신안 등록출원된 고안의 내용을 제3자가 명세서만으로 쉽게 알 수 있도록 공개하여 실용신안권으로 보호받고자 하는 기술적 내용과 범위를 명확하게 하고자 하는 데 있으므로, 실용신안 등록청구범위가 고안의 상세한 설명에 의하여 뒷받침되고 있는지 여부는 실용신안 등록출원 당시의 기술 수준을 기준으로 하여 그 고안과 관련된 기술 분야에서 평균적 기술 능력을 가진 사람의 입장에서 볼 때, 그 등록청구범위와 고안의 상세한 설명의 각 내용이 일치하여 그 명세서만으로 등록청구범위에 속한 기술구성이나 그 결합 및 작용효과를 일목요연하게 이해할 수 있는가에 의하여 판단하여야 한다(대법원 2003. 8. 22. 선고 2002후2051 판결). ⑤실용신안등록출원인은 제2항의 규정에 불구하고 실용신안 등록출원 당시에 제2항제4호의 실용신안등록청구범위를 기재하지 아니한 명세서를 실용신안등록출원서에 첨부할 수 있다. 이 경우 다음 각 호의 구	<개정 2004.12.31> ⑥디자인무심사등록출원할 수 있는 디자인은 제11조제2항의 규정에 의한 물품의 구분중 지식경제부령이 정하는 물품에 한한다. 이 경우 지정된 물품에 대하여는 디자인무심사등록출원으로만 출원할 수 있다. <신설 1997.8.22, 2001.2.3, 2004.12.31, 2008.2.29> ⑦제1항 내지 제6항에 규정된 것외에 디자인등록출원에 관하여 필요한 사항은 지식경제부령으로 정한다. <개정 1993.3.6, 1995.12.29, 1997.8.22, 2001.2.3, 2004.12.31, 2008.2.29>	의2의 규정에 의한 지리적 표시의 정의에 합치함을 입증할 수 있는 대통령령이 정하는 서류를 함께 제출하여야 한다. <개정 2004.12.31> ④업무표장등록을 받고자 하는 자는 제1항 각호의 사항외에 그 업무의 경영사실을 입증하는 서면을 첨부한 업무표장등록출원서를 제출하여야 한다.

특허법	실용신안법	디자인보호법	상표법
구항은 다음 각 호에 해당하여야 한다. <개정 2007.1.3> ▶판례 **특허출원 청구범위가 여러 항인 경우, 하나의 항이라도 거절이유가 있으면 그 전체가 거절사정되어야 하는지 여부** 특허출원에 있어서 청구범위가 둘 이상의 항인 경우에 하나의 항이라도 거절이유가 있는 경우에는 그 출원은 등록이 거절되어야 한다. (대법원 1995. 12. 26. 선고 94후203 판결) 　1. 발명의 상세한 설명에 의하여 뒷받침될 것 ▶판례 **특허법 제42조 제4항 제1호의 취지 및 청구항이 발명의 상세한 설명에 의하여 뒷받침되고 있는지 여부의 판단 기준** 특허법 제42조 제4항 제1호의 취지는 특허출원서에 첨부된 명세서의 발명의 상세한 설명에 기재되지 않은 사항이 청구항에 기재됨으로써 출원자가 공개하지 않은 발명에 대하여 특허권이 부여되는 부당한 결과를 막기 위한 것으로서, 청구항이 발명의 상세한 설명에 의하여 뒷받침되고 있	분에 따른 기한까지 실용신안등록청구범위가 기재되도록 명세서를 보정하여야 한다. <신설 2007.1.3> 1. 제15조의 규정에 따라 준용되는 「특허법」 제64조제1항 각 호의 어느 하나에 해당하는 날부터 1년 6개월이 되는 날까지 2. 제1호의 기한 이내에 제15조의 규정에 따라 준용되는 「특허법」 제60조제3항에 따른 출원심사 청구의 취지를 통지받은 날부터 3개월이 되는 날까지(제15조의 규정에 따라 준용되는 「특허법」 제64조제1항 각 호의 어느 하나에 해당하는 날부터 1년 3개월이 되는 날 후에 통지받은 경우에는 제15조의 규정에 따라 준용되는 「특허법」 제64조제1항 각 호의 어느 하나에 해당하는 날부터 1년 6개월이 되는 날까지) ⑥제2항제4호의 규정에 따른 실용신안등록청구범위를 기재할 때에는 보호받고자 하는 사항을 명확히 할 수 있도록 고안을 특정하는데 필요하다고 인정되는 형상·구조 또는 이들의 결합관계 등을 기재하여야 한다. <신설 2007.1.3>		

특허법	실용신안법	디자인보호법	상표법
는지 여부는 특허출원 당시의 기술 수준을 기준으로 하여 그 발명이 속하는 기술분야에서 통상의 지식을 가진 사람의 입장에서 특허청구범위에 기재된 사항과 대응되는 사항이 발명의 상세한 설명에 기재되어 있는지 여부에 의하여 판단하여야 한다(대법원 2007.3.15. 선고 2006후3588 판결). 2. 발명이 명확하고 간결하게 기재될 것 ▶판례 특정 물질의 의약용도가 약리기전만으로 기재된 경우에도 특허법 제42조 제4항 제2호에 정한 청구항의 명확성 요건을 충족하는 것으로 볼 수 있는지 여부(한정 적극) [1] 의약의 용도발명에 있어서는 특정 물질이 가지고 있는 의약의 용도가 발명의 구성요건에 해당하므로 발명의 특허청구범위에는 특정 물질의 의약용도를 대상 질병 또는 약효로 명확히 기재하는 것이 원칙이나, 특정 물질의 의약용도가 약리기전만으로 기재되어 있다 하더라도 발명의 상세한 설명 등 명세서의 다른 기재나 기술상식에 의하여 의약으로서의	⑦실용신안등록출원인이 실용신안등록출원 후에 제5항 각 호의 규정에 따른 기한까지 명세서를 보정하지 아니한 경우에는 그 기한이 되는 날의 다음 날에 해당실용신안등록출원은 취하된 것으로 본다. <신설 2007.1.3> ⑧제2항제4호의 규정에 의한 실용신안등록청구범위의 기재방법에 관하여 필요한 사항은 대통령령으로 정한다. <개정 2007.1.3> ⑨제2항의 규정에 의한 요약서의 기재방법 등에 관하여 필요한 사항은 지식경제부령으로 정한다. <개정 2007.1.3, 2008.2.29>		

특허법	실용신안법	디자인보호법	상표법
구체적인 용도를 명확하게 파악할 수 있는 경우에는 특허법 제42조 제4항 제2호가 정한 청구항의 명확성 요건을 충족하는 것으로 볼 수 있다. [2] 명칭이 "포스포리파아제 A2의 효소활성을 억제하기 위한 잠재적 활성물질의 활성 검사방법"인 출원발명의 의약의 용도발명에 관한 특허청구범위 제24항은, 그 용도를 타입 I 또는 타입 II의 포스포리파아제 A2의 효소 활성을 억제한다고 하는 약리기전으로 표현하고 있지만, 발명의 상세한 설명을 참작하여 볼 때 궁극적으로는 피부염증 등을 저감시킨다고 하는 구체적인 의약용도를 명확하게 파악할 수 있으므로, 청구항의 명확성의 요건을 충족한다고 한 사례(대법원 2009.11.12. 선고 2007후5215 판결). 3. 삭제 <2007.1.3> ⑤특허출원인은 제2항의 규정에 불구하고 특허출원당시에 제2항제4호의 특허청구범위를 기재하지 아니한 명세서를 특허출원서에 첨부할 수 있다. 이 경우 다음 각 호의 구분에			

특허법	실용신안법	디자인보호법	상표법
따른 기한까지 특허청구범위가 기재되도록 명세서를 보정하여야 한다. <신설 2007.1.3> 1. 제64조제1항 각 호의 어느 하나에 해당하는 날부터 1년 6개월이 되는 날까지 2. 제1호의 기한 이내에 제60조제3항의 규정에 따른 출원심사 청구의 취지를 통지받은 날부터 3개월이 되는 날까지(제64조제1항 각 호의 어느 하나에 해당하는 날부터 1년 3개월이 되는 날 후에 통지받은 경우에는 동항 각 호의 어느 하나에 해당하는 날부터 1년 6개월이 되는 날까지) ⑥제2항제4호의 규정에 따른 특허청구범위를 기재할 때에는 보호받고자 하는 사항을 명확히 할 수 있도록 발명을 특정하는데 필요하다고 인정되는 구조·방법·기능·물질 또는 이들의 결합관계 등을 기재하여야 한다. <신설 2007.1.3> ⑦특허출원인이 특허출원 후에 제5항 각 호의 규정에 따른 기한까지 명세서를 보정하지 아니한 경우에는 그 기한이 되는 날의 다음 날에 해당특허출원은 취하된 것으로 본다. <신설 2007.1.3>			

특허법	실용신안법	디자인보호법	상표법
⑧제2항제4호의 규정에 의한 특허청구범위의 기재방법에 관하여 필요한 사항은 대통령령으로 정한다. <개정 2007.1.3> ⑨제2항의 규정에 의한 요약서의 기재방법등에 관하여 필요한 사항은 지식경제부령으로 정한다. <개정 1993.3.6, 1995.12.29, 2001.2.3, 2007.1.3, 2008.2.29> ▶판례 **특정 물질의 의약용도가 약리기전만으로 기재된 경우에도 특허법 제42조 제4항 제2호에 정한 청구항의 명확성 요건을 충족하는 것으로 볼 수 있는지 여부(한정 적극)** 의약의 용도발명에서는 특정 물질이 가지고 있는 의약의 용도가 발명의 구성요건에 해당하므로, 발명의 특허청구범위에는 특정 물질의 의약용도를 대상 질병 또는 약효로 명확히 기재하는 것이 원칙이나, 특정 물질의 의약용도가 약리기전만으로 기재되어 있다 하더라도 발명의 상세한 설명 등 명세서의 다른 기재나 기술상식에 의하여 의약으로서의 구체적인 용도를 명확하게 파악할 수 있는 경우에는 특허법 제42조 제			

특허법	실용신안법	디자인보호법	상표법
4항 제2호에 정해진 청구항의 명확성 요건을 충족하는 것으로 볼 수 있다. (대법원 2009.1.30. 선고 2006후3564 판결)			**제9조의2 【출원일의 인정 등】** ①특허청장은 상표등록출원이 다음 각호의 1에 해당하는 경우를 제외하고는 그 상표등록출원에 관한 출원서가 특허청에 도달된 날을 상표등록출원일로 인정하여야 한다. 1. 상표등록을 받고자 하는 취지의 표시가 명확하지 아니한 경우 2. 출원인의 성명이나 명칭의 기재가 없거나 그 기재가 출원인을 특정할 수 없을 정도로 명확하지 아니한 경우 3. 상표등록출원서에 상표등록을 받고자 하는 상표의 기재가 없거나 그 기재가 상표로서 인식할 수 없을 정도로 선명하지 아니한 경우 4. 지정상품의 기재가 없는 경우 5. 국어로 기재되지 아니한 경우 ②특허청장은 상표등록출원이 제1항 각호의 1에 해당되는 경우에는 상표등록을 받고자 하

특허법	실용신안법	디자인보호법	상표법
			는 자에게 상당한 기간을 정하여 상표등록출원에 더하여 보완할 것을 명하여야 한다. ③제2항의 규정에 의한 보완명령에 따라 상표등록출원에 대하여 보완하는 경우에는 절차보완에 관한 서면(이하 "절차보완서"라 한다)을 제출하여야 한다. ④특허청장은 제2항의 규정에 의한 보완명령을 받은 자가 지정기간 이내에 그 보완을 한 경우에는 그 절차보완서가 특허청에 도달된 날을 상표등록출원일로 인정하여야 한다. ⑤특허청장은 제2항의 규정에 의한 보완명령을 받은 자가 지정기간 이내에 그 보완을 하지 아니한 경우에는 당해 상표등록출원은 부적합한 출원으로 이를 반려할 수 있다. [본조신설 2001.2.3]
제43조 【요약서】 제42조제2항의 규정에 의한 요약서는 기술정보로서의 용도로 사용하여야 하며, 특허발명의 보호범위를 정하는 데에는 사용할 수 없다.	**제11조 【「특허법」의 준용】**		
제44조 【공동출원】 제33조제2항	**제11조 【「특허법」의 준용】**	**제10조 【공동출원】** 제3조제2항	

특허법	실용신안법	디자인보호법	상표법
의 규정에 의한 특허를 받을 수 있는 권리가 공유인 경우에는 공유자 전원이 공동으로 특허출원을 하여야 한다. **제45조 【1특허출원의 범위】** ① 특허출원은 1발명을 1특허출원으로 한다. 다만, 하나의 총괄적 발명의 개념을 형성하는 1군의 발명에 대하여 1특허출원으로 할 수 있다. ②제1항의 규정에 의한 1특허출원의 요건은 대통령령으로 정한다.	**제9조 【1실용신안등록출원의 범위 <개정 2007.1.3>】** ①실용신안등록출원은 1고안을 1실용신안등록출원으로 한다. 다만, 하나의 총괄적 고안의 개념을 형성하는 1군(군)의 고안에 대하여는 1실용신안등록출원으로 할 수 있다. ②제1항의 규정에 의한 1실용신안등록출원의 요건은 대통령령으로 정한다.	의 규정에 의한 디자인등록을 받을 수 있는 권리가 공유인 경우에는 공유자 전원이 공동으로 디자인등록출원을 하여야 한다. <개정 2004.12.31> **제11조 【1디자인 1디자인등록출원】** ①디자인등록출원은 1디자인마다 1디자인등록출원으로 한다. <개정 2004.12.31> ②디자인등록출원을 하고자 하는 자는 지식경제부령이 정하는 물품의 구분에 따라야 한다. <개정 1993.3.6, 1995.12.29, 1997.8.22, 2001.2.3, 2004.12.31, 2008.2.29> **제11조의2 【복수디자인등록출원】** ①디자인무심사등록출원은 제11조제1항의 규정에 불구하고 20 이내의 디자인을 1디자인등록출원(이하 "복수디자	**제10조 【1상표 1출원】** ①상표등록출원을 하고자 하는 자는 지식경제부령이 정하는 상품류구분상 1류구분 이상의 상품을 지정하여 상표마다 출원하여야 한다. 이 경우 지식경제부령이 정하는 바에 따라 하나의 출원서에 상품과 서비스업을 동시에 지정할 수 있다. <개정 1993.3.6, 1995.12.29, 1997.8.22, 2001.2.3, 2007.1.3, 2008.2.29> ②제1항의 규정에 따른 각 상품류 구분에 속하는 구체적인 상품은 특허청장이 정하여 고시한다. <신설 2007.1.3> ③제1항의 규정에 의한 상품류 구분은 상품의 유사범위를 정하는 것은 아니다. <개정 2007.1.3>

특허법	실용신안법	디자인보호법	상표법
		인등록출원"이라 한다)으로 할 수 있다. 이 경우 1디자인마다 분리하여 표현하여야 한다. <개정 2004.12.31> ②복수디자인등록출원할 수 있는 디자인의 범위는 제11조제2항의 규정에 의한 물품의 구분상 지식경제부령이 정하는 분류가 동일한 것으로 한다. <개정 2001.2.3, 2004.12.31, 2008.2.29> ③복수디자인등록출원을 하고자 하는 자는 기본디자인과 함께 그 기본디자인에 속하는 유사디자인을 출원할 수 있다. <개정 2001.2.3, 2004.12.31> ④제3항의 규정에 불구하고 자기의 등록디자인 또는 디자인등록출원된 디자인의 유사디자인을 복수디자인등록출원하는 경우에는 1기본디자인에 속하는 유사디자인에 한하여 1복수디자인등록출원으로 할 수 있다. <개정 2001.2.3, 2004.12.31> [본조신설 1997.8.22] **제12조 【한 벌의 물품의 디자인】** ①2 이상의 물품이 한 벌의 물품으로 동시에 사용되는 경우 당해 한 벌의 물품의 디자인이 한 벌 전체로서 통일성이 있는 때에는 1디자인으로	

특허법	실용신안법	디자인보호법	상표법
		디자인등록을 받을 수 있다. <개정 2001.2.3, 2004.12.31> ②제1항의 규정에 의한 한 벌의 물품의 구분은 지식경제부령으로 정한다. <개정 1993.3.6, 1995.12.29, 2001.2.3, 2008.2.29> ③삭제 <2001.2.3> **제13조 【비밀디자인】** ①디자인등록출원인은 디자인권의 설정등록일부터 3년이내의 기간을 정하여 그 디자인을 비밀로 할 것을 청구할 수 있다. 다만, 복수디자인등록출원된 디자인에 대한 청구는 출원된 디자인 전부에 대하여 청구하는 경우에 한한다. <개정 1997.8.22, 2001.2.3, 2004.12.31> ②디자인등록출원인은 제1항의 청구를 디자인등록출원을 한 날부터 최초의 디자인등록료를 납부하는 날까지 할 수 있다. 다만, 제35조제1항제1호 및 제2항의 규정에 따라 그 등록료가 면제된 때에는 제39조제2항에 규정된 디자인권을 설정하기 위한 등록을 하는 때까지 할 수 있다. <개정 2007.1.3> ③디자인등록출원인 또는 디자인권자는 제1항의 규정에 의하여 지정한 기간을 청구에 의하	

특허법	실용신안법	디자인보호법	상표법
		여 단축하거나 연장할 수 있다. 이 경우 당해 기간을 연장하는 경우에는 디자인권의 설정등록일부터 3년을 초과할 수 없다. <개정 2004.12.31> ④특허청장은 다음 각호의 1에 해당하는 경우에는 제1항의 규정에 의한 비밀디자인의 열람청구에 응하여야 한다. <개정 1995.1.5, 1997.8.22, 2004.12.31> 1. 디자인권자의 동의를 받은 자의 청구가 있는 경우 2. 그 비밀디자인과 동일 또는 유사한 디자인에 관한 심사·디자인무심사등록이의신청·심판·재심 또는 소송의 당사자나 참가인의 청구가 있는 경우 3. 디자인권 침해의 경고를 받은 사실을 소명한 자의 청구가 있는 경우 4. 법원 또는 특허심판원으로부터 청구가 있는 경우 ⑤제23조의2의 규정에 의한 출원공개신청이 있는 경우에는 제1항의 규정에 의한 청구는 철회된 것으로 본다. <신설 1997.8.22>	제11조 삭제 <1997.8.22>

특허법	실용신안법	디자인보호법	상표법
			제12조 【출원의 승계 및 분할이전등】 ①상표등록출원의 승계는 상속 기타 일반승계의 경우를 제외하고는 출원인변경신고를 하지 아니하면 그 효력이 발생하지 아니한다. <개정 2001.2.3> ②상표등록출원은 그 지정상품마다 분할하여 이전할 수 있다. 이 경우 유사한 지정상품은 함께 이전하여야 한다. ③삭제 <1997.8.22> ④상표등록출원의 상속 기타 일반승계가 있는 경우에는 승계인은 지체없이 그 취지를 특허청장에게 신고하여야 한다. ⑤상표등록출원이 공유인 경우에는 각 공유자는 다른 공유자 전원의 동의를 얻지 아니하면 그 지분을 양도할 수 없다. <개정 1997.8.22> ⑥제2항의 규정에 의하여 분할하여 이전된 상표등록출원은 원상표등록출원을 한 때에 출원한 것으로 본다. 다만, 제20조제3항 및 제4항 또는 제21조제2항의 규정을 적용함에 있어서는 그러하지 아니하다. ⑦업무표장등록출원은 이를 양도할 수 없다. 다만, 그 업무와 함께 양도하는 경우에는 그러

특허법	실용신안법	디자인보호법	상표법
			하지 아니하다. ⑧제7조제1항제1호의3 단서, 제1호의4 단서 및 제3호 단서에 따른 상표등록출원은 양도할 수 없다. 다만, 제7조제1항제1호의3, 제1호의4 및 제3호의 명칭, 약칭 또는 표장과 관련된 업무와 함께 양도하는 경우에는 그러하지 아니하다. <개정 2010.1.27> ⑨단체표장등록출원은 이를 이전할 수 없다. 다만, 법인의 합병의 경우에는 특허청장의 허가를 받아 이전할 수 있다.
제46조 【절차의 보정】 특허청장 또는 특허심판원장은 특허에 관한 절차가 다음 각호의 1에 해당하는 경우에는 기간을 정하여 보정을 명하여야 한다. <개정 1997.4.10, 2001.2.3, 2002.12.11> 1. 제3조제1항 또는 제6조의 규정에 위반된 경우 2. 이 법 또는 이 법에 의한 명령이 정하는 방식에 위반된 경우 3. 제82조의 규정에 의하여 납부하여야 할 수수료를 납부하지 아니한 경우	제11조 【「특허법」의 준용】 실용신안등록요건 및 실용신안등록출원에 관하여는 「특허법」 제33조부터 제35조까지, 제37조, 제38조, 제41조, 제43조, 제44조, 제46조, 제47조, 제51조, 제52조 및 제54조부터 제56조까지의 규정을 준용한다. [전문개정 2009.1.30]	제17조 【절차의 보정】 특허청장 또는 특허심판원장은 디자인등록에 관한 절차가 다음 각 호의 어느 하나에 해당하는 경우에는 기간을 정하여 보정을 명하여야 한다. <개정 2001.2.3, 2002.12.11, 2004.12.31, 2007.1.3, 2009.6.9> 1. 제4조제1항 또는 제4조의4에 위반된 경우 2. 이 법 또는 이 법에 의한 명령이 정하는 방식에 위반된 경우 3. 제34조의 규정에 의하여 납부하여야 할 수수료를 납부하지 아니한 경우	제13조 【절차의 보정】 특허청장 또는 특허심판원장은 상표에 관한 출원·청구 기타의 절차가 다음 각호의 1에 해당하는 경우에는 기간을 정하여 보정을 명하여야 한다. <개정 2001.2.3, 2007.1.3> 1. 제5조의 규정에 의하여 준용되는 「특허법」 제3조제1항 또는 동법 제6조의 규정에 위반된 경우 2. 이 법 또는 이 법에 의한 명령이 정하는 방식에 위반된 경우 3. 제37조의 규정에 의하여 납부하여야 할 수수료를 납부하

특허법	실용신안법	디자인보호법	상표법
			지 아니한 경우 **제14조 【출원공고결정전의　보정】** ①출원인은 최초의 상표등록출원의 요지를 변경하지 아니하는 범위안에서 제15조의 경우를 제외하고는 그 상표등록출원에 관한 지정상품 및 상표를 보정할 수 있다. ②제1항에 따른 보정은 상표등록결정 및 상표등록거절결정의 어느 하나에 해당하는 결정(이하 "상표등록여부결정"이라 한다)의 통지서가 송달된 후에는 할 수 없다. 다만, 제70조의2에 따른 거절결정에 대한 심판을 청구하는 경우에는 그 청구일부터 30일 이내 또는 제81조에 따라 준용되는 제23조제2항, 제46조의4제2항 또는 제48조제2항에 따른 의견서 제출기간 내에 보정할 수 있다. <개정 1993.12.10, 1995.1.5, 2001.2.3, 2010.1.27> **제15조 【출원공고결정후의 보정】** 출원인은 제24조의 규정에 의한 출원공고결정의 등본의 송달후에 제23조제2항 및 제48조제2항의 규정에 의한 거절이유의 통지를 받거나 제25조의 규

특허법	실용신안법	디자인보호법	상표법
			정에 의한 상표등록이의신청이 있는 때 또는 제23조제1항의 규정에 의한 상표등록거절결정 및 제48조제1항의 규정에 의한 지정상품의 추가등록거절결정을 받고 제70조의2의 규정에 의한 거절결정에 대한 심판을 청구한 때에는 다음 각호의 1에 해당하는 기간 이내에 그 거절이유나 이의신청이유 또는 상표등록거절결정 및 지정상품의 추가등록거절결정의 이유에 나타난 사항에 관하여 최초의 상표등록출원의 요지를 변경하지 아니하는 범위 이내에서 지정상품 및 상표를 보정할 수 있다. <개정 1995.1.5, 2001.2.3> 1. 제23조제2항 또는 제48조제2항의 규정에 의한 의견서 제출기간 2. 제27조제1항의 규정에 의한 답변서 제출기간 3. 제70조의2의 규정에 의한 거절결정에 대한 심판의 청구일부터 30일
제47조 【특허출원의 보정】 ①특허출원인은 제42조제5항 각 호에 따른 기한까지 또는 제66조에 따른 특허결정의 등본을 송달하기 전까지 특허출원서에	**제11조 【「특허법」의 준용】**	**제18조 【출원의 보정과 요지변경】** ①디자인등록출원인은 최초의 디자인등록출원의 요지를 변경하지 아니하는 범위안에서 디자인등록출원서의 기재사항,	**제16조 【출원의 요지변경】** ①제14조 및 제15조의 규정에 의한 보정이 다음 각호의 1에 해당하는 경우에는 상표등록출원의 요지를 변경하지 아니하는 것

특허법	실용신안법	디자인보호법	상표법
첨부된 명세서 또는 도면을 보정할 수 있다. 다만, 제63조제1항에 따른 거절이유통지(이하 "거절이유통지"라 한다)를 받은 후에는 다음 각 호에서 정하는 기간(제3호의 경우에는 그 때)에만 보정할 수 있다. <개정 2007.1.3, 2009.1.30> 1. 거절이유통지(거절이유통지에 대한 보정에 따라 발생한 거절이유에 대한 거절이유통지는 제외한다)를 최초로 받거나 제2호의 거절이유통지가 아닌 거절이유통지를 받은 경우 해당 거절이유통지에 따른 의견서제출기간 2. 거절이유통지에 대한 보정에 따라 발생한 거절이유에 대하여 거절이유통지를 받은 경우 해당 거절이유통지에 따른 의견서 제출기간 3. 제67조의2에 따른 재심사를 청구할 때 ②제1항의 규정에 의한 명세서 또는 도면의 보정은 특허출원서에 최초로 첨부된 명세서 또는 도면에 기재된 사항의 범위 안에서 이를 할 수 있다. ▶관례 특허법 제47조 제2항에서 정한		디자인등록출원서에 첨부한 도면, 도면의 기재사항 및 사진이나 견본을 보정할 수 있다. ②디자인등록출원인은 유사디자인등록출원을 단독의 디자인등록출원으로, 단독의 디자인등록출원을 유사디자인등록출원으로 변경하는 보정을 할 수 있다. ③제2항의 규정에 따라 유사디자인등록출원을 단독의 디자인등록출원으로 보정함에 있어서 제8조제1항의 규정을 적용받으려는 자는 동조제2항의 규정에 불구하고 그 보정을 하는 때에 보정서에 그 취지를 적어 특허청장에게 제출하고 이를 증명할 수 있는 서류를 보정서 제출일부터 30일 이내에 특허청장에게 제출하여야 한다. <신설 2007.1.3> ④디자인등록출원인은 디자인무심사등록출원을 디자인심사등록출원으로, 디자인심사등록출원을 디자인무심사등록출원으로 변경하는 보정을 할 수 있다. <개정 2007.1.3> ⑤디자인등록출원인은 제1항부터 제4항까지의 규정에 따른 보정을 제28조에 따른 디자인등록결정 또는 제26조에 따른	으로 본다. 1. 지정상품의 범위의 감축 2. 오기의 정정 3. 불명료한 기재의 석명 4. 상표의 부기적인 부분의 삭제 ②출원공고결정등본의 송달전에 한 상표등록출원에 관한 상표 또는 지정상품의 보정이 요지를 변경하는 것으로 상표권의 설정등록이 있은 후에 인정된 때에는 그 상표등록출원은 그 보정서를 제출한 때에 상표등록출원한 것으로 본다. <개정 1997.4.10> ③출원공고결정등본의 송달후에 한 상표등록출원에 관한 상표 또는 지정상품의 보정이 제15조의 규정에 위반된 것으로 상표권의 설정등록이 있은 후에 인정된 때에는 그 상표등록출원은 그 보정을 하지 아니하였던 상표등록출원에 관하여 상표권이 설정등록된 것으로 본다. <신설 1997.4.10>

특허법	실용신안법	디자인보호법	상표법
'최초로 첨부된 명세서 또는 도면에 기재된 사항' 의 의미 특허법 제47조 제2항에서 최초로 첨부된 명세서 또는 도면(이하 '최초 명세서 등' 이라 한다)에 기재된 사항이란 최초 명세서 등에 명시적으로 기재되어 있는 사항이거나 또는 명시적인 기재가 없더라도 그 발명이 속하는 기술분야에서 통상의 지식을 가진 사람이라면 출원시의 기술상식에 비추어 보아 보정된 사항이 최초 명세서 등에 기재되어 있는 것과 마찬가지라고 이해할 수 있는 사항이어야 한다(대법원 2007.2.8. 선고 2005후3130 판결). ③제1항제2호 및 제3호에 따른 보정 중 특허청구범위에 대한 보정은 다음 각 호의 어느 하나에 해당하는 경우에만 할 수 있다. <개정 2009.1.30> 1. 청구항을 한정 또는 삭제하거나 청구항에 부가하여 특허청구범위를 감축하는 경우 2. 잘못된 기재를 정정하는 경우 3. 분명하지 아니한 기재를 명확하게 하는 경우 4. 제2항에 따른 범위를 벗어난 보정에 대하여 그 보정 전		디자인등록거절결정에 해당하는 결정(이하 "디자인등록여부결정"이라 한다)의 통지서가 송달되기 전까지 할 수 있다. 다만, 제27조의2에 따른 재심사를 청구하는 경우에는 재심사를 청구하는 때에 보정할 수 있다. <개정 2007.1.3, 2009.6.9> ⑥제1항 내지 제4항에 따른 보정이 최초의 디자인등록출원의 요지를 변경하는 것으로 디자인권의 설정등록이 있은 후에 인정된 때에는 그 디자인등록출원은 그 보정서를 제출한 때에 디자인등록출원을 한 것으로 본다. <개정 2007.1.3> [전문개정 2004.12.31]	

특허법	실용신안법	디자인보호법	상표법
특허청구범위로 되돌아가거나 되돌아가면서 특허청구범위를 제1호부터 제3호까지의 규정에 따라 보정하는 경우 ④삭제 <2009.1.30> [전문개정 2001.2.3] ▶판례 **특허출원서의 보정기간 경과 후에 특허출원의 일부 취하가 허용되는지 여부(소극)** 특허출원의 일부 취하는 취하하고자 하는 부분을 제외한 나머지 부분만으로 특허출원을 감축하여 그 효과를 특허출원시에 소급시킴으로써 감축된 부분만을 특허출원으로 삼고자 하는 것인바, 특허법에는 이와 같은 목적을 달성하기 위한 절차로 특허출원서에 첨부된 명세서와 도면의 보정이라는 제도 및 그 보정의 시기와 범위를 제한하는 규정을 두고 있을 뿐 특허사정이 되기 전에 특허출원의 일부를 취하할 수 있다고 규정해 놓은 바 없으며, 특허법에 정해진 보정기간 경과 후에도 특허출원의 일부 취하를 허용하는 것은 특허출원의 보정에 엄격한 시기적 제한을 두고 있는 특허법의 취지에도 반하므로 특허출원인이 출원의 일부 취하라			

특허법	실용신안법	디자인보호법	상표법
는 이름의 서류를 제출하였다고 하더라도 보정과 같은 목적을 달성하고자 하는 것이라면 특허법상 보정과 마찬가지로 보아야 한다. (대법원 2003. 3. 25. 선고 2001후1044 판결)			
제66조의2【직권에 의한 보정 등】 ①심사관은 특허결정을 할 때에 특허출원서에 첨부된 명세서, 도면 또는 요약서에 명백히 잘못 기재된 내용이 있으면 직권으로 보정(이하 "직권보정"이라 한다)할 수 있다. ②제1항에 따라 심사관이 직권보정을 하려면 제67조제2항에 따른 특허결정의 등본 송달과 함께 그 직권보정 사항을 특허출원인에게 알려야 한다. ③특허출원인은 직권보정 사항의 전부 또는 일부를 받아들일 수 없으면 제79조제1항에 따라 특허료를 납부할 때까지 그 직권보정 사항에 대한 의견서를 특허청장에게 제출하여야 한다. ④특허출원인이 제3항에 따라 의견서를 제출한 경우 해당 직권보정 사항의 전부 또는 일부	**제15조【「특허법」의 준용】** 실용신안등록출원의 심사·결정에 관하여는 「특허법」 제57조, 제58조, 제58조의2, 제60조, 제61조, 제63조의2, 제64조부터 제66조까지, 제66조의2, 제67조, 제67조의2, 제68조 및 제78조를 준용한다.		**제24조의3【직권에 의한 보정 등】** ①심사관은 출원공고결정을 할 때에 상표등록출원서에 기재된 지정상품 또는 그 유구분(類區分)에 명백히 잘못 기재된 내용이 있으면 직권으로 보정(이하 "직권보정"이라 한다)할 수 있다. ②제1항에 따라 심사관이 직권보정을 하려면 제24조제2항에 따른 출원공고결정의 등본 송달과 함께 그 직권보정 사항을 출원인에게 알려야 한다. ③출원인은 직권보정 사항의 전부 또는 일부를 받아들일 수 없으면 제24조제3항에 따른 출원공고기간까지 그 직권보정 사항에 대한 의견서를 특허청장에게 제출하여야 한다. ④출원인이 제3항에 따라 의견서를 제출한 경우 해당 직권보정 사항의 전부 또는 일부는

특허법	실용신안법	디자인보호법	상표법
는 처음부터 없었던 것으로 본다. ⑤명백히 잘못 기재된 것이 아닌 사항에 대하여 직권보정이 이루어진 경우 그 직권보정은 처음부터 없었던 것으로 본다. [본조신설 2009.1.30] **제48조 삭제** <2001.2.3> **제49조 삭제** <2006.3.3> **제50조 삭제** <1997.4.10> **제51조 【보정각하】** ① 심사관은 제47조제1항제2호 및 제3호에 따른 보정이 같은 조 제2항 및 제3항을 위반하거나 그 보정(같은 조 제3항제1호 및 제4호에 따른 보정 중 청구항을 삭제하는 보정은 제외한다)에 따라 새로운 거절이유가 발생한 것으로 인정하면 결정으로 그 보정을 각하하여야 한다. 다만, 제67조의2에 따른 재심사의 청구가 있는 경우 그 청구 전에 한 보정인 경우에는 그러하지 아니하다. <개정 2009.1.30> ②제1항의 규정에 의한 각하결정은 서면으로 하여야 하며 그 이유를 붙여야 한다.	**제11조 【「특허법」의 준용】**	**제18조의2 【보정각하】** ①심사관은 제18조의 규정에 따른 보정이 디자인등록출원의 요지를 변경하는 것인 때에는 결정으로 그 보정을 각하하여야 한다. <개정 2004.12.31> ②심사관은 제1항의 규정에 의한 각하결정이 있는 때에는 당해 결정등본을 디자인등록출원인에게 송달한 날부터 30일이 경과하기 전까지는 당해 디자인등록출원에 대한 디자인등록여부결정을 하여서는 아니된다. <개정 2004.12.31> ③심사관은 디자인등록출원인이 제1항의 규정에 의한 각하결정에 대하여 제67조의2의 규	처음부터 없었던 것으로 본다. ⑤명백히 잘못 기재된 것이 아닌 사항에 대하여 직권보정이 이루어진 경우 그 직권보정은 처음부터 없었던 것으로 본다. [본조신설 2010.1.27] **제17조 【보정의 각하】** ①심사관은 상표등록출원에 관하여 제14조의 규정에 의한 보정이 출원의 요지를 변경하는 것인 때에는 결정으로 그 보정을 각하하여야 한다. ②심사관은 제1항의 규정에 의한 각하결정이 있는 때에는 당해 결정등본의 송달이 있은 날부터 30일을 경과할 때까지는 당해 상표등록출원에 대한 상표등록여부결정을 하여서는 아니되며, 출원공고할 것을 결정하기 전에 제1항의 규정에 의한 각하결정이 있는 때에는 출원공고결정도 하여서는 아니된다. <개정 2001.2.3>

특허법	실용신안법	디자인보호법	상표법
③ 제1항에 따른 각하결정에 대하여는 불복할 수 없다. 다만, 제132조의3에 따른 특허거절결정에 대한 심판에서 그 각하결정(제67조의2에 따른 재심사의 청구가 있는 경우 그 청구 전에 한 각하결정은 제외한다)에 대하여 다투는 경우에는 그러하지 아니하다. <개정 2009.1.30> [전문개정 2001.2.3] ▶판례 **특허출원인이 거절결정에 대하여 불복심판을 청구하면서 명세서 등에 대한 보정서를 제출하고 거기에서 보정의 적법성에 관하여 주장한 경우, 특허법 제51조 제3항 단서에 해당하는지 여부(적극)** 특허출원인이 거절결정에 대하여 불복심판을 청구하면서 명세서 등에 대한 보정서를 제출하고 거기에서 보정의 적법성에 관하여도 이미 주장한 이상, 그러한 당사자의 의사는 보정된 명세서대로의 특허출원에 등록거절사유가 있는지 여부에 관한 판단을 구하는 것이므로, 비록 특허출원인이 심사전치절차에서의 보정각하결정에 대하여 거절결정 불복심판		정에 의하여 심판을 청구한 때에는 그 심판의 심결이 확정될 때까지 그 디자인등록출원의 심사를 중지하여야 한다. <개정 2004.12.31> ④제1항의 규정에 의한 각하결정은 서면으로 하여야 하며 그 이유를 붙여야 한다. [본조신설 2001.2.3]	③심사관은 출원인이 제1항의 규정에 의한 각하결정에 대하여 제70조의3의 규정에 의한 보정각하결정에 대한 심판을 청구한 때에는 그 심판의 심결이 확정될 때까지 그 상표등록출원의 심사를 중지하여야 한다. <개정 1995.1.5> ④심사관은 상표등록출원에 관하여 제15조의 규정에 의한 보정이 출원의 요지를 변경하는 것인 때에는 결정으로 그 보정을 각하하여야 한다. ⑤제1항 및 제4항의 구정에 의한 각하결정은 서면으로 하여야 하며 그 이유를 붙여야 한다. ⑥제4항의 규정에 의한 각하결정에 대하여는 불복할 수 없다. 다만, 제70조의2의 규정에 의한 거절결정에 대한 심판을 청구하는 경우에는 그러하지 아니하다. <개정 1995.1.5, 2001.2.3>

특허법	실용신안법	디자인보호법	상표법
절차에서 별도로 이를 다툰다는 취지의 서면을 제출하지 아니하였다 하더라도 심결이 있을 때까지 달리 보정의사를 철회하였다고 볼 만한 특별한 사정이 없는 한, 보정의 적법성에 대한 판단도 함께 구하는 것으로 보아 특허법 제51조 제3항 단서의 특허거절결정에 대한 심판에서 특허심사관의 보정 각하결정에 대하여 '다투는 경우'에 해당한다 (대법원 2007.6.1. 선고 2007후-609 판결).			
			제17조의2 【수정정관의　제출】 단체표장등록출원인은 제9조제3항에 규정된 정관의 수정이 필요한 때에는 제14조제2항 또는 제15조의 규정에 의한 기간 이내에 특허청장에게 수정정관을 제출할 수 있다. [본조신설 2004.12.31]
제52조 【분할출원】　①특허출원인은 2이상의 발명을 하나의 특허출원으로 한 경우에는 그 특허출원의 출원서에 최초로 첨부된 명세서 또는 도면에 기재된 사항의 범위 안에서 다음 각 호의 어느 하나에 해당하는 기간에 그 일부를 하나이상의	**제11조 【「특허법」의 준용】**	**제19조 【출원의　분할】**　①다음 각 호의 어느 하나에 해당하는 자는 디자인등록출원의 일부를 1 이상의 새로운 디자인등록출원으로 분할하여 디자인등록출원할 수 있다. <개정 1997.8.22, 2001.2.3, 2004.12.31, 2009.6.9> 1. 제11조의 규정에 위반하여	**제18조 【출원의　분할】**　①출원인은 2 이상의 상품을 지정상품으로 하여 상표등록출원한 경우에는 제14조 및 제15조의 규정에 의한 보정을 할 수 있는 기간내에 2 이상의 상표등록출원으로 분할할 수 있다. <개정 1997.8.22>

특허법	실용신안법	디자인보호법	상표법
특허출원으로 분할할 수 있다. <개정 2009.1.30> 1. 제47조제1항에 따라 보정을 할 수 있는 기간 2. 특허거절결정등본을 송달받은 후 제132조의3에 따라 심판을 청구할 수 있는 기간 ②제1항의 규정에 의하여 분할된 특허출원(이하 "분할출원"이라 한다)이 있는 경우 그 분할출원은 특허출원한 때에 출원한 것으로 본다. 다만, 그 분할출원에 대하여 다음 각 호의 규정을 적용함에 있어서는 당해 분할출원시에 출원한 것으로 본다. <개정 1993.12.10, 1998.9.23, 2006.3.3> 1. 분할출원이 제29조제3항에서 규정하는 타특허출원 또는 「실용신안법」 제4조제3항에서 규정하는 특허출원에 해당하여 제29조제3항 또는 「실용신안법」 제4조제3항의 규정을 적용하는 경우 2. 제30조제2항의 규정을 적용하는 경우 3. 제54조제3항의 규정을 적용하는 경우 4. 제55조제2항의 규정을 적용하는 경우 ③제1항의 규정에 의하여 분할		2이상의 디자인을 1디자인등록출원으로 출원한 자 2. 복수디자인등록출원한 자 3. 삭제 <2001.2.3> ②제1항의 규정에 따라 분할된 디자인등록출원(이하 "분할출원"이라 한다)이 있는 경우 그 분할출원은 최초에 디자인등록출원을 한 때에 출원한 것으로 본다. 다만, 제8조제2항 또는 제23조제3항 및 제4항의 규정을 적용함에 있어서는 그러하지 아니하다. <개정 1993.12.10, 2004.12.31, 2007.1.3> ③ 제1항에 따른 디자인등록출원의 분할은 제18조제5항에 따른 보정을 할 수 있는 기간에 할 수 있다. <개정 2009.6.9> ④ 삭제 <2001.2.3>	②제1항의 규정에 따라 분할된 상표등록출원(이하 "분할출원"이라 한다)이 있는 경우 그 분할출원은 최초에 상표등록출원을 한 때에 출원한 것으로 본다. 다만, 제20조제3항 및 제4항 또는 제21조제2항의 규정을 적용함에 있어서는 그러하지 아니하다. <개정 2007.1.3>

특허법	실용신안법	디자인보호법	상표법
출원을 하는 자는 분할출원서에 그 취지 및 분할의 기초가 된 특허출원의 표시를 하여야 한다. <신설 2001.2.3> ④분할출원의 경우에 제54조의 규정에 의한 우선권을 주장하는 자는 동조제4항의 규정에 의한 서류를 동조제5항에서 규정하는 기간에 불구하고 분할출원을 한 날부터 3월이내에 특허청장에게 제출하여야 한다. <신설 1993.12.10, 2002.12.11> ▶판례 **분할출원을 하면서 원출원 당시 제출한 발명의 상세한 설명이나 도면을 다시 사용할 수 있는지 여부(적극) 및 원출원 발명과 분할출원 발명이 동일한지 여부의 판단 기준** [1] 분할출원이란 단일발명, 단일출원의 원칙 아래 2 이상의 발명을 1 출원으로 한 경우 이를 2 이상의 출원으로 분할하는 것으로서 2 이상의 발명을 1 출원으로 한 경우란 2 이상의 발명이 반드시 특허청구의 범위에 기재된 경우뿐만 아니라 발명의 상세한 설명이나 도면에 기재되어 출원된 경우까지 포함하는 것이므			

특허법	실용신안법	디자인보호법	상표법
로, 분할출원을 하면서 원출원 당시 제출한 발명의 상세한 설명이나 도면을 다시 사용할 수도 있다. [2] 원출원 중 일부 발명이 실시례 등의 상세한 설명에 기재된 것으로서 원출원 발명과 다른 하나의 발명으로 볼 수 있는 경우에는 그 일부를 분할출원할 수 있으며, 이 경우 그 동일성 여부의 판단은 특허청구범위에 기재된 양 발명의 기술적 구성이 동일한가 여부에 의하여 판단하되 그 효과도 참작하여야 할 것인바, 기술적 구성에 차이가 있더라도 그 차이가 주지 관용기술의 부가, 삭제, 변경 등으로 새로운 효과의 발생이 없는 정도에 불과하다면 양 발명은 서로 동일하다고 하여야 한다(대법원 2004. 3. 12. 선고 2002후2778 판결).			
제53조 【변경출원】 ①실용신안 등록출원인은 그 실용신안등록출원의 출원서에 최초로 첨부된 명세서 또는 도면에 기재된 사항의 범위 안에서 그 실용신안등록출원을 특허출원으로 변경할 수 있다. 다만, 그 실용신안등록출원에 관하여 최초의 거절결정등본을 송달받은 날부	제10조 【변경출원】 ①특허출원인은 그 특허출원의 출원서에 최초로 첨부된 명세서 또는 도면에 기재된 사항의 범위 안에서 그 특허출원을 실용신안등록출원으로 변경할 수 있다. 다만, 그 특허출원에 관하여 최초의 거절결정등본을 송달받은 날부터 30일이 경과한 때에		제19조 【출원의 변경】 ①다음 각 호의 어느 하나에 해당하는 출원을 한 출원인은 ᄋ를 다음 각 호의 어느 하나에 해당하는 다른 출원으로 변경할 수 있다. 1. 상표등록출원 2. 서비스표등록출원 3. 단체표장등록출원(ㅈ리적 표

특허법	실용신안법	디자인보호법	상표법
터 30일이 경과한 때에는 특허출원으로 변경할 수 없다. ②제1항의 규정에 의하여 변경된 특허출원(이하 "변경출원"이라 한다)이 있는 경우에 그 변경출원은 실용신안등록출원을 한 때에 특허출원한 것으로 본다. 다만, 그 변경출원이 다음 각 호의 어느 하나에 해당하는 경우에는 그러하지 아니하다. 1. 제29조제3항의 규정에 따른 타특허출원 또는 「실용신안법」 제4조제3항의 규정에 따른 특허출원에 해당하여 제29조제3항 또는 「실용신안법」 제4조제3항의 규정을 적용하는 경우 2. 제30조제2항의 규정을 적용하는 경우 3. 제54조제3항의 규정을 적용하는 경우 4. 제55조제2항의 규정을 적용하는 경우 ③제1항의 규정에 의하여 변경출원을 하는 자는 변경출원서에 그 취지 및 변경출원의 기초가 된 실용신안등록출원의 표시를 하여야 한다. ④변경출원이 있는 경우에는 그 실용신안등록출원은 취하된	는 실용신안등록출원으로 변경할 수 없다. ②제1항의 규정에 의하여 변경된 실용신안등록출원(이하 "변경출원"이라 한다)이 있는 경우에 그 변경출원은 특허출원을 한 때에 실용신안등록출원한 것으로 본다. 다만, 그 변경출원이 다음 각 호의 어느 하나에 해당하는 경우에는 그러하지 아니하다. 1. 제4조제3항에서 규정하는 다른 실용신안등록출원 또는 「특허법」 제29조제3항에서 규정하는 실용신안등록출원에 해당하여 제4조제3항 또는 「특허법」 제29조제3항의 규정을 적용하는 경우 2. 제5조제2항의 규정을 적용하는 경우 3. 제11조의 규정에 의하여 준용되는 「특허법」 제54조제3항의 규정을 적용하는 경우 4. 제11조의 규정에 의하여 준용되는 「특허법」 제55조제2항의 규정을 적용하는 경우 ③제1항의 규정에 의하여 변경출원을 하는 자는 변경출원서에 그 취지 및 변경출원의 기초가 된 특허출원의 표시를 하여야 한다.		시 단체표장등록출원을 제외한다) ②지정상품의 추가등록출원을 한 출원인은 상표등록출원으로 변경할 수 있다. 다만, 지정상품의 추가등록출원의 기초가 된 등록상표에 대하여 무효심판 또는 취소심판이 청구되거나 그 등록상표가 무효심판, 취소심판 등으로 소멸된 경우에는 그러하지 아니하다. <개정 2010.1.27> ③제1항 및 제2항에 따라 변경된 출원(이하 "변경출원"이라 한다)이 있는 경우 그 변경출원은 최초에 제1항 각 호 또는 제2항의 출원을 한 때에 출원한 것으로 본다. 다만, 제20조제3항·제4항 또는 제21조제2항을 적용하는 경우에는 그러하지 아니하다. <개정 2010.1.27> ④제1항 및 제2항에 따른 출원의 변경은 최초에 한 제1항 각 호 또는 제2항의 출원에 대한 등록여부결정 또는 심결이 확정된 후에는 할 수 없다. <개정 2010.1.27> ⑤변경출원이 있는 경우에는 최초에 한 제1항 각 호 또는 제2항의 출원은 취하된 것으로

특허법	실용신안법	디자인보호법	상표법
것으로 본다. ⑤제1항 단서의 규정에 의한 30일의 기간은 「실용신안법」 제3조의 규정에 의하여 준용되는 이 법 제15조제1항의 규정에 의하여 제132조의3에서 규정한 기간이 연장된 때에는 그 연장된 기간에 따라 연장된 것으로 본다. ⑥변경출원에 있어서 제54조의 규정에 의한 우선권을 주장하는 자는 동조제4항의 규정에 의한 서류를 동조제5항에서 규정하는 기간에 불구하고 변경출원을 한 날부터 3월 이내에 특허청장에게 제출하여야 한다. [전문개정 2006.3.3]	④변경출원이 있는 경우에는 그 특허출원은 취하된 것으로 본다. ⑤제1항 단서의 규정에 의한 30일의 기간은 「특허법」 제15조제1항의 규정에 의하여 동법 제132조의3에서 규정한 기간이 연장된 때에는 그 연장된 기간에 따라 연장된 것으로 본다. ⑥변경출원에 있어서 「특허법」 제54조의 규정에 의한 우선권을 주장하는 자는 동조제4항의 규정에 의한 서류를 동조제5항에서 규정하는 기간에 불구하고 변경출원을 한 날부터 3월 이내에 특허청장에게 제출하여야 한다.		본다. <개정 2010.1.27> [전문개정 2007.1.3]
		제20조 삭제 <2004.12.31> 제20조의2 삭제 <2004.12.31> 제21조 삭제 <1998.9.23> 제22조 삭제 <1998.9.23>	
제54조 【조약에 의한 우선권주장】 ①조약에 의하여 대한민국 국민에게 특허출원에 대한 우선권을 인정하는 당사국 국	제11조 【「특허법」의 준용】	제23조 【조약에 의한 우선권주장】 ①조약에 의하여 대한민국 국민에게 출원에 대한 우선권을 인정하는 당사국 국민이	제20조 【조약에 의한 으선권주장】 ①조약 및 이에 준하는 것(이하 "조약"이라 한다)에 의하여 대한민국 국민에게 상표

특허법	실용신안법	디자인보호법	상표법
민이 그 당사국 또는 다른 당사국에 특허출원을 한 후 동일발명을 대한민국에 특허출원하여 우선권을 주장하는 때에는 제29조 및 제36조의 규정을 적용함에 있어서 그 당사국에 출원한 날을 대한민국에 특허출원한 날로 본다. 대한민국 국민이 조약에 의하여 대한민국 국민에게 특허출원에 대한 우선권을 인정하는 당사국에 특허출원한 후 동일발명을 대한민국에 특허출원한 경우에도 또한 같다. ②제1항의 규정에 의하여 우선권을 주장하고자 하는 자는 우선권주장의 기초가 되는 최초의 출원일부터 1년이내에 특허출원하지 아니하면 이를 주장할 수 없다. ③제1항의 규정에 의하여 우선권을 주장하고자 하는 자는 특허출원시 특허출원서에 그 취지, 최초로 출원한 국명 및 출원의 연월일을 기재하여야 한다. ④제3항의 규정에 의하여 우선권을 주장한 자는 제1호의 서류 또는 제2호의 서면을 특허청장에게 제출하여야 한다. 다만, 제2호의 서면은 지식경제		그 당사국 또는 다른 당사국에 출원을 한 후 동일한 디자인을 대한민국에 디자인등록출원하여 우선권을 주장하는 때에는 제5조 및 제16조의 규정을 적용함에 있어서 그 당사국에 출원한 날을 대한민국에 디자인등록출원한 날로 본다. 대한민국 국민이 조약에 의하여 대한민국 국민에게 출원에 대한 우선권을 인정하는 당사국에 출원한 후 동일한 디자인을 대한민국에 디자인등록출원한 경우에도 또한 같다. <개정 2001.2.3, 2004.12.31> ②제1항의 규정에 의하여 우선권을 주장하고자 하는 자는 우선권주장의 기초가 되는 최초의 출원일부터 6월이내에 디자인등록출원을 하지 아니하면 이를 주장할 수 없다. <개정 2004.12.31> ③제1항의 규정에 의하여 우선권을 주장하고자 하는 자는 디자인등록출원시 디자인등록출원서에 그 취지, 최초로 출원한 국명 및 출원의 년월일을 기재하여야 한다. <개정 2004.12.31> ④제3항의 규정에 의하여 우선권을 주장한 자는 최초로 출원	등록출원에 대한 우선권을 인정하는 당사국 국민이 그 당사국 또는 다른 당사국에 상표등록출원을 한 후 동일한 상표를 대한민국에 상표등록출원하여 우선권을 주장하는 때에는 제8조의 규정을 적용함에 있어서 그 당사국에 출원한 날을 대한민국에 상표등록출원한 날로 본다. 대한민국 국민이 조약에 의하여 대한민국 국민에게 상표등록출원에 대한 우선권을 인정하는 당사국에 상표등록출원한 후 동일한 상표를 대한민국에 상표등록출원한 경우에도 또한 같다. ②제1항의 규정에 의하여 우선권을 주장하고자 하는 자는 우선권주장의 기초가 되는 최초의 출원일부터 6월 이내에 출원하지 아니하면 이를 주장할 수 없다. ③제1항의 규정에 의하여 우선권을 주장하고자 하는 자는 상표등록출원시 상표등록출원서에 그 취지, 최초로 출원한 국명 및 출원의 연월일을 기재하여야 한다. ④제3항의 규정에 의하여 우선권을 주장한 자는 최초로 출원한 국가의 정부가 인정하는 상

특허법	실용신안법	디자인보호법	상표법
부령이 정하는 국가의 경우에 한한다. <개정 2001.2.3, 2008.2.29> 1. 최초로 출원한 국가의 정부가 인정하는 서류로서 특허출원의 연월일을 기재한 서면, 발명의 명세서 및 도면의 등본 2. 최초로 출원한 국가의 특허출원의 출원번호를 기재한 서면 ⑤제4항의 규정에 의한 서류 또는 서면은 다음 각호에 해당하는 날중 최선일부터 1년 4월이내에 제출하여야 한다. <신설 2001.2.3> 1. 조약 당사국에 최초로 출원한 출원일 2. 그 특허출원이 제55조제1항의 규정에 의한 우선권주장을 수반하는 경우에는 그 우선권주장의 기초가 되는 출원의 출원일 3. 그 특허출원이 제3항의 규정에 의한 다른 우선권주장을 수반하는 경우에는 그 우선권주장의 기초가 되는 출원의 출원일 ⑥제3항의 규정에 의하여 우선권을 주장한 자가 제5항의 기간내에 제4항에 규정한 서류를 제출하지 아니한 경우에는 그		한 국가의 정부가 인정하는 출원의 년월일을 기재한 서면 및 도면의 등본을 디자인등록출원일부터 3월이내에 특허청장에게 제출하여야 한다. <개정 2004.12.31> ⑤제3항의 규정에 의하여 우선권을 주장한 자가 제4항의 기간내에 동항에 규정한 서류를 제출하지 아니한 경우에는 그 우선권주장은 효력을 상실한다.	표등록출원의 연월일을 기재한 서면·상표 및 지정상품의 등본을 상표등록출원일부터 3월이내에 특허청장에게 제출하여야 한다. ⑤제3항의 규정에 의하여 우선권을 주장한 자가 제4항의 기간내에 동항에 규정한 서류를 제출하지 아니한 경우에는 그 우선권주장은 효력을 상실한다.

특허법	실용신안법	디자인보호법	상표법
우선권주장은 효력을 상실한다. <개정 2002.12.11> ⑦제1항의 규정에 의하여 우선권주장을 한 자중 제2항의 요건을 갖춘 자는 제5항의 규정에 의한 최선일부터 1년 4월 이내에 당해 우선권주장을 보정하거나 추가할 수 있다. <신설 2001.2.3> ▶판례 특허법 제54조에 정한 '조약에 의한 우선권 주장 제도'의 취지 및 대한민국에 등록된 특허권이 외국에서의 특허출원을 우선권주장의 기초로 하였다는 사정만으로 그 특허권의 이전등록을 구하는 부분에 대하여 우리나라 법원의 국제재판관할권이 부인되는지 여부(소극) 특허법 제54조에 정한 '조약에 의한 우선권 주장 제도'는 외국에서 일단 특허출원을 하고 일정 기간 내에 대한민국에서 그 특허출원의 우선권을 주장하여 특허출원을 하면 그 외국의 최초 출원일에 출원한 것으로 취급해 줌으로써 최초 출원일과 대한민국에서의 출원일 사이에 제3자가 동일한 발명을 출원하거나 그 기간 내에 신규성을 상실하는 사유			

특허법	실용신안법	디자인보호법	상표법
가 발생하더라도 대한민국에서의 출원을 외국에서의 최초 출원일에 한 것으로 간주하므로 특허거절사유로 되지 않는 효과가 있을 뿐이고, 동일한 발명에 대하여 여러 나라에서 특허등록이 된 경우라도 그 특허권이 부여된 나라별도 별개의 독립된 특허권이 성립하고 이들 특허권은 상호 무관하게 병존하므로 외국에서의 특허권의 발생과 효력, 이전과 소멸은 대한민국 내에서의 특허권의 발생과 효력, 이전과 소멸에 대해 아무런 영향을 미치지 아니하여 대한민국에 등록된 특허권이 외국에서의 특허출원을 우선권 주장의 기초로 하여 출원하였다는 사정만으로는 그 특허권의 이전등록을 구하는 부분에 대한 우리나라 법원의 국제재판관할권을 부인할 수 없다(서울중앙지법 2007.8.23. 선고 2006가합89560 판결).			
제55조【특허출원 등을 기초로 한 우선권 주장】 ①특허를 받으려는 자는 자신이 특허나 실용신안등록을 받을 수 있는 권리를 가진 특허출원 또는 실용신안등록출원으로 먼저 한 출	**제11조【「특허법」의 준용】**		

특허법	실용신안법	디자인보호법	상표법
원(이하 "선출원"이라 한다)의 출원서에 최초로 첨부된 명세서 또는 도면에 기재된 발명을 기초로 그 특허출원한 발명에 관하여 우선권을 주장할 수 있다. 다만, 다음 각 호의 어느 하나에 해당하는 경우에는 그러하지 아니하다. 1. 그 특허출원이 선출원의 출원일부터 1년이 지난 후에 출원된 경우 2. 선출원이 제52조제2항(「실용신안법」 제11조에 따라 준용되는 경우를 포함한다)에 따른 분할출원이나 제53조 또는 「실용신안법」 제10조에 따른 변경출원인 경우 3. 그 특허출원을 할 때에 선출원이 포기·무효 또는 취하된 경우 4. 그 특허출원을 할 때에 선출원이 특허 여부의 결정, 실용신안등록 여부의 결정 또는 거절한다는 취지의 심결이 확정된 경우 ②제1항에 따른 우선권을 주장하려는 자는 특허출원을 할 때에 특허출원서에 그 취지와 선출원의 표시를 하여야 한다. ③제1항에 따른 우선권 주장을 수반하는 특허출원된 발명 중			

특허법	실용신안법	디자인보호법	상표법
해당 우선권 주장의 기초가 된 선출원의 출원서에 최초로 첨부된 명세서 또는 도면에 기재된 발명과 같은 발명에 관하여 제29조제1항·제2항, 제29조제3항 본문, 제30조제1항, 제36조제1항부터 제3항까지, 제96조제1항제3호, 제98조, 제103조, 제105조제1항·제2항, 제129조 및 제136조제4항(제133조의2제4항에 따라 준용되는 경우를 포함한다), 「실용신안법」 제7조제3항·제4항 및 제25조, 「디자인보호법」 제45조 및 제52조제3항을 적용할 때에는 그 특허출원은 그 선출원의 출원을 한 때에 특허출원한 것으로 본다. ④제1항에 따른 우선권 주장을 수반하는 특허출원의 출원서에 최초로 첨부된 명세서 또는 도면에 기재된 발명 중 해당 우선권 주장의 기초가 된 선출원의 출원서에 최초로 첨부된 명세서 또는 도면에 기재된 발명과 같은 발명은 그 특허출원이 출원공개되거나 특허가 등록공고되었을 때에 해당 우선권 주장의 기초가 된 선출원에 관하여 출원공개가 된 것으로 보고 제29조제3항 본문 또는 「실용			

특허법	실용신안법	디자인보호법	상표법
신안법」 제4조제3항 본문을 적용한다. ⑤선출원이 다음 각 호의 어느 하나에 해당하면 그 선출원의 출원서에 최초로 첨부된 명세서 또는 도면에 기재된 발명 중 그 선출원에 관하여 우선권 주장의 기초가 된 특허출원의 출원을 한 때에 명세서 또는 도면에 기재된 발명에 대하여는 제3항과 제4항을 적용하지 아니한다. 1. 선출원이 제1항에 따른 우선권 주장을 수반하는 출원인 경우 2. 선출원이 「공업소유권보호를 위한 파리조약」 제4조D(1)에 따른 우선권 주장을 수반하는 출원인 경우 ⑥제4항을 적용할 때 그 선출원이 다음 각 호의 어느 하나에 해당하는 경우 제29조제4항 중 "국제출원일에 제출한 국제출원의 명세서, 청구의 범위 또는 도면과 그 출원번역문에 다 같이 기재된 발명 또는 고안"은 "국제출원일에 제출한 국제출원의 명세서, 청구의 범위 또는 도면에 기재된 발명 또는 고안"으로 본다. 1. 선출원이 제199조제1항에 따			

특허법	실용신안법	디자인보호법	상표법
라 특허출원으로 보는 국제출원(제214조제4항에 따라 특허출원으로 되는 국제출원을 포함한다)인 경우 2. 선출원이 「실용신안법」 제34조제1항에 따라 실용신안등록출원으로 보는 국제출원(같은 법 제40조제4항에 따라 실용신안등록출원으로 되는 국제출원을 포함한다)인 경우 ⑦제1항에 따른 요건을 갖추어 우선권 주장을 한 자는 선출원일(선출원이 2 이상인 경우 최선출원일)부터 1년 4개월 이내에 그 우선권 주장을 보정하거나 추가할 수 있다. [전문개정 2009.1.30] **제56조【선출원의 취하등】** ①제55조제1항에 따른 우선권주장의 기초가 된 선출원은 그 출원일부터 1년 3개월이 지난 때에 취하된 것으로 본다. 다만, 그 선출원이 다음 각 호의 어느 하나에 해당하는 경우에는 그러하지 아니하다. <개정 2009.1.30> 1. 포기, 무효 또는 취하된 경우 2. 특허여부의 결정, 실용신안등록여부의 결정 또는 심결이	**제11조【「특허법」의 준용】**		

특허법	실용신안법	디자인보호법	상표법
확정된 경우 3. 당해 선출원을 기초로 한 우선권주장이 취하된 경우 4. 삭제 <2006.3.3> ②제55조제1항의 규정에 의한 우선권주장을 수반하는 특허출원의 출원인은 선출원의 출원일부터 1년 3월을 경과한 후에는 그 우선권주장을 취하할 수 없다. ③제55조제1항의 규정에 의한 우선권주장을 수반하는 특허출원이 선출원의 출원일부터 1년 3월이내에 취하된 때에는 그 우선권주장도 동시에 취하된 것으로 본다. 제3장 심사 제57조【심사관에 의한 심사】 ①특허청장은 심사관으로 하여금 특허출원을 심사하게 한다. <개정 2006.3.3> ②심사관의 자격에 관하여 필요한 사항은 대통령령으로 정한다.	제3장 심사 제15조【「특허법」의 준용】 실용신안등록출원의 심사·결정에 관하여는 「특허법」 제57조, 제58조, 제58조의2, 제60조, 제61조, 제63조의2, 제64조부터 제66조까지, 제66조의2, 제67조, 제67조의2, 제68조 및 제78조를 준용한다.	제3장 심사 제25조【심사관에 의한 심사】 ①특허청장은 심사관으로 하여금 디자인등록출원 및 디자인무심사등록이의신청을 심사하게 한다 <개정 2001.2.3, 2004.12.31> ②심사관의 자격에 관하여 필요한 사항은 대통령령으로 정한다.	제3장 심사 제22조【심사관에 의한 심사】 ①특허청장은 심사관으로 하여금 상표등록출원 및 상표등록이의신청을 심사하게 한다. ②심사관의 자격에 관하여 필요한 사항은 대통령령으로 정한다. ③누구든지 그 상표등록출원이 제23조제1항 각호의 1에 해당된다고 인정하는 경우에는 그 정보를 증거와 함께 특허청장에게 제공할 수 있다.

특허법	실용신안법	디자인보호법	상표법
제58조【선행기술의 조사등】 ①특허청장은 특허출원의 심사(국제출원에 대한 국제조사 및 국제예비심사를 포함한다)에 있어서 필요하다고 인정할 때에는 전문기관을 지정하여 선행기술의 조사, 국제특허분류의 부여 그 밖에 대통령령이 정하는 업무를 의뢰할 수 있다. <개정 2001.2.3, 2006.3.3, 2009.1.30> ②특허청장은 특허출원의 심사에 관하여 필요하다고 인정할 때에는 정부기관·당해 기술분야의 전문기관 또는 특허에 관한 지식과 경험이 풍부한 자에게 협조를 요청하거나 의견을 들을 수 있다. 이 경우 특허청장은 예산의 범위안에서 수당 또는 비용을 지급할 수 있다. ③제1항의 규정에 따른 전문기관의 지정기준 등 지정에 관하여 필요한 사항과 선행기술의 조사 또는 국제특허분류의 부여 등의 의뢰절차에 관하여 필요한 사항은 대통령령으로 정한다. <개정 2001.2.3, 2006.3.3>	제15조【「특허법」의 준용】	제25조의2【선행디자인의 조사등】 ①특허청장은 디자인등록출원의 심사에 있어서 필요하다고 인정하는 경우에는 전문기관을 지정하여 선행디자인의 조사, 그 밖에 대통령령으로 정하는 업무를 의뢰할 수 있다. ②특허청장은 디자인등록출원의 심사에 관하여 필요하다고 인정하는 경우에는 관계 행정기관, 해당 디자인 분야의 전문기관 또는 디자인에 관한 지식과 경험이 풍부한 자에게 협조를 요청하거나 의견을 들을 수 있다. 이 경우 특허청장은 예산의 범위에서 수당 또는 비용을 지급할 수 있다. ③제1항에 따른 전문기관의 지정기준 및 선행디자인의 조사 등의 의뢰에 필요한 사항은 대통령령으로 정한다. [본조신설 2009.6.9]	<개정 1997.8.22> 제22조의2【전문조사기관에 대한 상표검색 의뢰등】 ①특허

특허법	실용신안법	디자인보호법	상표법
			청장은 상표등록출원의 심사에 있어서 필요하다고 인정하는 경우에는 전문조사기관을 지정하여 상표검색을 의뢰할 수 있다. <개정 2001.2.3, 2007.1.3> ②특허청장은 상표등록출원의 심사에 관하여 필요하다고 인정하는 경우에는 관계행정기관이나 상표에 관한 지식과 경험이 풍부한 자 또는 관계인에게 협조를 요청하거나 의견을 들을 수 있다. ③특허청장은 「농산물품질관리법」이나「수산물품질관리법」에 의한 지리적 표시 등록 대상품목에 대하여 지리적 표시 단체표장이 출원된 경우 지리적 표시 해당여부에 관하여 농림수산식품부장관의 의견을 들어야 한다. <신설 2004.12.31, 2007.1.3, 2008.2.29> ④제1항의 규정에 의한 전문조사기관의 지정기준 및 상표검색의 의뢰에 관하여 필요한 사항은 대통령령으로 정한다. <개정 2007.1.3> [본조신설 1997.8.22]
제58조의2【전문기관 지정의 취소 등】 ①특허청장은 제58조 제1항의 규정에 따른 전문기관	**제15조【「특허법」의 준용】**	**제25조의3【전문기관 지정의 취소 등】** ①특허청장은 제25조의2제1항에 따른 전문기관이	**제22조의3【전문조사기관의 지정취소 등】** ①특허청장은 제22조의2제1항의 규정에 따른

특허법	실용신안법	디자인보호법	상표법
이 제1호에 해당하는 경우에는 전문기관의 지정을 취소하여야 하며,, 제2호에 해당하는 경우에는 그 지정을 취소하거나 6개월 이내의 기간을 정하여 업무의 정지를 명할 수 있다. 1. 거짓 그 밖의 부정한 방법으로 전문기관의 지정을 받은 경우 2. 제58조제3항의 규정에 따른 지정기준에 적합하지 아니하게 된 경우 ②특허청장은 제1항의 규정에 따라 전문기관의 지정을 취소하려고 할 때에는 청문을 실시하여야 한다. ③제1항의 규정에 따른 전문기관의 지정취소 및 업무정지의 기준과 절차 등에 관하여 필요한 사항은 지식경제부령으로 정한다. <개정 2008.2.29> [전문개정 2007.1.3]		제1호에 해당하는 경우에는 전문기관의 지정을 취소하여야 하며, 제2호에 해당하는 경우에는 그 지정을 취소하거나 6개월 이내의 기간을 정하여 업무의 정지를 명할 수 있다. 1. 거짓이나 그 밖의 부정한 방법으로 전문기관의 지정을 받은 경우 2. 제25조의2제3항에 따른 지정기준에 적합하지 아니하게 된 경우 ②특허청장은 제1항에 따라 전문기관의 지정을 취소하려면 청문을 하여야 한다. ③ 제1항에 따른 전문기관의 지정취소 및 업무정지의 기준과 절차 등에 필요한 사항은 지식경제부령으로 정한다. [본조신설 2009.6.9]	전문조사기관이 제1호에 해당하는 경우에는 전문조사기관의 지정을 취소하여야 하며, 제2호에 해당하는 경우에는 그 지정을 취소하거나 6개월 이내의 기간을 정하여 업무의 정지를 명할 수 있다. 1. 거짓 그 밖의 부정한 방법으로 전문조사기관의 지정을 받은 경우 2. 제22조의2제4항의 규정에 따른 지정기준에 적합하지 아니하게 된 경우 ②특허청장은 제1항의 규정에 따라 전문조사기관의 지정을 취소하려고 할 때에는 청문을 실시하여야 한다. ③제1항의 규정에 따른 지정취소 및 업무정지의 기준 그 밖에 필요한 사항은 지식경제부령으로 정한다. <개정 2008.2.29> [본조신설 2007.1.3]
제59조 【특허출원심사의 청구】 ①특허출원은 심사청구가 있을 때에 한하여 이를 심사한다. ②특허출원이 있는 때에는 누구든지 그날부터 5년이내에 특허청장에게 그 특허출원에 관하여 출원심사의 청구를 할 수	**제12조 【실용신안등록출원심사의 청구】** ①실용신안등록출원에 대한 심사는 청구가 있을 때에 한한다. ②실용신안등록출원이 있는 때에는 누구든지 그 날부터 3년 이내에 특허청장에게 그 실용		

특허법	실용신안법	디자인보호법	상표법
있다. 다만, 특허출원인의 경우에는 특허청구범위가 기재된 명세서가 첨부된 때에 한하여 출원심사의 청구를 할 수 있다. <개정 2007.1.3> ③제52조제2항의 규정에 의한 분할출원 또는 제53조제2항의 규정에 의한 변경출원에 관하여는 제2항의 기간이 경과된 후에도 분할출원을 한 날 또는 변경출원을 한 날부터 30일이내에 출원심사의 청구를 할 수 있다. <개정 1998.9.23, 2006.3.3> ④출원심사의 청구는 취하할 수 없다. ⑤제2항 또는 제3항의 규정에 의하여 출원심사의 청구를 할 수 있는 기간내에 출원심사의 청구가 없는 때에는 그 특허출원은 취하한 것으로 본다. **제60조 【출원심사의 청구절차】** ①출원심사의 청구를 하고자 하는 자는 다음 각호의 사항을 기재한 출원심사청구서를 특허청장에게 제출하여야 한다. <개정 2002.12.11> 1. 청구인의 성명 및 주소(법인인 경우에는 그 명칭·영업소	신안등록출원에 관하여 출원심사의 청구를 할 수 있다. 다만, 실용신안등록출원인의 경우에는 실용신안등록청구범위가 기재된 명세서가 첨부된 때에 한하여 출원심사의 청구를 할 수 있다. <개정 2007.1.3> ③변경출원 또는 제11조의 규정에 의하여 준용되는 「특허법」 제52조제2항의 규정에 의한 분할출원에 관하여는 제2항의 기간이 경과된 후에도 변경출원을 한 날 또는 분할출원을 한 날부터 30일 이내에 출원심사의 청구를 할 수 있다. ④출원심사의 청구는 취하할 수 없다. ⑤제2항 또는 제3항의 규정에 의한 기간 이내에 출원심사의 청구가 없는 때에는 그 실용신안등록출원을 취하한 것으로 본다. **제15조 【「특허법」의 준용】**		

특허법	실용신안법	디자인보호법	상표법
의 소재지) 2. 삭제 <2002.12.11> 3. 출원심사의 청구대상이 되는 특허출원의 표시 ②특허청장은 출원공개전에 출원심사의 청구가 있는 때에는 출원공개시에, 출원공개후에 출원심사의 청구가 있는 때에는 지체없이 그 취지를 특허공보에 게재하여야 한다. ③특허청장은 특허출원인이 아닌 자로부터 출원심사의 청구가 있는 때에는 그 취지를 특허출원인에게 통지하여야 한다. 제61조 【우선심사】　특허청장은 다음 각호의 1에 해당되는 특허출원에 대하여는 심사관으로 하여금 다른 특허출원에 우선하여 심사하게 할 수 있다. 1. 출원공개후 특허출원인이 아닌 자가 업으로서 특허출원된 발명을 실시하고 있다고 인정되는 경우 2. 대통령령이 정하는 특허출원으로서 긴급처리가 필요하다고 인정되는 경우 [전문개정 2001.2.3]		제25조의4 【우선심사】　특허청장은 다음 각 호의 어느 하나에 해당되는 디자인등록출원에 대하여는 심사관으로 하여금 다른 디자인등록출원에 우선하여 심사하게 할 수 있다. 1. 출원공개 후 디자인등록출원인이 아닌 자가 업으로서 디자인등록출원된 디자인을 실시하고 있다고 인정되는 경우 2. 대통령령으로 정하는 디자인등록출원으로서 긴급처리가 필요하다고 인정되는 경우 [본조신설 2009.6.9]	제22조의4 【심사의 순위 및 우선심사】　①상표등록출원에 대한 심사는 출원의 순위에 따른다. ②특허청장은 다음 각 호의 어느 하나에 해당하는 상표등록출원에 대하여는 제1항에도 불구하고 심사관이 다른 상표등록출원에 우선하여 심사하게 할 수 있다. 1. 상표등록출원 후 출원인이 아닌 자가 정당한 사유 없이 업으로서 상표등록출원된 상표와 동일 또는 유사한 상표를 동일 또는 유사한 지정상품에
	제15조 【「특허법」의 준용】		

특허법	실용신안법	디자인보호법	상표법
			사용하고 있다고 인정되는 경우 2. 상표등록출원인이 상표등록출원한 상표를 지정상품의 전부에 사용하고 있는 등 대통령령으로 정하는 상표등록출원으로서 긴급한 처리가 필요하다고 인정되는 경우 [본조신설 2010.1.27]
제62조【특허거절결정】 심사관은 특허출원이 다음 각 호의 어느 하나(이하 "거절이유"라 한다)에 해당하는 경우에는 그 특허출원에 대하여 특허거절결정을 하여야 한다. <개정 2001.2.3> 1. 제25조·제29조·제32조·제36조제1항 내지 제3항 또는 제44조의 규정에 의하여 특허할 수 없는 경우 2. 제33조제1항 본문의 규정에 의한 특허를 받을 수 있는 권리를 가지지 아니하거나 동조동항 단서의 규정에 의하여 특허를 받을 수 없는 경우 3. 조약의 규정에 위반된 경우 4. 제42조제3항·제4항·제8항 또는 제45조에 규정된 요건을 갖추지 아니한 경우 5. 제47조제2항의 규정에 의한	제13조【실용신안등록거절결정】 제15조의 규정에 따라 준용되는 「특허법」 제57조제1항의 규정에 의한 심사관(이하 "심사관"이라 한다)은 실용신안등록출원이 다음 각 호의 어느 하나(이하 "거절이유"라 한다)에 해당하는 경우에는 그 실용신안등록출원에 대하여 실용신안등록거절결정을 하여야 한다. <개정 2007.1.3> 1. 제4조, 제6조, 제7조제1항 내지 제3항, 제3조의 규정에 의하여 준용되는 「특허법」 제25조 또는 이 법 제11조의 규정에 의하여 준용되는 「특허법」 제44조의 규정에 의하여 실용신안등록을 할 수 없는 경우 2. 제11조의 규정에 의하여 준용되는 「특허법」 제33조제1	제26조【디자인등록거절결정】 ①심사관은 디자인등록출원이 다음 각 호의 어느 하나에 해당하는 경우에는 디자인등록거절결정을 하여야 한다. <개정 2001.2.3, 2004.12.31, 2009.6.9> 1. 제4조의24, 제5조부터 제7조까지, 제9조제6항, 제10조, 제11조, 제11조의2, 제12조, 제16조제1항 및 제2항에 따라 디자인등록을 할 수 없는 경우 2. 삭제 <2001.2.3> 3. 제3조제1항 본문의 규정에 의한 디자인등록을 받을 수 있는 권리를 가지지 아니하거나 동조동항 단서의 규정에 의하여 디자인등록을 받을 수 없는 경우 4. 조약의 규정에 위반된 경우 5. 유사디자인무심사등록출원이 다음 각 목의 어느 하나에 해	제23조【상표등록거절결정 및 거절이유통지】 ①심사관은 상표등록출원이 다음 각 호의 어느 하나에 해당하는 경우에는 그 상표등록출원에 대하여 상표등록거절결정을 하여야 한다. <개정 1997.8.22, 2001.2.3, 2004.12.31, 2007.1.3> 1. 제3조 단서, 제6조 내지 제8조, 제10조제1항, 제12조제2항 후단·제5항·제7항 내지 제9항 또는 제5조의 규정에 의하여 준용되는 「특허법」 제25조의 규정에 의하여 상표등록을 할 수 없는 경우 2. 조약의 규정에 위반된 경우 3. 조약당사국에 등록된 상표 또는 이와 유사한 상표로서 그 상표에 관한 권리를 가진 자의 대리인이나 대표자 또는 상표등록출원일전 1년 이내에 대리

특허법	실용신안법	디자인보호법	상표법
범위를 벗 어 보정인 경우 6. 제52조제1항의 규정에 의한 범위를 벗어난 분할출원인 경우 7. 제53조제1항의 규정에 의한 범위를 벗어난 변경출원인 경우	항 본문의 규정에 의한 실용신안등록을 받을 수 있는 권리를 가지지 아니하거나 동항 단서의 규정에 의하여 실용신안등록을 받을 수 없는 경우 3. 조약의 규정에 위반된 경우 4. 제8조제3항·제4항·제8항 또는 제9조에 규정된 요건을 갖추지 아니한 경우 5. 제10조제1항의 규정에 의한 범위를 벗어난 변경출원인 경우 6. 제11조의 규정에 의하여 준용되는 「특허법」 제47조제2항의 규정에 의한 범위를 벗어난 보정인 경우 7. 제11조의 규정에 의하여 준용되는 「특허법」 제52조제1항의 규정에 의한 범위를 벗어난 분할출원인 경우	당하는 경우 가. 유사디자인등록된 디자인 또는 유사디자인등록출원된 디자인을 기본디자인으로 표시한 경우 나. 기본디자인의 디자인권이 소멸된 경우 다. 기본디자인에 관한 디자인등록출원이 무효·취하·포기되거나 디자인등록거절결정이 확정된 경우 라. 유사디자인무심사등록출원인이 기본디자인의 디자인권자 또는 기본디자인에 관한 디자인등록출원인과 다른 경우 마. 유사디자인무심사등록출원된 디자인이 기본디자인에 유사하지 아니한 경우 ②제1항의 규정에 불구하고 디자인무심사등록출원에 대하여는 제5조, 제7조, 제16조제1항·제2항의 규정은 이를 적용하지 아니한다. 다만, 디자인무심사등록출원된 디자인이 제5조제1항 본문의 규정에 따른 공업상 이용할 수 없는 것이거나 제5조제2항의 규정 중 국내에서 널리 알려진 형상·모양·색채 또는 이들의 결합에 의하여 용이하게 창작할 수 있는 것인 경우에는 디자인등록거절	인이나 대표자이었던 자가 상표에 관한 권리를 가진 자의 동의를 받지 아니하는 등 정당한 이유없이 그 상표의 지정상품과 동일하거나 이와 유사한 상품을 지정상품으로 상표등록출원을 한 경우. 다만, 그 권리자로부터 상표등록에의신청이 있거나 제22조제3항의 규정에 의한 정보제공이 있는 경우에 한한다.

▶판례
자회사가 대리점 계약 당사자의 실질적인 지배를 받고 있다는 이유만으로 그 자회사를 상표법 제23조 제1항 제3호 소정의 '대리인'으로 볼 수 있는지 여부(소극)

상표법 제73조 제1항 제7호, 제23조 제1항 제3호의 입법 취지에 비추어 볼 때 상표법 제23조 제1항 제3호에서 말하는 '대리인이나 대표자'라 함은 일반적으로 국외에 있는 상표에 관한 권리를 가진 자의 그 상품을 수입하여 판매·광고하는 대리점, 특약점, 위탁판매업자, 총대리점 등을 가리키는 것이고, 대리점 등 계약의 당사자가 자신과 법인격은 다르지만 그 소유와 경영을 실질적으로 지배하고 있는 자회사의 명의

특허법	실용신안법	디자인보호법	상표법
제63조 【거절이유통지】 ①심사관은 제62조의 규정에 의하여 특허거절결정을 하고자 할 때에는 그 특허출원인에게 거절이유를 통지하고 기간을 정하여 의견서를 제출할 수 있는 기회를 주어야 한다. 다만, 제51조제1항에 따라 각하결정을 하고자 하는 때에는 그러하지 아니하다. <개정 2001.2.3, 2009.1.30> ②심사관은 특허청구범위에 2 이상의 청구항이 있는 특허출원에 대하여 제1항 본문의 규정에 따라 거절이유를 통지할 때에는 그 통지서에 거절되는 청구항을 명시하고 그 청구항에 관한 거절이유를 구체적으로 기재하여야 한다. <신설	**제14조 【거절이유통지】** ①심사관은 제13조의 규정에 의하여 실용신안등록거절결정을 하고자 할 때에는 그 실용신안등록출원인에게 거절이유를 통지하고, 기간을 정하여 의견서를 제출할 수 있는 기회를 주어야 한다. 다만, 제11조에 따라 준용되는 「특허법」 제51조제1항에 따라 각하결정을 하고자 하는 때에는 그러하지 아니하다. <개정 2009.1.30> ②심사관은 실용신안등록청구범위에 2 이상의 청구항이 있는 실용신안등록출원에 대하여 제1항 본문의 규정에 따라 거절이유를 통지할 때에는 그 통지서에 거절되는 청구항을 명시하고 그 청구항에 관한 거절	결정을 하여야 한다. <개정 2001.2.3, 2004.12.31, 2007.1.3> ③심사관은 제23조의5의 규정에 따른 정보 및 증거의 제공이 있는 디자인무심사등록출원에 대하여는 제2항의 규정에 불구하고 그 정보 및 증거에 근거하여 제1항의 규정에 따라 디자인등록거절결정을 할 수 있다. <신설 2004.12.31> [전문개정 1997.8.22] **제27조 【거절이유통지】** ①심사관은 제26조의 규정에 의하여 디자인등록거절결정을 하고자 할 때에는 그 디자인등록출원인에게 거절이유(제26조제1항 각호의 1에 해당하는 이유를 말하며, 이하 "거절이유"라 한다)를 통지하고 기간을 정하여 의견서를 제출할 수 있는 기회를 주어야 한다. <개정 1997.8.22, 2001.2.3, 2004.12.31> ②복수디자인등록출원된 디자인중 일부 디자인에 대하여 거절이유가 있는 경우에는 그 해당 디자인의 일련번호, 디자인의 대상이 되는 물품 및 거절이유를 명시하여야 한다. <신설 1997.8.22, 2001.2.3, 2004.12.31>	로 상표등록을 하면 대리점 등이 스스로 상표를 등록한 것과 동일한 결과가 초래되어 위 규정을 잠탈하는 행위를 방지할 수 없게 되고, 나아가 공정한 국제 상거래질서를 확보하고 수요자 사이에 혼동을 방지하고자 하는 입법 목적을 달성할 수 없는 문제가 있지만, 그렇다고 하더라도 계약 등에 의하여 대리인이 된 자가 위 상표법 규정의 적용을 회피하기 위하여 법인을 편의상, 형식적으로 설립하였다는 등의 특별한 사정이 없는 한 별개의 법인격을 가지는 회사가 계약 당사자의 실질적 지배를 받는 관계에 있다는 사정만으로 그 회사를 계약 당사자와 동일시하여 당연히 그 회사가 상표소유권자의 대리인으로서의 지위를 갖게 된다고 할 수는 없다(대법원 2003. 4. 8. 선고 2001후2146 판결】. 4. 제2조제1항제1호 내지 제3호 및 제4호의 규정에 의한 표장의 정의에 합치하지 아니하거나 지리적 표시 단체표장의 경우에 그 지리적 표시와 표장이 동항제3호의2 및 제3호의4의 규정에 의한 지리적 표시와 표장의 정의에 합치하지 아니

특허법	실용신안법	디자인보호법	상표법
2007.1.3, 2009.1.30> ▶판례 특허거절결정의 이유 중에 심사관이 통지하지 않은 거절이유가 일부 포함되어 있다 하더라도, 특허거절결정에 대한 심판청구를 기각하는 심결이유가 심사관이 통지하지 않은 거절이유를 들어 특허거절결정을 유지하는 것이 아닌 경우, 그와 같은 사유만으로 심결을 위법하다고 할 수 있는지 여부(소극) 구 특허법(2007. 1. 3. 법률 제8197호로 개정되기 전의 것) 제63조 본문에 의하면, 심사관은 제62조의 규정에 의하여 특허거절결정을 하고자 할 때에는 그 특허출원인에게 거절이유를 통지하고 기간을 정하여 의견서를 제출할 수 있는 기회를 주어야 한다고 규정되어 있으므로, 심사관이 특허출원인에게 거절이유를 통지하여 의견서를 제출할 수 있는 기회를 주지 않고 특허거절결정을 하는 것은 위 법 제63조 본문에 위반되어 위법한 것이 원칙이다. 그러나 특허거절결정의 이유 중에 심사관이 통지하지 아니한 거절이유가 일부 포함되어 있다 하더라도, 특허거절결정에 대	이유를 구체적으로 기재하여야 한다. <신설 2007.1.3, 2009.1.30>		하는 경우 5. 지리적 표시 단체표장등록출원에 있어서 그 지리적 표시를 사용할 수 있는 상품을 생산·제조 또는 가공하는 것을 업으로 영위하는 자의 대하여 정관에 의하여 단체의 가입을 금지하거나 정관에 충족하기 어려운 가입조건을 규정하는 등 단체의 가입을 실질적으로 허용하지 아니한 경우 6. 제9조제3항의 규정에 의한 정관에 대통령령이 정하는 단체표장의 사용에 관한 사항의 전부 또는 일부의 기재가 없는 경우 ②심사관은 제1항의 규정에 의하여 상표등록거절결정을 하고자 할 때에는 그 출원인에게 거절이유를 통지하고 기간을 정하여 의견서를 제출할 수 있는 기회를 주어야 한다. 이 경우 2 이상의 지정상품의 일부 또는 전부에 거절이유가 있는 때에는 심사관은 그 해당 지정상품별로 거절이유와 근거를 구체적으로 밝혀야 한다. <개정 2001.2.3, 2007.1.3> ▶판례

특허법	실용신안법	디자인보호법	상표법
한 심판청구를 기각하는 심결이 유가 심사관이 통지하지 아니한 거절이유를 들어 특허거절결정을 유지하는 경우가 아니라면, 그와 같은 사유만으로 심결을 위법하다고는 할 수 없다(대법원 2009.12.10. 선고 2007후3820).			**상표의 유사 여부 판단 기준 및 기술적 표장만으로 된 상표와 다른 식별력 있는 상표의 유사 여부를 판단함에 있어 상표의 식별력 유무가 고려대상이 되는지 여부(적극)** 상표의 유사는 상표의 외관·호칭·관념을 수요자의 입장에서 전체적, 객관적, 이격적으로 관찰하여 상품의 출처에 관하여 오인·혼동을 일으킬 우려가 있는지 여부에 의하여 결정하여야 하는 것으로서, 외관·호칭·관념 중에서 어느 하나가 유사하다 하더라도 전체로서의 상표가 수요자들로 하여금 명확히 상품 출처의 오인·혼동을 피할 수 있게 하는 경우에는 유사한 것이라고 할 수 없다 할 것인바, 대비대상이 되는 두 상표 중 하나가 자타상품의 식별력이 없는 것이라면 설사 그 대비되는 상표와 외관·호칭·관념 중 일부에 동일·유사한 점이 있다 하더라도 상표 전체로서 수요자들로 하여금 상품 출처의 오인·혼동을 피할 수 있게 하는 가능성이 크다 할 것이므로 오로지 기술 표장만으로 된 상표와 다른 식별력 있는 상표의 유사 여부를 판단함에 있

특허법	실용신안법	디자인보호법	상표법
			어서도 상표의 식별력 유무는 고려대상이 되어야 한다. (대법원 2002. 7. 26. 선고 2002후765 판결)
		제23조의6 【거절결정된 출원의 공보게재】 특허청장은 제16조제2항 후단의 규정에 따라 거절결정이나 거절한다는 취지의 심결이 확정 된 때에는 그 디자인등록출원에 관한 사항을 제78조의 규정에 따른 디자인 공보에 게재하여야 한다. 다만, 디자인등록출원된 디자인이 제23조의2제2항 단서에 해당하는 경우에는 이를 게재하지 아니 할 수 있다. <개정 2009.6.9> [본조신설 2007.1.3]	
제63조의2 【특허출원에 대한 정보제공】 특허출원이 있는 때에는 누구든지 그 특허출원이 거절이유에 해당되어 특허될 수 없다는 취지의 정보를 증거와 함께 특허청장에게 제공할 수 있다. 다만, 제42조제8항 및 제45조에 규정된 요건을 갖추지 아니한 경우에는 그러하지 아니하다. <개정 2007.1.3> [본조신설 2006.3.3]	**제15조 【「특허법」의 준용】**	**제23조의5 【정보제공】** 디자인 등록출원된 디자인에 대하여는 누구든지 당해 디자인이 제26조제1항 각호의 1에 해당되어 등록될 수 없다는 취지의 정보를 증거와 함께 특허청장에게 제공할수 있다. <개정 2004.12.31> [본조신설 2001.2.3]	

특허법	실용신안법	디자인보호법	상표법
제64조 【출원공개】 ①특허청장은 다음 각 호의 어느 하나에 해당하는 날부터 1년6월이 경과한 때 또는 특허출원일부터 1년 6월이 경과하기 전이라도 출원인의 신청이 있는 때에는 지식경제부령이 정하는 바에 따라 그 특허출원에 관하여 특허공보에 게재하여 출원공개를 하여야 한다. 다만, 제42조제5항 각 호 외의 부분 전단의 규정에 따라 특허청구범위가 기재되지 아니한 명세서를 첨부한 특허출원 및 제87조제3항의 규정에 따라 등록공고를 한 특허의 경우에는 출원공개의 대상이 되지 아니한다. <개정 1995.12.29, 1997.4.10, 2001.2.3, 2007.1.3, 2008.2.29> 1. 제54조제1항의 규정에 의한 우선권주장을 수반하는 특허출원에 있어서는 그 우선권주장의 기초가 된 출원일 2. 제55조제1항의 규정에 의한 우선권주장을 수반하는 특허출원에 있어서는 선출원의 출원일 3. 제54조제1항 또는 제55조제1항의 규정에 의한 2 이상의 우선권주장을 수반하는 특허출원에 있어서는 해당 우선권주	제15조 【「특허법」의 준용】	제23조의2 【출원공개】 ①디자인등록출원인은 지식경제부령이 정하는 바에 따라 자기의 디자인등록출원에 대한 공개를 신청할 수 있다. 다만, 복수디자인등록출원에 대한 신청은 출원된 디자인 전부에 대하여 신청하는 경우에 한한다. <개정 1997.8.22, 2001.2.3, 2004.12.31, 2008.2.29> ②특허청장은 제1항에 따른 공개신청이 있는 때에는 그 디자인등록출원에 관하여 제78조에 따른 디자인공보에 게재하여 출원공개를 하여야 한다. 다만, 디자인등록출원된 디자인이 주는 의미나 내용 등이 일반인의 통상적인 도덕관념인 선량한 풍속에 어긋나거나 공공질서를 해칠 우려가 있는 경우에는 출원공개를 하지 아니할 수 있다. <개정 2004.12.31, 2007.1.3, 2009.6.9> 1. 디자인이 주는 의미나 내용 등이 일반인의 통상적인 도덕관념인 선량한 풍속에 어긋나거나 공공질서를 해칠 우려가 있는 경우 2. 제24조의 규정에 의하여 준용되는 「특허법」 제41조제1항의 규정에 의하여 국방상 비	제24조 【출원공고】 ①심사관은 상표등록출원에 대하여 거절이유를 발견할 수 없는 때에는 출원공고결정을 하여야 한다. 다만, 다음 각 호의 어느 하나에 해당하는 때에는 출원공고결정을 생략할 수 있다. <개정 2007.1.3> 1. 출원공고결정의 등본이 출원인에게 송달된 후 그 출원인이 출원공고된 상표등록출원을 제18조의 규정에 따라 2 이상의 상표등록출원으로 분할한 경우에 있어서 그 분할출원에 대하여 거절이유를 발견할 수 없는 때 2. 상표등록출원의 거절결정에 대하여 취소의 심결이 있는 경우에 있어서 당해 상표등록출원에 대하여 이미 출원공고된 사실이 있고 다른 거절이유를 발견할 수 없는 때 ②특허청장은 제1항의 규정에 의한 결정이 있을 때에는 그 결정의 등본을 출원인에게 송달하고 그 상표등록출원에 관하여 상표공보에 게재하여 출원공고를 하여야 한다. ③특허청장은 출원공고가 있는 날부터 2개월간 상표등록출원서류 및 그 부속서류를 특허청

특허법	실용신안법	디자인보호법	상표법
장의 기초가 된 출원일중 최선일 4. 제1호 내지 제3호의 1에 해당하지 아니하는 특허출원에 있어서는 그 특허출원일 ② 삭제 <2006.3.3> ③제87조제4항은 제1항의 출원공개에 관하여 이를 준용한다. <개정 1997.4.10> ④제1항의 출원공개에 관하여 특허공보에 게재할 사항은 대통령령으로 정한다.		밀로 취급하여야 하는 경우 ③제1항의 규정에 의한 공개신청은 그 디자인등록출원에 대한 최초의 디자인등록여부결정의 등본이 송달된 후에는 이를 할 수 없다. <개정 2001.2.3, 2004.12.31> ④삭제 <2001.2.3> [본조신설 1995.12.29]	에서 공중의 열람에 제공하여야 한다. <개정 2007._3> 제24조의2 【손실보상청구권】 ①출원인은 제24조제2항(제49조제3항 및 제81조제_항의 규정에 의하여 준용되는 경우를 포함한다)의 규정에 의한 출원공고가 있은 후 당해 상표등록출원에 관한 지정상품과 동일하거나 이와 유사한 상품에 대하여 당해 상표등록출원에 관한 상표와 동일하거나 이와 유사한 상표를 사용하는 자에게 서면으로 경고할 수 있다. 다만, 출원인이 당해 상표등록출원의 사본을 제시하는 경우에는 출원공고전이라도 서면으로 경고할 수 있다. ②제1항의 규정에 의하여 경고를 한 출원인은 경고후 상표권

특허법	실용신안법	디자인보호법	상표법
			을 설정등록할 때까지의 기간에 발생한 당해 상표의 사용에 관한 업무상 손실에 상당하는 보상금의 지급을 청구할 수 있다. ③제2항의 규정에 의한 청구권은 당해 상표등록출원에 대한 상표권의 설정등록이 있은 후가 아니면 이를 행사할 수 없다. ④제2항의 규정에 의한 청구권의 행사는 상표권의 행사에 영향을 미치지 아니한다. ⑤제52조·제66조·제69조 및 제70조와 「민법」 제760조 및 제766조의 규정은 제2항의 규정에 의한 청구권을 행사하는 경우에 이를 준용한다. 이 경우 「민법」 제766조제1항중 "피해자나 그 법정대리인이 그 손해 및 가해자를 안 날"은 "당해 상표권의 설정등록일"로 본다. <개정 2007.1.3> ⑥상표등록출원이 다음 각 호의 어느 하나에 해당하는 때에는 제2항의 규정에 의한 청구권은 처음부터 발생하지 아니한 것으로 본다. <개정 2007.1.3> 1. 상표등록출원이 포기·취하 또는 무효로 된 때

특허법	실용신안법	디자인보호법	상표법
			2. 상표등록출원에 대한 상표등록거절결정이 확정될 때 3. 제71조의 규정에 의하여 상표등록을 무효로 한다는 심결(동조제1항제4호 내지 제6호의 규정에 의한 경우를 제외한다】 이 확정된 때 [본조신설 2001.2.3]
제65조 【출원공개의 효과】 ①특허출원인은 출원공개가 있은 후 그 특허출원된 발명을 업으로서 실시한 자에게 특허출원된 발명임을 서면으로 경고할 수 있다. ②제1항의 규정에 의한 경고를 받거나 출원공개된 발명임을 알고 그 특허출원된 발명을 업으로 실시한 자에게 특허출원인은 그 경고를 받거나 출원공개된 발명임을 안 때부터 특허권의 설정등록시까지의 기간동안 그 특허발명의 실시에 대하여 통상 받을 수 있는 금액에 상당하는 보상금의 지급을 청구할 수 있다. <개정 1997.4.10> ③제2항의 규정에 의한 청구권은 당해 특허출원에 대한 특허권의 설정등록이 있은 후가 아니면 이를 행사할 수 없다. <개정 1997.4.10>	제15조 【「특허법」의 준용】	제23조의3 【출원공개의 효과】 ①디자인등록출원인은 출원공개가 있은 후 그 디자인등록출원된 디자인 또는 이와 유사한 디자인을 업으로서 실시한 자에게 디자인등록출원된 디자인임을 서면으로 경고할 수 있다. <개정 2004.12.31> ②제1항의 규정에 의한 경고를 받거나 출원공개된 디자인임을 알고 그 디자인등록출원된 디자인 또는 이와 유사한 디자인을 업으로서 실시한 자에게 디자인등록출원인은 그 경고를 받거나 출원공개된 디자인임을 안 때부터 디자인권의 설정등록시까지의 기간동안 그 등록디자인 또는 이와 유사한 디자인의 실시에 대하여 통상 받을 수 있는 금액에 상당하는 보상금의 지급을 청구할 수 있다. <개정 2004.12.31>	

특허법	실용신안법	디자인보호법	상표법
④제2항의 규정에 의한 청구권의 행사는 특허권의 행사에 영향을 미치지 아니한다. <개정 1997.4.10> ⑤제127조·제129조·제132조 또는 민법 제760조 및 동법 제766조의 규정은 제2항의 규정에 의한 청구권을 행사하는 경우에 이를 준용한다. 이 경우 「민법」 제766조제1항중 "피해자나 그 법정대리인이 그 손해 및 가해자를 안 날"은 "당해 특허권의 설정등록일"로 본다. <개정 1997.4.10, 2006.3.3> ⑥출원공개후 특허출원이 포기·무효 또는 취하된 때, 특허출원의 특허거절결정이 확정된 때 및 제133조의 규정에 의한 특허를 무효로 한다는 심결(동조제1항제4호의 규정에 의한 경우를 제외한다)이 확정된 때에는 제2항의 규정에 의한 청구권은 처음부터 발생하지 아니한 것으로 본다. <신설 1997.4.10, 2001.2.3, 2006.3.3> [전문개정 1995.12.29]		③제2항의 규정에 의한 청구권은 당해 디자인등록출원된 디자인에 대한 디자인권의 설정등록이 있은 후가 아니면 이를 행사할 수 없다. <개정 2004.12.31> ④제2항의 규정에 의한 청구권의 행사는 디자인권의 행사에 영향을 미치지 아니한다. <개정 2004.12.31> ⑤제63조·제67조 또는 「민법」 제760조 및 동법 제766조의 규정은 제2항의 규정에 의한 청구권을 행사하는 경우에 이를 준용한다. 이 경우 「민법」 제766조제1항중 "피해자나 그 법정대리인이 그 손해 및 가해자를 안 날"은 "당해 디자인권의 설정등록일"로 본다. <개정 2004.12.31, 2007.1.3> ⑥출원공개후 디자인등록출원이 포기·무효 또는 취하된 때, 디자인등록출원의 디자인등록거절결정이 확정된 때, 제29조의7제3항에 따른 디자인등록취소결정이 확정된 때 또는 제68조에 따른 디자인등록을 무효로 한다는 심결(같은 조 제1항제4호에 따른 경우는 제외한다)이 확정된 때에는 제2항에 따른 청구권은 처음부터 발생하지 아니한 것으로 본다.	

특허법	실용신안법	디자인보호법	상표법
		<신설 2001.2.3, 2004.12.31, 2009.6.9> [본조신설 1995.12.29]	
제66조 【특허결정】 심사관은 특허출원에 대하여 거절이유를 발견할 수 없는 때에는 특허결정을 하여야 한다. <개정 2001.2.3> [전문개정 1997.4.10]	제15조 【「특허법」의 준용】	제28조 【디자인등록결정】 심사관은 디자인등록출원에 대하여 거절이유를 발견할 수 없는 때에는 디자인등록결정을 하여야 한다 <개정 2001.2.3, 2004.12.31>	제30조 【상표등록결정】 심사관은 상표등록출원에 대하여 거절이유를 발견할 수 없는 때에는 상표등록결정을 하여야 한다. <개정 2001.2.3>
제67조 【특허여부결정의 방식】 ①특허결정 및 특허거절결정(이하 "특허여부결정"이라 한다)은 서면으로 하여야 하며 그 이유를 붙여야 한다. <개정 2001.2.3> ②특허청장은 특허여부결정이 있는 경우에는 그 결정의 등본을 특허출원인에게 송달하여야 한다. <개정 2001.2.3> [전문개정 1997.4.10]	제15조 【「특허법」의 준용】	제29조 【디자인등록여부결정의 방식】 ①디자인등록여부결정은 서면으로 하여야 하며 그 이유를 붙여야 한다. <개정 2001.2.3, 2004.12.31> ②특허청장은 디자인등록여부결정이 있는 경우에는 그 결정의 등본을 디자인등록출원인에게 송달하여야 한다. <개정 2001.2.3, 2004.12.31>	제31조 【상표등록여부결정의 방식】 ①상표등록여부결정은 서면으로 하여야 하며 그 이유를 붙여야 한다. <개정 2001.2.3> ②특허청장은 상표등록여부결정이 있는 경우에는 그 결정의 등본을 출원인에게 송달하여야 한다. <개정 2001.2.3>
		제29조의2 【디자인무심사등록이의신청】 ①누구든지 디자인무심사등록출원에 의한 디자인권의 설정등록이 있는 날부터 디자인무심사등록공고일후 3개월이 되는 날까지 해당 디자인무심사등록이 다음 각 호의 어느 하나에 해당하는 것을 이유로 특허청장에게 디자인무심사등	제25조 【상표등록이의신청】 ① 출원공고가 있는 때에는 누구든지 출원공고일부터 2개월 이내에 제23조제1항 각 호 및 제48조제1항제2호·제4호의 어느 하나에 해당한다는 것을 이유로 특허청장에게 상표등록이의신청을할수있다 <개정 2007.1.3> ②상표등록이의신청을 하고자

특허법	실용신안법	디자인보호법	상표법
		록이의신청을 할 수 있다. 이 경우 복수디자인등록출원된 디자인등록에 대하여는 각 디자인마다 디자인무심사등록이의신청을 할 수 있다. <개정 2001.2.3, 2004.12.31, 2009.6.9> 1. 제4조의24, 제5조, 제6조, 제7조제1항, 제10조 및 제16조제1항·제2항에 위반된 경우 2. 제3조제1항 본문의 규정에 의한 디자인등록을 받을 수 있는 권리를 가지지 아니하거나 동조동항 단서의 규정에 의하여 디자인등록을 받을 수 없는 경우 3. 조약에 위반된 경우 ②디자인무심사등록이의신청을 하는 자(이하 "디자인무심사등록이의신청인"이라 한다]는 다음 각호의 사항을 기재한 디자인무심사등록이의신청서에 필요한 증거를 첨부하여 특허청장에게 제출하여야 한다. <개정 2001.2.3, 2004.12.31> 1. 디자인무심사등록이의신청인의 성명 및 주소(법인인 경우에는 그 명칭 및 영업소의 소재지) 1의2. 디자인무심사등록이의신청인의 대리인이 있는 경우에는 그 대리인의 성명 및 주소	하는 자는 다음 각 호의 사항을 기재한 상표등록이의신청서에 필요한 증거를 첨부하여 특허청장에게 제출하여야 한다. <개정 1997.8.22, 2001.2.3, 2007.1.3> 1. 상표등록이의신청인의 성명 및 주소(법인인 경우에는 그 명칭 및 영업소의 소재지) 1의2. 대리인이 있는 경우에는 그 대리인의 성명 및 주소나 영업소의 소재지(대리인이 특허법인인 경우에는 그 명칭, 사무소의 소재지 및 지정된 변리사의 성명] 2. 상표등록이의신청의 대상 3. 삭제 <2007.1.3> 4. 상표등록이의신청사항 5. 상표등록이의신청의 이유 및 필요한 증거의 표시

특허법	실용신안법	디자인보호법	상표법
		나 영업소의 소재지(대리인이 특허법인인 경우에는 그 명칭, 사무소의 소재지 및 지정된 변리사의 성명) 2. 디자인무심사등록이의신청의 대상이 되는 등록디자인의 표시 3. 디자인무심사등록이의신청의 취지 4. 디자인무심사등록이의신청의 이유 및 필요한 증거의 표시 ③제29조의4제3항의 규정에 의하여 지정된 심사장(審査長)은 디자인무심사등록이의신청이 있는 때에는 디자인무심사등록이의신청서 부본을 디자인무심사등록이의신청의 대상이 된 등록디자인의 디자인권자에게 송달하고 기간을 정하여 답변서를 제출할 기회를 주어야 한다. <개정 2001.2.3, 2004.12.31> ④제68조제6항의 규정은 제1항의 디자인무심사등록이의신청에 관하여 이를 준용한다. <개정 2004.12.31> [본조신설 1997.8.22] **제29조의3 【디자인무심사등록이의신청이유등의 보정】** 디자인무심사등록이의신청인은 디자	**제26조 【상표등록이의신청이유등의 보정】** 제25조제1항의 규정에 의하여 상표등록이의신청을

특허법	실용신안법	디자인보호법	상표법
		인무심사등록이의신청한 날부터 30일이내에 디자인무심사등록이의신청서에 기재한 이유 또는 증거를 보정할 수 있다. <개정 2004.12.31> [본조신설 1997.8.22] **제29조의4 【심사 · 결정의 합의체】** ①디자인무심사등록이의신청은 3인의 심사관합의체가 심사 · 결정한다. <개정 2004.12.31> ②특허청장은 각 디자인무심사등록이의신청에 대하여 심사관합의체를 구성할 심사관을 지정하여야 한다. <개정 2004.12.31> ③특허청장은 제2항의 규정에 의하여 지정된 심사관중 1인을 심사장으로 지정하여야 한다. ④ 심사관합의체 및 심사장에 관하여는 제72조의7제2항 · 제72조의8제2항 및 제72조의9제2항 · 제3항을 준용한다. <개정 2009.6.9> [본조신설 1997.8.22] **제29조의5 【디자인무심사등록이의신청 심사에서의 직권심사】** ①디자인무심사등록이의신청에 관한 심사를 할 때에는 디자인	한 자(이하 "이의신청인"이라 한다】 는 상표등록이의신청 기간의 경과후 30일 이내에 상표등록이의신청서에 기재한 이유 및 증거를 보정할 수 있다.

특허법	실용신안법	디자인보호법	상표법
		권자나 디자인무심사등록이의신청인이 신청하지 아니한 이유에 대하여도 이를 심사할 수 있다. 이 경우 디자인권자나 디자인무심사등록이의신청인에게 기간을 정하여 그 이유에 관하여 의견을 진술할 수 있는 기회를 주어야 한다. ②디자인무심사등록이의신청에 관한 심사를 할 때에는 디자인무심사등록이의신청인이 신청하지 아니한 등록디자인에 관하여는 심사할 수 없다. [본조신설 2007.1.3] [종전 제29조의5는 제29조의7로 이동 <2007.1.3>] **제29조의6 【디자인무심사등록이의신청의 병합 또는 분리】** 심사관합의체는 2 이상의 디자인무심사등록이의신청을 병합하거나 분리하여 심사·결정할 수 있다. [본조신설 2007.1.3] **제29조의7 【디자인무심사등록이의신청에 대한 결정】** ①심사관합의체는 제29조의2제3항 및 제29조의3의 규정에 의한 기간이 경과한 후에 디자인무심사등록이의신청에 대한 결정을	
			제27조 【상표등록이의신청에 대한 결정】 ①심사관은 상표등록이의신청이 있는 때에는 상표등록이의신청서 부본을 출원인에게 송달하고 기간을 정하여 답변서를 제출할 수 있는

특허법	실용신안법	디자인보호법	상표법
		하여야 한다. <개정 2004.12.31> ②심사장은 디자인무심사등록이의신청인이 그 이유 및 증거를 제출하지 아니한 경우에는 제29조의2제3항의 규정에 불구하고 제29조의3의 규정에 의한 기간의 경과후에 결정으로 디자인무심사등록이의신청을 각하할 수 있다. <개정 2001.2.3, 2004.12.31> ③심사관합의체는 디자인무심사등록이의신청이 이유가 있다고 인정될 때에는 그 등록디자인을 취소한다는 취지의 결정(이하 "디자인등록취소결정"이라 한다】을 하여야 한다. <개정 2001.2.3, 2004.12.31> ④디자인등록취소결정이 확정된 때에는 그 디자인권은 처음부터 없었던 것으로 본다. <개정 2001.2.3, 2004.12.31> ⑤심사관합의체는 디자인무심사등록이의신청이 이유없다고 인정될 때에는 그 디자인등록을 유지한다는 취지의 결정(이하 "디자인등록유지결정"이라 한다)을 하여야 한다. <개정 2001.2.3, 2004.12.31> ⑥디자인무심사등록이의신청에 대한 각하결정 및 디자인등록	기회를 주어야 한다. ②심사관은 제26조의 규정에 의한 기간 및 제1항의 규정에 의한 기간 경과후에 상표등록이의신청에 관하여 결정을 하여야 한다. ③이의신청인이 그 이유나 증거를 제출하지 아니한 경우에는 제1항의 규정에 불구하고 제26조의 규정에 의한 기간 경과후에 결정으로 상표등록이의신청을 각하할 수 있다. <개정 2007.1.3> ④상표등록이의신청에 대한 결정은 서면으로 하여야 하며 그 이유를 붙여야 한다. ⑤특허청장은 제2항의 결정이 있는 때에는 그 결정의 등본을 출원인 및 이의신청인에게 송달하여야 한다. ⑥상표등록이의신청에 대한 결정에 대하여는 불복할 수 없다. ⑦제4항의 규정에 의하여 결정이유를 붙임에 있어서 2 이상의 지정상품에 대한 결정이유가 다른 경우에는 상품마다 결정이유를 붙여야 한다. <신설 1997.8.22>

특허법	실용신안법	디자인보호법	상표법
		유지결정에 대하여는 불복할 수 없다. <개정 2001.2.3, 2004.12.31> [본조신설 1997.8.22] [제29조의5에서 이동 <2007.1.3>] **제29조의8 【디자인무심사등록이의신청에 대한 결정방식】** ① 디자인무심사등록이의신청에 대한 결정은 다음 각 호의 사항을 적은 서면으로 하여야 하며, 결정을 한 심사관은 이에 기명날인하여야 한다. 1. 디자인무심사등록이의신청사건의 번호 2. 디자인권자와 디자인무심사등록이의신청인의 성명 및 주소(법인인 경우에는 그 명칭 및 영업소의 소재지) 3. 디자인권자와 디자인무심사등록이의신청인의 대리인이 있는 경우에는 그 대리인의 성명 및 주소나 영업소의 소재지(대리인이 특허법인인 경우에는 그 명칭, 사무소의 소재지 및 지정된 변리사의 성명) 4. 결정에 관련된 디자인의 표시 5. 결정의 결론 및 이유 6. 결정연월일 ②심사장은 디자인무심사등록	

특허법	실용신안법	디자인보호법	상표법
		이의신청에 대한 결정이 있는 때에는 그 등본을 디자인무심사등록이의신청인과 디자인권자에게 송달하여야 한다. [본조신설 2007.1.3] **제29조의9 【디자인무심사등록이의신청의 취하】** ①디자인무심사등록이의신청은 제29조의5제1항 후단의 규정에 따른 의견진술의 통지가 있거나 제29조의8제2항의 규정에 따른 결정등본의 송달이 있은 후에는 이를 취하할 수 없다. ②디자인무심사등록이의신청을 취하하면 그 이의신청은 처음부터 없었던 것으로 본다. <개정 2009.6.9> [본조신설 2007.1.3]	
제67조의2 【재심사의 청구】 ① 특허출원인은 그 특허출원에 관하여 거절결정등본을 송달받은 날부터 30일(제15조제1항에 따라 제132조의3에 따른 기간이 연장된 경우 그 연장된 기간을 말한다) 이내에 그 특허출원의 특허출원서에 첨부된 명세서 또는 도면을 보정하여 해당 특허출원에 관하여 재심사(이하 "재심사"라 한다)를 청	**제15조 【「특허법」의 준용】**	**제27조의2 【재심사의 청구】** ① 디자인등록출원인은 그 디자인등록출원에 관하여 거절결정등본을 송달받은 날부터 30일(제4조의14제1항에 따라 제67조의3에 따른 기간이 연장된 경우 그 연장된 기간을 말한다) 이내에 그 디자인등록출원서에 첨부된 도면, 도면의 기재사항 및 사진이나 견본을 보정하여 해당 디자인등록출원에 관하여	

특허법	실용신안법	디자인보호법	상표법
구할 수 있다. 다만, 재심사에 따른 특허거절결정이 있거나 제132조의3에 따른 심판청구가 있는 경우에는 그러하지 아니하다. ②제1항에 따른 재심사의 청구가 있는 경우 해당 특허출원에 대하여 종전에 이루어진 특허거절결정은 취소된 것으로 본다. ③제1항에 따른 재심사의 청구는 취하할 수 없다. [본조신설 2009.1.30] **제68조 【심판규정의 심사에의 준용】** 제148조제1호 내지 제5호 및 제7호의 규정은 특허출원의 심사에 관하여 이를 준용한다. [전문개정 1997.4.10]	**제15조 【「특허법」의 준용】**	재심사(이하 "재심사"라 한다)를 청구할 수 있다. 다만, 재심사에 따른 디자인등록거절결정이 있거나 제67조의3에 따른 심판청구가 있는 경우에는 그러하지 아니하다. ②제1항에 따른 재심사의 청구가 있는 경우 해당 디자인등록출원에 대하여 종전에 이루어진 디자인등록거절결정은 취소된 것으로 본다. ③제1항에 따른 재심사의 청구는 취하할 수 없다. [본조신설 2009.6.9] **제30조 【심판규정의 심사에의 준용】** 디자인등록출원의 심사에 관하여는 제72조의11(같은 조 제6호는 제외한다)을 준용한다. 이 경우 "심판"은 "심사"로, "심판관"은 "심사관"으로 본다. [전문개정 2009.6.9]	**제28조 【상표등록출원공고후의 직권에 의한 상표등록거절결정】** ①심사관은 출원공고후 거절이유를 발견한 경우 직권에 의하여 제23조의 규정에 의한 상표등록거절결정을 할 수 있다. <개정 2001.2.3> ②제1항의 규정에 의하여 상표

특허법	실용신안법	디자인보호법	상표법
			등록거절결정을 할 경우에는 제25조의 규정에 의한 상표등록이의신청이 있더라도 그 상표등록이의신청에 대하여는 결정을 하지 아니한다. <개정 2001.2.3> ③특허청장은 제1항의 규정에 의하여 상표등록거절결정을 한 경우에는 이의신청인에게 상표등록거절결정등본을 송달하여야 한다. <개정 2001.2.3> 제29조 【상표등록이의신청의 경합】 ①심사관은 2 이상의 상표등록이의신청에 대하여 심사 또는 결정을 병합하거나 분리할 수 있다. ②심사관은 2 이상의 상표등록이의신청이 있는 경우에 그중 어느 하나의 상표등록이의신청에 대하여 심사한 결과 그 이의신청의 이유가 있다고 인정한 때에는 다른 상표등록이의신청에 대하여는 결정을 하지 아니할 수 있다. ③특허청장은 제2항의 규정에 의하여 상표등록이의신청에 대한 결정을 하지 아니한 이의신청인에 대하여도 상표등록거절결정등본을 송달하여야 한다. <개정 2001.2.3>

특허법	실용신안법	디자인보호법	상표법
제69조 삭제 <2006.3.3>			
제70조 삭제 <2006.3.3>			
제71조 삭제 <2006.3.3>			
제72조 삭제 <2006.3.3>			
제73조 삭제 <2006.3.3>			
제74조 삭제 <2006.3.3>			
제75조 삭제 <2006.3.3>			
제76조 삭제 <2006.3.3>			
제77조 삭제 <2006.3.3>			
제78조 【심사 또는 소송절차의 중지】 ①특허출원의 심사에 있어서 필요한 때에는 심결이 확정될 때까지 또는 소송절차가 완결될 때까지 당해 심사의 절차를 중지할 수 있다. <개정 2006.3.3> ②법원은 소송에 있어서 필요한 경우에는 특허출원에 대한 결정이 확정될 때까지 그 소송절차를 중지할 수 있다. <개정 2006.3.3> ③제1항 및 제2항의 규정에 의	제15조 【「특허법」의 준용】	제30조의2 【심사 또는 소송절차의 중지】 ①디자인등록출원의 심사는 필요한 경우에는 심결이 확정될 때까지 또는 소송절차가 완결될 때까지 그 절차를 중지할 수 있다. ②법원은 필요한 경우에는 디자인등록출원에 대한 결정이 확정될 때까지 그 소송절차를 중지할 수 있다. ③제1항 및 제2항에 따른 중지에 대하여는 불복할 수 없다. [본조신설 2009.6.9]	제32조 【심사 또는 소송절차의 중지】 ①상표등록출원의 심사에 있어서 필요한 때에는 심결이 확정될 때까지 또는 소송절차가 완결될 때까지 二 상표등록출원의 심사의 절차를 중지할 수 있다. ②법원은 소송에 있어서 필요한 때에는 상표등록여부결정이 확정될 때까지 그 소송절차를 중지할 수 있다. <개정 2001.2.3>

특허법	실용신안법	디자인보호법	상표법
한 중지에 대하여는 불복할 수 없다. [전문개정 1997.4.10] 제78조의2 삭제 <2006.3.3> **제4장 특허료 및 특허등록등** **제79조 【특허료】** ①제87조제1항에 따른 특허권의 설정등록을 받으려는 자는 설정등록을 받으려는 날(이하 "설정등록일"이라 한다)부터 3년분의 특허료를 납부하여야 하고, 특허권자는 그 다음 연도분부터의 특허료를 해당 권리의 설정등록일에 해당하는 날을 기준으로 매년 1년분씩 납부하여야 한다. ②제1항에도 불구하고 특허권자는 특허료를 그 납부연차 순서에 따른 수년분 또는 모든 연차분을 함께 납부할 수 있다. ③제1항 및 제2항에 따른 특허료, 납부 방법, 납부 기간, 그 밖에 필요한 사항은 지식경제부령으로 정한다.	**제4장 등록료 및 실용신안등록 등** **제16조 【등록료】** ①제21조제1항에 따른 실용신안권의 설정등록을 받으려는 자는 설정등록을 받으려는 날(이하 "설정등록일"이라 한다)부터 3년분의 등록료를 납부하여야 하고, 실용신안권자는 그 다음 연도분부터의 등록료를 해당 권리의 설정등록일에 해당하는 날을 기준으로 매년 1년분씩 납부하여야 한다. ②제1항에도 불구하고 실용신안권자는 등록료를 그 납부연차 순서에 따른 수년분 또는 모든 연차분을 함께 납부할 수 있다. ③제1항 및 제2항에 따른 등록료, 납부방법, 납부기간, 그 밖에 필요한 사항은 지식경제부령으로 정한다.	**제4장 등록료 및 디자인등록등** <개정 2004.12.31> **제31조 【디자인등록료】** ①제39조제1항에 따른 디자인권의 설정등록을 받으려는 자는 설정등록을 받으려는 날(이하 "설정등록일"이라 한다)부터 3년분의 디자인등록료(이하 "등록료"라 한다)를 납부하여야 하며, 디자인권자는 그 다음 연도분부터의 등록료를 해당 권리의 설정등록일에 해당하는 날을 기준으로 매년 1년분씩 납부하여야 한다. <개정 2009.6.9> ②제1항에도 불구하고 디자인권자는 그 다음 연도분부터의 등록료를 그 납부연차 순서에 따라 수년분 또는 모든 연차분을 함께 납부할 수 있다. <개정 2009.6.9> ③제1항 및 제2항에 따른 등록	**제4장 상표등록료 및 상표등록등** **제34조 【상표등록료】** ①상표권의 설정등록, 지정상품의 추가등록 또는 상표권의 존속기간갱신등록을 받으려는 자는 상표등록료를 납부하여야 한다. 이 경우 상표권의 설정등록 또는 존속기간갱신등록을 받으려는 자는 상표등록료를 2회로 분할하여 납부할 수 있다. ②이해관계인은 제1항에 따른 상표등록료를 납부하여야 할 자의 의사와 관계없이 상표등록료를 납부할 수 있다. ③제1항에 따른 상표등록료, 그 납부방법, 납부기간 및 분할납부 등에 관하여 필요한 사항은 지식경제부령으로 정한다. [전문개정 2010.1.27]

특허법	실용신안법	디자인보호법	상표법
[전문개정 2009.1.30]	[전문개정 2009.1.30]	료, 납부방법, 납부기간, 그 밖에 필요한 사항은 지식경제부령으로 정한다. <신설 2009.6.9> **제31조의2 【디자인등록료를 납부할 때의 디자인별 포기】** ① 복수디자인등록출원에 대한 디자인등록결정을 받은 자가 등록료를 납부하는 때에는 디자인별로 이를 포기할 수 있다. <개정 2004.12.31> ②제1항의 규정에 의한 디자인의 포기에 관하여 필요한 사항은 지식경제부령으로 정한다. <개정 2004.12.31, 2008.2.29> [본조신설 2001.2.3]	**제34조의2 【상표등록료를 납부할 때의 일부 지정상품의 포기】** ①2 이상의 지정상품이 있는 상표등록출원에 대한 상표등록결정을 받은 자, 지정상품의 추가등록출원에 대한 지정상품의 추가등록결정을 받은 자 또는 상표권의 존속기간갱신등록신청을 한 자가 상표등록료(제34조제1항 후단에 따라 분할납부하는 경우에는 1회차 상표등록료를 말한다)를 납부하는 때에는 지정상품별로 포기할 수 있다. <개정 2010.1.27> ②제1항의 규정에 의한 지정상품의 포기에 관하여 필요한 사항은 지식경제부령으로 정한다. <개정 2008.2.29> [본조신설 2001.2.3] **제35조 【상표등록료의 납부기간 연장】** 특허청장은 제34조제3항의 규정에 의한 상표등록료의 납부기간을 청구에 의하여 30일의 기간 이내에서 연장할

특허법	실용신안법	디자인보호법	상표법
			수 있다. **제36조 【상표등록료의 미납으로 인한 출원 또는 신청의 포기】** 제34조제3항 및 제35조에 따른 납부기간에 해당 상표등록료(제34조제1항 후단에 따라 분할납부하는 경우에는 1회차 상표등록료를 말한다)를 납부하지 아니한 때(납부기간이 만료되더라도 제36조의2에 따라 보전을 명한 경우에는 그 보전기간 이내에 보전하지 아니한 때를, 제36조의3에 해당하는 경우에는 그 해당 기간 이내에 납부하지 아니한 때를 말한다)에는 상표등록출원이나 지정상품의 추가등록출원 또는 상표권의 존속기간갱신등록신청은 포기한 것으로 본다. [전문개정 2010.1.27]
제80조 【이해관계인에 의한 특허료의 납부】 ①이해관계인은 납부하여야 할 자의 의사에 불구하고 특허료를 납부할 수 있다. ②이해관계인은 제1항의 규정에 의하여 특허료를 납부한 경우에는 납부하여야 할 자가 현재 이익을 받은 한도에서 그 비용의 상환을 청구할 수 있	**제20조 【「특허법」의 준용】** 「특허법」 제80조·제81조·제81조의2·제81조의3·제83조 및 제84조의 규정은 등록료 및 실용신안등록에 관하여 이를 준용한다.	**제32조 【이해관계인에 의한 등록료의 납부】** ①이해관계인은 납부하여야 할 자의 의사에 불구하고 등록료를 납부할 수 있다. ②이해관계인은 제1항의 규정에 의하여 등록료를 납부한 경우에는 납부하여야 할 자가 현재 이익을 받는 한도에서 그 비용의 상환을 청구할 수 있	

특허법	실용신안법	디자인보호법	상표법
다. **제81조 【특허료의 추가납부 등】** ①특허권의 설정등록을 받고자 하는 자 또는 특허권자는 제79조제3항에 따른 특허료 납부기간이 경과한 후에도 6개월이내에 특허료를 추가납부할 수 있다. <개정 2009.1.30> ② 제1항에 따라 특허료를 추가납부할 때에는 납부하여야 할 특허료의 2배 이내의 범위에서 지식경제부령으로 정한 금액을 납부하여야 한다. <개정 2009.1.30> ③제1항의 규정에 의한 추가납부기간 이내에 특허료를 납부하지 아니한 때(추가납부기간이 만료되더라도 제81조의2제2항의 규정에 의한 보전기간이 만료되지 아니한 경우에는 그 보전기간 이내에 보전하지 아니한 때를 말한다)에는 특허권의 설정등록을 받고자 하는 자의 특허출원은 이를 포기한 것으로 보며, 특허권자의 특허권은 제79조제1항 또는 제2항에 따라 납부된 특허료에 해당되는 기간이 만료되는 날의 다음 날로 소급하여 소멸된 것으로 본다.	제20조 【「특허법」의 준용】	다. **제33조 【등록료의 추가납부 등】** ① 디자인권의 설정등록을 받으려는 자 또는 디자인권자는 제31조제3항에 따른 등록료 납부기간이 지난 후에도 6개월이내에 등록료를 추가납부할 수 있다. <개정 2009.6.9> ②제1항에 따라 등록료를 추가납부할 때에는 납부하여야 할 등록료의 2배의 범위에서 지식경제부령으로 정하는 금액을 납부하여야 한다. <개정 2009.6.9> ③제1항에 따른 추가납부기간에 등록료를 납부하지 아니한 때(추가납부기간이 만료되더라도 제33조의2제2항에 따른 보전기간이 만료되지 아니한 경우에는 그 보전기간에 보전하지 아니한 때를 말한다)에는 디자인권의 설정등록을 받으려는 자의 디자인등록출원은 포기한 것으로 보며, 디자인권자의 디자인권은 제31조제1항 또는 제2항에 따라 납부된 등록료에 해당하는 기간이 만료되는 날의 다음 날로 소급하여 그 디자인권이 소멸된 것으로 본다. <개정 2009.6.9>	

특허법	실용신안법	디자인보호법	상표법
<개정 2002.12.11, 2009.1.30> **제81조의2 【특허료의 보전】** ① 특허청장은 특허권의 설정등록을 받으려는 자 또는 특허권자가 제79조제3항 또는 제81조제1항에 따른 기간 이내에 특허료의 일부를 납부하지 아니한 경우에 특허료의 보전(補塡)을 명하여야 한다. <개정 2009.1.30> ②제1항의 규정에 의하여 보전명령을 받은 자는 그 보전명령을 받은 날부터 1월 이내에 특허료를 보전할 수 있다. ③제2항에 따라 특허료를 보전하는 자는 다음 각 호의 어느 하나에 해당하는 경우에 납부하지 아니한 금액의 2배 이내의 범위에서 지식경제부령으로 정한 금액을 납부하여야 한다. <개정 2009.1.30> 1. 특허료를 제79조제3항에 따른 납부기간을 경과하여 보전하는 경우 2. 특허료를 제81조제1항의 규정에 의한 추가납부기간을 경과하여 보전하는 경우 [본조신설 2002.12.11] [종전 제81조의2는 제81조의3으로 이동 <2002.12.11>]	**제20조 【「특허법」의 준용】**	**제33조의2 【등록료의 보전】** ① 특허청장은 디자인권의 설정등록을 받으려는 자 또는 디자인권자가 제31조제3항 또는 제33조제1항에 따른 기간 이내에 등록료의 일부를 납부하지 아니한 경우에는 등록료의 보전(補塡)을 명하여야 한다. <개정 2004.12.31, 2009.6.9> ②제1항의 규정에 의하여 보전명령을 받은 자는 그 보전명령을 받은 날부터 1월 이내에 등록료를 보전할 수 있다. ③제2항에 따라 등록료를 보전하는 자는 다음 각 호의 어느 하나에 해당하는 경우에 납부하지 아니한 금액의 2배의 범위에서 지식경제부령으로 정하는 금액을 납부하여야 한다. <개정 2009.6.9> 1. 등록료를 제31조제3항에 따른 납부기간이 지난 후 보전하는 경우 2. 등록료를 제33조제1항에 따른 추가납부기간이 지난 후 보전하는 경우 [본조신설 2002.12.11] [종전 제33조의2는 제33조의3으로 이동 <2002.12.11>]	**제36조의2 【상표등록료의 보전】** ①특허청장은 상표권의 설정등록, 지정상품의 추가등록, 상표권의 존속기간갱신등록을 받으려는 자 또는 상표권자가 제34조제3항 또는 제35조에 따른 납부기간에 상표등록료의 일부를 납부하지 아니한 경우에 상표등록료의 보전(補塡)을 명하여야 한다. <개정 2010.1.27> ②제1항의 규정에 의하여 보전명령을 받은 자는 그 보전명령을 받은 날부터 1월 이내에 상표등록료를 보전할 수 있다. ③제2항의 규정에 의하여 상표등록료를 보전하는 자는 제34조제3항 또는 제35조의 규정에 의한 납부기간을 경과하여 상표등록료를 보전하는 경우에 납부하지 아니한 금액의 2배의 범위에서 지식경제부령으로 정하는 금액을 납부하여야 한다. <개정 2009.5.21> [본조신설 2002.12.11]

특허법	실용신안법	디자인보호법	상표법
제81조의3 【특허료의 추가납부 또는 보전에 의한 특허출원과 특허권의 회복 등】 ①특허권의 설정등록을 받고자 하는 자 또는 특허권자가 책임질 수 없는 사유로 말미암아 제81조제1항의 규정에 의한 추가납부기간 이내에 특허료를 납부하지 아니하였거나 제81조의2제2항의 규정에 의한 보전기간 이내에 보전하지 아니한 경우에는 그 사유가 종료한 날부터 14일 이내에 그 특허료를 납부하거나 보전할 수 있다. 다만, 추가납부기간의 만료일 또는 보전기간의 만료일중 늦은 날부터 6월이 경과한 때에는 그러하지 아니하다. <개정 2002.12.11> ②제1항의 규정에 의하여 특허료를 납부하거나 보전한 자는 제81조제3항의 규정에 불구하고 그 특허출원을 포기하지 아니한 것으로 보며, 그 특허권은 계속하여 존속하고 있던 것으로 본다. <개정 2002.12.11, 2009.1.30> ③제81조제1항의 규정에 따른 추가납부기간 이내에 특허료를 납부하지 아니하였거나 제81조의2제2항의 규정에 따른 보전	제20조 【「특허법」의 준용】	제33조의3 【등록료의 추가납부 또는 보전에 의한 디자인등록출원과 디자인권의 회복 등】 ①디자인권의 설정등록을 받으려는 자 또는 디자인권자가 책임질 수 없는 사유로 말미암아 제33조제1항에 따른 추가납부기간 이내에 등록료를 납부하지 아니하였거나 제33조의2제2항에 따른 보전기간 이내에 보전하지 아니한 경우에는 그 사유가 종료한 날부터 14일 이내에 그 등록료를 납부하거나 보전할 수 있다. 다만, 추가납부기간의 만료일 또는 보전기간의 만료일 중 늦은 날부터 6개월이 지난 때에는 그러하지 아니하다. <개정 2002.12.11, 2004.12.31, 2009.6.9> ②제1항에 따라 등록료를 납부하거나 보전한 자는 제33조제3항에도 불구하고 그 디자인등록출원을 포기하지 아니한 것으로 보며, 그 디자인권은 계속하여 존속하고 있던 것으로 본다. <개정 2002.12.11, 2004.12.31, 2009.6.9> ③제33조제1항에 따른 추가납	제36조의3 【상표등록료 납부 또는 보전에 의한 상표등록출원의 회복 등】 ①상표등록출원 또는 지정상품의 추가등록출원의 출원인, 상표권의 존속기간갱신등록신청의 신청인 또는 상표권자가 책임질 수 없는 사유로 말미암아 제34조제3항 또는 제35조에 따른 납부기간 이내에 상표등록료를 납부하지 아니하였거나 제36조의2제2항에 따른 보전기간 이내에 보전하지 아니한 경우에는 그 사유가 종료한 날부터 14일 이내에 그 상표등록료를 납부하거나 보전할 수 있다. 다만, 납부기간의 만료일 또는 보전기간의 만료일중 늦은 날부터 6개월이 지난 때에는 그러하지 아니하다. <개정 2002.12.11, 2010.1.27> ②제1항에 따라 상표등록료를 납부하거나 보전한 자(제34조제1항 후단에 따라 분할납부하는 경우에는 1회차 상표등록료를 납부하거나 보전한 자를 말한다)는 제36조에도 불구하고 그 상표등록출원·지정상품의 추가등록출원 또는 상표권의 존속기간갱신등록신청을 포기

특허법	실용신안법	디자인보호법	상표법
기간 이내에 보전하지 아니하여 실시 중인 특허발명의 특허권이 소멸한 경우 그 특허권자는 추가납부기간 또는 보전기간 만료일부터 3개월 이내에 제79조의 규정에 따른 특허료의 3배를 납부하고 그 소멸한 권리의 회복을 신청할 수 있다. 이 경우 그 특허권은 계속하여 존속하고 있던 것으로 본다. <신설 2005.5.31, 2009.1.30> ④제2항 또는 제3항의 규정에 의한 특허출원 또는 특허권의 효력은 특허료 추가납부기간이 경과한 날부터 납부하거나 보전한 날까지의 기간(이하 이 조에서 "효력제한기간"이라 한다)중에 다른 사람이 특허발명을 실시한 행위에 대하여는 그 효력이 미치지 아니한다. <개정 2002.12.11, 2005.5.31> ⑤효력제한기간중 국내에서 선의로 제2항 또는 제3항의 규정에 의한 특허출원된 발명 또는 특허권에 대하여 그 발명의 실시사업을 하거나 그 사업의 준비를 하고 있는 자는 그 실시 또는 준비를 하고 있는 발명 또는 사업의 목적의 범위안에서 그 특허출원된 발명에 대한		부기간 이내에 등록료를 납부하지 아니하였거나 제33조의2 제2항에 따른 보전기간 이내에 보전하지 아니하여 실시 중인 등록디자인의 디자인권이 소멸한 경우 그 디자인권자는 추가납부기간 또는 보전기간 만료일부터 3개월 이내에 제31조에 따른 등록료의 3배를 납부하고 그 소멸한 권리의 회복을 신청할 수 있다. 이 경우 그 디자인권은 계속하여 존속하고 있던 것으로 본다. <신설 2005.5.31, 2009.6.9> ④제2항 또는 제3항에 따른 디자인등록출원 또는 디자인권의 효력은 등록료 추가납부기간이 지난 날부터 납부하거나 보전한 날까지의 기간(이하 이 조에서 "효력제한기간"이라 한다)중에 다른 사람이 그 디자인 또는 이와 유사한 디자인을 실시한 행위에 대하여는 효력이 미치지 아니한다. <개정 2002.12.11, 2004.12.31, 2005.5.31, 2009.6.9> ⑤효력제한기간중 국내에서 선의로 제2항 또는 제3항의 규정에 의한 디자인등록출원된 디자인, 등록디자인 또는 이와 유사한 디자인을 업으로 실시	하지 아니한 것으로 본다. <개정 2002.12.11, 2010.1.27> ③제2항의 규정에 의하여 상표등록출원·지정상품의 추가등록출원 또는 상표권이 회복된 경우에는 그 상표등록출원·지정상품의 추가등록출원 또는 상표권의 효력은 제34조제3항 또는 제35조의 규정에 의한 납부기간이 경과한 후 상표등록출원·지정상품의 추가등록출원 또는 상표권이 회복되기 전에 그 상표와 동일하거나 이와 유사한 상표를 그 지정상품과 동일하거나 이와 유사한 상품에 사용한 행위에는 미치지 아니한다. [본조신설 2001.2.3]

특허법	실용신안법	디자인보호법	상표법
특허권에 대하여 통상실시권을 가진다. <개정 2005.5.31> ⑥제5항의 규정에 의하여 통상실시권을 가진 자는 특허권자 또는 전용실시권자에게 상당한 대가를 지급하여야 한다. <개정 2005.5.31> [본조신설 2001.2.3] [제81조의2에서 이동 <2002.12.11>]		하거나 이를 준비하고 있는 자는 그 실시 또는 준비를 하고 있는 디자인 또는 사업목적의 범위안에서 그 디자인권에 대하여 통상실시권을 가진다. <개정 2004.12.31, 2005.5.31> ⑥제5항의 규정에 의하여 통상실시권을 가진 자는 디자인권자 또는 전용실시권자에게 상당한 대가를 지급하여야 한다. <개정 2004.12.31, 2005.5.31> [본조신설 2001.2.3][제33조의2에서 이동 <2002.12.11>]	
제82조 【수수료】 ①특허에 관한 절차를 밟는 자는 수수료를 납부하여야 한다. ②특허출원인이 아닌 자가 출원심사의 청구를 한 후 그 특허출원서에 첨부한 명세서를 보정하여 특허청구범위에 기재한 청구항의 수가 증가한 때에는 그 증가한 청구항에 관하여 납부하여야 할 심사청구료는 특허출원인이 납부하여야 한다. <개정 2001.2.3> ③제1항의 규정에 의한 수수료·그 납부방법·납부기간 그 밖에 필요한 사항은 지식경제부령으로 정한다. <개정 1993.3.6, 1995.12.29, 2002.12.11,	제17조 【수수료】 ①실용신안등록에 관한 절차를 밟는 자는 수수료를 납부하여야 한다. ②실용신안등록출원인이 아닌 자가 출원심사의 청구를 한 후 그 실용신안등록출원서에 첨부한 명세서를 보정하여 실용신안등록청구범위에 기재한 청구항의 수가 증가한 때에는 그 증가한 청구항에 관하여 납부하여야 할 심사청구료는 실용신안등록출원인이 납부하여야 한다. ③제1항의 규정에 의한 수수료와 그 납부방법 및 납부기간 그 밖에 필요한 사항은 지식경제부령으로 정한다.	제34조 【수수료】 ①디자인등록출원·청구 및 기타의 절차를 밟는 자는 수수료를 납부하여야 한다. <개정 2004.12.31> ②제1항의 규정에 의한 수수료·그 납부방법 및 납부기간 그 밖에 필요한 사항은 지식경제부령으로 정한다. <개정 1993.3.6, 1995.12.29, 2001.2.3, 2004.12.31, 2008.2.29>	제37조 【수수료】 ①상표에 관한 출원·청구 기타의 절차를 밟는 자는 수수료를 납부하여야 한다. 다만, 제71조제1항 및 제72조제1항의 규정에 의하여 심사관이 청구하는 무효심판에 관한 수수료는 그러하지 아니하다. ②제1항의 규정에 의한 수수료·그 납부방법 및 납부기간 등에 관하여 필요한 사항은 지식경제부령으로 정한다. <개정 1993.3.6, 1995.12.29, 2001.2.3, 2008.2.29> ③ 제43조제2항 단서에 따른 기간에 상표권의 존속기간갱신등록신청을 하려는 자는 제2항

특허법	실용신안법	디자인보호법	상표법
2008.2.29>	<개정 2008.2.29>		에 따른 수수료에 지식경제부령으로 정하는 금액을 더하여 납부하여야 한다. <개정 2010.1.27> **제86조의9 【수수료의 납부】** ① 다음 각호의 1에 해당하는 자는 수수료를 특허청장에게 납부하여야 한다. 1. 국제출원을 하고자 하는 자 2. 사후지정을 신청하고자 하는 자 3. 제86조의7의 규정에 의하여 국제등록존속기간의 갱신을 신청하고자 하는 자 4. 제86조의8의 규정에 의하여 국제등록명의변경등록을 신청하고자 하는 자 ②제1항의 규정에 의한 수수료·그 납부방법 및 납부기간 등에 관하여 필요한 사항은 지식경제부령으로 정한다. <개정 2008.2.29> [본조신설 2001.2.3] **제86조의10 【수수료 미납부에 대한 보정】** 특허청장은 제86조의9제1항 각호의 1에 해당하는 자가 동조제2항의 규정에 의하여 납부하여야 하는 수수료를 납부하지 아니하는 경우에는

특허법	실용신안법	디자인보호법	상표법
			기간을 정하여 보정을 명할 수 있다. [본조신설 2001.2.3]
제83조 【특허료 또는 수수료의 감면】 ①특허청장은 다음 각 호의 1에 해당하는 특허료 및 수수료는 제79조 및 제82조의 규정에 불구하고 이를 면제한다. 1. 국가에 속하는 특허출원 또는 특허권에 관한 수수료 또는 특허료 2. 제133조제1항·제134조제1항 또는 제137조제1항의 규정에 의한 심사관의 무효심판청구에 대한 수수료 ②특허청장은 「국민기초생활보장법」 제5조의 규정에 의한 수급권자 및 지식경제부령이 정하는 자가 한 발명에 관한 특허출원인 경우에는 제79조 및 제82조의 규정에 불구하고 특허권의 설정등록을 받기 위한 최초 3년분의 특허료 및 지식경제부령이 정하는 수수료를 감면할 수 있다. <개정 1993.3.6, 1995.12.29, 1999.9.7, 2002.12.11, 2006.3.3, 2008.2.29> ③제2항의 규정에 의하여 특허	제20조 【「특허법」의 준용】	제35조 【등록료 또는 수수료의 감면】 ①특허청장은 다음 각 호의 1에 해당하는 등록료 및 수수료는 제31조 및 제34조의 규정에 불구하고 이를 면제한다. <개정 2004.12.31> 1. 국가에 속하는 디자인등록출원 또는 디자인권에 관한 수수료 또는 등록료 2. 제68조제1항의 규정에 의한 심사관의 무효심판청구에 대한 수수료 ②특허청장은 「국민기초생활보장법」 제5조의 규정에 의한 수급권자 및 지식경제부령이 정하는 자가 한 디자인등록출원인 경우에는 제31조 및 제34조의 규정에 불구하고 디자인권의 설정등록을 받기 위한 최초 3년분의 등록료 및 지식경제부령이 정하는 수수료를 감면할 수 있다. <개정 1993.3.6, 1995.12.29, 1999.9.7, 2001.2.3, 2004.12.31, 2007.1.3, 2008.2.29> ③제2항의 규정에 의하여 등록료 및 수수료를 감면받고자 하	

특허법	실용신안법	디자인보호법	상표법
료 및 수수료를 감면받고자 하는 자는 지식경제부령이 정하는 서류를 특허청장에게 제출하여야 한다. <개정 1993.3.6, 1995.12.29, 2002.12.11, 2008.2.29>		는 자는 지식경제부령이 정하는 서류를 특허청장에게 제출하여야 한다. <개정 1993.3.6, 1995.12.29, 2001.1.29, 2001.2.3, 2008.2.29>	
제84조 【특허료등의 반환】 ①납부된 특허료 및 수수료는 이를 반환하지 아니한다. 다만, 다음 각 호의 어느 하나에 해당하는 경우에는 납부한 자의 청구에 의하여 이를 반환한다. <개정 1997.4.10, 2001.2.3, 2006.3.3, 2007.1.3> 1. 잘못 납부된 특허료 및 수수료 2. 특허를 무효로 한다는 심결이 확정된 연도의 다음 연도부터의 특허료 해당분 3. 특허권의 존속기간의 연장등록을 무효로 한다는 심결이 확정된 연도의 다음 연도부터의 특허료 해당분 4. 특허출원(분할출원, 변경출원 및 우선심사의 신청이 있는 특허출원을 제외한다) 후 1개월 이내에 해당특허출원을 취하하거나 포기한 경우에 이미 납부된 수수료 중 특허출원료 및 심사청구료	제20조 【「특허법」의 준용】	제36조 【등록료등의 반환】 ①납부된 등록료 및 수수료는 이를 반환하지 아니한다. 다만, 다음 각 호의 어느 하나에 해당하는 경우에는 납부한 자의 청구에 의하여 이를 반환한다. <개정 1997.8.22, 2001.2.3, 2004.12.31, 2007.1.3> 1. 잘못 납부된 등록료 및 수수료 2. 디자인등록취소결정 또는 디자인등록을 무효로 한다는 심결이 확정된 연도의 다음 연도부터의 등록료 해당분 3. 디자인등록출원(우선심사신청이 있는 디자인등록출원, 분할출원 또는 분할출원의 기초가 된 디자인등록출원을 제외한다) 후 1개월 이내에 해당 디자인등록출원을 취하하거나 포기한 경우 이미 납부된 수수료 중 디자인등록출원료 ②특허청장은 납부된 등록료와 수수료가 제1항 각 호의 어느	제38조 【상표등록료 등의 반환】 ①납부된 상표등록료와 수수료는 반환하지 아니한다. 다만, 다음 각 호의 어느 하나에 해당하는 경우에는 납부한 자의 청구에 따라 반환한다. <개정 2010.1.27> 1. 상표등록료와 수수료가 잘못 납부된 경우 2. 상표등록출원(분할출원, 변경출원, 분할출원 또는 변경출원의 기초가 된 상표등록출원, 우선심사의 신청이 있는 출원 및 제86조의14제1항에 따라 이 법에 따른 상표등록출원으로 보는 국제상표등록출원은 제외한다) 후 1개월 이내에 해당 상표등록출원을 취하하거나 포기한 경우 이미 납부된 수수료 중 상표등록출원료 및 상표등록출원의 우선권주장 신청료 ②특허청장은 납부된 상표등록료와 수수료가 제1항 각 호의 어느 하나에 해당하는 경우에

특허법	실용신안법	디자인보호법	상표법
②특허청장은 제1항 각 호의 어느 하나에 해당하는 경우에는 이를 납부한 자에게 통지하여야 한다. <신설 2001.2.3, 2006.3.3> ③제1항 단서의 규정에 따른 반환은 제2항의 규정에 따른 통지를 받은 날부터 3년을 경과한 때에는 이를 청구할 수 없다. <개정 2006.3.3, 2007.5.17> [전문개정 1993.12.10]		하나에 해당하는 경우에는 이를 납부한 자에게 통지하여야 한다. <개정 2007.1.3> ③제1항 각 호 외의 부분 단서의 규정에 따른 등록료와 수수료의 반환을 위한 청구는 제2항의 규정에 따른 통지를 받은 날부터 3년을 경과한 때에는 할 수 없다. <개정 2007.1.3, 2007.5.17> [전문개정 1993.12.10]	는 이를 납부한 자에게 통지하여야 한다. ③제1항 각 호 외의 부분 단서에 따른 상표등록료와 수수료의 반환을 위한 청구는 제2항의 규정에 따른 통지를 받은 날부터 3년을 경과한 때에는 할 수 없다. <개정 2007.5.17> [전문개정 2007.1.3]
제85조 【특허원부】 ①특허청장은 특허청에 특허원부를 비치하고 다음 각호의 사항을 등록한다. <개정 2002.12.11> 1. 특허권의 설정·이전·소멸·회복·처분의 제한 또는 존속기간의 연장 2. 전용실시권 또는 통상실시권의 설정·보존·이전·변경·소멸 또는 처분의 제한 3. 특허권·전용실시권 또는 통상실시권을 목적으로 하는 질권의 설정·이전·변경·소멸 또는 처분의 제한 ②제1항의 규정에 의한 특허원부는그 전부 또는 일부를 자기테이프등으로 작성할 수 있다. ③제1항 및 제2항에 규정된 것	제18조 【실용신안등록원부】 ① 특허청장은 특허청에 실용신안등록원부를 비치하고 다음 각호의 사항을 등록한다. 1. 실용신안권의 설정·이전·소멸·회복 또는 처분의 제한 2. 전용실시권 또는 통상실시권의 설정·보존·이전·변경·소멸 또는 처분의 제한 3. 실용신안권·전용실시권 또는 통상실시권을 목적으로 하는 질권의 설정·이전·변경·소멸 또는 처분의 제한 ②제1항의 규정에 의한 실용신안등록원부는 그 전부 또는 일부를 자기테이프 등으로 작성할 수 있다. ③그 밖에 등록사항 및 등록절	제37조 【디자인등록원부】 ①특허청장은 특허청에 디자인등록원부를 비치하고 다음 각호의 사항을 등록한다. <개정 2002.12.11, 2004.12.31> 1. 디자인권의 설정·이전·소멸·회복 또는 처분의 제한 2. 전용실시권 또는 통상실시권의 설정·보존·이전·변경·소멸 또는 처분의 제한 3. 디자인권·전용실시권 또는 통상실시권을 목적으로 하는 질권의 설정·이전·변경·소멸 또는 처분의 제한 ②제1항의 규정에 의한 디자인등록원부는 그 전부 또는 일부를 전자적 기　록 등으로 작성할 수 있다.	제39조 【상표원부】 ①특허청장은 특허청에 상표원부를 비치하고 다음 각호의 사항을 등록한다. <개정 2001.2.3, 2002.12.11> 1. 상표권의 설정·이전·변경·소멸·회복·존속기간의 갱신·제46조의2의 규정에 의한 상품분류전환·지정상품의 추가 또는 처분의 제한 2. 전용사용권 또는 통상사용권의 설정·보존·이전·변경·소멸 또는 처분의 제한 3. 상표권·전용사용권 또는 통상사용권을 목적으로 하는 질권의 설정·이전·변경·소멸 또는 처분의 제한 ②제1항의 규정에 의한 상표원

특허법	실용신안법	디자인보호법	상표법
외의 등록사항 및 등록절차등에 관하여 필요한 사항은 대통령령으로 정한다. ④특허발명의 명세서 및 도면 기타 대통령령이 정하는 서류는 특허원부의 일부로 본다.	차 등에 관하여 필요한 사항은 대통령령으로 정한다. ④등록실용신안의 명세서 및 도면 그 밖에 대통령령이 정하는 서류는 실용신안등록원부의 일부로 본다.	<개정 2001.2.3, 2004.12.31> ③제1항 및 제2항에 규정된 것 외의 등록사항 및 등록절차등에 관하여 필요한 사항은 대통령령으로 정한다.	부는 그 전부 또는 일부를 자기테이프등으로 작성할 수 있다. ③제1항 및 제2항에 규정된 것 외의 등록사항 및 등록절차등에 관하여 필요한 사항은 대통령령으로 정한다.
제86조【특허증의 교부】 ①특허청장은 특허권의 설정등록을 한 때에는 특허권자에게 특허증을 교부하여야 한다. ②특허청장은 특허증이 특허원부 기타 서류와 부합되지 아니한 때에는 신청에 의하여 또는 직권으로 특허증을 회수하여 정정교부하거나 새로운 특허증을 교부하여야 한다. ③특허청장은 제136조제1항의 정정심판의 심결이 확정된 때에는 그 심결에 따라 새로운 특허증을 교부하여야 한다.	제19조【실용신안등록증의 교부】 ①특허청장은 실용신안권의 설정등록을 한 때에는 실용신안권자에게 실용신안등록증을 교부하여야 한다. ②특허청장은 실용신안등록증이 실용신안등록원부 그 밖의 서류와 맞지 아니한 때에는 신청에 의하여 또는 직권으로 실용신안등록증을 회수하여 정정교부하거나 새로운 실용신안등록증을 교부하여야 한다. ③특허청장은 제33조의 규정에 의하여 준용되는 「특허법」 제136조제1항의 규정에 따른 정정심판의 심결이 확정된 때에는 그 심결에 따라 새로운 실용신안등록증을 교부하여야 한다.	제38조【디자인등록증의 교부】 ①특허청장은 디자인권의 설정등록을 한 때에는 디자인권자에게 디자인등록증을 교부하여야 한다. <개정 2004.12.31> ②특허청장은 디자인등록증이 디자인등록원부 기타 서류와 부합되지 아니한 때에는 신청에 의하여 또는 직권으로 디자인등록증을 회수하여 정정교부하거나 새로운 디자인등록증을 교부하여야 한다. <개정 2004.12.31>	제40조【상표등록증의 교부】 ①특허청장은 상표권의 설정등록을 한 때에는 상표권자에게 상표등록증을 교부하여야 한다. ②특허청장은 상표등록증이 상표원부와 부합되지 아니할 때에는 신청에 의하여 또는 직권으로 상표등록증을 회수하여 정정교부하거나 새로운 상표등록증을 교부하여야 한다.
제5장 특허권	제5장 실용신안권	제5장 디자인권 <개정 2004.12.31>	제5장 상표권

특허법	실용신안법	디자인보호법	상표법
제87조 【특허권의 설정등록 및 등록공고】 ①특허권은 설정등록에 의하여 발생한다. ②특허청장은 다음 각 호의 어느 하나에 해당하는 경우에는 특허권을 설정하기 위한 등록을 하여야 한다. <개정 2006.3.3> 1. 제79조제1항의 규정에 의하여 특허료를 납부한 때 2. 제81조제1항의 규정에 의하여 특허료를 추가납부한 때 3. 제81조의2제2항의 규정에 의하여 특허료를 보전한 때 4. 제81조의3제1항의 규정에 의하여 특허료를 납부하거나 보전한 때 5. 제83조제1항제1호 및 제2항의 규정에 의하여 그 특허료가 면제된 때 ③특허청장은 제2항의 규정에 의한 등록이 있는 때에는 그 특허에 관하여 특허공보에 게재하여 등록공고를 하여야 한다. <개정 1997.4.10> ④비밀취급을 요하는 특허발명에 대하여는 비밀취급의 해제시까지 등록공고를 보류하여야 하며, 그 비밀취급이 해제된 때에는 지체없이 등록공고를 하여야 한다. <신설 1997.4.10>	제21조 【실용신안권의 설정등록 및 등록공고】 ①실용신안권은 설정등록을 함으로써 발생한다. ②특허청장은 다음 각 호의 어느 하나에 해당하는 경우에는 실용신안권을 설정하기 위한 등록을 하여야 한다. 1. 제16조제1항의 규정에 의하여 등록료를 납부한 때 2. 제20조의 규정에 의하여 준용되는 「특허법」 제81조제1항의 규정에 의하여 등록료를 추가 납부한 때 3. 제20조의 규정에 의하여 준용되는 「특허법」 제81조의2제2항의 규정에 의하여 등록료를 보전한 때 4. 제20조의 규정에 의하여 준용되는 「특허법」 제81조의3제1항의 규정에 의하여 등록료를 추가 납부하거나 보전한 때 5. 제20조의 규정에 의하여 준용되는 「특허법」 제83조제1항제1호 및 제2항의 규정에 의하여 그 등록료가 면제된 때 ③특허청장은 제2항의 규정에 의한 등록이 있는 때에는 그 등록실용신안에 관하여 실용신안공보에 게재하여 등록공고를 하여야 한다.	제39조 【디자인권의 설정등록】 ①디자인권은 설정등록에 의하여 발생한다. <개정 2004.12.31> ②특허청장은 제31조제1항의 규정에 의하여 등록료를 납부한 때, 제33조제1항의 규정에 의하여 등록료를 추가납부한 때, 제33조의2제2항의 규정에 의하여 등록료를 보전한 때, 제33조의3제1항의 규정에 의하여 등록료를 납부하거나 보전한 때 또는 제35조제1항제1호 및 제2항의 규정에 의하여 그 등록료가 면제된 때에는 디자인권을 설정하기 위한 등록을 하여야 한다. <개정 2002.12.11, 2004.12.31> ③특허청장은 제2항의 규정에 따른 등록을 한 경우에는 디자인권자의 성명·주소 및 디자인등록번호 등 대통령령이 정하는 그 디자인에 관한 사항을 디자인공보에 게재하여 등록공고를 하여야 한다. <개정 2007.1.3>	제41조 【상표권의 설정등록】 ①상표권은 설정등록에 의하여 발생한다. ② 특허청장은 제34조제1항 또는 제35조에 따라 상표등록료(제34조제1항 후단에 따라 분할납부하는 경우에는 1회차 상표등록료를 말한다. 이하 이 항에서 같다)를 납부한 때, 제36조의2제2항에 따라 상표등록료를 보전한 때 또는 제36조의3제1항에 따라 상표등록료를 납부하거나 보전한 때에는 상표권을 설정하기 위한 등록을 하여야 한다. <개정 2010.1.27>

특허법	실용신안법	디자인보호법	상표법
⑤특허청장은 등록공고가 있는 날부터 3월간 출원서류 및 그 부속물건을 공중의 열람에 제공하여야 한다. <신설 1997.4.10> ⑥제3항의 규정에 의한 등록공고에 관하여 특허공보에 게재할 사항은 대통령령으로 정한다. <신설 1997.4.10>	④제3항의 규정에 불구하고 특허청장은 제11조의 규정에 의하여 준용되는 「특허법」 제41조제1항의 규정에 의하여 비밀로 취급하도록 명령된 실용신안등록출원에 대하여는 비밀취급명령이 해제될 때까지 제3항의 규정에 따른 등록공고를 보류하여야 하며, 그 비밀취급명령이 해제된 때에는 지체 없이 등록공고를 하여야 한다. ⑤특허청장은 제3항의 규정에 따른 등록공고가 있는 날부터 3월간 출원서류 및 그 부속물건을 공중의 열람에 제공하여야 한다. ⑥제3항의 규정에 의한 등록공고에 관하여 실용신안공보에 게재할 사항은 대통령령으로 정한다.		
제88조 【특허권의 존속기간】 ① 특허권의 존속기간은 제87조제1항의 규정에 의한 특허권의 설정등록이 있는 날부터 특허출원일후 20년이 되는 날까지로 한다. <개정 1997.4.10, 2001.2.3> ②정당한 권리자의 특허출원에 대하여 제34조 및 제35조의 규정에 의하여 특허된 경우에는	제22조 【실용신안권의 존속기간】 ①실용신안권의 존속기간은 제21조제1항의 규정에 의한 실용신안권의 설정등록을 한 날부터 실용신안등록출원일 후 10년이 되는 날까지로 한다. ②제11조의 규정에 의하여 준용되는 「특허법」 제34조 및 제35조의 규정에 의하여 정당한 권리자의 실용신안이 등록	제40조 【디자인권의 존속기간】 ①디자인권의 존속기간은 디자인권의 설정등록이 있는 날부터 15년으로 한다. 다만, 유사디자인의 디자인권의 존속기간 만료일은 그 기본디자인의 디자인권의 존속기간 만료일로 한다. <개정 1993.12.10, 1997.8.22, 2004.12.31>	제42조 【상표권의 존속기간】 ① 상표권의 존속기간은 상표권의 설정등록이 있는 날부터 10년으로 한다. ②상표권의 존속기간은 상표권의 존속기간갱신등록신청에 따라 10년씩 갱신할 수 있다. <개정 2010.1.27> ③제1항 및 제2항에도 불구하고 제34조제1항 후단에 따라

특허법	실용신안법	디자인보호법	상표법
제1항의 특허권의 존속기간은 무권리자의 특허출원일의 다음 날부터 기산한다. <개정 1995.12.29> ③삭제 <2001.2.3> ④삭제 <2006.3.3>	된 경우에는 제1항의 실용신안권의 존속기간은 무권리자의 실용신안등록출원일의 다음 날부터 기산한다.	②정당한 권리자의 디자인등록출원에 대하여 제15조의 규정에 의하여 디자인권이 설정등록된 경우에는 제1항의 디자인권의 존속기간은 무권리자가 한 디자인권의 설정등록일의 다음날부터 기산한다. <개정 2001.2.3, 2004.12.31>	상표등록료를 분할납부하는 경우로서 같은 조 제3항 및 제35조에 따른 납부기간데 2회차 상표등록료를 납부하계 아니한 경우(납부기간이 만료되더라도 제36조의2에 따라 보견을 명한 경우에는 그 보전기간 이내에 납부하지 아니한 경우를, 제36조의3에 해당하는 경우에는 그 해당 기간 이내에 납부하지 아니한 경우를 말한다)에 그 상표권은 상표권의 설정등록일 또는 존속기간갱신등록일부터 5년이 지나면 소멸한다. <신설 2010.1.27>
제89조 【특허권의 존속기간의 연장】 특허발명을 실시하기 위하여 다른 법령의 규정에 의하여 허가를 받거나 등록등을 하여야 하고, 그 허가 또는 등록등(이하 "허가등"이라 한다)을 위하여 필요한 활성·안전성등의 시험으로 인하여 장기간이 소요되는 대통령령이 정하는 발명인 경우에는 제88조제1항의 규정에 불구하고 그 실시할 수 없었던 기간에 대하여 5년의 기간내에서 당해 특허권의 존속기간을 연장할 수 있다. <개정 1998.9.23>			**제43조 【상표권의 존속기간갱신등록신청】** ①제42조제2항에 따라 상표권의 존속기간갱신등록을 받으려는 자는 다음 각 호의 사항을 적은 상표권의 존속기간갱신등록신청서를 특허청장에게 제출하여야 한다. <개정 1997.8.22, 2001.2.3, 2010.1.27> 1. 제9조제1항제1호·제2호·제4호 및 제7호의 사항 2. 등록상표의 등록번호 3. 삭제 <1993.12.10> ②상표권의 존속기간갱신등록신청서는 상표권의 존속기간 만료 전 1년 이내에 제출하여

특허법	실용신안법	디자인보호법	상표법
			야 한다. 다만, 이 기간에 상표권의 존속기간갱신등록신청을 하지 아니한 자는 상표권의 존속기간이 끝난 후 6개월 이내에 상표권의 존속기간갱신등록신청을 할 수 있다. <개정 2010.1.27> ③상표권이 공유인 경우에는 공유자 전원이 공동으로 상표권의 존속기간갱신등록신청을 하여야 한다. <개정 2010.1.27> ④제1항부터 제3항까지에서 규정한 사항 외에 상표권의 존속기간갱신등록신청에 필요한 사항은 지식경제부령으로 정한다. <개정 2010.1.27> [제목개정 2010.1.27] ▶판례 **선출원된 타인의 등록상표 "노이에루"가 기술적 표장에 불과하여 그 유사상표의 사용 이 상품 출처의 혼동 등을 일으킬 염려가 없다고 본 사례** 등록상표 "노엘"의 상표권자가 사용한 실사용상표 또는 "노엘 NEUER"가 선출원되어 등록된 타인의 상표인 대상상표 "노이에루(NEUER)"와 로마문자의 표기가 동일, 유사하더라도 대상상표인 중 한글 부분인 "노이에

특허법	실용신안법	디자인보호법	상표법
제90조 【특허권의 존속기간의 연장등록출원】 ①제89조의 규정에 의하여 특허권의 존속기간의 연장등록출원을 하고자 하는 자(이하 "연장등록출원인"이라 한다)는 다음 각호의 사항을 기재한 특허권의 존속기간의 연장등록출원서를 특허청장에게 제출하여야 한다. <개정 1993.3.6, 1995.12.29,			루"는 로마문자인 "NEUER"의 독일어 발음의 한글표기에 불과하고, "NEUER"는 독일어로 "더욱 새로운"의 뜻을 가진 형용사이어서, 이를 그 지정상품긴 소화성 궤양치료제에 사용할 경우 일반 수요자나 소비자에게 "더욱 새로와진 소화제" 등의 뜻으로 인식될 것이므로 이는 지정상픔의 품질이나 효능을 보통으로 사용하는 방법으로 표시한 이른바 기술적 표장에 불과할 뿐 상표르서의 특별현저성을 갖춘 것이ㄹ고는 보기 어려우므로, 실사용 상표와 대상상표가 유사하더라도 상품의 출처의 혼동이나 품질으 오인을 일으키게 할 염려가 잇다고 할 수 없다. (대법원 1990.1.25. 선고 88후1328 판결)

특허법	실용신안법	디자인보호법	상표법
2001.2.3, 2008.2.29> 1. 연장등록출원인의 성명 및 주소(법인인 경우에는 그 명칭 및 영업소의 소재지) 2. 연장등록출원인의 대리인이 있는 경우에는 그 대리인의 성명 및 주소나 영업소의 소재지(대리인이 특허법인인 경우에는 그 명칭, 사무소의 소재지 및 지정된 변리사의 성명) 3. 연장대상특허권의 특허번호 및 연장대상특허청구범위의 표시 4. 연장신청의 기간 5. 제89조의 허가등의 내용 6. 지식경제부령이 정하는 연장이유(이를 증명할 수 있는 자료를 첨부하여야 한다) ②특허권의 존속기간의 연장등록출원은 제89조의 규정에 의한 허가등을 받은 날부터 3월 이내에 출원하여야 한다. 다만, 제88조에서 규정하는 특허권의 존속기간의 만료전 6월이후에는 할 수 없다. ③특허권이 공유인 경우에는 공유자 전원이 공동으로 특허권의 존속기간의 연장등록출원을 하여야 한다. ④특허권의 존속기간의 연장등록출원이 있는 때에는 그 존속			

특허법	실용신안법	디자인보호법	상표법
기간은 연장된 것으로 본다. 다만, 그 출원에 관하여 제91조제1항의 연장등록거절결정이 확정된 때에는 그러하지 아니하다. <개정 1997.4.10, 2001.2.3> ⑤특허청장은 특허권의 존속기간의 연장등록출원이 있는 때에는 제1항 각호의 사항을 특허공보에 게재하여야 한다. ⑥연장등록출원인은 심사관이 연장등록여부결정등본을 송달하기 전까지 연장등록출원서에 기재된 사항 중 제1항제3호부터 제6호까지의 사항(제3호 중 연장대상특허권의 특허번호는 제외한다)에 대하여 보정할 수 있다. 다만, 제93조에 따라 준용되는 거절이유통지를 받은 후에는 해당 거절이유통지에 따른 의견서 제출기간에만 보정할 수 있다. <신설 2001.2.3, 2009.1.30> **제91조 【특허권의 존속기간의 연장등록거절결정】** ①심사관은 특허권의 존속기간의 연장등록출원이 다음 각호의 1에 해당하는 경우에는 그 출원에 대하여 연장등록거절결정을 하여야 한다. <개정 2001.2.3>			

특허법	실용신안법	디자인보호법	상표법
1. 그 특허발명의 실시가 제89조의 규정에 의한 허가등을 받을 필요가 있는 것으로 인정되지 아니하는 경우 2. 그 특허권자 또는 그 특허권의 전용실시권이나 등록된 통상실시권을 가진 자가 제89조의 규정에 의한 허가등을 받지 아니한 경우 3. 연장신청의 기간이 그 특허발명을 실시할 수 없었던 기간을 초과하는 경우 4. 연장등록출원인이 당해 특허권자가 아닌 경우 5. 제90조제3항의 규정에 위반하여 연장등록출원을 한 경우 6. 삭제 <1998.9.23> ②특허권자에게 책임있는 사유로 인하여 소요된 기간은 제1항제3호의 "그 특허발명을 실시할 수 없었던 기간"에 포함되지 아니한다. <개정 1998.9.23> **제92조【특허권의 존속기간의 연장등록결정 등】** ①심사관은 특허권의 존속기간의 연장등록출원에 대하여 제91조제1항 각호의 1의 사유를 발견할 수 없는 때에는 연장등록결정을 하여야 한다. <개정 2001.2.3>			

특허법	실용신안법	디자인보호법	상표법
②특허청장은 제1항의 연장등록결정이 있는 때에는 특허권의 존속기간의 연장을 특허원부에 등록하여야 한다. <개정 2001.2.3> ③제2항의 등록이 있는 때에는 다음 각호에 기재된 사항을 특허공보에 게재하여야 한다. <개정 2001.2.3> 1. 특허권자의 성명 및 주소(법인인 경우에는 그 명칭 및 영업소의 소재지) 2. 특허번호 3. 연장등록의 연월일 4. 연장의 기간 5. 제89조의 규정에 의한 허가 등의 내용 제93조 【준용규정】　제57조제1항·제63조·제67조 및 제148조제1호 내지 제5호 및 제7호의 규정은 특허권의 존속기간의 연장등록출원의 심사에 관하여 이를 준용한다. <개정 1997.4.10>		제30조의3 【준용규정】　디자인무심사등록이의신청의 심사·결정에 관하여는 제30조의2, 제72조의5, 제72조의11(같은 조 제6호는 제외한다), 제72조의18 제7항, 제72조의21, 제72조의29 제3항부터 제6항까지 및 제72조의30을 준용한다. [본조신설 2009.6.9]	제49조 【준용규정】　①존속기간 갱신등록신청 절차의 보정에 관하여는 제13조를 준용한다. <개정 2010.1.27> ②제10조제1항·제13조·제14조·제16조·제17조·제22조 및 제30조 내지 제32즈와 「특허법」 제148조제1호 내지 제5호 및 제7호의 규정은 상품분류전환등록신청에 관하여 이를 준용한다. <신설 2001.2.3, 2007.1.3> ③지정상품의 추가등록출원에

특허법	실용신안법	디자인보호법	상표법
제94조 【특허권의 효력】 특허권자는 업으로서 그 특허발명을 실시할 권리를 독점한다. 다만, 그 특허권에 관하여 전용실시권을 설정한 때에는 제100조제2항의 규정에 의하여 전용실시권자가 그 특허발명을 실시할 권리를 독점하는 범위안에서는 그러하지 아니하다.	제23조 【실용신안권의 효력】 실용신안권자는 업으로서 그 등록실용신안을 실시할 권리를 독점한다. 다만, 그 실용신안권에 관하여 제28조의 규정에 의하여 준용되는 「특허법」 제100조제1항의 규정에 의하여 타인에게 전용실시권을 설정한 때에는 동조제2항의 규정에 따라 전용실시권자가 그 등록실용신안을 실시할 권리를 독점하는 범위 안에서는 그러하지 아니하다.	제41조 【디자인권의 효력】 디자인권자는 업으로서 등록디자인 또는 이와 유사한 디자인을 실시할 권리를 독점한다. 다만, 그 디자인권에 관하여 전용실시권을 설정한 때에는 제47조제2항의 규정에 의하여 전용실시권자가 그 등록디자인 또는 이와 유사한 디자인을 실시할 권리를 독점하는 범위안에서는 그러하지 아니하다. <개정 2004.12.31> 제42조 【유사디자인의 디자인권】 제7조제1항의 규정에 의한 유사디자인의 디자인권은 그 기본디자인의 디자인권과 합체한다. <개정 2004.12.31>	관하여는 제9조의2, 제10조제1항, 제13조부터 제17조까지, 제17조의2, 제20조부터 제22조까지, 제22조의4, 제24조, 제24조의2, 제24조의3, 제25조부터 제32조까지, 「특허법」 제142조, 제148조제1호부터 제5호까지 및 제7호, 제157조, 「민사소송법」 제143조·제299조 및 제367조를 준용한다. <개정 2010.1.27> 제50조 【상표권의 효력】 상표권자는 지정상품에 관하여 그 등록상표를 사용할 권리를 독점한다. 다만, 그 상표권에 관하여 전용사용권을 설정한 때에는 제55조제3항의 규정에 의하여 전용사용권자가 등록상표를 사용할 권리를 독점하는 범위안에서는 그러하지 아니하다.

특허법	실용신안법	디자인보호법	상표법
제95조 【존속기간이 연장된 경우의 특허권의 효력】 특허권의 존속기간이 연장된 특허권의 효력은 그 연장등록의 이유가 된 허가등의 대상물건(그 허가등에 있어 물건이 특정의 용도가 정하여져 있는 경우에 있어서는 그 용도에 사용되는 물건)에 관한 그 특허발명의 실시외의 행위에는 미치지 아니한다.			**제44조 삭제** <2010.1.27> **제45조 삭제** <2010.1.27> **제46조 【상표권의 존속기간갱신 등록신청 등의 효력】** ①제43조제2항에 따른 기간에 상표권의 존속기간갱신등록신청을 하면 상표권의 존속기간이 갱신된 것으로 본다. <개정 2010.1.27> ②상표권의 존속기간갱신등록은 원등록의 효력이 끝나는 다음 날부터 효력이 발생한다. [제목개정 2010.1.27] **제46조의2 【상품분류전환등록의 신청】** ①법률 제5355호 상표법중개정법률의 시행전 종전의 제10조제1항의 규정에 의한 통상산업부령이 정하는 상품류구분에 따라 상품을 지정하여 상표권의 설정등록·지정상품의 추가등록 또는 상표권의 존속기간갱신 등록을 받은 상표권자는 당해 지정상품을 지식경제부령이 정하는 상품류구분에 따라 전환(이하 "상품분류전환"이라 한다)하여 등록을 받아야 한다. 다만, 법률 제5355호 상표법중개정법률 제10조제1항

특허법	실용신안법	디자인보호법	상표법
			의 규정에 의한 통상산업부령이 정하는 상품류 구분에 따라 상품을 지정하여 상표권의 존속기간갱신등록을 받은 자는 그러하지 아니하다. 〈개정 2008.2.29〉 ②제1항에 따른 상품분류전환의 등록(이하 "상품분류전환등록"이라 한다)을 받으려는 자는 다음 각 호의 사항을 적은 상품분류전환등록신청서를 특허청장에게 제출하여야 한다. 〈개정 2010.1.27〉 1. 신청인의 성명 및 주소(법인인 경우 그 명칭 및 영업소의 소재지) 2. 대리인이 있는 경우 그 대리인의 성명 및 주소나 영업소의 소재지(대리인이 특허법인인 경우에는 그 명칭, 사무소의 소재지 및 지정된 변리사의 성명) 3. 등록상표의 등록번호 4. 전환하여 등록받고자 하는 지정상품 및 그 유구분(類區分) ③상품분류전환등록신청은 상표권의 존속기간 만료일 1년전부터 존속기간 만료후 6월 이내의 기간에 하여야 한다. ④상표권이 공유인 경우에는

특허법	실용신안법	디자인보호법	상표법
			공유자 전원이 공동으로 상품분류전환등록을 신청하여야 한다. [본조신설 2001.2.3] **제46조의3 삭제** <2010.1.27> **제46조의4 【상품분류전환등록거절결정 및 거절이유의 통지】** ①심사관은 상품분류전환등록신청이 다음 각 호의 어느 하나에 해당하는 경우에는 그 신청에 대하여 상품분류전환등록 거절결정을 하여야 한다. <개정 2007.1.3, 2008.2.29, 2010.1.27> 1. 상품분류전환등록신청의 지정상품을 당해 등록상표의 지정상품이 아닌 상품으로 하거나 지정상품의 범위를 실질적으로 확장한 경우 2. 상품분류전환등록신청의 지정상품이 지식경제부령이 정하는 상품류구분에 일치하지 아니하는 경우 3. 상품분류전환등록을 신청한 자가 당해 등록상표의 상표권자가 아닌 경우 4. 제46조의2의 규정에 따른 상품분류전환등록신청 요건을 갖추지 못한 경우

특허법	실용신안법	디자인보호법	상표법
			5. 상표권이 소멸하거나 상표권의 존속기간갱신등록신청을 포기·취하하거나 존속기간갱신등록신청이 무효로 된 경우 ②심사관은 제1항의 규정에 의하여 상품분류전환등록거절결정을 하고자 하는 때에는 그 신청인에게 거절이유를 통지하고 기간을 정하여 의견서를 제출할 수 있는 기회를 주어야 한다. [본조신설 2001.2.3] **제46조의5 【상품분류전환등록】** 특허청장은 제49조제2항의 규정에 의하여 준용되는 제30조의 규정에 의한 상품분류전환등록결정이 있는 경우에는 지정상품의 분류를 전환하여 등록하여야 한다. [본조신설 2001.2.3] **제47조 【지정상품의 추가등록출원】** ①상표권자 또는 출원인은 등록상표 또는 상표등록출원의 지정상품을 추가하는 지정상품의 추가등록을 받을 수 있다. <개정 1997.8.22> ②제1항의 규정에 의한 지정상품의 추가등록을 받고자 하는 자는 다음 각 호의 사항을 기

특허법	실용신안법	디자인보호법	상표법
			재한 지정상품의 추가등록출원서를 특허청장에게 제출하여야 한다. <개정 2001.2.3, 2007.1.3> 1. 제9조제1항제1호·제2호·제5호 및 제7호의 사항 2. 등록상표의 등록번호 또는 상표등록출원의 출원번호 3. 추가로 지정할 상품 및 그 유구분 **제48조 【지정상품의 추가등록거절결정 및 거절이유통지】** ① 심사관은 지정상품의 추가등록출원이 다음 각 호의 어느 하나에 해당하는 경우에는 그 지정상품의 추가등록출원에 대하여 지정상품의 추가등록거절결정을 하여야 한다. <개정 2001.2.3, 2007.1.3> 1. 제23조제1항 각호의 1에 해당할 경우 2. 지정상품의 추가등록출원인이 당해 상표권자 또는 출원인이 아닌 경우 3. 삭제 <2007.1.3> 4. 등록상표의 상표권이 소멸하거나 상표등록출원이 포기·취하 또는 무효되거나 상표등록출원에 대한 상표등록거절결정이 확정된 경우

특허법	실용신안법	디자인보호법	상표법
제96조 【특허권의 효력이 미치지 아니하는 범위】 ①특허권의 효력은 다음 각 호의 어느 하나에 해당하는 사항에는 미치지 아니한다. <개정 2010.1.27> 1. 연구 또는 시험(「약사법」에 따른 의약품의 품목허가·품목신고 및 「농약관리법」에 따른 농약의 등록을 위한 연구 또는 시험을 포함한다)을 하기 위한 특허발명의 실시 2. 국내를 통과하는데 불과한 선박·항공기·차량 또는 이에 사용되는 기계·기구·장치 기타의 물건 3. 특허출원시부터 국내에 있는 물건 ②2이상의 의약(사람의 질병의 진단·경감·치료·처치 또는 예방을 위하여 사용되는 물건을 말한다. 이하 같다)을 혼합함으로써 제조되는 의약의 발명 또는 2이상의 의약을 혼합	제24조 【실용신안권의 효력이 미치지 아니하는 범위】 실용신안권의 효력은 다음 각 호의 어느 하나에 해당하는 사항에는 미치지 아니한다. 1. 연구 또는 시험을 하기 위한 등록실용신안의 실시 2. 국내를 통과하는데 불과한 선박·항공기·차량 또는 이에 사용되는 기계·기구·장치 그 밖의 물건 3. 실용신안등록출원시부터 국내에 있는 물건	제44조 【디자인권의 효력이 미치지 아니하는 범위】 ①디자인권의 효력은 다음 각호의 1에 해당하는 사항에는 미치지 아니한다. <개정 2004.12.31> 1. 연구 또는 시험을 하기 위한 등록디자인의 실시 2. 국내를 통과하는데 불과한 선박·항공기·차량 또는 이에 사용되는 기계·기구·장치 기타의 물건 3. 디자인등록출원시부터 국내에 있는 물건 ②글자체가 디자인권으로 설정등록된 경우 그 디자인권의 효력은 다음 각호의 1에 해당하는 경우에는 미치지 아니한다. <신설 2004.12.31> 1. 타자·조판 또는 인쇄 등의 통상적인 과정에서 글자체를 사용하는 경우 2. 제1호의 규정에 따른 글자체의 사용으로 생산된 결과물	②심사관은 제1항의 규정에 의하여 지정상품의 추가등록거절 결정을 하고자 할 때에는 그 출원인에게 거절이유를 통지하고 기간을 정하여 의견서를 제출할 수 있는 기회를 주어야 한다. <개정 2001.2.3> 제51조 【상표권의 효력이 미치지 아니하는 범위】 ①상표권(지리적 표시 단체표장권을 제외한다)은 다음 각 호의 어느 하나에 해당하는 경우에는 그 효력이 미치지 아니한다. <개정 1997.8.22, 2001.2.3, 2004.12.31, 2007.1.3> 1. 자기의 성명·명칭 또는 상호·초상·서명·인장 또는 저명한 아호·예명·필명과 이들의 저명한 약칭을 보통으로 사용하는 방법으로 표시하는 상표. 다만, 상표권의 설정등록이 있은 후에 부정경쟁의 목적으로 그 상표를 사용하는 경우에는 그러하지 아니하다. ▶판례 등록상표권자의 상표권의 행사가 권리남용에 해당하기 위한 요건 상표권자가 당해 상표를 출원·등록하게 된 목적과 경위, 상표권

특허법	실용신안법	디자인보호법	상표법
하여 의약을 제조하는 방법의 발명에 관한 특허권의 효력은 「약사법」에 의한 조제행위와 그 조제에 의한 의약에는 미치지 아니한다. <개정 2006.3.3>		인 경우	을 행사하기에 이른 구체적·개별적 사정 등에 비추어, 상대방에 대한 상표권의 행사가 상표사용자의 업무상의 신용유지와 수요자의 이익보호를 목적으로 하는 상표제도의 목적이나 기능을 일탈하여 공정한 경쟁질서와 상거래 질서를 어지럽히고 수요자 사이에 혼동을 초래하거나 상대방에 대한 관계에서 신의성실의 원칙에 위배되는 등 법적으로 보호받을 만한 가치가 없다고 인정되는 경우에는, 그 상표권의 행사는 비록 권리행사의 외형을 갖추었다 하더라도 등록상표에 관한 권리를 남용하는 것으로서 허용될 수 없고, 상표권의 행사를 제한하는 위와 같은 근거에 비추어 볼 때 상표권 행사의 목적이 오직 상대방에게 고통을 주고 손해를 입히려는 데 있을 뿐 이를 행사하는 사람에게는 아무런 이익이 없어야 한다는 주관적 요건을 반드시 필요로 하는 것은 아니다. (대법원 2007.1.25. 선고 2005다67223 판결) 2. 등록상표의 지정상품과 동일 또는 유사한 상품의 보통명칭·산지·품질·원재료·효능·용도·수량·형상(포장의

특허법	실용신안법	디자인보호법	상표법
			형상을 포함한다)·가격 또는 생산방법·가공방법·사용방법 및 시기를 보통으로 사용하는 방법으로 표시하는 상표 ▶판례 상표법 제51조 제1항 제2호의 '상품의 품질·원재료 등을 보통으로 사용하는 방법으로 표시하는 표장'에 해당하는지 여부의 판단 기준 [1]등록상표의 지정상품과 동일 또는 유사한 상품의 품질·원재료 등을 보통으로 사용하는 방법으로 표시하는 표장에 대하여는 상표권의 효력이 미치지 아니한다고 규정한 상표법 제51조 제1항 제2호가 적용되는 경우로서 '상품의 품질·원재료 등을 보통으로 사용하는 방법으로 표시하는 표장'에 해당하는지 여부는 그 표장이 지니고 있는 관념, 사용상품과의 관계, 거래사회의 실정 등을 감안하여 객관적으로 판단하여야 하며, 수요자가 그 사용상품을 고려하였을 때 품질·원재료 등의 성질을 표시하고 있는 것으로 직감할 수 있으면 이에 해당한다. [2] '보쌈' 체인사업을 운영하는 자가, 특허청에 상표등록을 마친

특허법	실용신안법	디자인보호법	상표법
			갑 회사의 "족쌈"과 동일한 상표가 부착된 포스터와 메뉴판을 제작하여 40여 개의 체인점에 게시하게 함으로써 갑 회사의 상표권을 침해하였다는 공소사실에 대하여, '족쌈'은 '족발'의 '족' 부분과 '보쌈'의 '쌈' 부분을 결합하여 만든 것으로서 사전에 등재되어 있지 아니한 조어이기는 하지만, 그 사용상품과 관련하여 볼 때 수요자에게 '족발을 김치와 함께 쌈으로 싸서 먹는 음식' 또는 '족발을 보쌈김치와 함께 먹는 음식' 등의 뜻으로 직감될 수 있다고 봄이 상당하고, 따라서 피고인이 사용한 '족쌈'은 비록 보통명칭화한 것이라고는 할 수 없다 하더라도 그 실제의 사용태양 등에 비추어 사용상품의 품질·원재료 등을 보통으로 사용하는 방법으로 표시하는 표장에 해당하여 갑 회사의 상표권의 효력이 미치지 아니한다는 이유로, 위 공소사실을 무죄로 판단한 원심을 수긍한 사례(대법원 2010.6.10. 선고 2010도2536 판결). 2의2. 제9조제2항의 규정에 따른 입체적 형상으로 된 등록상표에 있어서 그 입체적 형상이 누구의 업무에 관련된 상품을

특허법	실용신안법	디자인보호법	상표법
			표시하는 것인지 식별할 수 없는 경우에 등록상표의 지정상품과 동일하거나 유사한 상품에 사용하는 등록상표의 입체적 형상과 동일하거나 유사한 형상으로 된 상표 3. 등록상표의 지정상품과 동일 또는 유사한 상품에 대하여 관용하는 상표와 현저한 지리적 명칭 및 그 약어 또는 지도로 된 상표 4. 등록상표의 지정상품 또는 그 지정상품의 포장의 기능을 확보하는데 불가결한 입체적 형상으로 되거나 색채 또는 색채의 조합으로 된 상표 ②지리적 표시 단체표장권은 다음 각호의 1에 해당하는 경우에는 그 효력이 미치지 아니한다. <신설 2004.12.31> 1. 제1항제1호·제2호(산지에 해당하는 경우를 제외한다) 또는 제4호에 해당하는 상표 2. 지리적 표시 등록단체표장의 지정상품과 동일한 상품에 대하여 관용하는 상표 3. 지리적 표시 등록단체표장의 지정상품과 동일한 상품에 사용하는 지리적 표시로서 당해 지역에서 그 상품을 생산·제조 또는 가공하는 것을 업으

특허법	실용신안법	디자인보호법	상표법
			로 영위하는 자가 사용하는 지리적 표시 또는 동음이의어 지리적 표시 4. 선출원에 의한 등록상표가 지리적 표시 등록단체표장과 동일 또는 유사한 지리적 표시를 포함하고 있는 경우에 상표권자·전용사용권자 또는 통상사용권자가 지정상품에 사용하는 등록상표 ▶판례 **상표권 침해를 이유로 한 손해배상청구사건에서 등록상표가 보통명칭화 되었는지 여부를 판단하는 기준 시기(=사실심 변론종결시)** 어느 상표가 보통명칭화 되었는가의 여부는 그 나라에 있어서 당해 상품의 거래실정에 따라서 이를 결정하여야 하고, 한편 등록상표는 등록사정 당시에 이미 보통명칭화 된 경우도 있을 수 있지만, 상표등록 이후에 상표관리를 태만히 하였거나 혹은 상표관리에도 불구하고 보통명칭화 되는 경우도 있을 수 있으므로 상표권자가 상표권침해로 인한 손해배상을 구하는 경우에 있어서는 사실심 변론종결 당시를 기준으로 등록상표가 보통명칭화 되

특허법	실용신안법	디자인보호법	상표법
제97조 【특허발명의 보호범위】 특허발명의 보호범위는 특허청구범위에 기재된 사항에 의하여 정하여진다. ▶판례 **특허출원인이 거절이유통지를 받고 원출원의 특허청구범위를 한정하는 보정을 하면서 일부를 별개의 발명으로 분할출원한 경우, 분할출원한 발명이 보정된 발명의 보호범위에서 의식적으로 제외한 것에 해당하는지 여부(적극)** 특허출원인이 특허청 심사관으로부터 기재불비 및 진보성 흠결을 이유로 한 거절이유통지를 받고서 거절결정을 피하기 위하여 원출원의 특허청구범위를 한정하는 보정을 하면서 원출원발명 중 일부를 별개의 발명으로 분할출원한 경우, 이 분할출원된 발명은 특별한 사정이 없는 한 보정된 발명의 보호범위로부터 의식적으로 제외한 것이라고 보아야 한	**제28조 【「특허법」의 준용】** 「특허법」 제97조, 제99조 내지 제103조, 제106조 내지 제111조, 제111조의2, 제112조 내지 제116조, 제118조 내지 제125조 및 제125조의2의 규정은 실용신안권에 관하여 이를 준용한다.	**제43조 【등록디자인의 보호범위】** 등록디자인의 보호범위는 디자인등록출원서의 기재사항 및 그 출원서에 첨부한 도면·사진 또는 견본과 도면에 기재된 디자인의 설명에 표현된 디자인에 의하여 정하여 진다. <개정 2004.12.31>	없는지의 여부를 가려야 할 것이다. (대법원 2003. 1. 24. 선고 2002다6876 판결) **제52조 【등록상표등의 보호범위】** ①등록상표의 보호범위는 상표등록출원서에 기재된 상표에 의하여 정하여 진다. ②지정상품의 보호범위는 상표등록출원서 또는 상품분류전환등록신청서에 기재된 상품에 의하여 정하여 진다. <개정 2001.2.3> ▶판례 **상표등록 당시 식별력이 없던 부분이 그 후 사용에 의한 식별력을 취득한 경우, 식별력 있는 요부가 될 수 있는지 여부(소극)** 상표법 제41조 제1항에서는 "상표권은 설정등록에 의하여 발생한다"라고 규정하여 일정한 요건과 절차를 거쳐서 특허청에 등록된 상표만을 보호하고 있고, 상표법 제52조 제1항에서는 "등록상표의 보호범위는 상표등록출원서에 기재된 상표에 의하여 정하여진다"라고 규정하여 등록상표의 보호범위를 정할 때 상표가

특허법	실용신안법	디자인보호법	상표법
다. (대법원 2008.4.10. 선고 2006다 35308 판결)			실제 사용되고 있는 태양은 고려하지 않고 있으므로, 등록상표의 구성 중 일부분이 등록결정 당시 식별력이 없었다면 그 부분은 상표법이 정한 일정한 요건과 절차를 거쳐 등록된 것이 아니어서 그 부분만을 분리하여 보호할 수 없고, 그 등록상표의 등록결정 이후 그 부분만을 분리하여 사용한 실태를 고려할 수 있는 것도 아니어서, 식별력이 없던 부분은 등록상표의 등록결정 이후 사용에 의한 식별력을 취득하였더라도 등록상표에서 중심적 식별력을 가지는 부분이 될 수 없다(대법원 2007.12.13. 선고 2005후728 판결).
제98조 【타인의 특허발명등과의 관계】 특허권자·전용실시권자 또는 통상실시권자는 특허발명이 그 특허발명의 특허출원일전에 출원된 타인의 특허발명·등록실용신안 또는 등록디자인이나 이와 유사한 디자인을 이용하거나 특허권이 그 특허발명의 특허출원일전에 출원된 타인의 디자인권 또는 상표권과 저촉되는 경우에는 그 특허권자·실용신안권자·디자인권자 또는 상표권자의 허락	**제25조 【타인의 등록실용신안 등의 관계】** 실용신안권자·전용실시권자 또는 통상실시권자는 등록실용신안이 그 등록실용신안의 실용신안등록출원일 전에 출원된 타인의 등록실용신안·특허발명 또는 등록디자인이나 이와 유사한 디자인을 이용하거나 실용신안권이 그 등록실용신안의 실용신안등록출원일전에 출원된 타인의 디자인권 또는 상표권과 저촉되는 경우에는 그 실용신안권자·특허권	**제45조 【타인의 등록디자인등과의 관계】** ①디자인권자·전용실시권자 또는 통상실시권자는 등록디자인이 그 디자인등록출원일전에 출원된 타인의 등록디자인 또는 이와 유사한 디자인·특허발명·등록실용신안 또는 등록상표를 이용하거나 디자인권이 그 디자인권의 디자인등록출원일전에 출원된 타인의 특허권·실용신안권 또는 상표권과 저촉되는 경우에는 그 디자인권자·특허권자·실	**제53조 【타인의 디자인권등과의 관계】** 상표권자·전용사용권자 또는 통상사용권자는 그 등록상표를 사용할 경우에 그 사용상태에 따라 그 상표등록출원일전에 출원된 타인의 특허권·실용신안권·디자인권 또는 그 상표등록출원일전에 발생한 타인의 저작권과 저촉되는 경우에는 지정상품중 저촉되는 지정상품에 대한 상표의 사용은 특허권자·실용신안권자·디자인권자 또는 저작권자

특허법	실용신안법	디자인보호법	상표법
을 얻지 아니하고는 자기의 특허발명을 업으로서 실시할 수 없다. <개정 1993.12.10, 2001.2.3, 2004.12.31> ▶판례 **이용발명의 성립 요건** 특허발명이 특허법 제98조에서 규정하는 이용관계가 성립하기 위해서는, 후 고안이 선 특허발명의 요지를 모두 포함하고 이를 그대로 이용하되, 후 고안 내에선 특허발명이 발명으로서의 일체성을 유지하여야 한다(특허법원 2004. 3. 25. 선고 2003허2270 판결).	자·디자인권자 또는 상표권자의 허락을 얻지 아니하고는 자기의 등록실용신안을 업으로서 실시할 수 없다.	용신안권자 또는 상표권자의 허락을 얻지 아니하거나 제70조의 규정에 의하지 아니하고는 자기의 등록디자인을 업으로서 실시할 수 없다. <개정 1997.8.22, 2001.2.3, 2004.12.31> ②디자인권자·전용실시권자 또는 통상실시권자는 그 등록디자인에 유사한 디자인이 그 디자인등록출원일전에 출원된 타인의 등록디자인 또는 이와 유사한 디자인·특허발명·등록실용신안 또는 등록상표를 이용하거나 그 디자인권의 등록디자인에 유사한 디자인이 디자인등록출원일전에 출원된 타인의 디자인권·특허권·실용신안권 또는 상표권과 저촉되는 경우에는 그 디자인권자·특허권자·실용신안권자 또는 상표권자의 허락을 얻지 아니하거나 제70조의 규정에 의하지 아니하고는 자기의 등록디자인에 유사한 디자인을 업으로서 실시할 수 없다. <신설 1997.8.22, 2001.2.3, 2004.12.31> ③디자인권자·전용실시권자·통상실시권자는 등록디자인 또는 이와 유사한 디자인이 그 디자인등록출원일전에 발생한 타인의 저작권을 이용하거나	의 동의를 얻지 아니하고는 그 등록상표를 사용할 수 없다. <개정 2004.12.31> ▶판례 **상표법 제53조에 의하여 저작권자의 동의를 얻지 아니하고는 상표권자가 등록상표를 사용할 수 없는 경우, 자신의 등록상표를 무단으로 사용하는 제3자를 상대로 상표 사용의 금지를 청구할 수 있는지 여부(적극)** 상표법 제53조에서 등록상표가 그 등록출원 전에 발생한 저작권과 저촉되는 경우에 저작권자의 동의 없이 그 등록상표를 사용할 수 없다고 한 것은 저작권자에 대한 관계에서 등록상표의 사용이 제한됨을 의미하는 것이므로, 저작권자와 관계없는 제3자가 등록상표를 무단으로 사용하는 경우에는 상표권자는 그 사용금지를 청구할 수 있다(대법원 2006.9.11. 자 2006마232 결정).

특허법	실용신안법	디자인보호법	상표법
제99조 【특허권의 양도 및 공유】 ①특허권은 이를 양도할 수 있다. ②특허권이 공유인 경우에는 각 공유자는 다른 공유자의 동의를 얻지 아니하면 그 지분을 양도하거나 그 지분을 목적으로 하는 질권을 설정할 수 없다. ③특허권이 공유인 경우에는 각 공유자는 계약으로 특별히 약정한 경우를 제외하고는 다른 공유자의 동의를 얻지 아니하고 그 특허발명을 자신이 실시할 수 있다. ④특허권이 공유인 경우에는 각 공유자는 다른 공유자의 동의를 얻지 아니하면 그 특허권에 대하여 전용실시권을 설정하거나 통상실시권을 허락할 수 없다.	제28조 【「특허법」의 준용】 「특허법」 제97조, 제99조 내지 제103조, 제106조 내지 제111조, 제111조의2, 제112조 내지 제116조, 제118조 내지 제125조 및 제125조의2의 규정은 실용신안권에 관하여 이를 준용한다.	저촉되는 경우에는 저작권자의 허락을 얻지 아니하고는 자기의 등록디자인 또는 이와 유사한 디자인을 업으로서 실시할 수 없다. <개정 2001.2.3, 2004.12.31> 제46조 【디자인권의 양도 및 공유】 ①디자인권은 이를 양도할 수 있다. 다만, 기본디자인의 디자인권과 유사디자인의 디자인권은 함께 양도하여야 한다. <개정 2004.12.31> ②디자인권이 공유인 경우에 각 공유자는 다른 공유자의 동의를 얻지 아니하면 그 지분을 양도하거나 그 지분을 목적으로 하는 질권을 설정할 수 없다. <개정 2004.12.31> ③디자인권이 공유인 경우에는 각 공유자는 계약으로 특별히 약정한 경우를 제외하고는 다른 공유자의 동의를 얻지 아니하고 그 등록디자인 또는 이와 유사한 디자인을 자신이 실시할 수 있다. <개정 1993.12.10, 2004.12.31> ④디자인권이 공유인 경우에는 각 공유자는 다른 공유자의 동의를 얻지 아니하면 그 디자인권에 대하여 전용실시권을 설	제54조 【상표권등의 이전 및 공유】 ①상표권은 그 지정상품마다 분할하여 이전할 수 있다. 이 경우 유사한 지정상품은 함께 이전하여야 한다. ②삭제 <1997.8.22> ③삭제 <1997.8.22> ④삭제 <1997.8.22> ⑤상표권이 공유인 경우에는 각 공유자는 다른 공유자 전원의 동의를 얻지 아니하면 그 지분을 양도하거나 그 지분을 목적으로 하는 질권을 설정할 수 없다. <개정 1997.8.22> ⑥상표권이 공유인 경우에는 각 공유자는 다른 공유자 전원의 동의를 얻지 아니하면 그 상표권에 대하여 전용사용권 또는 통상사용권을 설정할 수 없다. <개정 1997.8.22> ⑦업무표장권은 이를 양도할 수 없다. 다만, 그 업무와 함께 양도하는 경우에는 그러하지 아니하다.

특허법	실용신안법	디자인보호법	상표법
		정하거나 통상실시권을 허락할 수 없다. <개정 2004.12.31> ⑤복수디자인등록된 디자인권은 각 디자인권마다 분리하여 이전할 수 있다. <신설 1997.8.22, 2001.2.3, 2004.12.31>	⑧제7조제1항제1호의3 단서, 제1호의4 단서 및 제3호 단서에 따라 등록된 상표권은 양도할 수 없다. 다만, 제7조제1항제1호의3, 제1호의4 및 제3호의 명칭, 약칭 또는 표장과 관련된 업무와 함께 양도하는 경우에는 그러하지 아니하다. <개정 2010.1.27> ⑨단체표장권은 이를 이전할 수 없다. 다만, 법인의 합병의 경우에는 특허청장의 허가를 받아 이전할 수 있다. ⑩업무표장권, 단체표장권, 제7조제1항제1호의3 단서, 제1호의4 단서 및 제3호 단서에 따른 상표권을 목적으로 하는 질권은 설정할 수 없다. <개정 2010.1.27> **제54조의2 【상표권의 분할】** ① 상표권의 지정상품이 2 이상인 경우에는 그 상표권을 지정상품별로 분할할 수 있다. ②제1항의 분할은 제71조제2항의 규정에 의한 무효심판이 청구된 때에는 심결이 확정되기까지는 상표권이 소멸된 후에도 할 수 있다. [본조신설 1997.8.22]

특허법	실용신안법	디자인보호법	상표법
제100조 【전용실시권】 ①특허권자는 그 특허권에 대하여 타인에게 전용실시권을 설정할 수 있다. ②제1항의 규정에 의한 전용실시권의 설정을 받은 전용실시권자는 그 설정행위로 정한 범위안에서 업으로서 그 특허발명을 실시할 권리를 독점한다. ③전용실시권자는 실시사업과 같이 이전하는 경우 또는 상속 기타 일반승계의 경우를 제외하고는 특허권자의 동의를 얻지 아니하면 그 전용실시권을 이전할 수 없다. ④전용실시권자는 특허권자의 동의를 얻지 아니하면 그 전용실시권을 목적으로 하는 질권을 설정하거나 통상실시권을 허락할 수 없다. ⑤제99조제2항 내지 제4항의 규정은 전용실시권에 관하여 이를 준용한다.	제28조 【「특허법」의 준용】	제47조 【전용실시권】 ①디자인권자는 그 디자인권에 대하여 타인에게 전용실시권을 설정할 수 있다. <개정 2004.12.31> ②제1항의 규정에 의한 전용실시권의 설정을 받은 전용실시권자는 그 설정행위로 정한 범위안에서 업으로서 그 등록디자인 또는 이와 유사한 디자인을 실시할 권리를 독점한다. <개정 2004.12.31> ③전용실시권자는 실시사업과 같이 이전하는 경우 또는 상속 기타 일반승계의 경우를 제외하고는 디자인권자의 동의를 얻지 아니하면 그 전용실시권을 이전할 수 없다. <개정 2004.12.31> ④전용실시권자는 디자인권자의 동의를 얻지 아니하면 그 전용실시권을 목적으로 하는 질권을 설정하거나 통상실시권을 허락할 수 없다. <개정 2004.12.31> ⑤제46조제2항 내지 제4항의 규정은 전용실시권에 관하여 이를 준용한다.	제55조 【전용사용권】 ①상표권자는 그 상표권에 관하여 타인에게 전용사용권을 설정할 수 있다. ②업무표장권 또는 단체표장권에 관하여는 전용사용권을 설정할 수 없다. ③제1항의 규정에 의한 전용사용권의 설정을 받은 전용사용권자는 그 설정행위로 정한 범위안에서 지정상품에 관하여 등록상표를 사용할 권리를 독점한다. ④전용사용권자는 그 상품에 자기의 성명 또는 명칭을 표시하여야 한다. ⑤전용사용권자는 상속 기타 일반승계의 경우를 제외하고는 상표권자의 동의를 얻지 아니하면 그 전용사용권을 이전할 수 없다. ⑥전용사용권자는 상표권자의 동의를 얻지 아니하면 그 전용사용권을 목적으로 하는 질권을 설정하거나 통상사용권을 설정할 수 없다. ⑦제54조제5항 및 제6항의 규정은 전용사용권에 관하여 이를 준용한다. ▶판례

특허법	실용신안법	디자인보호법	상표법
			상표권자와 사이에 전용사용권 설정계약을 체결하고 나아가 상표권자로부터 통상사용권 설정에 관한 사전 동의를 얻은 자가 전용사용권 설정등록을 마치지 아니한 경우, 등록상표의 전용사용권자로서 다른 사람에게 통상사용권을 설정하여 줄 수 있는지 여부(소극) 상표법 제56조 제1항에 의하면 전용사용권의 설정은 이를 등록하지 아니하면 그 효력이 발생하지 아니하는 것이어서, 설령 상표권자와 사이에 전용사용권 설정계약을 체결한 자라고 하더라도 그 설정등록을 하지 않았다면 상표법상의 전용사용권을 취득할 수 없는 것이고, 상표법 제57조 제1항 및 제55조 제6항에 의하면 통상사용권은 상표권자 혹은 상표권자의 동의를 얻은 전용사용권자만이 설정하여 줄 수 있는 것이므로, 설령 상표권자와 사이에 전용사용권 설정계약을 체결하고 나아가 상표권자로부터 통상사용권 설정에 관한 사전 동의를 얻은 자라고 하더라도 전용사용권 설정등록을 마치지 아니하였다면 등록상표의 전용사용권자로서 다른 사람 통상사용권

특허법	실용신안법	디자인보호법	상표법
제101조 【특허권 및 전용실시권의 등록의 효력】 ①다음 각호에 해당하는 사항은 이를 등록하지 아니하면 그 효력이 발생하지 아니한다. <개정 2001.2.3> 1. 특허권의 이전(상속 기타 일반승계에 의한 경우를 제외한다)·포기에 의한 소멸 또는 처분의 제한 2. 전용실시권의 설정·이전(상속 기타 일반승계에 의한 경우를 제외한다)·변경·소멸(혼동에 의한 경우를 제외한다) 또는 처분의 제한 3. 특허권 또는 전용실시권을 목적으로 하는 질권의 설정·이전(상속 기타 일반승계에 의한 경우를 제외한다)·변경·소멸(혼동에 의한 경우를 제외한다) 또는 처분의 제한 ②제1항 각호의 규정에 의한 특허권·전용실시권 및 질권의 상속 기타 일반승계의 경우에는 지체없이 그 취지를 특허청장에게 신고하여야 한다.	제28조 【「특허법」의 준용】	제48조 【디자인권 및 전용실시권의 등록의 효력】 ①다음 각호에 해당하는 사항은 등록하지 아니하면 그 효력이 발생지 아니한다. 1. 디자인권의 이전(상속, 그 밖의 일반승계에 의한 경우는 제외한다)·포기에 의한 소멸 또는 처분의 제한 2. 전용실시권의 설정·이전(상속, 그 밖의 일반승계에 의한 경우는 제외한다)·변경·소멸(혼동에 의한 경우는 제외한다) 또는 처분의 제한 3. 디자인권 또는 전용실시권을 목적으로 하는 질권의 설정·이전(상속, 그 밖의 일반승계에 의한 경우는 제외한다)·변경·소멸(혼동에 의한 경우는 제외한다) 또는 처분의 제한 ②제1항 각 호에 따른 디자인권·전용실시권 및 질권의 상속, 그 밖의 일반승계의 경우에는 지체 없이 그 취지를 특허청장에게 신고하여야 한다. [본조신설 2009.6.9]	을 설정하여 줄 수 없다. (대법원 2006.5.12. 선고 2004후2529 판결) 제56조 【상표권 및 전용사용권등의 등록의 효력】 ①다음 각호에 해당하는 사항은 이를 등록하지 아니하면 그 효력이 발생하지 아니한다. <개정 2001.2.3, 2007.1.3> 1. 상표권의 이전(상속 기타 일반승계에 의한 경우를 제외한다)·변경·포기에 의한 소멸·존속기간의 갱신·상품분류전환·지정상품의 추가 또는 처분의 제한 2. 전용사용권의 설정·이전(상속 기타 일반승계에 의한 경우를 제외한다)·변경·소멸(권리의 혼동에 의한 경우를 제외한다) 또는 처분의 제한 3. 상표권 또는 전용사용권을 목적으로 하는 질권의 설정·이전(상속 기타 일반승계에 의한 경우를 제외한다)·변경·소멸(권리의 혼동에 의한 경우를 제외한다) 또는 처분의 제한 ②제1항 각호의 규정에 의한 상표권·전용사용권 및 질권의

특허법	실용신안법	디자인보호법	상표법
			상속 기타 일반승계의 경우에는 지체없이 그 취지를 특허청장에게 신고하여야 한다. ▶판례 상표에 대한 전용사용권은 그 설정계약이 해지되면 등록 여부에 관계없이 그 효력을 상실하는지 여부(적극) 전용사용권은 그 설정계약이 해지되면 등록 여부에 관계없이 그 효력을 상실하며, 종전과 동일한 내용으로 전용사용권설정계약을 부활하는 묵시적 합의가 있었다고 하더라도 새로이 설정등록을 하지 않고서는 상표법상의 전용사용권을 취득할 수 없다. (대법원 2004. 9. 13. 선고 2002후703 판결)
제102조 【통상실시권】 ①특허권자는 그 특허권에 대하여 타인에게 통상실시권을 허락할 수 있다. ②통상실시권자는 이 법의 규정에 의하여 또는 설정행위로 정한 범위안에서 업으로서 그 특허발명을 실시할 수 있는 권리를 가진다. <개정 1993.12.10> ③제107조의 규정에 의한 통상	제28조 【「특허법」의 준용】	제49조 【통상실시권】 ①디자인권자는 그 디자인권에 대하여 타인에게 통상실시권을 허락할 수 있다. <개정 2004.12.31> ②통상실시권자는 이 법의 규정에 의하여 또는 설정행위로 정한 범위안에서 업으로서 그 등록디자인 또는 이와 유사한 디자인을 실시할 수 있는 권리를 가진다. <개정 1993.12.10, 2004.12.31>	제57조 【통상사용권】 ①상표권자는 그 상표권에 관하여 타인에게 통상사용권을 설정할 수 있다. ②제1항의 규정에 의한 통상사용권의 설정을 받은 통상사용권자는 그 설정행위로 정한 범위안에서 지정상품에 관하여 등록상표를 사용할 권리를 가진다. ③통상사용권은 상속 기타 일

특허법	실용신안법	디자인보호법	상표법
실시권은 실시사업과 같이 이전하는 경우에 한하여 이전할 수 있다. <개정 1995.12.29> ④제138조, 「실용신안법」 제32조 또는 「디자인보호법」 제70조의 규정에 의한 통상실시권은 그 통상실시권자의 당해 특허권·실용신안권 또는 디자인권과 함께 이전되고 당해 특허권·실용신안권 또는 디자인권이 소멸된 때에는 함께 소멸된다. <개정 1998.9.23, 2004.12.31, 2006.3.3> ⑤제3항 및 제4항외의 통상실시권은 실시사업과 같이 이전하는 경우 또는 상속 기타 일반승계의 경우를 제외하고는 특허권자(전용실시권에 관한 통상실시권에 있어서는 특허권자 및 전용실시권자)의 동의를 얻지 아니하면 이를 이전할 수 없다. <개정 1995.12.29, 2001.2.3> ⑥제3항 및 제4항외의 통상실시권은 특허권자(전용실시권에 관한 통상실시권에 있어서는 특허권자 및 전용실시권자)의 동의를 얻지 아니하면 그 통상실시권을 목적으로 하는 질권을 설정할 수 없다. ⑦제99조제2항 및 제3항의 규		③제70조에 따른 통상실시권은 그 통상실시권자의 해당 디자인권과 함께 이전되고 해당 디자인권이 소멸된 때에는 함께 소멸된다. <개정 2009.6.9> ④제3항 외의 통상실시권은 실시사업과 같이 이전하는 경우 또는 상속, 그 밖의 일반승계의 경우를 제외하고는 디자인권자(전용실시권자에 관한 통상실시권에 있어서는 디자인권자 및 전용실시권자)의 동의를 받지 아니하면 이전할 수 없다. <신설 2009.6.9> ⑤제3항 외의 통상실시권은 디자인권자(전용실시권자에 관한 통상실시권에 있어서는 디자인권자 및 전용실시권자)의 동의를 받지 아니하면 그 통상실시권을 목적으로 하는 질권을 설정할 수 없다. <신설 2009.6.9> ⑥통상실시권에 관하여는 제46조제2항·제3항을 준용한다. <신설 2009.6.9>	반승계의 경우를 제외하고는 상표권자(전용사용권에 관한 통상사용권에 있어서는 상표권자 및 전용사용권자)의 동의를 얻지 아니하면 이를 이전할 수 없다. ④통상사용권은 상표권자(전용사용권에 관한 통상사용권에 있어서는 상표권자 및 전용사용권자)의 동의를 얻지 아니하면 그 통상사용권을 목적으로 하는 질권을 설정할 수 없다. ⑤제54조제5항·제55조제2항 및 제4항의 규정은 통상사용권에 관하여 이를 준용한다.

특허법	실용신안법	디자인보호법	상표법
정은 통상실시권에 관하여 이를 준용한다. 〈개정 1993.12.10〉 제103조 【선사용에 의한 통상실시권】 특허출원시에 그 특허출원된 발명의 내용을 알지 못하고 그 발명을 하거나 그 발명을 한 자로부터 지득하여 국내에서 그 발명의 실시사업을 하거나 그 사업의 준비를 하고 있는 자는 그 실시 또는 준비를 하고 있는 발명 및 사업의 목적의 범위안에서 그 특허출원된 발명에 대한 특허권에 대하여 통상실시권을 가진다. 〈개정 2001.2.3〉	제28조 【「특허법」의 준용】	제50조 【선사용에 의한 통상실시권】 디자인등록출원시에 그 디자인등록출원된 디자인의 내용을 알지 못하고 그 디자인을 창작하거나 그 디자인을 창작한 자로부터 지득하여 국내에서 그 등록디자인 또는 이와 유사한 디자인의 실시사업을 하거나 그 사업의 준비를 하고 있는 자는 그 실시 또는 준비를 하고 있는 디자인 및 사업의 목적의 범위안에서 그 디자인등록출원된 디자인에 대한 디자인권에 대하여 통상실시권을 가진다. 〈개정 1993.12.10, 2004.12.31, 2007.1.3〉	제57조의3 【선사용에 따른 상표를 계속 사용할 권리】 ①타인의 등록상표와 동일하거나 유사한 상표를 그 지정상품과 동일하거나 유사한 상품에 사용하는 자로서 다음 각 호의 요건을 모두 갖춘 자(그 지위를 승계한 자를 포함한다. 이하 이 조에서 "선사용자"라 한다)는 해당상표를 그 사용하는 상품에 대하여 계속하여 사용할 권리를 가진다. 1. 부정경쟁의 목적이 없이 타인의 상표등록출원 전부터 국내에서 계속하여 사용하고 있을 것 2. 제1호의 규정에 따라 상표를 사용한 결과 타인의 상표등록출원시에 국내 수요자 간에 그 상표가 특정인의 상품을 표시하는 것이라고 인식되어 있을 것 ②상표권자나 전용사용권자는 선사용자에게 자기의 상품과 선사용자의 상품 간의 출처의 오인이나 혼동을 방지할 수 있는 적당한 표시를 할 것을 청

특허법	실용신안법	디자인보호법	상표법
		제50조의2 【선출원에 따른 통상실시권】 타인의 디자인권이 설정등록되는 때에 그 디자인등록출원된 디자인의 내용을 알지 못하고 그 디자인을 창작하거나 그 디자인을 창작한 자로부터 지득하여 국내에서 그 디자인 또는 이와 유사한 디자인의 실시사업을 하거나 그 사업의 준비를 하고 있는 자(제50조에 해당하는 자를 제외한다)는 다음 각 호의 요건을 갖춘 경우에 한하여 그 실시 또는 준비를 하고 있는 디자인 및 사업의 목적 범위 안에서 그 디자인권에 대하여 통상실시권을 가진다. 1. 타인이 디자인권을 설정등록받기 위하여 디자인등록출원을 한 날 이전에 그 디자인 또는 이와 유사한 디자인에 대하여 디자인등록출원을 하고, 그 디자인등록출원에 관한 디자인의 실시사업을 하거나 그 사업의 준비를 하였을 것 2. 제1호 중 먼저 디자인등록출원한 디자인이 제5조제1항 각 호의 어느 하나에 해당하여	구할 수 있다. [본조신설 2007.1.3]

특허법	실용신안법	디자인보호법	상표법
제104조【무효심판청구등록전의 실시에 의한 통상실시권】 ① 다음 각 호의 어느 하나에 해당하는 자가 특허 또는 실용신안등록에 대한 무효심판청구의 등록전에 자기의 특허발명 또는 등록실용신안이 무효사유에 해당되는 것을 알지 못하고 국내에서 그 발명 또는 고안의 실시사업을 하거나 그 사업의 준비를 하고 있는 경우에는 그 실시 또는 준비를 하고 있는 발명 또는 고안 및 사업의 목적의 범위안에서 그 특허권에 대하여 통상실시권을 가지거나 특허나 실용신안등록이 무효로 된 당시에 존재하는 특허권에 대한 전용실시권에 대하여 통상실시권을 가진다. <개정 1998.9.23, 2006.3.3> 1. 동일발명에 대한 2이상의 특허중 그 하나를 무효로 한 경우의 원특허권자 2. 특허발명과 등록실용신안이 동일하여 그 실용신안등록을 무효로 한 경우의 원실용신안권자	제26조【무효심판청구 전의 실시에 의한 통상실시권】 ①다음 각 호의 어느 하나에 해당하는 자가 실용신안등록 또는 특허에 대한 무효심판청구 전에 자기의 등록실용신안 또는 특허발명이 무효사유에 해당되는 것을 알지 못하고 국내에서 그 고안 또는 발명의 실시사업을 하거나 그 사업의 준비를 하고 있는 경우에는 그 실시 또는 준비를 하고 있는 고안 또는 발명 및 사업의 목적의 범위안에서 그 실용신안권에 대하여 통상실시권을 가지거나 실용신안등록이나 특허가 무효로 된 당시에 존재하는 전용실시권에 대하여 통상실시권을 가진다. 1. 동일 고안에 대한 2 이상의 실용신안등록 중 하나를 무효로 한 경우의 원실용신안권자 2. 등록실용신안과 특허발명이 동일하여 그 특허를 무효로 한 경우의 원특허권자 3. 실용신안등록을 무효로 하고 동일한 고안에 관하여 정당	거절결정이나 거절한다는 취지의 심결이 확정되었을 것 [본조신설 2007.1.3] 제51조【무효심판청구등록 전의 실시에 의한 통상실시권】 ① 디자인등록에 대한 무효심판청구의 등록 전에 다음 각 호의 어느 하나에 해당하는 자가 등록디자인이 무효사유에 해당되는 것을 알지 못하고 국내에서 그 디자인 또는 이와 유사한 디자인의 실시사업을 하거나 그 사업의 준비를 하고 있는 경우에는 그 실시 또는 준비를 하고 있는 디자인 및 사업의 목적의 범위에서 그 디자인권 또는 디자인등록을 무효로 한 당시에 존재하는 전용실시권에 대하여 통상실시권을 가진다. <개정 2004.12.31, 2007.1.3, 2009.6.9> 1. 동일 또는 유사한 디자인에 대한 2이상의 등록디자인중 그 하나의 디자인등록을 무효로 한 경우의 원디자인권자 2. 디자인등록을 무효로 하고 동일 또는 유사한 디자인에 관하여 정당한 권리자에게 디자인등록을 한 경우의 원디자인권자	

특허법	실용신안법	디자인보호법	상표법
3. 특허를 무효로 하고 동일한 발명에 관하여 정당한 권리자에게 특허를 한 경우의 원특허권자 4. 실용신안등록을 무효로 하고 그 고안과 동일한 발명에 관하여 정당한 권리자에게 특허를 한 경우의 원실용신안권자 5. 제1호 내지 제4호의 경우에 있어서 그 무효로 된 특허권 또는 실용신안권에 대하여 무효심판청구의 등록 당시에 이미 전용실시권이나 통상실시권 또는 그 전용실시권에 대한 통상실시권을 취득하고 그 등록을 받은 자. 다만, 제118조제2항의 규정에 해당하는 자인 경우에는 등록을 요하지 아니한다. ②제1항의 규정에 의하여 통상실시권을 가진 자는 특허권자 또는 전용실시권자에게 상당한 대가를 지급하여야 한다.	한 권리자에게 실용신안등록을 한 경우의 원실용신안권자 4. 특허를 무효로 하고 그 발명과 동일한 고안에 관하여 정당한 권리자에게 실용신안등록을 한 경우의 원특허권자 5. 제1호 내지 제4호의 경우에 있어서 무효로 된 실용신안권 또는 특허권에 대하여 무효심판청구 당시에 이미 전용실시권이나 통상실시권 또는 그 전용실시권에 대한 통상실시권을 취득하고 등록한 자. 이 경우 제28조의 규정에 의하여 준용되는 「특허법」 제118조제2항의 규정에 해당하는 자인 경우에는 등록을 요하지 아니한다. ②제1항의 규정에 의하여 통상실시권을 가진 자는 실용신안권자 또는 전용실시권자에게 대가를 지급하여야 한다.	3. 제1호 및 제2호의 경우에 있어서 그 무효로 된 디자인권에 대하여 무효심판청구의 등록 당시에 이미 전용실시권이나 통상실시권 또는 그 전용실시권에 대한 통상실시권을 취득한 자로서 다음 각 목의 어느 하나에 해당하는 자 　가. 해당 통상실시권 또는 전용실시권의 등록을 받은 자 　나. 제52조의2제2항에 해당하는 통상실시권을 취득한 자 ②제1항의 규정에 의하여 통상실시권을 가진 자는 디자인권자 또는 전용실시권자에게 상당한 대가를 지급하여야 한다. <개정 2004.12.31>	
제105조 【디자인권의 존속기간 만료후의 통상실시권】 ①특허출원일전 또는 특허출원일과 같은 날에 출원되어 등록된 디자인권이 그 특허권과 저촉되는 경우 그 디자인권의 존속기	**제27조 【디자인권의 존속기간 만료 후의 통상실시권】** ①실용신안등록출원일 전 또는 실용신안등록출원일과 같은 날에 출원되어 등록된 디자인권이 그 실용신안권과 저촉되는 경	**제52조 【디자인권 등의 존속기간 만료 후의 통상실시권】** ①등록디자인에 유사한 디자인이 그 디자인등록출원일전 또는 디자인등록출원일과 같은 날에 출원되어 등록된 디자인권(이	**제57조의2 【특허권 등의 존속기간 만료후에 상표를 사용하는 권리】** ①상표등록출원일전 또는 상표등록출원일과 동일한 날에 출원되어 등록된 특허권이 그 상표권과 저촉되는 경우

특허법	실용신안법	디자인보호법	상표법
간이 만료되는 때에는 그 원디자인권자는 원디자인권의 범위안에서 당해 특허권 또는 그 디자인권의 존속기간이 만료되는 당시에 존재하는 전용실시권에 대하여 통상실시권을 가진다. <개정 2004.12.31> ②특허출원일전 또는 특허출원일과 같은 날에 출원되어 등록된 디자인권이 그 특허권과 저촉되는 경우 그 디자인권의 존속기간이 만료되는 때에는 그 만료되는 당시에 존재하는 디자인권에 대한 전용실시권 또는 그 디자인권이나 전용실시권에 관한 디자인보호법 제61조의 규정에 의하여 준용되는 제118조제1항의 효력을 가지는 통상실시권을 가진 자는 원권리의 범위안에서 당해 특허권 또는 디자인권의 존속기간이 만료되는 당시에 존재하는 전용실시권에 대하여 통상실시권을 가진다. <개정 2004.12.31> ③제2항의 규정에 의하여 통상실시권을 가진 자는 특허권자 또는 전용실시권자에게 상당한 대가를 지급하여야 한다.	우 그 디자인권의 존속기간이 만료되는 때에는 그 원디자인권자는 원디자인권의 범위 안에서 그 실용신안권 또는 그 디자인권의 존속기간이 만료되는 당시에 존재하는 전용실시권에 대하여 통상실시권을 가진다. ②실용신안등록출원일 전 또는 실용신안등록출원일과 같은 날에 출원되어 등록된 디자인권이 그 실용신안권과 저촉되는 경우 그 디자인권의 존속기간이 만료되는 때에는 그 만료되는 당시에 존재하는 디자인권에 대한 전용실시권 또는 그 디자인권이나 전용실시권에 관한 「디자인보호법」 제61조의 규정에 의하여 준용되는 「특허법」 제118조제1항의 규정에 의한 효력이 있는 통상실시권을 가진 자는 원권리의 범위안에서 그 실용신안권 또는 디자인권의 존속기간이 만료되는 당시에 존재하는 전용실시권에 대하여 통상실시권을 가진다. ③제2항의 규정에 의하여 통상실시권을 가진 자는 실용신안권자 또는 전용실시권자에게 상당한 대가를 지급하여야 한다.	하 "원디자인권"이라 한다)과 저촉되는 경우 원디자인권의 존속기간이 만료되는 때에는 원디자인권자는 원디자인권의 범위안에서 그 디자인권에 대하여 통상실시권을 가지거나 원디자인권의 존속기간 만료 당시에 존재하는 그 디자인권에 대한 전용실시권에 대하여 통상실시권을 가진다. <개정 2004.12.31> ②제1항의 경우에 있어서 원디자인권의 만료 당시에 존재하는 원디자인권에 대한 전용실시권자 또는 제52조의2제1항에 따라 등록된 통상실시권자는 원권리의 범위에서 그 디자인권에 대하여 통상실시권을 가지거나 원디자인권의 존속기간 만료 당시에 존재하는 그 디자인권에 대한 전용실시권에 대하여 통상실시권을 가진다. <개정 2001.2.3, 2004.12.31, 2007.1.3, 2009.6.9> ③제1항 및 제2항의 규정은 등록디자인 또는 이와 유사한 디자인이 그 디자인등록출원일전 또는 디자인등록출원일과 같은 날에 출원되어 등록된 특허권·실용신안권과 저촉되고 그 특허권 또는 실용신안권의 존	그 특허권의 존속기간이 만료되는 때에는 그 원특허권자는 원특허권의 범위안에서 그 등록상표의 지정상품과 동일하거나 이와 유사한 상품에 대하여 그 등록상표와 동일하거나 이와 유사한 상표를 사용할 권리를 가진다. 다만, 부정경쟁의 목적으로 그 상표를 사용하는 경우에는 그러하지 아니하다. ②상표등록출원일전 또는 상표등록출원일과 동일한 날에 출원되어 등록된 특허권이 그 상표권과 저촉되는 경우 그 특허권의 존속기간이 만료되는 때에는 그 만료되는 당시에 존재하는 특허권에 대한 전용실시권 또는 그 특허권이나 전용실시권에 대한 「특허법」 제118조제1항의 효력을 가지는 통상실시권을 가지는 자는 원권리의 범위안에서 그 등록상표의 지정상품과 동일하거나 이와 유사한 상품에 대하여 그 등록상표와 동일하거나 이와 유사한 상표를 사용할 권리를 가진다. 다만, 부정경쟁의 목적으로 그 상표를 사용하는 경우에는 그러하지 아니하다. <개정 2007.1.3> ③제2항의 규정에 의하여 상표

특허법	실용신안법	디자인보호법	상표법
		속기간이 만료하는 경우에 관하여 이를 준용한다. <개정 2004.12.31> ④제2항(제3항에서 준용하는 경우를 포함한다)의 규정에 의하여 통상실시권을 가지는 자는 그 디자인권자 또는 그 디자인권에 대한 전용실시권자에게 상당한 대가를 지급하여야 한다. <개정 2004.12.31> [전문개정 1997.8.22]	를 사용할 권리를 가진 자는 상표권자 또는 전용사용권자에게 상당한 대가를 지급하여야 한다. ④당해 상표권자 또는 전용사용권자는 제1항 또는 제2항의 규정에 의하여 상표를 사용할 권리를 가진 자에게 그 자의 업무에 관한 상품과 자기의 업무에 관한 상품간에 혼동을 방지하는데 필요한 표시를 하도록 청구할 수 있다. ⑤제1항 및 제2항의 규정에 의한 상표를 사용할 권리를 이전(상속 기타 일반승계에 의한 경우를 제외한다)하고자 하는 때에는 상표권자 또는 전용사용권자의 동의를 얻어야 한다. ⑥제1항 내지 제5항의 규정은 상표등록출원일전 또는 상표등록출원일과 동일한 날에 출원되어 등록된 실용신안권 또는 디자인권이 그 상표권과 저촉되는 경우 그 실용신안권 또는 디자인권의 존속기간이 만료되는 때에 이를 준용한다. <개정 2004.12.31> [본조신설 2001.2.3]
제106조 【특허권의 수용】 ①정부는 특허발명이 전시, 사변	**제28조 【「특허법」의 준용】**		

특허법	실용신안법	디자인보호법	상표법
또는 이에 준하는 비상시에 있어서 국방상 필요한 때에는 특허권을 수용할 수 있다. <개정 2010.1.27> ②특허권이 수용되는 때에는 그 특허발명에 관한 특허권외의 권리는 소멸된다. ③ 정부는 제1항에 따라 특허권을 수용하는 경우에는 특허권자, 전용실시권자 또는 통상실시권자에 대하여 정당한 보상금을 지급하여야 한다. <개정 2010.1.27> ④특허권의 수용 및 보상금의 지급에 관하여 필요한 사항은 대통령령으로 정한다. <개정 2010.1.27> [제목개정 2010.1.27] **제106조의2【정부 등에 의한 특허발명의 실시】** ①정부는 특허발명이 국가 비상사태, 극도의 긴급상황 또는 공공의 이익을 위하여 비상업적으로 실시할 필요가 있다고 인정하는 경우에는 그 특허발명을 실시하거나 정부 외의 자로 하여금 실시하게 할 수 있다. ②정부 또는 정부 외의 자는 타인의 특허권이 존재한다는 사실을 알았거나 알 수 있을			

특허법	실용신안법	디자인보호법	상표법
때에는 제1항의 실시 사실을 특허권자, 전용실시권자 또는 통상실시권자에게 신속하게 통지하여야 한다. ③정부 또는 정부 외의 자는 제1항에 따라 특허발명을 실시하는 경우에는 특허권자, 전용실시권자 또는 통상실시권자에게 정당한 보상금을 지급하여야 한다. ④특허발명의 실시 및 보상금의 지급에 관하여 필요한 사항은 대통령령으로 정한다. [본조신설 2010.1.27] **제107조【통상실시권 설정의 재정】** ①특허발명을 실시하고자 하는 자는 특허발명이 다음 각호의 1에 해당하고 그 특허발명의 특허권자 또는 전용실시권자와 합리적인 조건하에 통상실시권 허락에 관한 협의(이하 이 조에서 "협의"라 한다)를 하였으나 합의가 이루어지지 아니하는 경우 또는 협의를 할 수 없는 경우에는 특허청장에게 통상실시권 설정에 관한 재정(이하 "재정"이라 한다)을 청구할 수 있다. 다만, 공공의 이익을 위하여 비상업적으로 실시하고자 하는 경우와 제4호의	제28조【「특허법」의 준용】		

특허법	실용신안법	디자인보호법	상표법
규정에 해당하는 경우에는 협의를 하지 아니하여도 재정을 청구할 수 있다. <개정 2005.5.31> 1. 특허발명이 천재·지변 기타 불가항력 또는 대통령령이 정하는 정당한 이유없이 계속하여 3년이상 국내에서 실시되고 있지 아니한 경우 2. 특허발명이 정당한 이유없이 계속하여 3년이상 국내에서 상당한 영업적 규모로 실시되지 아니하거나 적당한 정도와 조건으로 국내수요를 충족시키지 못한 경우 3. 특허발명의 실시가 공공의 이익을 위하여 특히 필요한 경우 4. 사법적 절차 또는 행정적 절차에 의하여 불공정거래행위로 판정된 사항을 시정하기 위하여 특허발명을 실시할 필요가 있는 경우 5. 자국민 다수의 보건을 위협하는 질병을 치료하기 위하여 의약품(의약품 생산에 필요한 유효성분, 의약품 사용에 필요한 진단키트를 포함한다)을 수입하고자 하는 국가(이하 이 조에서 "수입국"이라 한다)에 그 의약품을 수출할 수 있도록			

특허법	실용신안법	디자인보호법	상표법
특허발명을 실시할 필요가 있는 경우 ②제1항제1호 및 제2호의 규정은 특허발명이 특허출원일부터 4년을 경과하지 아니한 경우에는 이를 적용하지 아니한다. ③특허청장은 재정을 함에 있어서는 매 청구별로 통상실시권 설정의 필요성을 검토하여야 한다. ④특허청장은 제1항제1호 내지 제3호 또는 제5호의 규정에 따른 재정을 함에 있어서 재정을 받는 자에게 다음 각 호의 조건을 부과하여야 한다. <개정 2005.5.31> 1. 제1항제1호 내지 제3호의 규정에 따른 재정의 경우에는 통상실시권을 국내수요충족을 위한 공급을 주목적으로 실시할 것 2. 제1항제5호의 규정에 따른 재정의 경우에는 생산된 의약품 전량을 수입국에 수출할 것 ⑤특허청장은 재정을 함에 있어서 상당한 대가가 지급될 수 있도록 하여야 한다. 이 경우 제1항제4호 또는 제5호의 규정에 따른 재정을 함에 있어서는 다음 각 호의 사항을 대가 결정에 참작할 수 있다.			

특허법	실용신안법	디자인보호법	상표법
<개정 2005.5.31> 1. 제1항제4호의 규정에 따른 재정의 경우에는 불공정거래행위를 시정하기 위한 취지 2. 제1항제5호의 규정에 따른 재정의 경우에는 당해 특허발명을 실시함으로써 발생하는 수입국에서의 경제적 가치 ⑥반도체 기술에 대하여는 제1항제3호(공공의 이익을 위한 비상업적 실시에 한한다) 또는 제4호의 경우에 한하여 재정을 청구할 수 있다. <개정 2005.5.31> ⑦수입국은 세계무역기구회원국 중 세계무역기구에 다음 각호의 사항을 통지한 국가 또는 세계무역기구회원국이 아닌 국가 중 대통령령이 정하는 국가로서 다음 각 호의 사항을 대한민국정부에 통지한 국가에 한한다. <신설 2005.5.31> 1. 수입국이 필요로 하는 의약품의 명칭과 수량 2. 국제연합총회의 결의에 따른 최빈개발도상국이 아닌 경우 당해 의약품의 생산을 위한 제조능력이 없거나 부족하다는 수입국의 확인 3. 수입국에서 당해 의약품이 특허된 경우 강제적인 실시를			

특허법	실용신안법	디자인보호법	상표법
허락하였거나 허락할 의사가 있다는 그 국가의 확인 ⑧제1항제5호의 규정에 따른 의약품은 다음 각 호의 어느 하나에 해당하는 것을 말한다. <신설 2005.5.31> 1. 특허된 의약품 2. 특허된 제조방법으로 생산된 의약품 3. 의약품 생산에 필요한 특허된 유효성분 4. 의약품 사용에 필요한 특허된 진단키트 ⑨재정을 청구하는 자가 제출하여야 하는 서류, 그 밖에 재정에 관하여 필요한 사항은 대통령령으로 정한다. <신설 2005.5.31> [전문개정 1995.12.29] **제108조 【답변서의 제출】** 특허청장은 재정의 청구가 있은 때에는 그 청구서의 부본을 그 청구에 관련된 특허권자·전용실시권자 기타 그 특허에 관하여 등록을 한 권리를 가지는 자에게 송달하고 기간을 정하여 답변서를 제출할 수 있는 기회를 주어야 한다. **제109조 【산업재산권분쟁조정위**	**제28조 【「특허법」의 준용】** **제28조 【「특허법」의 준용】**		

특허법	실용신안법	디자인보호법	상표법
원회 및 관계 부처의 장의 의견청취】 특허청장은 재정을 함에 있어 필요하다고 인정하는 경우에는 「발명진흥법」 제41조의 규정에 따른 산업재산권 분쟁조정위원회 및 관계부처의 장의 의견을 들을 수 있고, 관계 행정기관이나 관계인에게 협조를 요청할 수 있다. <개정 2006.3.3, 2007.4.11> [전문개정 2005.5.31] 제110조 【재정의 방식 등】 ① 재정은 서면으로 하고 그 이유를 명시하여야 한다. ②제1항의 재정에는 다음 각호의 사항을 명시하여야 한다. <개정 1995.12.29, 2005.5.31> 1. 통상실시권의 범위 및 기간 2. 대가와 그 지급방법 및 지급시기 3. 제107조제1항제5호의 규정에 따른 재정의 경우에는 그 특허발명의 특허권자·전용실시권자 또는 통상실시권자(재정에 의한 경우를 제외한다)가 공급하는 의약품과 외관상 구분할 수 있는 포장·표시 및 재정에서 정한 사항을 공시할 인터넷 주소 4. 그 밖에 재정을 받은 자가	제28조 【「특허법」의 준용】		

특허법	실용신안법	디자인보호법	상표법
그 특허발명을 실시함에 있어 법령 또는 조약에 규정된 내용을 이행하기 위하여 필요한 준수사항 ③특허청장은 정당한 사유가 있는 경우를 제외하고는 재정청구일부터 6월 이내에 재정에 관한 결정을 하여야 한다. <신설 2005.5.31> ④제107조제1항제5호의 규정에 따른 재정청구가 동조제7항 및 제8항의 규정에 해당하고 동조제9항의 규정에 따른 서류가 모두 제출된 경우에는 특허청장은 정당한 사유가 있는 경우를 제외하고는 통상실시권 설정의 재정을 하여야 한다. <신설 2005.5.31> **제111조 【재정서등본의 송달】** ①특허청장은 재정을 한 때에는 당사자 및 그 특허에 관하여 등록을 한 권리를 가지는 자에게 재정서등본을 송달하여야 한다. ②제1항의 규정에 의하여 당사자에게 재정서등본이 송달된 때에는 재정서에 명시된 바에 따라 당사자 사이에 협의가 성립된 것으로 본다.	**제28조 【「특허법」의 준용】**		

특허법	실용신안법	디자인보호법	상표법
제111조의2 【재정서의 변경】 ①재정을 받은 자는 재정서에 명시된 제110조제2항제3호의 사항에 관하여 변경이 필요한 경우 그 원인을 증명하는 서류를 첨부하여 특허청장에게 이를 청구할 수 있다. ②특허청장은 제1항의 청구가 이유있다고 인정되는 경우 재정서에 명시된 사항을 변경할 수 있다. 이 경우 이해관계인의 의견을 들어야 한다. ③제111조의 규정은 제2항의 경우에 이를 준용한다. [본조신설 2005.5.31] 제112조 【대가의 공탁】 제110조제2항제2호의 대가를 지급하여야 할 자는 다음 각호의 1에 해당하는 경우에는 그 대가를 공탁하여야 한다. 1. 대가를 받을 자가 수령을 거부하거나 수령할 수 없는 경우 2. 대가에 대하여 제190조제1항의 규정에 의한 소송이 제기된 경우 3. 당해 특허권 또는 전용실시권을 목적으로 하는 질권이 설정되어 있는 경우. 다만, 질권자의 동의를 얻은 때에는 그러	제28조 【「특허법」의 준용】 제28조 【「특허법」의 준용】		

상표법	디자인보호법	실용신안법	특허법
			하지 아니하다.
		제28조 [「특허법」의 준용]	**제113조 [재정의 실효]** 재정을 받은 자가 제110조제2항제2호의 지급시기까지 대가(대가를 정기 또는 분할하여 지급할 경우에는 최종의 지급분)를 지급하지 아니하거나 공탁을 하지 아니한 때에는 그 재정은 효력을 잃는다.
		제28조 [「특허법」의 준용]	**제114조 [재정의 취소]** ①특허청장은 재정을 받은 자가 다음 각호의 1에 해당하는 경우에는 이해관계인의 신청에 의하여 또는 직권으로 그 재정을 취소할 수 있다. 다만, 제2호의 경우에는 재정을 받은 통상실시권자의 정당한 이익이 보호될 수 있는 경우에 한한다. <개정 1995.12.29, 2005.5.31> 1. 재정을 받은 목적에 적합하도록 그 특허발명을 실시하지 아니한 경우 2. 통상실시권을 재정한 사유가 없어지고 그 사유가 다시 발생하지 아니할 것이라고 인정되는 경우 3. 정당한 사유 없이 재정서에 명시된 제110조제2항제3호 또는 제4호의 사항을 위반하였을

특허법	실용신안법	디자인보호법	상표법
경우 ②제108조·제109조·제110조 제1항 및 제111조제1항의 규정은 제1항의 경우에 이를 준용한다. ③제1항의 규정에 의한 재정의 취소가 있는 때에는 통상실시권은 그때부터 소멸된다. **제115조【재정에 대한 불복이유의 제한】** 재정에 대하여 「행정심판법」에 의하여 행정심판을 제기하거나 「행정소송법」에 의하여 취소소송을 제기하는 경우에는 그 재정으로 정한 대가를 불복이유로 할 수 없다. <개정 2001.2.3, 2006.3.3> **제116조【특허권의 취소】** ①특허청장은 제107조제1항제1호의 사유로 인한 재정이 있은 날부터 계속하여 2년이상 그 특허발명이 국내에서 실시되고 있지 아니하는 경우에는 이해관계인의 신청에 의하여 또는 직권으로 그 특허권을 취소할 수 있다. ②제108조·제109조·제110조 제1항 및 제111조제1항의 규정은 제1항의 경우에 이를 준용한다.	제28조【「특허법」의 준용】 제28조【「특허법」의 준용】		

특허법	실용신안법	디자인보호법	상표법
③제1항의 규정에 의한 특허권의 취소가 있는 때에는 특허권은 그때부터 소멸된다. **제117조 삭제** <2001.2.3> **제118조 【통상실시권의 등록의 효력】** ①통상실시권을 등록한 때에는 그 등록후에 특허권 또는 전용실시권을 취득한 자에 대하여도 그 효력이 발생한다. ②제81조의3제5항·제103조 내지 제105조·제122조·제182조·제183조 및 「발명진흥법」 제10조제1항에 따른 통상실시권은 등록이 없더라도 제1항의 규정에 의한 효력이 발생한다. <개정 2001.2.3, 2006.3.3, 2007.1.3, 2007.4.11> ③통상실시권의 이전·변경·소멸 또는 처분의 제한, 통상실시권을 목적으로 하는 질권의 설정·이전·변경·소멸 또는 처분의 제한은 이를 등록하지 아니하면 제3자에게 대항할 수 없다.	**제28조 【「특허법」의 준용】**	**제52조의2 【통상실시권의 등록의 효력】** ①통상실시권을 등록한 때에는 그 등록 후에 디자인권 또는 전용실시권을 취득한 자에 대하여도 그 효력이 발생한다. ②제33조의3제5항, 제50조, 제50조의2, 제51조, 제52조, 제58조, 제74조의2, 제74조의3 및 「발명진흥법」 제10조제1항에 따른 통상실시권은 등록이 없더라도 제1항에 따른 효력이 발생한다. ③통상실시권의 이전·변경·소멸 또는 처분의 제한, 통상실시권을 목적으로 하는 질권의 설정·이전·변경·소멸 또는 처분의 제한은 등록하지 아니하면 제3자에게 대항할 수 없다. [본조신설 2009.6.9] **제53조 【디자인권의 포기】** 디자	**제58조 【통상사용권등의 등록의 효력】** ①다음 각호에 해당하는 사항은 이를 등록하지 아니하면 제3자에게 대항할 수 없다. 1. 통상사용권의 설정·이전(상속 기타 일반승계에 의한 경우를 제외한다)·변경·포기에 의한 소멸 또는 처분의 제한 2. 통상사용권을 목적으로 하는 질권의 설정·이전·상속 기타 일반승계에 의한 경우를 제외한다)·변경·포기에 의한 소멸 또는 처분의 제한 ②통상사용권을 등록한 때에는 그 등록후에 상표권 또는 전용사용권을 취득한 자에 대하여도 그 효력이 발생한다. ③제1항 각호의 규정에 의한 통상사용권 및 질권의 상속 기타 일반승계의 경우에는 지체없이 그 취지를 특허청장에게 신고하여야 한다. **제59조 【상표권의 포기】** 상표권

특허법	실용신안법	디자인보호법	상표법
		인권자는 디자인권을 포기할 수 있다. <개정 2004.12.31>	자는 상표권에 관하여 지정상품마다 이를 포기할 수 있다.
제119조 【특허권등의 포기의 제한】 ①특허권자는 전용실시권자·질권자 또는 제100조제4항·제102조제1항 및 「발명진흥법」 제10조제1항에 따른 통상실시권자의 동의를 얻지 아니하면 특허권을 포기할 수 없다. <개정 1993.12.10, 2007.1.3, 2007.4.11> ②전용실시권자는 질권자 또는 제100조제4항의 규정에 의한 통상실시권자의 동의를 얻지 아니하면 전용실시권을 포기할 수 없다. ③통상실시권자는 질권자의 동의를 얻지 아니하면 통상실시권을 포기할 수 없다.	제28조 【「특허법」의 준용】	제54조 【디자인권등의 포기의 제한】 ①디자인권자는 전용실시권자·질권자 또는 제47조제4항·제49조제1항 또는 「발명진흥법」 제10조제1항의 규정에 의한 통상실시권자의 동의를 얻지 아니하면 디자인권을 포기할 수 없다. <개정 2004.12.31, 2006.3.3, 2007.4.11> ②전용실시권자는 질권자 또는 제47조제4항의 규정에 의한 통상실시권자의 동의를 얻지 아니하면 전용실시권을 포기할 수 없다. ③통상실시권자는 질권자의 동의를 얻지 아니하면 통상실시권을 포기할 수 없다.	제60조 【상표권등의 포기의 제한】 ①상표권자는 전용사용권자·통상사용권자 또는 질권자의 동의를 얻지 아니하면 상표권을 포기할 수 없다. ②전용사용권자는 제55조제6항의 규정에 의한 질권자 또는 통상사용권자의 동의를 얻지 아니하면 전용사용권을 포기할 수 없다. ③통상사용권자는 제57조제4항의 규정에 의한 질권자의 동의를 얻지 아니하면 통상사용권을 포기할 수 없다.
제120조 【포기의 효과】 특허권·전용실시권 및 통상실시권의 포기가 있는 때에는 특허권·전용실시권 및 통상실시권은 그때부터 소멸된다.	제28조 【「특허법」의 준용】	제55조 【포기의 효과】 디자인권·전용실시권 및 통상실시권의 포기가 있는 때에는 디자인권·전용실시권 및 통상실시권은 그때부터 효력이 소멸된다. <개정 2004.12.31>	제61조 【포기의 효과】 상표권·전용사용권·통상사용권 및 질권의 포기가 있는 때에는 상표권·전용사용권·통상사용권 및 질권은 그때부터 소멸된다.
제121조 【질권】 특허권·전용실시권 또는 통상실시권을 목	제28조 【「특허법」의 준용】	제56조 【질권】 디자인권·전용실시권 또는 통상실시권을 목	제62조 【질권】 상표권·전용사용권 또는 통상사용권을 목적

특허법	실용신안법	디자인보호법	상표법
적으로 하는 질권을 설정한 때에는 질권자는 계약으로 특별히 정한 경우를 제외하고는 당해 특허발명을 실시할 수 없다.		적으로 하는 질권을 설정한 때에는 질권자는 계약으로 특별히 정한 경우를 제외하고는 당해 등록디자인을 실시할 수 없다. <개정 2004.12.31>	으로 하는 질권을 설정한 경우 질권자는 당해 등록상표를 사용할 수 없다.
제122조 【질권행사로 인한 특허권의 이전에 따른 통상실시권】 특허권자는 특허권을 목적으로 하는 질권설정 이전에 그 특허발명을 실시하고 있는 경우에는 그 특허권이 경매등에 의하여 이전되더라도 그 특허발명에 대하여 통상실시권을 가진다. 이 경우에는 특허권자는 경매등에 의하여 특허권을 이전받은 자에게 상당한 대가를 지급하여야 한다. <개정 1993.12.10>	제28조 【「특허법」의 준용】	제58조 【질권행사로 인한 디자인권의 이전에 따른 통상실시권】 디자인권자는 디자인권을 목적으로 하는 질권설정이전에 그 등록디자인 또는 이와 유사한 디자인을 실시하고 있는 경우에는 그 디자인권이 경매등에 의하여 이전되더라도 그 디자인권에 대하여 통상실시권을 가진다. 이 경우 디자인권자는 경매등에 의한 디자인권을 이전받은 자에게 상당한 대가를 지급하여야 한다. <개정 2004.12.31> [전문개정 1993.12.10]	
제123조 【질권의 물상대위】 질권은 이 법에 의한 보상금 또는 특허발명의 실시에 대하여 받을 대가나 물건에 대하여도 이를 행사할 수 있다. 다만, 그 지급 또는 인도전에 이를 압류하여야 한다.	제28조 【「특허법」의 준용】	제57조 【질권의 물상대위】 질권은 이 법에 의한 보상금 또는 등록디자인의 실시에 대하여 받을 대가나 물품에 대하여도 이를 행사할 수 있다. 다만, 그 지급 또는 인도전에 이를 압류하여야 한다. <개정 1997.8.22, 2004.12.31>	제63조 【질권의 물상대위】 질권은 이 법에 의한 상표권의 사용에 대하여 받을 대가나 물건에 대하여도 이를 행사할 수 있다. 다만, 그 지급 또는 인도전에 이를 압류하여야 한다.

특허법	실용신안법	디자인보호법	상표법
제124조 【상속인이 없는 경우의 특허권의 소멸】 특허권은 상속이 개시된 때 상속인이 없는 경우에는 소멸된다.	제28조 【「특허법」의 준용】	제59조 【상속인이 없는 경우의 디자인권의 소멸】 디자인권은 상속이 개시된 때 상속인이 없는 경우에는 소멸된다. <개정 2004.12.31> 제60조 삭제 <2004.12.31>	제64조 【상표권의 소멸】 ①상표권자가 사망한 날부터 3년 이내에 상속인이 그 상표권의 이전등록을 하지 아니한 경우에는 상표권자가 사망한 날부터 3년이 되는 날의 다음 날에 상표권이 소멸된다. <개정 2007.1.3> ②청산절차가 진행 중인 법인의 상표권은 법인의 청산종결등기일(청산종결등기가 되었더라도 청산사무가 사실상 끝나지 아니한 경우에는 청산사무가 사실상 끝난 날과 청산종결등기일부터 6개월이 지난 날 중 빠른 날로 한다. 이하 이 항에서 같다)까지 그 상표권의 이전등록을 하지 아니한 경우에는 청산종결등기일의 다음 날에 소멸한다. <신설 2007.1.3> 제64조의2 【상품분류전환등록이 없는 경우 등의 상표권의 소멸】 ①다음 각 호의 어느 하나에 해당하는 사유가 있는 때에는 상품분류전환등록의 대상이 되는 지정상품에 관한 상표권은 제46조의2제3항의 규정에 의한 상품분류전환등록신청기간의 종료일이 속하는 존속기

특허법	실용신안법	디자인보호법	상표법
			간의 만료일 다음 날에 소멸한다. <개정 2007.1.3> 1. 상품분류전환등록을 받아야 하는 자가 제46조의2제3항의 규정에 의한 기간 이내에 상품분류전환등록을 신청하지 아니하는 경우 2. 상품분류전환등록신청이 취하된 경우 3. 제5조의 규정에 의하여 준용되는 「특허법」 제16조제1항의 규정에 의하여 상품분류전환에 관한 절차가 무효로 된 경우 4. 상품분류전환등록거절결정이 확정된 경우 5. 제72조의2의 규정에 의하여 상품분류전환등록을 무효로 한다는 심결이 확정된 경우 ②상품분류전환등록의 대상이 되는 지정상품으로서 제46조의2제2항의 규정에 의한 상품분류전환등록신청서에 기재되지 아니한 지정상품에 관한 상표권은 상품분류전환등록신청서에 기재된 지정상품이 제46조의5의 규정에 의하여 전환등록되는 날에 소멸한다. 다만, 상품분류전환등록이 상표권의 존속기간만료일 이전에 이루어지는 경우에는 상표권의 존속기

특허법	실용신안법	디자인보호법	상표법
			간만료일의 다음 날에 소멸한다. <개정 2007.1.3> [본조신설 2001.2.3]
제125조 【특허실시보고】 특허청장은 특허권자·전용실시권자 또는 통상실시권자에게 특허발명의 실시여부 및 그 규모 등에 관하여 보고하게 할 수 있다.	제28조 【「특허법」의 준용】		
제125조의2 【대가 및 보상금액에 대한 집행명의】 이 법에 의하여 특허청장이 정한 대가와 보상금액에 관하여 확정된 결정은 집행력 있는 집행명의와 동일한 효력을 가진다. 이 경우 집행력 있는 정본은 특허청 공무원이 이를 부여한다. [본조신설 2001.2.3]	제28조 【「특허법」의 준용】	제61조 【대가 및 보상금액에 대한 집행명의】 이 법에 따라 특허청장이 정한 대가와 보상금액에 관하여 확정된 결정은 집행력 있는 집행명의와 같은 효력을 가진다. 이 경우 집행력 있는 정본은 특허청 소속 공무원이 부여한다. [전문개정 2009.6.9]	
제6장 특허권자의 보호	제6장 실용신안권자의 보호	제6장 디자인권자의 보호 <개정 2004.12.31>	제6장 상표권자의 보호
제126조 【권리침해에 대한 금지청구권등】 ①특허권자 또는 전용실시권자는 자기의 권리를 침해한 자 또는 침해할 우려가	제30조 【「특허법」의 준용】 「특허법」 제126조·제128조 및 제130조 내지 제132조의 규정은 실용신안권자의 보호에	제62조 【권리침해에 대한 금지청구권등】 ①디자인권자 또는 전용실시권자는 자기의 권리를 침해한 자 또는 침해할 우려가	제65조 【권리침해에 대한 금지청구권등】 ①상표권자 또는 전용사용권자는 자기의 권리를 침해한 자 또는 침해할 우려가

특허법	실용신안법	디자인보호법	상표법
있는 자에 대하여 그 침해의 금지 또는 예방을 청구할 수 있다. ②특허권자 또는 전용실시권자가 제1항의 규정에 의한 청구를 할 때에는 침해행위를 조성한 물건(물건을 생산하는 방법의 발명인 경우에는 침해행위로 생긴 물건을 포함한다)의 폐기, 침해행위에 제공된 설비의 제거 기타 침해의 예방에 필요한 행위를 청구할 수 있다.	관하여 이를 준용한다.	있는 자에 대하여 그 침해의 금지 또는 예방을 청구할 수 있다. <개정 2004.12.31> ②제13조제1항의 규정에 따라 비밀로 할 것을 청구한 디자인에 관한 디자인권자 및 전용실시권자는 지식경제부령이 정하는 바에 따라 그 디자인에 관한 다음 각호의 사항에 대하여 특허청장으로부터 증명을 받은 서면을 제시하여 경고한 후가 아니면 제1항의 규정에 따른 청구를 할 수 없다. <신설 2004.12.31, 2008.2.29> 1. 디자인권자 및 전용실시권자(전용실시권자가 청구하는 경우에 한한다)의 성명 및 주소(법인인 경우에는 그 명칭 및 주된 사무소의 소재지를 말한다) 2. 디자인등록출원번호 및 출원일 3. 디자인등록번호 및 등록일 4. 디자인등록출원서에 첨부한 도면·사진 또는 견본의 내용 ③디자인권자 또는 전용실시권자는 제1항의 규정에 의한 청구를 할 때에는 침해행위를 조성한 물품의 폐기, 침해행위에 제공된 설비의 제거 기타 침해의 예방에 필요한 행위를 청구	있는 자에 대하여 그 침해의 금지 또는 예방을 청구할 수 있다. ②상표권자 또는 전용사용권자가 제1항의 규정에 의한 청구를 할 때에는 침해행위를 조성한 물건의 폐기, 침해행위에 제공된 설비의 제거 기타 침해의 예방에 필요한 행위를 청구할 수 있다.

특허법	실용신안법	디자인보호법	상표법
제127조 【침해로 보는 행위】 다음 각호의 1에 해당하는 행위를 업으로서 하는 경우에는 특허권 또는 전용실시권을 침해한 것으로 본다. <개정 1995.12.29, 2001.2.3> 1. 특허가 물건의 발명인 경우에는 그 물건의 생산에만 사용하는 물건을 생산·양도·대여 또는 수입하거나 그 물건의 양도 또는 대여의 청약을 하는 행위 2. 특허가 방법의 발명인 경우에는 그 방법의 실시에만 사용하는 물건을 생산·양도·대여 또는 수입하거나 그 물건의 양도 또는 대여의 청약을 하는 행위 ▶**판례** **특허법 제127조 제1호에서 말하는 특허발명 물건의 '생산'의 의미** 특허법 제127조 제1호에서 특허발명 물건의 '생산'이란 특허발명의 구성요건을 충족하지 않은 물건을 받은 자가 이를 사용하여 특허발명의 구성요건을 충	**제29조 【침해로 보는 행위】** 등록실용신안에 관한 물품의 생산에만 사용하는 물건을 업으로서 생산·양도·대여 또는 수입하거나 업으로서 그 물건의 양도 또는 대여의 청약을 하는 행위는 실용신안권 또는 전용실시권을 침해한 것으로 본다. ▶**판례** **등록된 실용신안간의 권리범위의 소극적 확인을 구하는 심판청구의 가부** 등록된 실용신안 사이의 권리범위의 확인을 구하는 심판청구라도 심판청구인의 등록실용신안이 피심판청구인의 등록실용신안의 권리범위에 속하지 않는다는 소극적 확인심판청구는 만일 인용된다고 하더라도 심판청구인의 등록실용신안이 피심판청구인의 등록실용신안의 권리범위에 속하지 않음을 확정하는 것 뿐이고 이로 말미암아 피심판청구인의 등록실용신안권의 효력을 부인하는 결과가 되는 것은 아니므로 이러한 청구를 부적법하다고 볼	할 수 있다. <개정 2004.12.31> **제63조 【침해로 보는 행위】** 등록디자인이나 이와 유사한 디자인에 관한 물품의 생산에만 사용하는 물품을 업으로서 생산·양도·대여 또는 수입하거나 업으로서 그 물품의 양도 또는 대여의 청약을 하는 행위는 당해 디자인권 또는 전용실시권을 침해한 것으로 본다. <개정 1993.12.10, 2001.2.3, 2004.12.31>	**제66조 【침해로 보는 행위】** ①다음 각호의 1에 해당하는 행위는 상표권(지리적 표시 단체표장권을 제외한다) 또는 전용사용권을 침해한 것으로 본다. <개정 1997.8.22, 2004.12.31> 1. 타인의 등록상표와 동일한 상표를 그 지정상품과 유사한 상품에 사용하거나 타인의 등록상표와 유사한 상표를 그 지정상품과 동일 또는 유사한 상품에 사용하는 행위 2. 타인의 등록상표와 동일 또는 유사한 상표를 그 지정상품과 동일 또는 유사한 상품에 사용하거나 사용하게 할 목적으로 교부·판매·위조·모조 또는 소지하는 행위 3. 타인의 등록상표를 위조 또는 모조하거나 위조 또는 모조하게 할 목적으로 그 용구를 제작·교부·판매 또는 소지하는 행위 4. 타인의 등록상표 또는 이와 유사한 상표가 표시된 지정상품과 동일 또는 유사한 상품을 양도 또는 인도하기 위하여 소지하는 행위

특허법	실용신안법	디자인보호법	상표법
족하는 물건을 만들어 내는 모든 의식적 행위를 의미하므로, 반드시 공업적 생산에 한하지 않고 가공, 조립, 수리 등의 행위도 이에 포함된다. (특허법원 2007.7.13. 선고 2006허3496 판결)	이유가 없다. (대법원 1985.4.23. 선고 84후19 판결)		②다음 각호의 1에 해당하는 행위는 지리적 표시 단체표장권을 침해한 것으로 본다. <신설 2004.12.31> 1. 타인의 지리적 표시 등록단체표장과 유사한 상표(동음이의어 지리적 표시를 제외한다. 이하 이 항에서 같다)를 그 지정상품과 동일한 상품에 사용하는 행위 2. 타인의 지리적 표시 등록단체표장과 동일 또는 유사한 상표를 그 지정상품과 동일한 상품에 사용하거나 사용하게 할 목적으로 교부·판매·위조·모조 또는 소지하는 행위 3. 타인의 지리적 표시 등록단체표장을 위조 또는 고조하거나 위조 또는 모조하기 할 목적으로 그 용구를 제작·교부·판매 또는 소지하는 행위 4. 타인의 지리적 표시 등록단체표장과 동일 또는 유사한 상표가 표시된 지정상품과 동일한 상품을 양도 또는 인도하기 위하여 소지하는 행위 ▶판례 상표등록취소심판을 청구할 수 있는 이해관계인의 의미 및 등록상표가 저명상표인 경우, 그 이해

특허법	실용신안법	디자인보호법	상표법
			관계인의 범위 상표등록취소심판을 청구할 수 있는 이해관계인이라 함은 취소되어야 할 상표등록의 존속으로 인하여 상표권자로부터 상표권의 대항을 받아 그 등록상표와 동일 또는 유사한 상표를 사용할 수 없게 됨으로써 피해를 받을 염려가 있어 그 소멸에 직접적이고도 현실적인 이해관계가 있는 사람을 의미하는 것으로서, 상표법에 의하여 등록상표권에 주어지는 효력인 등록상표와 저촉되는 타인의 상표사용을 금지시킬 수 있는 효력(금지권)은 등록상표의 지정상품과 동일·유사한 상품에 사용되는 상표에 대하여만 인정되는 것이고 이종상품에 사용되는 상표에 대하여까지 그러한 효력이 미치는 것은 아니라고 할 것이며(상표법 제66조), 이는 저명상표의 경우에도 마찬가지이되, 다만 저명상표의 경우에는 상표법 제7조 제1항 제10호의 규정에 의하여 상품출처의 혼동이 생기는 경우 그 지정상품과 동일·유사하지 아니한 상품에 사용되는 동일·유사한 상표의 등록이 허용되지 아니할 뿐일 이치여서 저명상표의 상표권자로부터 그 저

특허법	실용신안법	디자인보호법	상표법
			명상표의 지정상품과 동일·유사하지 아니한 상품에 사용되는 상표에 대한 사용금지의 경고나 등록무효 또는 등록취소의 심판을 청구당한 사실이 있다고 하여, 그 피심판청구인에게도 자신의 상표와 지정상품이 다른 저명상표의 등록취소심판을 청구할 수 있는 이해관계가 있다고 할 수 없다. (대법원 2001. 3. 23. 선고 98후1914 판결)
제128조 【손해액의 추정등】 ① 특허권자 또는 전용실시권자는 고의 또는 과실로 인하여 자기의 특허권 또는 전용실시권을 침해한 자에 대하여 그 침해에 의하여 자기가 입은 손해의 배상을 청구하는 경우 당해 권리를 침해한 자가 그 침해행위를 하게 한 물건을 양도한 때에는 그 물건의 양도수량에 특허권자 또는 전용실시권자가 당해 침해행위가 없었다면 판매할 수 있었던 물건의 단위수량당 이익액을 곱한 금액을 특허권자 또는 전용실시권자가 입은 손해액으로 할 수 있다. 이 경우 손해액은 특허권자 또는 전용실시권자가 생산할 수 있었	**제30조 【「특허법」의 준용】**	**제64조 【손해액의 추정등】** ①디자인권자 또는 전용실시권자는 고의 또는 과실로 인하여 자기의 디자인권 또는 전용실시권을 침해한 자에 대하여 그 침해에 의하여 자기가 입은 손해의 배상을 청구하는 경우 당해 권리를 침해한 자가 그 침해행위를 하게한 물건을 양도한 때에는 그 물건의 양도수량에 디자인권자 또는 전용실시권자가 당해 침해행위가 없었다면 판매할 수 있었던 물건의 단위수량당 이익액을 곱한 금액을 디자인권자 또는 전용실시권자가 입은 손해액으로 할 수 있다. 이 경우 손해액은 디자인권자 또는 전용실시권자가 생산할	**제67조 【손해액의 추정등】** ①상표권자 또는 전용사용권자는 자기의 상표권 또는 전용 사용권을 고의 또는 과실로 침해한 자에 대하여 그 침해에 의하여 자기가 받은 손해의 배상을 청구하는 경우 침해한 자가 그 침해행위를 하게 한 상품을 양도한 때에는 그 상품의 양도수량에 상표권자 또는 전용사용권자가 그 침해행위가 없었다면 판매할 수 있었던 상품의 단위수량당 이익액을 곱한 금액을 상표권자 또는 전용사용권자의 손해액으로 할 수 있다. 이 경우 손해액은 상표권자 또는 전용사용권자가 생산할 수 있었던 상품의 수량에서

특허법	실용신안법	디자인보호법	상표법
던 물건의 수량에서 실제 판매한 물건의 수량을 뺀 수량에 단위수량당 이익액을 곱한 금액을 한도로 한다. 다만, 특허권자 또는 전용실시권자가 침해행위 외의 사유로 판매할 수 없었던 사정이 있는 때에는 당해 침해행위 외의 사유로 판매할 수 없었던 수량에 따른 금액을 빼야 한다. <신설 2001.2.3> ②특허권자 또는 전용실시권자가 고의 또는 과실에 의하여 자기의 특허권 또는 전용실시권을 침해한 자에 대하여 그 침해에 의하여 자기가 받은 손해의 배상을 청구하는 경우 권리를 침해한 자가 그 침해행위에 의하여 이익을 받은 때에는 그 이익의 액을 특허권자 또는 전용실시권자가 받은 손해의 액으로 추정한다. ③특허권자 또는 전용실시권자가 고의 또는 과실에 의하여 자기의 특허권 또는 전용실시권을 침해한 자에 대하여 그 침해에 의하여 자기가 받은 손해의 배상을 청구하는 경우 그 특허발명의 실시에 대하여 통상 받을 수 있는 금액에 상당하는 액을 특허권자 또는 전용		수 있었던 물건의 수량에서 실제 판매한 물건의 수량을 뺀 수량에 단위수량당 이익액을 곱한 금액을 한도로 한다. 다만, 디자인권자 또는 전용실시권자가 침해행위 외의 사유로 판매할 수 없었던 사정이 있는 때에는 당해 침해행위 외의 사유로 판매할 수 없었던 수량에 따른 금액을 빼야 한다. <신설 2001.2.3, 2004.12.31> ②디자인권자 또는 전용실시권자가 고의 또는 과실에 의하여 자기의 디자인권 또는 전용실시권을 침해한 자에 대하여 그 침해에 의하여 자기가 받은 손해의 배상을 청구하는 경우 권리를 침해한 자가 그 침해행위에 의하여 이익을 받은 때에는 그 이익의 액을 디자인권자 또는 전용실시권자가 받은 손해의 액으로 추정한다. <개정 2004.12.31> ③디자인권자 또는 전용실시권자가 고의 또는 과실에 의하여 자기의 디자인권 또는 전용실시권을 침해한 자에 대하여 그 침해에 의하여 자기가 받은 손해의 배상을 청구하는 경우 그 등록디자인의 실시에 대하여 통상받을 수 있는 금액에 상당	실제 판매한 상품의 수량을 뺀 수량에 단위수량당 이익액을 곱한 금액을 한도로 한다. 다만, 상표권자 또는 전용사용권자가 당해 침해행위외의 사유로 판매할 수 없었던 사정이 있는 때에는 당해 침해행위외의 사유로 판매할 수 없었던 수량에 따른 금액을 빼야 한다. <신설 2001.2.3> ②상표권자 또는 전용사용권자가 고의 또는 과실에 의하여 자기의 상표권 또는 전용사용권을 침해한 자에 대하여 그 침해에 의하여 자기가 받은 손해의 배상을 청구하는 경우 권리를 침해한 자가 그 침해행위에 의하여 이익을 받은 때에는 그 이익의 액을 상표권자 또는 전용사용권자가 받은 손해의 액으로 추정한다. ③상표권자 또는 전용사용권자가 고의 또는 과실에 의하여 자기의 상표권 또는 전용사용권을 침해한 자에 대하여 그 침해에 의하여 자기가 받은 손해의 배상을 청구하는 경우 그 등록상표의 사용에 대하여 통상 받을 수 있는 금액에 상당하는 액을 상표권자 또는 전용사용권자가 받은 손해의 액으

특허법	실용신안법	디자인보호법	상표법
실시권자가 받은 손해의 액으로 하여 그 손해배상을 청구할 수 있다. ④제3항의 규정에 불구하고 손해의 액이 동항에 규정하는 금액을 초과하는 경우에는 그 초과액에 대하여도 손해배상을 청구할 수 있다. 이 경우 특허권 또는 전용실시권을 침해한 자에게 고의 또는 중대한 과실이 없는 때에는 법원은 손해배상의 액을 정함에 있어서 이를 참작할 수 있다. <개정 2001.2.3> ⑤법원은 특허권 또는 전용실시권의 침해에 관한 소송에 있어서 손해가 발생된 것은 인정되나 그 손해액을 입증하기 위하여 필요한 사실을 입증하는 것이 해당 사실의 성질상 극히 곤란한 경우에는 제1항 내지 제4항의 규정에 불구하고 변론전체의 취지와 증거조사의 결과에 기초하여 상당한 손해액을 인정할 수 있다. <신설 2001.2.3> **제129조 【생산방법의 추정】** 물건을 생산하는 방법의 발명에		하는 액을 디자인권자 또는 전용실시권자가 받은 손해의 액으로 하여 그 손해배상을 청구할 수 있다. <개정 2004.12.31> ④제3항의 규정에 불구하고 손해의 액이 동항에 규정하는 금액을 초과하는 경우에는 그 초과액에 대하여도 손해배상을 청구할 수 있다. 이 경우 디자인권 또는 전용실시권을 침해한 자에게 고의 또는 중대한 과실이 없는 때에는 법원은 손해배상의 액을 정함에 있어서 이를 참작할 수 있다. <개정 2001.2.3, 2004.12.31> ⑤법원은 디자인권 또는 전용실시권의 침해에 관한 소송에 있어서 손해가 발생된 것은 인정되나 그 손해액을 입증하기 위하여 필요한 사실을 입증하는 것이 해당 사실의 성질상 극히 곤란한 경우에는 제1항 내지 제4항의 규정에 불구하고 변론전체의 취지와 증거조사의 결과에 기초하여 상당한 손해액을 인정할 수 있다. <신설 2001.2.3, 2004.12.31>	로 하여 그 손해배상을 청구할 수 있다. ④제3항의 규정에 불구하고 손해의 액이 동항에 규정하는 금액을 초과하는 경우에는 그 초과액에 대하여도 손해배상을 청구할 수 있다. 이 경우 상표권 또는 전용사용권을 침해한 자에게 고의 또는 중대한 과실이 없는 때에는 법원은 손해배상의 액을 정함에 있어서 이를 참작할 수 있다. <개정 2001.2.3> ⑤법원은 상표권 또는 전용사용권의 침해행위에 관한 소송에 있어서 손해가 발생된 것은 인정되나 그 손해액을 입증하기 위하여 필요한 사실을 입증하는 것이 해당 사실의 성질상 극히 곤란한 경우에는 제1항 내지 제4항의 규정에 불구하고 변론전체의 취지와 증거조사의 결과에 기초하여 상당한 손해액을 인정할 수 있다. <신설 2001.2.3>

특허법	실용신안법	디자인보호법	상표법
관하여 특허가 된 경우에 그 물건과 동일한 물건은 그 특허된 방법에 의하여 생산된 것으로 추정한다. 다만, 그 물건이 다음 각호의 1에 해당하는 경우에는 그러하지 아니하다. 1. 특허출원전에 국내에서 공지되었거나 공연히 실시된 물건 2. 특허출원전에 국내 또는 국외에서 반포된 간행물에 게재되거나 대통령령이 정하는 전기통신회선을 통하여 공중이 이용가능하게 된 물건 [전문개정 2001.2.3]			
제130조【과실의 추정】 타인의 특허권 또는 전용실시권을 침해한 자는 그 침해행위에 대하여 과실이 있는 것으로 추정한다.	제30조【「특허법」의 준용】	제65조【과실의 추정】 ①타인의 디자인권 또는 전용실시권을 침해한 자는 그 침해행위에 대하여 과실이 있는 것으로 추정한다. 다만, 제13조제1항의 규정에 의하여 비밀디자인으로 설정등록된 디자인권 또는 전용실시권의 침해에 대하여는 그러하지 아니하다. <개정 2004.12.31> ②제1항의 규정은 디자인무심사등록디자인의 디자인권자·전용실시권자 또는 통상실시권자가 타인의 디자인권 또는 전용실시권을 침해한 경우에 관	제68조【고의의 추정】 제90조의 규정에 의하여 등록상표임을 표시한 타인의 상표권 또는 전용사용권을 침해한 자는 그 침해행위에 대하여 그 상표가 이미 등록된 사실을 알았던 것으로 추정한다.

특허법	실용신안법	디자인보호법	상표법
제131조 【특허권자등의 신용회복】 법원은 고의 또는 과실에 의하여 특허권 또는 전용실시권을 침해함으로써 특허권자 또는 전용실시권자의 업무상의 신용을 실추하게 한 자에 대하여는 특허권자 또는 전용실시권자의 청구에 의하여 손해배상에 갈음하거나 손해배상과 함께 특허권자 또는 전용실시권자의 업무상의 신용회복을 위하여 필요한 조치를 명할 수 있다.	제30조 【「특허법」의 준용】	하여 이를 준용한다. <신설 1997.8.22, 2001.2.3, 2004.12.31> 제66조 【디자인권자등의 신용회복】 법원은 고의 또는 과실에 의하여 디자인권 또는 전용실시권을 침해함으로써 디자인권자 또는 전용실시권자의 업무상의 신용을 실추하게 한 자에 대하여는 디자인권자 또는 전용실시권자의 청구에 의하여 손해배상에 갈음하거나 손해배상과 함께 디자인권자 또는 전용실시권자의 업무상의 신용회복을 위하여 필요한 조치를 명할 수 있다. <개정 2004.12.31>	제69조 【상표권자등의 신용회복】 법원은 고의 또는 과실에 의하여 상표권 또는 전용사용권을 침해함으로써 상표권자 또는 전용사용권자의 업무상의 신용을 실추하게 한 자에 대하여는 상표권자 또는 전용사용권자의 청구에 의하여 손해배상에 갈음하거나 손해배상과 함께 상표권자 또는 전용사용권자의 업무상의 신용회복을 위하여 필요한 조치를 명할 수 있다.
제132조 【서류의 제출】 법원은 특허권 또는 전용실시권의 침해에 관한 소송에 있어서 당사자의 신청에 의하여 타당사자에 대하여 당해 침해행위로 인한 손해의 계산을 하는 데에 필요한 서류의 제출을 명할 수 있다. 다만, 그 서류의 소지자가 그 서류의 제출을 거절할 정당한 이유가 있는 때에는 그러하지 아니한다.	제30조 【「특허법」의 준용】	제67조 【서류의 제출】 법원은 디자인권 또는 전용실시권의 침해에 관한 소송에 있어서 당사자의 신청에 의하여 해당 침해행위로 인한 손해의 계산을 하는 데에 필요한 서류를 제출하도록 다른 당사자에게 명할 수 있다. 다만, 그 서류의 소지자가 그 서류의 제출을 거절할 정당한 이유가 있는 때에는 그러하지 아니하다. [전문개정 2009.6.9]	제70조 【서류의 제출】 법원은 상표권 또는 전용사용권의 침해에 관한 소송에 있어서 당사자의 신청에 의하여 타당사자에 대하여 당해 침해행위로 인한 손해의 계산을 하는데 필요한 서류의 제출을 명할 수 있다. 다만, 그 서류의 소지자가 그 서류의 제출을 거절할 정당한 이유가 있는 때에는 그러하지 아니하다.

특허법	실용신안법	디자인보호법	상표법
제7장 심판	제7장 심판·재심 및 소송	제7장 심판	제7장 심판
제132조의2 【특허심판원】 ①특허·실용신안·디자인 및 상표에 관한 심판과 재심 및 이에 관한 조사·연구에 관한 사무를 관장하게 하기 위하여 특허청장 소속하에 특허심판원을 둔다. <개정 2004.12.31> ②특허심판원에 원장과 심판관을 둔다. ③특허심판원의 조직과 정원 및 운영에 관하여 필요한 사항은 대통령령으로 정한다. [본조신설 1995.1.5]			
제132조의3 【특허거절결정 등에 대한 심판】 특허거절결정 또는 제91조의 규정에 의한 특허권의 존속기간의 연장등록거절결정을 받은 자가 불복이 있는 때에는 그 결정등본을 송달받은 날부터 30일 이내에 심판을 청구할 수 있다. <개정 2006.3.3> [전문개정 2001.2.3] 제132조의4 삭제 <2001.2.3>	제33조 【「특허법」의 준용】 실용신안에 관한 심판·재심 및 소송에 관하여는 「특허법」 제132조의3, 제133조의2, 제135조부터 제137조까지, 제139조, 제140조, 제140조의2, 제141조부터 제153조까지, 제153조의2, 제154조부터 제166조까지, 제170조부터 제172조까지, 제176조, 제178조부터 제188조까지, 제188조의2, 제189조부터 제191조까지 및 제191조의2를 준용한다. [전문개정 2009.1.30]	제67조의3 【디자인등록거절결정 또는 디자인등록취소결정에 대한 심판】 디자인등록거절결정 또는 디자인등록취소결정을 받은 자가 불복하는 때에는 그 결정등본을 송달받은 날부터 30일 이내에 심판을 청구할 수 있다. <개정 2004.12.31> [본조신설 2001.2.3]	제70조의2 【거절결정에 대한 심판】 상표등록거절결정, 지정상품의 추가등록거절결정 및 상품분류전환등록거절결정의 어느 하나에 해당하는 결정(이하 "거절결정"이라 한다)을 받은 자가 불복할 때에는 거절결정등본을 송달받은 날부터 30일 이내에 심판을 청구할 수 있다. [전문개정 2010.1.27]

특허법	실용신안법	디자인보호법	상표법
제133조 【특허의 무효심판】 ①이해관계인 또는 심사관은 특허가 다음 각 호의 어느 하나에 해당하는 경우에는 무효심판을 청구할 수 있다. 이 경우 특허청구범위의 청구항이 2 이상인 때에는 청구항마다 청구할 수 있다. 다만, 특허권의 설정등록이 있는 날부터 등록공고일 후 3월 이내에 누구든지 다음 각 호(제2호를 제외한다)의 어느 하나에 해당한다는 이유로 무효심판을 청구할 수 있다. <개정 2006.3.3> 1. 제25조·제29조·제32조·제36조제1항 내지 제3항 또는 제42조제3항·제4항의 각 규정에 위반된 경우 2. 제33조제1항 본문의 규정에 의한 특허를 받을 수 있는 권리를 가지지 아니하거나 제44조의 규정에 위반된 경우 3. 제33조제1항 단서의 규정에 의하여 특허를 받을 수 없는 경우 4. 특허된 후 그 특허권자가 제25조의 규정에 의하여 특허권을 향유할 수 없는 자로 되거나 그 특허가 조약에 위반되는 사유가 발생한 경우	**제31조 【실용신안등록의 무효심판】** ①이해관계인 또는 심사관은 실용신안등록이 다음 각 호의 어느 하나에 해당하는 경우에는 무효심판을 청구할 수 있다. 이 경우 실용신안등록청구범위의 청구항이 2 이상인 때에는 청구항마다 청구할 수 있다. 다만, 실용신안권의 설정등록이 있는 날부터 등록공고일 후 3월 이내에 누구든지 다음 각 호(제5호를 제외한다)의 어느 하나에 해당한다는 이유로 무효심판을 청구할 수 있다. 1. 제4조, 제6조, 제7조제1항 내지 제3항, 제8조제3항·제4항 또는 제3조의 규정에 의하여 준용되는 「특허법」 제25조의 각 규정에 위반된 경우 2. 실용신안등록 후 그 실용신안권자가 제3조의 규정에 의하여 준용되는 「특허법」 제25조의 규정에 의하여 실용신안권을 향유할 수 없는 자로 되거나 그 실용신안등록이 조약에 위반되는 사유가 발생한 경우 3. 조약의 규정에 위반되어 실용신안등록을 받을 수 없는 경우	**제68조 【디자인등록의 무효심판】** ①이해관계인 또는 심사관은 디자인등록이 다음 각 호의 어느 하나에 해당하는 경우에는 무효심판을 청구할 수 있다. 이 경우 제11조의2에 따라 복수디자인등록출원된 디자인등록에 대하여서는 각 디자인마다 청구할 수 있다. <개정 1993.12.10, 1997.8.22, 2001.2.3, 2004.12.31, 2007.1.3, 2009.6.9> 1. 제4조의24, 제5조, 제6조, 제7조제1항, 제10조 및 제16조제1항·제2항에 위반된 경우 2. 제3조제1항 본문의 규정에 의한 디자인등록을 받을 수 있는 권리를 가지지 아니하거나 동조동항 단서의 규정에 의하여 디자인등록을 받을 수 없는 경우 3. 조약에 위반된 경우 4. 디자인등록된 후 그 디자인권자가 제4조의24에 따라 디자인권을 향유할 수 없는 자로 되거나 그 디자인등록이 조약에 위반된 경우 ②제1항의 규정에 의한 심판은 디자인권이 소멸된 후에도 이를 청구할 수 있다. <개정 2004.12.31>	**제71조 【상표등록의 무효심판】** ①이해관계인 또는 심사관은 상표등록 또는 지정상품의 추가등록이 다음 각 호의 어느 하나에 해당하는 경우에는 무효심판을 청구할 수 있다. 이 경우 등록상표의 지정상품이 2 이상 있는 경우에는 지정상품마다 청구할 수 있다. <개정 1997.8.22, 2001.2.3, 2004.12.31, 2007.1.3> 1. 상표등록 또는 지정상품의 추가등록이 제3조 단서, 제6조 내지 제8조, 제12조제2항 후단·제5항 및 제7항 내지 제9항, 제23조제1항제4호 내지 제6호 또는 제5조의 규정에 의하여 준용되는 「특허법」 제25조의 각 규정에 위반된 경우 2. 상표등록 또는 지정상품의 추가등록이 조약에 위반된 경우 3. 상표등록 또는 지정상품의 추가등록이 그 상표등록출원에 의하여 발생한 권리를 승계하지 아니한 자에 의한 경우 3의2. 지정상품의 추가등록이 제48조제1항제4호에 위반된 경우 4. 상표등록후 그 상표권자가

특허법	실용신안법	디자인보호법	상표법
5. 조약의 규정에 위반되어 특허를 받을 수 없는 경우 6. 제47조제2항의 규정에 의한 범위를 벗어난 보정인 경우 7. 제52조제1항의 규정에 의한 범위를 벗어난 분할출원인 경우 8. 제53조제1항의 규정에 의한 범위를 벗어난 변경출원인 경우 ②제1항의 규정에 의한 심판은 특허권이 소멸된 후에도 이를 청구할 수 있다. ③특허를 무효로 한다는 심결이 확정된 때에는 그 특허권은 처음부터 없었던 것으로 본다. 다만, 제1항제4호의 규정에 의하여 특허를 무효로 한다는 심결이 확정된 때에는 특허권은 그 특허가 동호에 해당하게 된 때부터 없었던 것으로 본다. ④심판장은 제1항의 심판의 청구가 있는 때에는 그 취지를 당해 특허권의 전용실시권자 기타 특허에 관하여 등록을 한 권리를 가지는 자에게 통지하여야 한다. ▶판례 동일한 특허발명에 대하여 특허무효심판과 정정심판이 특허심	4. 제10조제1항의 규정에 의한 범위를 벗어난 변경출원인 경우 5. 제11조의 규정에 의하여 준용되는 「특허법」 제33조제1항 본문의 규정에 의한 실용신안등록을 받을 수 있는 권리를 가지지 아니하거나 동법 제44조의 규정에 위반된 경우 6. 제11조의 규정에 의하여 준용되는 「특허법」 제33조제1항 단서의 규정에 의하여 실용신안등록을 받을 수 없는 경우 7. 제11조의 규정에 의하여 준용되는 「특허법」 제47조제2항의 규정에 의한 범위를 벗어난 보정인 경우 8. 제11조의 규정에 의하여 준용되는 「특허법」 제52조제1항의 규정에 의한 범위를 벗어난 분할출원인 경우 ②제1항의 규정에 의한 심판은 실용신안권이 소멸된 후에도 이를 청구할 수 있다. ③실용신안등록을 무효로 한다는 심결이 확정된 때에는 그 실용신안권은 처음부터 없었던 것으로 본다. 다만, 제1항제2호의 규정에 의하여 실용신안등록을 무효로 한다는 심결이 확정된 때에는 실용신안권은 그	③디자인등록(유사디자인의 디자인등록을 제외한다)을 무효로 한다는 심결이 확정된 때에는 그 디자인권은 처음부터 없었던 것으로 본다. 다만, 제1항제4호의 규정에 의하여 디자인등록을 무효로 한다는 심결이 확정된 때에는 디자인권은 그 디자인등록이 동호에 해당하게 된 때부터 없었던 것으로 본다. <개정 2004.12.31> ④기본디자인의 디자인등록을 무효로 한다는 심결이 확정된 때에는 그 유사디자인의 디자인등록은 무효로 된다. <개정 2004.12.31> ⑤유사디자인의 디자인등록을 무효로 한다는 심결이 확정된 때 또는 제4항의 규정에 의하여 유사디자인의 디자인등록이 무효가 된 때에는 유사디자인의 디자인권은 처음부터 없었던 것으로 본다. 다만, 제1항제4호의 규정에 의하여 유사디자인의 디자인등록을 무효로 한다는 심결이 확정된 때에는 유사디자인의 디자인권은 그 유사디자인의 디자인등록이 동호에 해당하게 된 때부터 없었던 것으로 본다. <개정 2004.12.31>	제5조의 규정에 의하여 준용되는 「특허법」 제25조의 규정에 의하여 상표권을 향유할 수 없는 자로 되거나 그 등록상표가 조약에 위반된 경우 5. 상표등록이 된 후에 그 등록상표가 제6조제1항 각호의 1에 해당하게 된 경우(제6조제2항에 해당하게 된 경우를 제외한다) 6. 제41조의 규정에 따라 지리적 표시 단체표장등록이 된 후에 그 등록단체표장을 구성하는 지리적 표시가 원산지 국가에서 보호가 중단되거나 사용되지 아니하게 된 경우 ②제1항의 규정에 의한 무효심판은 상표권이 소멸된 후에도 이를 청구할 수 있다. ③상표등록을 무효로 한다는 심결이 확정된 때에는 그 상표권은 처음부터 없었던 것으로 본다. 다만, 제1항제4호 내지 제6호의 규정에 의하여 상표등록을 무효로 한다는 심결이 확정된 때에는 상표권은 그 등록상표가 동호에 해당하게 된 때부터 없었던 것으로 본다. <개정 2001.2.3, 2004.12.31> ④제3항 단서의 규정을 적용함에 있어서 등록상표가 제1항제

특허법	실용신안법	디자인보호법	상표법
판원에 동시에 계속중에 있는 경우, 심리·판단의 우선 순위 및 그 판단 대상(=정정심판청구 전 특허발명) 동일한 특허발명에 대하여 특허무효심판과 정정심판이 특허심판원에 동시에 계속중에 있는 경우에는 정정심판제도의 취지상 정정심판을 특허무효심판에 우선하여 심리·판단하는 것이 바람직하나, 그렇다고 하여 반드시 정정심판을 먼저 심리·판단하여야 하는 것은 아니고, 또 특허무효심판을 먼저 심리하는 경우에도 그 판단대상은 정정심판청구 전 특허발명이며, 이러한 법리는 특허무효심판과 정정심판의 심결에 대한 취소소송이 특허법원에 동시에 계속되어 있는 경우에도 적용된다고 볼 것이다. (대법원 2002. 8. 23. 선고 2001후713 판결)	실용신안등록이 동호에 해당하게 된 때부터 없었던 것으로 본다. ④심판장은 제1항의 심판의 청구가 있는 때에는 그 취지를 그 실용신안권의 전용실시권자 그 밖에 실용신안등록에 관하여 등록을 한 권리를 가진 자에게 통지하여야 한다.	⑥심판장은 제1항의 심판의 청구가 있는 때에는 그 취지를 당해 디자인권의 전용실시권자 기타 디자인에 관하여 등록을 한 권리를 가지는 자에게 통지하여야 한다. <개정 2004.12.31>	4호 내지 제6호에 해당하게 된 때를 특정할 수 없는 경우에는 제1항의 규정에 의한 무효심판이 청구되어 그 청구내용이 등록원부에 공시된 때부터 당해 상표권은 없었던 것으로 본다. <신설 2001.2.3, 2004.12.31> ⑤심판장은 제1항의 심판의 청구가 있는 때에는 그 취지를 당해 상표권의 전용사용권자 기타 상표에 관하여 등록을 한 권리를 가지는 자에게 통지하여야 한다.
제133조의2 【특허무효심판절차에서의 특허의 정정】 ①제133조제1항에 따른 심판의 피청구인은 제147조제1항 또는 제159조제1항 후단에 따라 지정된 기간 이내에 제136조제1항 각	**제33조 【「특허법」의 준용】** 실용신안에 관한 심판·재심 및 소송에 관하여는 「특허법」 제132조의3, 제133조의2, 제135조부터 제137조까지, 제139조, 제140조, 제140조의2, 제141조		

특허법	실용신안법	디자인보호법	상표법
호의 어느 하나에 해당하는 경우에 한하여 특허발명의 명세서 또는 도면에 대하여 정정을 청구할 수 있다. 이 경우 심판장이 제147조제1항에 따라 지정된 기간 후에도 청구인의 증거서류의 제출로 인하여 정정의 청구를 허용할 필요가 있다고 인정하는 경우에는 기간을 정하여 정정청구를 하게 할 수 있다. <개정 2007.1.3, 2009.1.30> ②제1항의 규정에 따른 정정청구를 하는 때에는 해당무효심판절차에서 그 정정청구 전에 수행한 정정청구는 취하된 것으로 본다. <신설 2007.1.3> ③심판장은 제1항의 규정에 의한 정정청구가 있는 때에는 그 청구서의 부본을 제133조제1항의 규정에 의한 심판의 청구인에게 송달하여야 한다. <개정 2007.1.3> ④제136조제2항 내지 제5항·제7항 내지 제11항, 제139조제3항 및 제140조제1항·제2항·제5항의 규정은 제1항의 정정청구에 관하여 이를 준용한다. 이 경우 제136조제9항중 "제162조제3항의 규정에 의한 심리종결의 통지가 있기 전(동조	부터 제153조까지, 제153조의2, 제154조부터 제166조까지, 제170조부터 제172조까지, 제176조, 제178조부터 제188조까지, 제188조의2, 제189조부터 제191조까지 및 제191조의2를 준용한다.		

특허법	실용신안법	디자인보호법	상표법
제4항의 규정에 의하여 심리가 재개된 경우에는 그 후 다시 동조제3항의 규정에 의한 심리종결의 통지가 있기 전)에"는 " 제136조제5항의 규정에 의한 통지가 있는 때에는 지정된 기간 이내에"로 본다. <개정 2007.1.3> ⑤제4항의 규정을 적용함에 있어서 제133조제1항의 규정에 따른 특허무효심판이 청구된 청구항을 정정하는 경우에는 제136조제4항의 규정을 준용하지 아니한다. <신설 2006.3.3, 2007.1.3> [본조신설 2001.2.3] 제134조 【특허권의 존속기간의 연장등록의 무효심판】 ①이해관계인 또는 심사관은 특허권의 존속기간의 연장등록이 다음 각호의 1에 해당하는 경우에는 무효심판을 청구할 수 있다. <개정 1997.4.10> 1. 그 특허발명을 실시하기 위하여 제89조의 허가등을 받을 필요가 없는 출원에 대하여 연장등록이 된 경우 2. 그 특허권자 또는 그 특허권의 전용실시권 또는 등록된 통상실시권을 가진 자가 제89			제72조 【상표권의 존속기간갱신등록의 무효심판】 ①이해관계인 또는 심사관은 상표권의 존속기간갱신등록이 다음 각 호의 어느 하나에 해당하는 경우에는 무효심판을 청구할 수 있다. 이 경우 갱신등록된 등록상표의 지정상품이 2 이상 있는 경우에는 지정상품마다 청구할 수 있다. <개정 2010.1.27> 1. 삭제 <1997.8.22> 2. 상표권의 존속기간갱신등록이 제43조제2항의 규정에 위반

특허법	실용신안법	디자인보호법	상표법
조의 허가등을 받지 아니한 출원에 대하여 연장등록이 된 경우 3. 연장등록에 의하여 연장된 기간이 그 특허발명을 실시할 수 없었던 기간을 초과하는 경우 4. 당해 특허권자가 아닌 자의 출원에 대하여 연장등록이 된 경우 5. 제90조제3항의 규정에 위반한 출원에 대하여 연장등록이 된 경우 6. 삭제 <1998.9.23> ②제133조제2항 및 제4항의 규정은 제1항의 심판의 청구에 관하여 이를 준용한다. ③연장등록을 무효로 한다는 심결이 확정된 때에는 그 연장등록에 의한 존속기간의 연장은 처음부터 없었던 것으로 본다. 다만, 연장등록이 제1항제3호의 규정에 해당되어 무효로 된 경우에는 그 특허발명을 실시할 수 없었던 기간을 초과하여 연장된 기간에 대하여만 연장이 없었던 것으로 본다. <개정 2001.2.3>			된 경우 3. 해당 상표권자가 아닌 자가 상표권의 존속기간갱신등록신청을 한 경우 ②제1항의 규정에 의한 무효심판은 상표권이 소멸된 후에도 이를 청구할 수 있다. ③상표권의 존속기간갱신등록을 무효로 한다는 심결이 확정된 때에는 상표권의 존속기간갱신등록은 처음부터 없었던 것으로 본다. ④제71조제5항의 규정은 제1항의 심판의 청구에 관하여 이를 준용한다. <개정 2002.12.11> 제72조의2 【상품분류전환등록의 무효심판】①이해관계인 또는

특허법	실용신안법	디자인보호법	상표법
			심사관은 상품분류전환등록이 다음 각호의 1에 해당하는 경우에는 무효심판을 청구할 수 있다. 이 경우 상품분류전환등록에 관한 지정상품이 2 이상 있는 경우에는 지정상품마다 청구할 수 있다. 1. 상품분류전환등록기 당해 등록상표의 지정상품기 아닌 상품으로 되거나 지정상품의 범위가 실질적으로 확장된 경우 2. 상품분류전환등록이 당해 등록상표의 상표권자가 아닌 자의 신청에 의하여 행하여진 경우 3. 상품분류전환등록이 제46조의2제3항의 규정에 위반되는 경우 ②제71조제2항 및 제5항의 규정은 상품분류전환등록의 무효심판에 관하여 이를 준용한다. ③상품분류전환등록을 무효로 한다는 심결이 확정된 경우에는 당해 상품분류전환등록은 처음부터 없었던 것으로 본다. [본조신설 2001.2.3] **제73조 【상표등록의 취소심판】** ①등록상표가 다음 각흐의 1에 해당하는 경우에는 그 상표등

특허법	실용신안법	디자인보호법	상표법
			록의 취소심판을 청구할 수 있다. <개정 1997.8.22, 2004.12.31 1. 삭제 <1997.8.22> 2. 상표권자가 고의로 지정상품에 등록상표와 유사한 상표를 사용하거나 지정상품과 유사한 상품에 등록상표 또는 이와 유사한 상표를 사용함으로써 수요자로 하여금 상품의 품질의 오인 또는 타인의 업무에 관련된 상품과의 혼동을 생기게 한 경우 3. 상표권자·전용사용권자 또는 통상사용권자중 어느 누구도 정당한 이유없이 등록상표를 그 지정상품에 대하여 취소심판청구일전 계속하여 3년 이상 국내에서 사용하고 있지 아니한 경우 4. 제54조제1항 후단·제5항·제7항 내지 제9항의 규정에 위반된 경우 5. 단체표장에 있어서 소속단체원이 그 단체의 정관의 규정을 위반하여 단체표장을 타인에게 사용하게 한 경우 또는 소속단체원이 그 단체의 정관의 규정을 위반하여 단체표장을 사용함으로써 수요자로 하여금 상품의 품질 또는 지리적

특허법	실용신안법	디자인보호법	상표법
			출처에 관하여 오인을 초래하게 하거나 타인의 업무에 관련된 상품과 혼동을 생기게 한 경우. 다만, 단체표장권자가 소속단체원의 감독에 상당한 주의를 한 경우에는 그러하지 아니하다. 6. 단체표장의 설정등록을 한 후 제9조제3항의 규정에 의한 정관을 변경함으로써 수요자로 하여금 상품의 품질의 오인 또는 타인의 업무에 관련된 상품과의 혼동을 생기게 할 염려가 있는 경우 7. 제23조제1항제3호 본문에 해당하는 상표가 등록된 경우에 그 상표에 관한 권리를 가진 자가 당해 상표등록일부터 5년 이내에 취소심판을 청구한 경우 8. 전용사용권자 또는 통상사용권자가 지정상품 또는 이와 유사한 상품에 등록상표 또는 이와 유사한 상표를 사용함으로써 수요자로 하여금 상품의 품질의 오인 또는 타인의 업무에 관련된 상품과의 혼동을 생기게 한 경우. 다만, 상표권자가 상당한 주의를 한 경우에는 그러하지 아니하다. 9. 상표권의 이전으로 인하여

특허법	실용신안법	디자인보호법	상표법
			유사한 등록상표가 각각 다른 상표권자에게 속하게 되고 그 중 1인이 자기의 등록상표의 지정상품과 동일 또는 유사한 상품에 부정경쟁을 목적으로 자기의 등록상표를 사용함으로써 수요자로 하여금 상품의 품질의 오인 또는 타인의 업무에 관련된 상품과의 혼동을 생기게 한 경우 10. 단체표장에 있어서 제3자가 단체표장을 사용함으로써 수요자로 하여금 상품의 품질 또는 지리적 출처에 관하여 오인을 초래하게 하거나 타인의 업무에 관련된 상품과 혼동을 생기게 하였음에도 단체표장권자가 고의로 상당한 조치를 취하지 아니한 경우 11. 지리적 표시 단체표장등록을 한 후 단체표장권자가 지리적 표시를 사용할 수 있는 지정상품을 생산·제조 또는 가공하는 것을 업으로 영위하는 자에 대하여 정관에 의하여 단체의 가입을 금지하거나 정관에 충족하기 어려운 가입조건을 규정하는 등 단체의 가입을 실질적으로 허용하지 아니한 경우 또는 그 지리적 표시를 사용할 수 없는 자에 대하여

특허법	실용신안법	디자인보호법	상표법
			단체의 가입을 허용한 경우 12. 지리적 표시 단체표장에 있어서 단체표장권자 또는 그 소속단체원이 제90조의2의 규정을 위반하여 단체표장을 사용함으로써 수요자로 하여금 상품의 품질에 대한 오인 또는 지리적 출처에 대한 혼동을 초래하게 한 경우 ②삭제 <1997.8.22> ③제1항제3호에 해당하는 것을 사유로 하여 취소심판을 청구하는 경우 등록상표의 지정상품이 2 이상 있는 경우에는 일부 지정상품에 관하여 취소심판을 청구할 수 있다. ④제1항제3호에 해당하는 것을 사유로 하여 취소심판이 청구된 경우에는 피청구인이 당해 등록상표를 취소심판청구에 관계되는 지정상품중 1 이상에 대하여 그 심판청구일전 3년 이내에 국내에서 정당하게 사용하였음을 증명하지 아니하는 한 상표권자는 취소심판청구와 관계되는 지정상품에 관한 상표등록의 취소를 면할 수 없다. 다만, 피청구인이 사용하지 아니한데 대한 정당한 이유를 증명한 때에는 그러하지 아니하다. <개정 1997.8.22>

특허법	실용신안법	디자인보호법	상표법
			⑤제1항제2호·제3호·제5호·제6호·제8호 내지 제12호에 해당하는 것을 사유로 취소심판을 청구한 후 그 심판청구사유에 해당하는 사실이 없어진 경우에도 취소사유에 영향이 미치지 아니한다. <개정 1997.8.22, 2004.12.31> ⑥제1항에 따른 취소심판은 이해관계인만 청구할 수 있다. 다만, 제1항제2호, 제5호, 제6호 또는 제8호부터 제12호까지의 규정에 해당하는 것을 사유로 하는 심판은 누구든지 청구할 수 있다. <개정 2010.1.27> ⑦상표등록을 취소한다는 심결이 확정된 때에는 그 상표권은 그때부터 소멸된다. ⑧제71조제5항의 규정은 제1항의 심판의 청구에 관하여 이를 준용한다. <개정 1997.8.22, 2002.12.11> ▶판례 등록상표권의 침해자라고 하나 3년 이상 사용하지 않은 등록상표의 등록을 취소시키고 또 그로 인하여 등록상표와 유사한 상표를 사용하고자 하는 것이 부당한 이익을 얻기 위한 것이라고 할 수는 없으므로, 등록취소심판청구

특허법	실용신안법	디자인보호법	상표법
			가 심판청구권의 남용이라고 볼 수 없다 불사용으로 인한 상표등록취소심판은 이해관계인에 해당되기만 하면 누구나 청구할 수 있는 것이고, 등록상표권의 침해자라고 하나 3년 이상 사용하지 않은 등록상표의 등록을 취소시키고 또 그로 인하여 등록상표와 유사한 상표를 사용하고자 하는 것이 부당한 이익을 얻기 위한 것이라고 할 수는 없으므로, 등록취소심판청구가 심판청구권의 남용이라고 볼 수 없다고 한 원심의 판단을 수긍한 사례. (대법원 2001. 4. 24. 선고 2001후 188 판결) ▶판례 보건사회부장관의 품목별 허가를 받지 않은 의약품을 지정상품으로 하는 등록상표를 선전, 광고하거나, 지정상품에 부착하여 판매한 경우가 상표등록의 취소를 면할 정당한 상표사용에 해당하는지 여부(소극) 상표권자가 정당한 이유없이 국내에서 등록된 상표를 지정상품에 사용하지 아니한 경우에 그 상표등록을 취소하여야 하도록 규정한 구 상표법(1990.1.13. 법률

특허법	실용신안법	디자인보호법	상표법
			제4210호로 개정되기 전의 것) 제45조 제1항 제3호의 규정은 상표의 사용을 촉진하는 한편 불사용 상표에 대한 재재적 의미도 포함되는 것으로 해석된다고 할 것인바, 이와 같은 취지에 비추어 볼 때 상표에 대한 선전, 광고행위가 있었다고 하더라도 그 지정상품이 국내에서 일반적, 정상적으로 유통되는 것을 전제로 하여(현실적으로 유통되고 있거나 적어도 유통을 예정, 준비하고 있어야 한다) 선전, 광고행위가 있어야 상표의 사용이 있었던 것으로 볼 수 있는 것이고, 또한 지정상품이 의약품인 경우 그 등록상표를 지정상품에 법률상 정당히 사용하기 위하여는 그 제조나 수입에 관하여 보건사회부장관의 품목별 허가를 받아야하므로 그러한 허가를 받지 아니하였다면 신문지상을 통하여 1년 못미처에 한 차례씩 그 상표를 광고하였다거나 국내의 일부 특정지역에서 그 등록상표를 부착한 지정상품이 판매되었다고 하더라도 상표의 정당한 사용이 있었다고 볼 수 없다. (대법원 1990.7.10. 선고 89후1240,89후1257 판결)

특허법	실용신안법	디자인보호법	상표법
			제74조【전용사용권 또는 통상사용권 등록의 취소심판】 ①전용사용권자 또는 통상사용권자가 제73조제1항제8호의 규정에 해당하는 행위를 한 경우에는 그 전용사용권 또는 통상사용권 등록의 취소심판을 청구할 수 있다. ②제1항의 규정에 의하여 전용사용권 또는 통상사용권 등록의 취소심판을 청구한 후 그 심판청구사유에 해당하는 사실이 없어진 경우에도 취소사유에 영향이 미치지 아니한다. ③제1항의 규정에 의한 전용사용권 또는 통상사용권의 취소심판은 누구든지 이를 청구할 수 있다. ④전용사용권 또는 통상사용권 등록을 취소한다는 심결이 확정된 때에는 그 전용사용권 또는 통상사용권은 그때부터 소멸된다. ⑤심판장은 제1항의 심판의 청구가 있는 때에는 그 취지를 당해 전용사용권의 통상사용권자 기타 전용사용권에 관하여 등록을 한 권리를 가지는 자 또는 당해 통상사용권에 관하여 등록을 한 권리를 가지는

특허법	실용신안법	디자인보호법	상표법
제135조 【권리범위 확인심판】 ① 특허권자·전용실시권자 또는 이해관계인은 특허발명의 보호범위를 확인하기 위하여 특허권의 권리범위 확인심판을 청구할 수 있다. <개정 2006.3.3> ②제1항의 규정에 의한 특허권의 권리범위 확인심판을 청구하는 경우에 특허청구범위의 청구항이 2이상인 때에는 청구항마다 청구할 수 있다. ▶**판례** **물건을 생산하는 방법의 발명인 경우, 특정한 생산방법에 의하여 생산한 물건을 실시발명으로 특정하여 특허권의 보호범위에 속하는지의 확인을 구할 수 있는지 여부(적극)** 특허권자는 업 (업)으로서 그 특허발명을 실시할 권리를 독점하고, 그 중 물건을 생산하는 방법의 발명인 경우에는 그 방법을 사용하는 행위 이외에 그 방법에 의하여 생산한 물건을 사용·양도·대여 또는 수입하거나 그 물건의 양도 또는 대여의 청약을 하는 행위까지 그 실	**제33조 【「특허법」의 준용】**	**제69조 【권리범위 확인심판】** 디자인권자·전용실시권자 또는 이해관계인은 등록디자인의 보호범위를 확인하기 위하여 디자인권의 권리범위 확인심판을 청구할 수 있다. <개정 2004.12.31, 2007.1.3>	자에게 통지하여야 한다. **제75조 【권리범위 확인심판】** 상표권자·전용사용권자 또는 이해관계인은 등록상표의 권리범위를 확인하기 위하여 상표권의 권리범위 확인심판을 청구할 수 있다. <개정 2007.1.3> ▶**판례** **상대방의 상표가 등록상표인 경우 그 등록상표가 자신의 등록상표의 권리범위에 속한다는 확인심판청구의 적부(소극) 및 특허심판원 심결의 취소소송에서 심결의 위법 여부와 소송요건의 존부를 판단하는 기준 시점** 상표권의 권리범위확인은 등록된 상표를 중심으로 어떠한 미등록상표가 적극적으로 등록상표의 권리범위에 속한다거나 소극적으로 이에 속하지 아니함을 확인하는 것이므로 상대방의 상표가 등록상표인 경우에는 설사 그것이 청구인의 선등록상표와 동일 또는 유사한 것이라 하더라도 상대방의 상표 내용이 자기의 등록상표의 권리범위에 속한다는 확인을 구하는 것은 상대방의 등록이 상표법 소정의 절차에 따라 무효심결이 확정되기까지는 그 무효

특허법	실용신안법	디자인보호법	상표법
시에 포함되므로, 물건을 생산하는 방법의 발명인 경우에는 그 방법에 의하여 생산된 물건에까지 특허권의 효력이 미친다 할 것이어서, 특정한 생산방법에 의하여 생산한 물건을 실시발명으로 특정하여 특허권의 보호범위에 속하는지 여부의 확인을 구할 수 있다. (대법원 2004. 10. 14. 선고 2003후2164 판결)			를 주장할 수 없는 것임에도 그에 의하지 아니하고 곧 상대방의 등록상표의 효력을 부인하는 결과가 되므로 상대방의 등록상표가 자신의 등록상표의 권리범위에 속한다는 확인을 구하는 심판청구는 부적법하고, 한편, 특허심판원 심결의 취소소송에서 심결의 위법 여부는 심결 당시의 법령과 사실상태를 기준으로 판단하여야 하고, 원칙적으로 심결이 있은 이후 비로소 발생한 사실을 고려하여 판단의 근거로 삼아 심결이 부적법하다는 이유로 이를 취소할 수는 없으나, 취소소송 자체를 구할 이익이 있는지 여부 등 소송요건의 존부는 원칙적으로 사실심의 변론종결시를 기준으로 하여 판단하되 사실심 변론종결시 이후 소의 이익 등 소송요건이 흠결되는 경우 그러한 사정도 고려하여 판단할 수 있다. (특허법원 2004. 1. 15. 선고 2003허4191 판결)
제136조【정정심판】①특허권자는 다음 각 호의 어느 하나에 해당하는 경우에는 특허발명의 명세서 또는 도면에 대하여 정정심판을 청구할 수 있다. 다	**제33조【「특허법」의 준용】**		

특허법	실용신안법	디자인보호법	상표법
만, 특허의 무효심판이 특허심판원에 계속(係屬)되고 있는 경우에는 그러하지 아니하다. <개정 2006.3.3, 2009.1.30> 1. 특허청구범위를 감축하는 경우 2. 잘못 기재된 것을 정정하는 경우 3. 분명하지 아니하게 기재된 것을 명확하게 하는 경우 ②제1항에 따른 명세서 또는 도면의 정정은 특허발명의 명세서 또는 도면에 기재된 사항의 범위 이내에서 이를 할 수 있다. 다만, 제1항제2호에 따라 잘못된 기재를 정정하는 경우에는 출원서에 최초로 첨부된 명세서 또는 도면에 기재된 사항의 범위로 한다. <개정 2009.1.30> ③제1항의 규정에 의한 명세서 또는 도면의 정정은 특허청구범위를 실질적으로 확장하거나 변경할 수 없다. ④제1항에 따른 정정 중 제1항제1호 및 제2호에 해당하는 정정은 정정후의 특허청구범위에 기재된 사항이 특허출원을 한 때에 특허를 받을 수 있는 것이어야 한다. <개정 2009.1.30>			

특허법	실용신안법	디자인보호법	상표법
⑤심판관은 제1항의 규정에 의한 심판청구가 제1항 각 호의 어느 하나에 해당하지 아니하거나 제2항에 규정된 범위를 벗어나거나 제3항 또는 제4항의 규정에 위반된다고 인정하는 경우에는 청구인에게 그 이유를 통지하고 기간을 정하여 의견서를 제출할 수 있는 기회를 주어야 한다. <개정 2009.1.30> ⑥제1항의 정정심판은 특허권이 소멸된 후에도 이를 청구할 수 있다. 다만, 심결에 의하여 특허가 무효로 된 후에는 그러하지 아니하다. <개정 2006.3.3> ⑦특허권자는 전용실시권자ㆍ질권자 및 제100조제4항ㆍ제102조제1항 및 「발명진흥법」 제10조제1항에 따른 통상실시권자의 동의를 얻지 아니하면 제1항의 정정심판을 청구할 수 없다. <개정 2007.1.3, 2007.4.11> ⑧특허발명의 명세서 또는 도면에 대하여 정정을 한다는 심결이 확정된 때에는 그 정정후의 명세서 또는 도면에 의하여 특허출원ㆍ출원공개ㆍ특허결정 또는 심결 및 특허권의 설정등			

특허법	실용신안법	디자인보호법	상표법
록이 된 것으로 본다. ⑨청구인은 제162조제3항의 규정에 의한 심리종결의 통지가 있기 전(동조제4항의 규정에 의하여 심리가 재개된 경우에는 그 후 다시 동조제3항의 규정에 의한 심리종결의 통지가 있기 전)에 제140조제5항에 규정된 심판청구서에 첨부된 정정한 명세서 또는 도면에 대하여 보정할 수 있다. ⑩특허발명의 명세서 또는 도면에 대한 정정을 한다는 심결이 있는 경우에 특허심판원장은 그 내용을 특허청장에게 통보하여야 한다. ⑪특허청장은 제10항의 규정에 의한 통보가 있는 때에는 이를 특허공보에 게재하여야 한다. [전문개정 2001.2.3] 제137조 【정정의 무효심판】 ① 이해관계인 또는 심사관은 제133조의2제1항 또는 제136조제1항의 규정에 의한 특허발명의 명세서 또는 도면에 대한 정정이 다음 각 호의 어느 하나의 규정에 위반한 경우에는 그 정정의 무효심판을 청구할 수 있다. <개정 2001.2.3, 2006.3.3, 2007.1.3, 2009.1.30>	제33조 【「특허법」의 준용】		

특허법	실용신안법	디자인보호법	상표법
1. 제136조제1항 각 호의 어느 하나 2. 제136조제2항 내지 제4항(제133조의2제4항의 규정에 의하여 준용되는 경우를 포함한다) ②제133조제2항 및 제4항의 규정은 제1항의 심판의 청구에 관하여 이를 준용한다. ③제1항에 따른 무효심판의 피청구인은 제147조제1항 또는 제159조제1항 후단에 따라 지정된 기간 이내에 제136조제1항 각 호의 어느 하나에 해당하는 경우에 한하여 특허발명의 명세서 또는 도면의 정정을 청구할 수 있다. <신설 2001.2.3, 2009.1.30> ④제133조의2제3항 및 제4항의 규정은 제3항의 정정청구에 관하여 이를 준용한다. 이 경우 제133조의2제3항중 "제133조제1항"은 "제137조제1항"으로 본다. <신설 2001.2.3, 2007.1.3> ⑤제1항의 규정에 의하여 정정을 무효로 한다는 심결이 확정된 때에는 그 정정은 처음부터 없었던 것으로 본다. **제138조 【통상실시권 허여의 심판】** ①특허권자·전용실시권자			
제32조 【통상실시권 허여의 심판】 ①실용신안권자·전용실시			
제70조 【통상실시권 허여의 심판】 ①디자인권자·전용실시권			

특허법	실용신안법	디자인보호법	상표법
또는 통상실시권자는 당해 특허발명이 제98조의 규정에 해당되어 실시의 허락 받고자 하는 경우에 그 타인이 정당한 이유없이 허락하지 아니하거나 그 타인의 허락을 받을 수 없는 때에는 자기의 특허발명의 실시에 필요한 범위안에서 통상실시권 허여의 심판을 청구할 수 있다. ②제1항의 규정에 의한 청구가 있는 경우에는 그 특허발명이 그 특허발명의 출원일전에 출원된 타인의 특허발명 또는 등록실용신안에 비하여 상당한 경제적 가치가 있는 중요한 기술적 진보를 가져오는 것이 아니면 통상실시권의 허여를 하여서는 아니된다. <개정 2001.2.3> ③제1항의 심판에 의하여 통상실시권을 허여한 자가 그 통상실시권의 허여를 받는 자의 특허발명의 실시를 필요로 하는 경우에 그 통상실시권을 허여받은 자가 실시를 허락하지 아니하거나 실시의 허락을 받을 수 없는 때에는 통상실시권의 허여를 받아 실시하고자 하는 특허발명의 범위안에서 통상실시권 허여의 심판을 청구할 수	권자 또는 통상실시권자는 그 등록실용신안이 제25조의 규정에 해당되어 실시의 허락을 받고자 하는 경우에 그 타인이 정당한 사유 없이 허락하지 아니하거나 그 타인의 허락을 받을 수 없는 때에는 자기의 등록실용신안의 실시에 필요한 범위 안에서 통상실시권 허여(許與)의 심판을 청구할 수 있다. ②제1항의 규정에 의한 청구가 있는 경우에는 그 등록실용신안이 그 등록실용신안의 출원일 전에 출원된 타인의 등록실용신안 또는 특허발명에 비하여 상당한 경제적 가치가 있는 중요한 기술적 진보를 가져오는 것이 아니면 통상실시권의 허여를 하여서는 아니된다. ③제1항의 심판에 의하여 통상실시권을 허여한 자가 통상실시권의 허여를 받는 자의 등록실용신안의 실시를 필요로 하는 경우에 통상실시권을 허여받은 자가 실시를 허락하지 아니하거나 실시의 허락을 받을 수 없을 때에는 통상실시권의 허여를 받아 실시하고자 하는 등록실용신안의 범위 안에서 통상실시권 허여의 심판을 청	자 또는 통상실시권자는 당해 등록디자인 또는 등록디자인에 유사한 디자인이 제45조제1항 또는 제2항의 규정에 해당되어 실시의 허락을 받고자 하는 경우에 그 타인이 정당한 이유없이 허락하지 아니하거나 그 타인의 허락을 받을 수 없는 때에는 자기의 등록디자인 또는 등록디자인에 유사한 디자인의 실시에 필요한 범위안에서 통상실시권 허여의 심판을 청구할 수 있다. <개정 2001.2.3, 2004.12.31> ②제1항의 규정에 의한 심판에 의하여 통상실시권을 허여한 자가 그 통상실시권의 허여를 받은 자의 등록디자인 또는 등록디자인에 유사한 디자인의 실시를 필요로 하는 경우에 그 통상실시권을 허여받은 자가 실시를 허락하지 아니하거나 실시의 허락을 받을 수 없는 때에는 통상실시권의 허여를 받아 실시하고자 하는 등록디자인 또는 등록디자인에 유사한 디자인의 범위안에서 통상실시권 허여의 심판을 청구할 수 있다. <개정 2001.2.3, 2004.12.31> ③제1항 및 제2항의 규정에 의	

특허법	실용신안법	디자인보호법	상표법
있다. ④제1항 및 제3항의 규정에 의한 통상실시권자는 특허권자·실용신안권자·디자인권자 또는 그 전용실시권자에 대하여 대가를 지급하여야 한다. 다만, 자기가 책임질 수 없는 사유에 의하여 지급할 수 없는 때에는 그 대가를 공탁하여야 한다. <개정 2004.12.31> ⑤제4항의 통상실시권자는 그 대가를 지급하지 아니하거나 공탁을 하지 아니하면 그 특허발명·등록실용신안 또는 등록디자인이나 이와 유사한 디자인을 실시할 수 없다. <개정 1993.12.10, 2004.12.31>	구할 수 있다. ④제1항 및 제3항의 규정에 의한 통상실시권자는 실용신안권자·특허권자·디자인권자 또는 그 전용실시권자에 대하여 대가를 지급하여야 한다. 다만, 자기가 책임질 수 없는 사유에 의하여 지급할 수 없는 때에는 그 대가를 공탁하여야 한다. ⑤제4항의 규정에 의한 통상실시권자는 그 대가를 지급하지 아니하거나 공탁을 하지 아니하면 그 등록실용신안·특허발명 또는 등록디자인이나 이와 유사한 디자인을 실시할 수 없다.	한 통상실시권자는 특허권자·실용신안권자·디자인권자 또는 그 전용실시권자에 대하여 대가를 지급하여야 한다. 다만, 자기가 책임질 수 없는 사유에 의하여 지급할 수 없는 때에는 그 대가를 공탁하여야 한다. <개정 2004.12.31> ④제3항의 규정에 의한 통상실시권자는 그 대가를 지급하지 아니하거나 공탁을 하지 아니하면 그 특허발명·등록실용신안 또는 등록디자인이나 이와 유사한 디자인을 실시할 수 없다. <개정 1993.12.10, 2004.12.31> [본조신설 2001.2.3]	
제139조【공동심판의 청구등】 ①동일한 특허권에 관하여 제133조제1항·제134조제1항 및 제137조제1항의 무효심판 또는 제135조제1항의 권리범위확인심판을 청구하는 자가 2인이상이 있는 때에는 그 전원이 공동으로 심판을 청구할 수 있다. ②공유인 특허권의 특허권자에 대하여 심판을 청구하는 때에는 공유자 전원을 피청구인으로 하여 청구하여야 한다.	**제33조【「특허법」의 준용】**	**제72조【공동심판의 청구 등】** ① 같은 디자인권에 관하여 제68조제1항의 디자인등록의 무효심판 또는 제69조의 권리범위확인심판을 청구하는 자가 2명이상이면 각자 또는 그 전원이 공동으로 심판을 청구할 수 있다. ②공유인 디자인권의 디자인권자에 대하여 심판을 청구하는 때에는 공유자 전원을 피청구인으로 청구하여야 한다. ③제1항에도 불구하고 디자인	**제77조【「특허법」의 준용】** 「특허법」 제139조·제140조·제141조 내지 제153조·제153조의2 및 제154조 내지 제166조의 규정은 심판에 관하여 이를 준용한다. 이 경우 동법 제139조제1항 중 "제133조제1항·제134조제1항 및 제137조제1항의 무효심판"은 "제71조제1항·제72조제1항 및 제72조의2제1항의 무효심판, 제73조제1항의 취소심판"으로 보고, 동법 제161조제2항 중 "제133

특허법	실용신안법	디자인보호법	상표법
③특허권 또는 특허를 받을 수 있는 권리의 공유자가 그 공유인 권리에 관하여 심판을 청구하는 때에는 공유자 전원이 공동으로 청구하여야 한다. ④제1항 또는 제3항의 규정에 의한 청구인이나 제2항의 규정에 의한 피청구인중 1인에 관하여 심판절차의 중단 또는 중지의 원인이 있는 때에는 전원에 관하여 그 효력이 발생한다.		권 또는 디자인등록을 받을 수 있는 권리의 공유자가 그 공유인 권리에 관하여 심판을 청구하는 때에는 공유자 전원이 공동으로 청구하여야 한다. ④제1항 또는 제3항에 따른 청구인이나 제2항에 따른 피청구인 중 1명에 관하여 심판절차의 중단 또는 중지의 원인이 있는 때에는 전원에 관하여 그 효력이 발생한다. [전문개정 2009.6.9]	조제1항의 무효심판"은 "제71조제1항·제72조제1항·제72조의2제1항의 무효심판"으로 보며, 동법 제164조제1항 중 "다른 심판"은 "상표등록이의신청에 대한 결정 또는 다른 심판"으로 보고, 동법 제165조제1항 중 "제133조제1항·제134조제1항·제135조 및 제137조제1항"은 "제71조제1항·제72조제1항·제72조의2제1항·제73조제1항 및 제75조"로 보며, 동법 제165조제3항 중 "제132조의3·제136조 또는 제138조"는 "제70조의2 또는 제70조의3"으로 본다. <개정 2007.1.3> ▶판례 **상표권의 공유자가 그 상표권의 효력에 관한 심판에서 패소한 경우에 제기할 심결취소소송이 고유필수적 공동소송인지 여부(소극)** 상표권의 공유자가 그 상표권의 효력에 관한 심판에서 패소한 경우에 제기할 심결취소소송은 공유자 전원이 공동으로 제기하여야만 하는 고유필수적 공동소송이라고 할 수 없고, 공유자의 1인이라도 당해 상표등록을 무효로 하거나 권리행사를 제한·방

특허법	실용신안법	디자인보호법	상표법
			해하는 심결이 있는 때에는 그 권리의 소멸을 방지하거나 그 권리행사방해배제를 위하여 단독으로 그 심결의 취소를 구할 수 있다. (대법원 2004. 12. 9. 선고 2002후567 판결)
제140조【심판청구방식】①심판을 청구하고자 하는 자는 다음 각호의 사항을 기재한 심판청구서를 특허심판원장에게 제출하여야 한다. <개정 1995.1.5, 2001.2.3> 1. 당사자의 성명 및 주소(법인인 경우에는 그 명칭 및 영업소의 소재지) 1의2. 대리인이 있는 경우에는 그 대리인의 성명 및 주소나 영업소의 소재지(대리인이 특허법인인 경우에는 그 명칭, 사무소의 소재지 및 지정된 변리사의 성명) 2. 심판사건의 표시 3. 청구의 취지 및 그 이유 ②제1항의 규정에 따라 제출된 심판청구서의 보정은 그 요지를 변경할 수 없다. 다만, 다음 각 호의 어느 하나에 해당하는 경우에는 그러하지 아니하다.	**제33조【「특허법」의 준용】**	**제72조의2【심판청구방식】**① 심판을 청구하려는 자는 다음 각 호의 사항을 적은 심판청구서를 특허심판원장에게 제출하여야 한다. 1. 당사자의 성명 및 주소(법인인 경우에는 그 명칭 및 영업소의 소재지) 2. 대리인이 있는 경우에는 그 대리인의 성명 및 주소나 영업소의 소재지(대리인이 특허법인인 경우에는 그 명칭, 사무소의 소재지 및 지정된 변리사의 성명) 3. 심판사건의 표시 4. 청구의 취지 및 그 이유 ② 제1항에 따라 제출된 심판청구서의 보정은 그 요지를 변경할 수 없다. 다만, 다음 각 호의 어느 하나에 해당하는 경우에는 그러하지 아니하다. 1. 제1항제1호에 따른 당사자	**제77조【「특허법」의 준용】**

특허법	실용신안법	디자인보호법	상표법
<개정 2007.1.3, 2009.1.30> 1. 제1항제1호에 따른 당사자 중 특허권자의 기재를 바로잡기 위하여 보정(추가하는 것을 포함한다)하는 경우 2. 제1항제3호의 규정에 따른 청구의 이유를 보정하는 경우 3. 특허권자 또는 전용실시권자가 청구인으로서 청구한 권리범위 확인심판에서 심판청구서의 확인대상 발명(청구인이 주장하는 피청구인의 발명을 말한다)의 설명서 및 도면에 대하여 피청구인이 자신이 실제로 실시하고 있는 발명과 비교하여 다르다고 주장하는 경우에 청구인이 피청구인의 실시 발명과 동일하게 하기 위하여 심판청구서의 확인대상 발명의 설명서 및 도면을 보정하는 경우 ③제135조제1항의 권리범위 확인심판을 청구할 때에는 특허발명과 대비될 수 있는 설명서 및 필요한 도면을 첨부하여야 한다. <개정 2001.2.3> ④제138조제1항의 통상실시권 허여의 심판의 심판청구서에는 제1항 각호의 사항외에 다음 사항을 기재하여야 한다. <개정 1995.12.29, 2004.12.31>		중 디자인권자의 기재를 바로잡기 위하여 보정(추가하는 것을 포함한다)하는 경우 2. 제1항제4호에 따른 청구의 이유를 보정하는 경우 3. 디자인권자 또는 전용실시권자가 청구인으로서 청구한 권리범위 확인심판에서 심판청구서의 확인대상 디자인(청구인이 주장하는 피청구인의 디자인을 말한다)의 도면에 대하여 피청구인이 자신이 실제로 실시하고 있는 디자인과 비교하여 다르다고 주장하는 경우에 청구인이 피청구인의 실시 디자인과 같게 하기 위하여 심판청구서의 확인대상 디자인의 도면을 보정하는 경우 ③ 제69조의 권리범위 확인심판을 청구할 때에는 등록디자인과 대비될 수 있는 도면을 첨부하여야 한다. ④ 제70조제1항의 통상실시권 허여의 심판의 심판청구서에는 제1항 각 호의 사항 외에 다음 사항을 적어야 한다. 1. 실시하려는 자기의 등록디자인의 번호 및 명칭 2. 실시되어야 할 타인의 특허발명·등록실용신안이나 등록디자인의 번호·명칭 및 특허	

특허법	실용신안법	디자인보호법	상표법
1. 실시를 요하는 자기의 특허의 번호 및 명칭 2. 실시되어야 할 타인의 특허발명·등록실용신안이나 등록디자인의 번호·명칭 및 특허나 등록의 연월일 3. 특허발명·등록실용신안 또는 등록디자인의 통상실시권의 범위·기간 및 대가 ⑤제136조제1항의 정정심판을 청구할 때에는 심판청구서에 정정한 명세서 또는 도면을 첨부하여야 한다. <개정 2001.2.3> ▶판례 **특허발명의 명세서에 기재되는 용어의 사용과 해석 방법** 특허의 명세서에 기재되는 용어는 그것이 가지고 있는 보통의 의미로 사용하고 동시에 명세서 전체를 통하여 통일되게 사용하여야 하나, 다만 어떠한 용어를 특정한 의미로 사용하려고 하는 경우에는 그 의미를 정의하여 사용하는 것이 허용되는 것이므로, 용어의 의미가 명세서에서 정의된 경우에는 그에 따라 해석하면 족하다. (대법원 2005. 9. 29. 선고 2004후486 판결)		나 등록의 연월일 3. 특허발명·등록실용신안 또는 등록디자인의 통상실시권의 범위·기간 및 대가 [본조신설 2009.6.9]	

특허법	실용신안법	디자인보호법	상표법
제140조의2 【특허거절결정에 대한 심판청구방식】 ①제132조의3의 규정에 의하여 특허거절결정에 대한 심판을 청구하고자 하는 자는 제140조제1항의 규정에 불구하고 다음 각 호의 사항을 기재한 심판청구서를 특허심판원장에게 제출하여야 한다. <개정 2001.2.3, 2006.3.3, 2009.1.30> 1. 청구인의 성명 및 주소(법인인 경우에는 그 명칭 및 영업소의 소재지) 1의2. 대리인이 있는 경우에는 그 대리인의 성명 및 주소나 영업소의 소재지(대리인이 특허법인인 경우에는 그 명칭, 사무소의 소재지 및 지정된 변리사의 성명) 2. 출원일자 및 출원번호 3. 발명의 명칭 4. 특허거절결정일자 5. 심판사건의 표시 6. 청구의 취지 및 그 이유 ②제1항에 따라 제출된 심판청구서를 보정하는 경우 그 요지를 변경할 수 없다. 다만, 다음 각 호의 어느 하나에 해당하는 경우에는 그러하지 아니하다.	제33조 【「특허법」의 준용】	제72조의3 【디자인등록거절결정 등에 대한 심판청구방식】 ①제67조의2 또는 제67조의3에 따라 보정각하결정, 디자인등록거절결정 또는 디자인등록취소결정에 대한 심판을 청구하려는 자는 제72조의2제1항에도 불구하고 다음 각 호의 사항을 적은 심판청구서를 특허심판원장에게 제출하여야 하며, 특허심판원장은 제67조의3에 따른 디자인등록취소결정에 대한 심판이 청구된 경우에는 그 취지를 디자인무심사등록이의신청인에게 알려야 한다. 1. 청구인의 성명 및 주소(법인인 경우에는 그 명칭 및 영업소의 소재지) 2. 대리인이 있는 경우에는 그 대리인의 성명 및 주소나 영업소의 소재지(대리인이 특허법인인 경우에는 그 명칭, 사무소의 소재지 및 지정된 변리사의 성명) 3. 출원일자와 출원번호(디자인등록취소결정에 대하여 불복한 경우에는 디자인 등록일자와 등록번호) 4. 디자인의 대상이 되는 물품	제78조 삭제 <1995.1.5> 제79조 【거절결정 또는 보정각하결정에 대한 심판청구방식】 ① 제70조의2의 규정에 의한 거절결정에 대한 심판 또는 제70조의3의 규정에 의한 보정각하결정에 대한 심판을 청구하는 자는 다음 각호의 사항을 기재한 심판청구서를 특허심판원장에게 제출하여야 한다. <개정 1995.1.5, 2001.2.3> 1. 청구인의 성명과 주소(법인인 경우에는 그 명칭 및 영업소의 소재지) 1의2. 대리인이 있는 경우에는 그 대리인의 성명 및 주소나 영업소의 소재지(대리인이 특허법인인 경우에는 그 명칭, 사무소의 소재지 및 지정된 변리사의 성명) 2. 출원일자 및 출원번호 3. 지정상품 및 그 유구분 4. 심사관의 거절결정일자 또는 보정각하결정일자 5. 심판사건의 표시 6. 청구의 취지 및 그 이유 7. 삭제 <2001.2.3> ②특허심판원장은 제70조의2의 규정에 의한 거절결정에 대한 심판이 청구된 경우 당해 거절

특허법	실용신안법	디자인보호법	상표법
<신설 2009.1.30> 1. 제1항제1호에 따른 청구인의 기재를 바로잡기 위하여 보정(추가하는 것을 포함한다)하는 경우 2. 제1항제6호에 따른 청구의 이유를 보정하는 경우 ③삭제 <2009.1.30> [전문개정 1997.4.10]		5. 디자인등록거절결정일자, 디자인등록취소결정일자 또는 보정각하결정일자 6. 심판사건의 표시 7. 청구의 취지 및 그 이유 ② 제1항에 따라 제출된 심판청구서를 보정하는 경우 그 요지를 변경할 수. 없다. 다만, 다음 각 호의 어느 하나에 해당하는 경우에는 그러하지 아니하다. 1. 제1항제1호에 따른 청구인의 기재를 바로잡기 위하여 보정(추가하는 것을 포함한다)하는 경우 2. 제1항제7호에 따른 청구의 이유를 보정하는 경우 [본조신설 2009.6.9]	결정이 상표등록이의신청에 의한 것인 때에는 그 취지를 이의신청인에게 통지하여야 한다. <개정 1995.1.5, 2001.2.3>

제141조 【심판청구서의 각하】 ① 심판장은 다음 각호의 1에 해당하는 경우에는 기간을 정하여 그 보정을 명하여야 한다. <개정 2001.2.3>
1. 심판청구서가 제140조제1항·제3항 내지 제5항 또는 제140조의2제1항의 규정에 위반되는 경우
2. 심판에 관한 절차가 다음 각목의 1에 해당되는 경우
  가. 제3조제1항 또는 제6조
	제33조 【「특허법」의 준용】	**제72조의4 【심판청구서의 각하】** ①심판장은 다음 각 호의 어느 하나에 해당하는 경우에는 기간을 정하여 그 보정을 명하여야 한다.
		1. 심판청구서가 제72조의2제1항·제3항·제4항 또는 제72조의3제1항에 위반된 경우
		2. 심판에 관한 절차가 다음 각 목의 어느 하나에 해당되는 경우
		  가. 제4조제1항 또는 제4조
			제77조 【「특허법」의 준용】

특허법	실용신안법	디자인보호법	상표법
의 규정에 위반된 경우 　나. 제82조의 규정에 의하여 납부하여야 할 수수료를 납부하지 아니한 경우 　다. 이 법 또는 이 법에 의한 명령이 정하는 방식에 위반된 경우 ②심판장은 제1항의 규정에 의한 보정명령을 받은 자가 지정된 기간 이내에 보정을 하지 아니한 경우에는 결정으로 심판청구서를 각하하여야 한다. <개정 2001.2.3> ③제2항의 규정에 의한 결정은 서면으로 하여야 하며 그 이유를 붙여야 한다. ④삭제 <1995.1.5> ⑤삭제 <1995.1.5> ⑥삭제 <1995.1.5>		의4에 위반된 경우 　나. 제34조에 따라 납부하여야 할 수수료를 납부하지 아니한 경우 　다. 이 법 또는 이 법에 따른 명령에서 정하는 방식에 위반된 경우 ②심판장은 제1항에 따른 보정명령을 받은 자가 지정된 기간에 보정을 하지 아니하면 결정으로 심판청구서를 각하하여야 한다. ③제2항에 따른 결정은 서면으로 하여야 하며 그 이유를 붙여야 한다. [본조신설 2009.6.9]	
제142조【보정불능한 심판청구의 심결각하】 부적법한 심판청구로서 그 흠결을 보정할 수 없는 때에는 피청구인에게 답변서 제출의 기회를 주지 아니하고 심결로써 이를 각하할 수 있다.	**제33조【「특허법」의 준용】** 실용신안에 관한 심판·재심 및 소송에 관하여는 「특허법」 제132조의3, 제133조의2, 제135조부터 제137조까지, 제139조, 제140조, 제140조의2, 제141조부터 제153조까지, 제153조의2, 제154조부터 제166조까지, 제170조부터 제172조까지, 제176조, 제178조부터 제188조까지, 제188조의2, 제189조부터 제	**제72조의5【보정할 수 없는 심판청구의 심결각하】** 부적법한 디자인무심사등록이의신청·심판청구로서 그 흠결을 보정할 수 없는 때에는 피청구인에게 답변서 제출의 기회를 주지 아니하고 심결로써 이를 각하할 수 있다. [본조신설 2009.6.9]	**제33조【「특허법」등의 준용】** 「특허법」 제142조·제148조제1호 내지 제5호·제7호 및 동법 제157조, 「민사소송법」 제143조·제299조 및 동법 제367조의 규정은 상표등록출원의 심사에 관하여 이를 준용한다. 이 경우 「특허법」 제148조제1호 내지 제3호 및 제5호 중 "당사자 또는 참가인"은 각각 "당사자·참가인 또는 상표

특허법	실용신안법	디자인보호법	상표법
	191조까지 및 제191조의2를 준용한다.		등록이의신청인"으로 보고, 동조제6호 중 "특허여부결정"은 "상표등록여부결정·상표등록이의신청에 대한 결정"으로 본다. <개정 2007.1.3>
			제77조 【「특허법」 등의 준용】
		제67조의2 【보정각하결정에 대한 심판】 제18조의2제1항의 규정에 의한 보정각하결정을 받은 자가 그 결정에 불복하는 때에는 그 결정등본을 송달받은 날부터 30일 이내에 심판을 청구할 수 있다. [본조신설 2001.2.3]	제70조의3 【보정각하결정에 대한 심판】 제17조제1항의 규정에 의한 보정각하결정을 받은 자가 그 결정에 불복이 있는 때에는 그 결정등본을 송달받은 날부터 30일 이내에 심판을 청구할 수 있다. [본조신설 1995.1.5]
제143조 【심판관】 ①특허심판원장은 심판청구가 있는 때에는 심판관으로 하여금 이를 심판하게 한다. <개정 1995.1.5> ②심판관의 자격은 대통령령으로 정한다. <개정 1995.1.5> ③심판관은 직무상 독립하여 심판한다. <개정 1995.1.5>	제33조 【「특허법」의 준용】	제72조의6 【심판관】 ①특허심판원장은 심판청구가 있으면 심판관에게 심판하게 한다. ②심판관의 자격은 대통령령으로 정한다. ③심판관은 직무상 독립하여 심판한다. [본조신설 2009.6.9]	제77조 【「특허법」의 준용】
제144조 【심판관의 지정】 ①특허심판원장은 각 심판사건에 대하여 제146조의 규정에 의한 합의체를 구성할 심판관을 지정하여야 한다.	제33조 【「특허법」의 준용】	제72조의7 【심판관의 지정】 ①특허심판원장은 각 심판사건에 대하여 제72조의9에 따른 합의체를 구성할 심판관을 지정하여야 한다.	제77조 【「특허법」의 준용】

특허법	실용신안법	디자인보호법	상표법
<개정 1995.1.5> ②특허심판원장은 제1항의 심판관중 심판에 관여하는데 지장이 있는 자가 있는 때에는 다른 심판관으로 하여금 이를 행하게 할 수 있다. <개정 1995.1.5>		②특허심판원장은 제1항의 심판관 중 심판에 관여하는데 지장이 있는 자가 있으면 다른 심판관에게 심판하게 할 수 있다. [본조신설 2009.6.9]	
제145조 【심판장】 ①특허심판원장은 제144조제1항의 규정에 의하여 지정된 심판관중에서 1인을 심판장으로 지정하여야 한다. <개정 1995.1.5> ②심판장은 그 심판사건에 관한 사무를 총괄한다.	제33조 【「특허법」의 준용】	제72조의8 【심판장】 ①특허심판원장은 제72조의7제1항에 따라 지정된 심판관 중에서 1명을 심판장으로 지정하여야 한다. ②심판장은 그 심판사건에 관한 사무를 총괄한다. [본조신설 2009.6.9]	제77조 【「특허법」의 준용】
제146조 【심판의 합의체】 ①심판은 3인 또는 5인의 심판관으로 구성되는 합의체가 이를 행한다. <개정 1995.1.5> ②제1항의 합의체의 합의는 과반수에 의하여 이를 결정한다. ③심판의 합의는 공개하지 아니한다.	제33조 【「특허법」의 준용】	제72조의9 【심판의 합의체】 ①심판은 3명 또는 5명의 심판관으로 구성되는 합의체가 행한다. ②제1항의 합의체의 합의는 과반수에 의하여 결정한다. ③심판의 합의는 공개하지 아니한다. [본조신설 2009.6.9]	제77조 【「특허법」의 준용】
제147조 【답변서 제출등】 ①심판장은 심판의 청구가 있는 때에는 청구서의 부본을 피청구인에게 송달하고 기간을 정하여 답변서를 제출할 수 있는 기회를 주어야 한다.	제33조 【「특허법」의 준용】	제72조의10 【답변서 제출 등】 ①심판장은 심판의 청구가 있는 때에는 청구서의 부본을 피청구인에게 송달하고 기간을 정하여 답변서를 제출할 수 있는 기회를 주어야 한다.	제77조 【「특허법」의 준용】

특허법	실용신안법	디자인보호법	상표법
②심판장은 제1항의 답변서를 수리한 때에는 그 부본을 청구인에게 송달하여야 한다. ③심판장은 심판에 관하여 당사자를 심문할 수 있다.		②심판장은 제1항의 답변서를 받은 때에는 그 부본을 청구인에게 송달하여야 한다. ③심판장은 심판에 관하여 당사자를 심문할 수 있다. [본조신설 2009.6.9]	
제148조 【심판관의 제척】 심판관은 다음 각 호의 어느 하나에 해당하는 경우에는 그 심판관여로부터 제척된다. <개정 2001.2.3, 2005.3.31, 2006.3.3> 1. 심판관 또는 그 배우자나 배우자이었던 자가 사건의 당사자 또는 참가인인 경우 2. 심판관이 사건의 당사자 또는 참가인의 친족의 관계가 있거나 이러한 관계가 있었던 경우 3. 심판관이 사건의 당사자 또는 참가인의 법정대리인 또는 이러한 관계가 있었던 경우 4. 심판관이 사건에 대한 증인·감정인으로 된 경우 또는 감정인이었던 경우 5. 심판관이 사건의 당사자 또는 참가인의 대리인인 경우 또는 이러한 관계가 있었던 경우 6. 심판관이 사건에 대하여 심사관 또는 심판관으로서 특허여부결정 또는 심결에 관여한	제33조 【「특허법」의 준용】	제72조의11 【심판관의 제척】 심판관은 다음 각 호의 어느 하나에 해당하는 경우에는 그 심판 관여로부터 제척된다. 1. 심판관 또는 그 배우자나 배우자이었던 자가 사건의 당사자, 참가인 또는 디자인무심사등록이의신청인인 경우 2. 심판관이 사건의 당사자, 참가인 또는 디자인무심사등록이의신청인의 친족이거나 친족이었던 경우 3. 심판관이 사건의 당사자, 참가인 또는 디자인무심사등록이의신청인의 법정대리인이거나 법정대리인이었던 경우 4. 심판관이 사건에 대한 증인, 감정인으로 된 경우 또는 감정인이었던 경우 5. 심판관이 사건의 당사자·참가인 또는 디자인무심사등록이의신청인의 대리인이거나 대리인이었던 경우 6. 심판관이 사건에 대하여 심	제33조 【「특허법」의 준용】 제77조 【「특허법」의 준용】

특허법	실용신안법	디자인보호법	상표법
경우 7. 심판관이 사건에 관하여 직접 이해관계를 가진 경우		사관 또는 심판관으로서 보정각하결정, 디자인등록여부결정, 디자인무심사등록이의신청에 대한 결정 또는 심결에 관여한 경우 7. 심판관이 사건에 관하여 직접 이해관계를 가진 경우 [본조신설 2009.6.9]	
제149조 【제척신청】 제148조에서 규정하는 제척의 원인이 있는 때에는 당사자 또는 참가인은 제척신청을 할 수 있다.	제33조 【「특허법」의 준용】	제72조의12 【제척신청】 제72조의11에 따른 제척의 원인이 있으면 당사자 또는 참가인은 제척신청을 할 수 있다. [본조신설 2009.6.9]	제77조 【「특허법」의 준용】
			제76조 【제척기간】 ①제7조제1항제6호 내지 제9호의2 및 제14호, 제8조, 제72조제1항제2호와 제72조의2제1항제3호에 해당하는 것을 사유로 하는 상표등록의 무효심판, 상표권의 존속기간갱신등록의 무효심판 및 상품분류전환등록의 무효심판은 상표등록일, 상표권의 존속기간갱신등록일 및 상품분류전환등록일부터 5년이 경과한 후에는 이를 청구할 수 없다. <개정 1993.12.10, 1997.8.22, 2001.2.3, 2004.12.31> ②제73조제1항 제2호 · 제5호 · 제6호 · 제8호 내지 제12호 및

특허법	실용신안법	디자인보호법	상표법
			제74조제1항의 규정에 해당하는 것을 사유로 하는 상표등록의 취소심판 및 전용사용권 또는 통상사용권 등록의 취소심판은 취소사유에 해당하는 사실이 없어진 날부터 3년이 경과한 후에는 이를 청구할 수 없다. <개정 1997.8.22, 2004.12.31>
제150조 【심판관의 기피】 ①심판관에게 심판의 공정을 기대하기 어려운 사정이 있는 때에는 당사자 또는 참가인은 이를 기피할 수 있다. ②당사자 또는 참가인은 사건에 대하여 심판관에게 서면 또는 구두로 진술을 한 후에는 심판관을 기피할 수 없다. 다만, 기피의 원인이 있는 것을 알지 못한 때 또는 기피의 원인이 그 후에 발생한 때에는 그러하지 아니하다.	제33조 【「특허법」의 준용】	제72조의13 【심판관의 기피】 ① 심판관에게 심판의 공정을 기대하기 어려운 사정이 있으면 당사자 또는 참가인은 기피신청을 할 수 있다. ②당사자 또는 참가인은 사건에 대하여 심판관에게 서면 또는 구두로 진술을 한 후에는 기피신청을 할 수 없다. 다만, 기피의 원인이 있는 것을 알지 못한 때 또는 기피의 원인이 그 후에 발생한 때에는 그러하지 아니하다. [본조신설 2009.6.9]	제77조 【「특허법」의 준용】
제151조 【제척 또는 기피의 소명】 ①제149조 및 제150조의 규정에 의하여 제척 및 기피신청을 하고자 하는 자는 그 원인을 기재한 서면을 특허심판원장에게 제출하여야 한다. 다	제33조 【「특허법」의 준용】	제72조의14 【제척 또는 기피의 소명】 ①제72조의12 및 제72조의13에 따라 제척 및 기피신청을 하려는 자는 그 원인을 적은 서면을 특허심판원장에게 제출하여야 한다. 다만, 구술심	제77조 【「특허법」의 준용】

특허법	실용신안법	디자인보호법	상표법
만, 구술심리에 있어서는 구술로 할 수 있다. <개정 1995.1.5, 2001.2.3> ②제척 또는 기피의 원인은 신청한 날부터 3일이내에 소명하여야 한다.		리를 할 때에는 구술로 할 수 있다. ②제척 또는 기피의 원인은 신청한 날부터 3일 이내에 소명하여야 한다. [본조신설 2009.6.9]	
제152조【제척 또는 기피신청에 관한 결정】①제척 또는 기피신청이 있는 때에는 심판에 의하여 이를 결정하여야 한다. ②제척 또는 기피의 신청을 당한 심판관은 그 제척 또는 기피에 대한 심판에 관여할 수 없다. 다만, 의견을 진술할 수 있다. ③제1항의 규정에 의한 결정은 서면으로 하여야 하며 그 이유를 붙여야 한다. ④제1항의 규정에 의한 결정에는 불복할 수 없다.	제33조【「특허법」의 준용】	제72조의15【제척 또는 기피신청에 관한 결정】①제척 또는 기피신청이 있으면 심판에 의하여 결정하여야 한다. ②제척 또는 기피의 신청을 당한 심판관은 그 제척 또는 기피에 대한 심판에 관여할 수 없다. 다만, 의견을 진술할 수 있다. ③제1항에 따른 결정은 서면으로 하여야 하며 그 이유를 붙여야 한다. ④제1항에 따른 결정에는 불복할 수 없다. [본조신설 2009.6.9]	제77조【「특허법」의 준용】
제153조【심판절차의 중지】 제척 또는 기피의 신청이 있는 때에는 그 신청에 대한 결정이 있을 때까지 심판절차를 중지하여야 한다. 다만, 긴급을 요하는 때에는 그러하지 아니하다.	제33조【「특허법」의 준용】	제72조의16【심판절차의 중지】 제척 또는 기피의 신청이 있으면 그 신청에 대한 결정이 있을 때까지 심판절차를 중지하여야 한다. 다만, 긴급한 때에는 그러하지 아니하다. [본조신설 2009.6.9]	제77조【「특허법」의 준용】

특허법	실용신안법	디자인보호법	상표법
제153조의2 【심판관의 회피】 심판관이 제148조 또는 제150조의 규정에 해당하는 경우에는 특허심판원장의 허가를 받아 당해 사건에 대한 심판을 회피할 수 있다. [본조신설 2001.2.3]	제33조 【「특허법」의 준용】	제72조의17 【심판관의 회피】 심판관이 제72조의11 또는 제72조의13에 해당하는 경우에는 특허심판원장의 허가를 받아 해당 사건에 대한 심판을 회피할 수 있다. [본조신설 2009.6.9]	제77조 【「특허법」의 준용】
제154조 【심리등】 ①심판은 구술심리 또는 서면심리로 한다. 다만, 당사자가 구술심리를 신청한 때에는 서면심리만으로 결정할 수 있다고 인정되는 경우 외에는 구술심리를 하여야 한다. <개정 2001.2.3> ②삭제 <2001.2.3> ③구술심리는 이를 공개하여야 한다. 다만, 공공의 질서 또는 선량한 풍속을 문란하게 할 염려가 있는 때에는 그러하지 아니하다. <개정 2001.2.3> ④심판장은 제1항의 규정에 의하여 구술심리에 의한 심판을 할 경우에는 그 기일 및 장소를 정하고 그 취지를 기재한 서면을 당사자 및 참가인에게 송달하여야 한다. 다만, 당해 사건에 출석한 당사자 및 참가인에게 알린 때에는 그러하지 아니하다. <개정 2001.2.3> ⑤심판장은 제1항의 규정에 의	제33조 【「특허법」의 준용】	제72조의18 【심리 등】 ①심판은 구술심리 또는 서면심리로 한다. 다만, 당사자가 구술심리를 신청한 때에는 서면심리만으로 결정할 수 있다고 인정되는 경우 외에는 구술심리를 하여야 한다. ②구술심리는 공개하여야 한다. 다만, 공공의 질서 또는 선량한 풍속을 문란하게 할 염려가 있으면 그러하지 아니하다. ③심판장은 제1항에 따라 구술심리에 의한 심판을 할 경우에는 그 기일 및 장소를 정하고 그 취지를 적은 서면을 당사자 및 참가인에게 송달하여야 한다. 다만, 해당 사건에 출석한 당사자 및 참가인에게 알린 때에는 그러하지 아니하다. ④심판장은 제1항에 따라 구술심리에 의한 심판을 할 경우에는 특허심판원장이 지정한 직원에게 기일마다 심리의 요지	제77조 【「특허법」의 준용】

특허법	실용신안법	디자인보호법	상표법
하여 구술심리에 의한 심판을 할 경우에는 특허심판원장이 지정한 직원에게 기일마다 심리의 요지 기타 필요한 사항을 기재한 조서를 작성하게 하여야 한다. <개정 1995.1.5, 2001.2.3> ⑥제5항의 조서에는 심판의 심판장 및 조서를 작성한 직원이 기명날인하여야 한다. ⑦「민사소송법」 제153조·제154조 및 동법 제156조 내지 제160조의 규정은 제5항의 조서에 관하여 이를 준용한다. <개정 2002.1.26, 2006.3.3> ⑧「민사소송법」 제143조·제259조·제299조 및 동법 제367조의 규정은 심판에 관하여 이를 준용한다. <개정 2002.1.26, 2006.3.3>		와 그 밖에 필요한 사항을 적은 조서를 작성하게 하여야 한다. ⑤제4항의 조서는 심판의 심판장 및 조서를 작성한 직원이 기명날인하여야 한다. ⑥제4항의 조서에 관하여는 「민사소송법」 제153조·제154조 및 제156조부터 제160조까지의 규정을 준용한다. ⑦심판에 관하여는 「민사소송법」 제143조·제259조·제299조 및 제367조를 준용한다. [본조신설 2009.6.9]	
제155조 【참가】 ①제139조제1항의 규정에 의하여 심판을 청구할 수 있는 자는 심리가 종결될 때까지 그 심판에 참가할 수 있다. ②제1항의 규정에 의한 참가인은 피참가인이 그 심판의 청구를 취하한 후에도 심판절차를 속행할 수 있다. ③심판의 결과에 대하여 이해	**제33조 【「특허법」의 준용】**	**제72조의19 【참가】** ①제72조제1항에 따라 심판을 청구할 수 있는 자는 심리가 종결될 때까지 그 심판에 참가할 수 있다. ②제1항에 따른 참가인은 피참가인이 그 심판의 청구를 취하한 후에도 심판절차를 속행할 수 있다. ③심판의 결과에 대하여 이해관계를 가진 자는 심리가 종결	**제77조 【「특허법」의 준용】**

특허법	실용신안법	디자인보호법	상표법
관계를 가진 자는 심리가 종결될 때까지 당사자의 일방을 보조하기 위하여 그 심판에 참가할 수 있다. ④제3항의 규정에 의한 참가인은 일체의 심판절차를 행할 수 있다. ⑤제1항 또는 제3항의 규정에 의한 참가인에 대하여 심판절차의 중단 또는 중지의 원인이 있는 때에는 그 중단 또는 중지는 피참가인에 대하여도 그 효력이 발생한다.		될 때까지 당사자의 일방을 보조하기 위하여 그 심판에 참가할 수 있다. ④제3항에 따른 참가인은 모든 심판절차를 행할 수 있다. ⑤제1항 또는 제3항에 따른 참가인에 대하여 심판절차의 중단 또는 중지의 원인이 있으면 그 중단 또는 중지는 피참가인에 대하여도 그 효력이 발생한다. [본조신설 2009.6.9]	
제156조【참가의 신청 및 결정】 ①심판에 참가하고자 하는 자는 참가신청서를 심판장에게 제출하여야 한다. ②심판장은 참가신청이 있는 경우에는 참가신청서의 부본을 당사자 및 타참가인에게 송달하고 기간을 정하여 의견서를 제출할 수 있는 기회를 주어야 한다. ③참가신청이 있는 경우에는 심판에 의하여 그 참가여부를 결정하여야 한다. ④제3항의 규정에 의한 결정은 서면으로 하여야 하며 그 이유를 붙여야 한다. ⑤제3항의 규정에 의한 결정에	**제33조【「특허법」의 준용】**	**제72조의20【참가의 신청 및 결정】** ①심판에 참가하려는 자는 참가신청서를 심판장에게 제출하여야 한다. ②심판장은 참가신청이 있는 경우에는 참가신청서의 부본을 당사자 및 다른 참가인에게 송달하고 기간을 정하여 의견서를 제출할 수 있는 기회를 주어야 한다. ③참가신청이 있는 경우에는 심판에 의하여 그 참가 여부를 결정하여야 한다. ④제3항에 따른 결정은 서면으로 하여야 하며 그 이유를 붙여야 한다. ⑤제3항에 따른 결정에는 불복	**제77조【「특허법」의 준용】**

특허법	실용신안법	디자인보호법	상표법
관하여는 불복할 수 없다. 제157조 【증거조사 및 증거보전】 ①심판에서는 당사자·참가인 또는 이해관계인의 신청에 의하여 또는 직권으로 증거조사나 증거보전을 할 수 있다. ② 「민사소송법」 중 증거조사 및 증거보전에 관한 규정은 제1항의 규정에 의한 증거조사 및 증거보전에 관하여 이를 준용한다. 다만, 심판관은 과태료의 결정을 하거나 구인을 명하거나 보증금을 공탁하게 하지 못한다. <개정 1995.1.5, 2006.3.3> ③증거보전신청은 심판청구전에는 특허심판원장에게, 심판계속중에는 그 사건의 심판장에게 하여야 한다. <개정 1995.1.5> ④특허심판원장은 제1항의 규정에 의하여 심판청구전에 증거보전신청이 있는 때에는 증거보전의 신청에 관여할 심판관을 지정한다. <개정 1995.1.5> ⑤심판장은 제1항의 규정에 의하여 직권으로 증거조사나 증	제33조 【「특허법」의 준용】	할 수 없다. [본조신설 2009.6.9] 제72조의21 【증거조사 및 증거보전】 ①심판에서는 당사자, 참가인 또는 이해관계인의 신청에 따라 또는 직권으로 증거조사나 증거보전을 할 수 있다. ②제1항에 따른 증거조사 및 증거보전에 관하여는 「민사소송법」 중 증거조사 및 증거보전에 관한 규정을 준용한다. 다만, 심판관은 과태료의 결정을 하거나 구인을 명하거나 보증금을 공탁하게 하지 못한다. ③증거보전신청은 심판청구 전에는 특허심판원장에게, 심판계속 중에는 그 사건의 심판장에게 하여야 한다. ④특허심판원장은 심판청구 전에 제1항에 따른 증거보전신청이 있으면 증거보전의 신청에 관여할 심판관을 지정한다. ⑤심판장은 제1항에 따라 직권으로 증거조사나 증거보전을 한 때에는 그 결과를 당사자·참가인 또는 이해관계인에게 송달하고 기간을 정하여 의견서를 제출할 수 있는 기회를 주어야 한다. [본조신설 2009.6.9]	제33조 【「특허법」의 준용】 제77조 【「특허법」의 준용】

특허법	실용신안법	디자인보호법	상표법
거보전을 한 때에는 그 결과를 당사자·참가인 또는 이해관계인에게 송달하고 기간을 정하여 의견서를 제출할 수 있는 기회를 주어야 한다.			
제158조 【심판의 진행】 심판장은 당사자 또는 참가인이 법정기간 또는 지정기간내에 절차를 밟지 아니하거나 제154조제4항에서 규정한 기일에 출석하지 아니하여도 심판을 진행할 수 있다.	제33조 【「특허법」의 준용】	제72조의22 【심판의 진행】 심판장은 당사자 또는 참가인이 법정기간 또는 지정기간에 절차를 밟지 아니하거나 제72조의18제3항에 따른 기일에 출석하지 아니하여도 심판을 진행할 수 있다. [본조신설 2009.6.9]	제77조 【「특허법」의 준용】
제159조 【직권심리】 ①심판에서는 당사자 또는 참가인이 신청하지 아니한 이유에 대하여도 이를 심리할 수 있다. 이 경우 당사자 및 참가인에게 기간을 정하여 그 이유에 대하여 의견을 진술할 수 있는 기회를 주어야 한다. <개정 2001.2.3> ②심판에서는 청구인이 신청하지 아니한 청구의 취지에 대하여는 심리할 수 없다. <신설 1993.12.10> ▶판례 구 특허법 제119조 직권심리규정의 취지	제33조 【「특허법」의 준용】	제72조의23 【직권심리】 ①심판에서는 당사자 또는 참가인이 신청하지 아니한 이유에 대하여도 심리할 수 있다. 이 경우 당사자 및 참가인에게 기간을 정하여 그 이유에 대하여 의견을 진술할 수 있는 기회를 주어야 한다. ②심판에서는 청구인이 신청하지 아니한 청구의 취지에 대하여는 심리할 수 없다. [본조신설 2009.6.9]	제77조 【「특허법」의 준용】

특허법	실용신안법	디자인보호법	상표법
구 특허법(1990.1.13. 법률 제4207호로 전문 개정되기 전의 것) 제119조 직권심리규정은 특허제도의 공익성을 고려하여 직권심리주의의 원칙을 채택함과 아울러 청구의 취지를 달성시킬 수 있는 새로운 이유에 대하여 직권으로 심리할 경우 당사자 등에게 의견진술의 기회를 부여토록 강제함으로써 직권심리주의의 한계를 규정하고 있는 것이다. (대법원 1995.2.24. 선고 93후1841 판결)			
제160조 【심리·심결의 병합 또는 분리】 심판관은 당사자 쌍방 또는 일방의 동일한 2이상의 심판에 대하여 심리 또는 심결을 병합하거나 분리할 수 있다.	제33조 【「특허법」의 준용】	제72조의24 【심리·심결의 병합 또는 분리】 심판관은 당사자 쌍방 또는 일방의 같은 2 이상의 심판에 대하여 심리 또는 심결을 병합하거나 분리할 수 있다. [본조신설 2009.6.9]	제77조 【「특허법」의 준용】
제161조 【심판청구의 취하】 ① 심판청구는 심결이 확정될 때까지 이를 취하할 수 있다. 다만, 답변서의 제출이 있는 때에는 상대방의 동의를 얻어야 한다. ②2이상의 청구항에 관하여 제	제33조 【「특허법」의 준용】	제72조의25 【심판청구의 취하】 ①심판청구는 심결이 확정될 때까지 취하할 수 있다. 다만, 답변서가 제출된 후에는 상대방의 동의를 받아야 한다. ②제1항에 따라 취하하면 그 심판청구는 처음부터 없었던	제77조 【「특허법」의 준용】

특허법	실용신안법	디자인보호법	상표법
133조제1항의 무효심판 또는 제135조의 권리범위확인심판을 청구한 때에는 청구항마다 이를 취하할 수 있다. ③제1항 또는 제2항의 규정에 의한 취하가 있는 때에는 그 심판청구 또는 그 청구항에 대한 심판청구는 처음부터 없었던 것으로 본다. <개정 2001.2.3> 제162조 【심결】 ①심판은 특별한 규정이 있는 경우를 제외하고는 심결로써 이를 종결한다. ②제1항의 심결은 다음 각호의 사항을 기재한 서면으로 하여야 하며 심결한 심판관은 이에 기명날인하여야 한다. <개정 1995.12.29, 2001.2.3> 1. 심판의 번호 2. 당사자 및 참가인의 성명 및 주소(법인인 경우에는 그 명칭 및 영업소의 소재지) 2의2. 대리인이 있는 경우에는 그 대리인의 성명 및 주소나 영업소의 소재지(대리인이 특허법인인 경우에는 그 명칭, 사무소의 소재지 및 지정된 변리사의 성명) 3. 심판사건의 표시 4. 심결의 주문(제138조의 심	제33조 【「특허법」의 준용】	것으로 본다. [본조신설 2009.6.9] 제72조의26 【심결】 ①심판은 특별한 규정이 있는 경우를 제외하고는 심결로써 종결한다. ②제1항의 심결은 다음 각 호의 사항을 적은 서면으로 하여야 하며 심결한 심판관은 이에 기명날인하여야 한다. 1. 심판의 번호 2. 당사자 및 참가인의 성명 및 주소(법인인 경우에는 그 명칭 및 영업소의 소재지) 3. 대리인이 있으면 그 대리인의 성명 및 주소나 영업소의 소재지(대리인이 특허법인인 경우에는 그 명칭, 사무소의 소재지 및 지정된 변리사의 성명) 4. 심판사건의 표시 5. 심결의 주문(제70조의 심판에 있어서는 통상실시권의 범	제77조 【「특허법」의 준용】

특허법	실용신안법	디자인보호법	상표법
판에 있어서는 통상실시권의 범위·기간 및 대가를 포함한다) 5. 심결의 이유(청구의 취지 및 그 이유의 요지를 포함한다) 6. 심결연월일 ③심판장은 사건이 심결을 할 정도로 성숙한 때에는 심리의 종결을 당사자 및 참가인에게 통지하여야 한다. ④심판장은 필요하다고 인정할 때에는 제3항의 규정에 의하여 심리종결을 통지한 후에도 당사자 또는 참가인의 신청에 의하여 또는 직권으로 심리를 재개할 수 있다. ⑤심결은 제3항의 규정에 의한 심리종결통지를 한 날부터 20일이내에 한다. <개정 1993.12.10> ⑥심판장은 심결 또는 결정이 있는 때에는 그 등본을 당사자, 참가인 및 심판에 참가신청을 하였으나 그 신청이 거부된 자에게 송달하여야 한다. <개정 1995.1.5>		위·기간 및 대가를 포함한다) 6. 심결의 이유(청구의 취지 및 그 이유의 요지를 포함한다) 7. 심결연월일 ③심판장은 사건이 심결을 할 정도로 성숙한 때에는 심리의 종결을 당사자 및 참가인에게 알려야 한다. ④심판장은 필요하다고 인정하면 제3항에 따라 심리종결을 통지한 후에도 당사자 또는 참가인의 신청에 따라 또는 직권으로 심리를 재개할 수 있다. ⑤심결은 제3항에 따른 심리종결통지를 한 날부터 20일 이내에 한다. ⑥심판장은 심결 또는 결정이 있으면 그 등본을 당사자, 참가인 및 심판에 참가신청을 하였으나 그 신청이 거부된 자에게 송달하여야 한다. [본조신설 2009.6.9]	
제163조 【일사부재리】 이 법에 의한 심판의 심결이 확정된 때에는 그 사건에 대하여는 누구든지 동일사실 및 동일증거에	제33조 【「특허법」의 준용】	제72조의27 【일사부재리】 이 법에 따른 심판의 심결이 확정된 때에는 그 사건에 대하여는 누구든지 같은 사실 및 같은 증	제77조 【「특허법」의 준용】

특허법	실용신안법	디자인보호법	상표법
의하여 다시 심판을 청구할 수 없다. 다만, 확정된 심결이 각하심결인 경우에는 그러하지 아니하다. <개정 2001.2.3>		거에 의하여 다시 심판을 청구할 수 없다. 다만, 확정된 심결이 각하심결인 경우에는 그러하지 아니하다. [본조신설 2009.6.9]	
제164조 【소송과의 관계】 ①심판에 있어서 필요한 때에는 그 심판사건과 관련되는 다른 심판의 심결이 확정되거나 소송절차가 완결될 때까지 그 절차를 중지할 수 있다. <개정 1997.4.10, 2006.3.3> ②소송절차에 있어서 필요하다고 인정된 때에는 법원은 특허에 관한 심결이 확정될 때까지 그 소송절차를 중지할 수 있다. ③법원은 특허권 또는 전용실시권의 침해에 관한 소가 제기된 경우에는 그 취지를 특허심판원장에게 통보하여야 한다. 그 소송절차가 종료된 때에도 또한 같다. <신설 2001.2.3> ④특허심판원장은 제3항의 규정에 의한 특허권 또는 전용실시권의 침해에 관한 소에 대응하여 그 특허권에 관한 무효심판 등이 청구된 경우에는 그 취지를 제3항에 해당하는 법원에 통보하여야 한다. 그 심판	**제33조 【「특허법」의 준용】**	**제72조의28 【소송과의 관계】** ① 심판장은 심판에 있어서 필요하면 그 심판사건과 관련되는 디자인무심사등록이의신청에 대한 결정 또는 다른 심판의 심결이 확정되거나 소송절차가 완결될 때까지 그 절차를 중지할 수 있다. ②법원은 소송절차에 있어서 필요하면 디자인에 관한 심결이 확정될 때까지 그 소송절차를 중지할 수 있다. ③법원은 디자인권 또는 전용실시권의 침해에 관한 소가 제기된 경우에는 그 취지를 특허심판원장에게 통보하여야 한다. 그 소송절차가 종료된 때에도 또한 같다. ④특허심판원장은 제3항에 따른 디자인권 또는 전용실시권의 침해에 관한 소에 대응하여 그 디자인권에 관한 무효심판 등이 청구된 경우에는 그 취지를 제3항에 해당하는 법원에 통보하여야 한다. 그 심판청구	**제77조 【「특허법」의 준용】**

특허법	실용신안법	디자인보호법	상표법
청구서의 각하결정·심결 또는 청구의 취하가 있는 때에도 또한 같다. <신설 2001.2.3> **제165조 【심판비용】** ①제133조제1항·제134조제1항·제135조 및 제137조제1항의 심판비용의 부담은 심판이 심결에 의하여 종결할 때에는 그 심결로써, 심판이 심결에 의하지 아니하고 종결할 때에는 결정으로써 정하여야 한다. ②「민사소송법」 제98조 내지 제103조, 제107조제1항·제2항, 제108조, 제111조, 제112조 및 동법 제116조의 규정은 제1항의 심판비용에 관하여 이를 준용한다. <개정 2002.1.26, 2006.3.3> ③제132조의3·제136조 또는 제138조의 심판비용은 청구인의 부담으로 한다. <개정 1995.1.5, 2001.2.3, 2006.3.3> ④「민사소송법」 제102조의 규정은 제3항의 규정에 의하여 청구인이 부담하는 비용에 관하여 이를 준용한다. <개정 1995.1.5, 2002.1.26, 2006.3.3> ⑤심판비용액은 심결 또는 결정이 확정된 후 당사자의 청구	제33조 【「특허법」의 준용】	서의 각하결정, 심결 또는 청구의 취하가 있는 때에도 또한 같다. [본조신설 2009.6.9] **제72조의29 【심판비용】** ①제68조제1항·제69조의 심판비용의 부담은 심판이 심결에 의하여 종결할 때에는 그 심결로써, 심판이 심결에 의하지 아니하고 종결할 때에는 결정으로써 정하여야 한다. ②제1항의 심판비용에 관하여는 「민사소송법」 제98조부터 제103조까지, 제107조제1항·제2항, 제108조, 제111조, 제112조 및 제116조를 준용한다. ③제67조의2·제67조의3 또는 제70조의 심판비용은 청구인 또는 디자인무심사등록이의신청인의 부담으로 한다. ④제3항에 따라 청구인 또는 디자인무심사등록이의신청인이 부담하는 비용에 관하여는 「민사소송법」 제102조를 준용한다. ⑤심판비용액은 심결 또는 결정이 확정된 후 당사자의 청구에 따라 특허심판원장이 결정한다. ⑥심판비용의 범위·금액·납	제77조 【「특허법」의 준용】

특허법	실용신안법	디자인보호법	상표법
에 의하여 특허심판원장이 이를 결정한다. <개정 1995.1.5, 2001.2.3> ⑥심판비용의 범위·금액·납부 및 심판에서 절차상의 행위를 하기 위하여 필요한 비용의 지급에 관하여는 그 성질에 반하지 아니하는 한 「민사소송비용법」중 해당 규정의 예에 의한다. <개정 2006.3.3> ⑦심판의 대리를 한 변리사에게 당사자가 지급한 또는 지급할 보수는 특허청장이 정하는 금액의 범위안에서 이를 심판비용으로 본다. 이 경우 수인의 변리사가 심판의 대리를 한 경우라도 1인의 변리사가 심판대리를 한 것으로 본다.		부 및 심판에서 절차상의 행위를 하기 위하여 필요한 비용의 지급에 관하여는 그 성질에 반하지 아니하는 한 「민사소송비용법」중 해당 규정의 예에 따른다. ⑦심판의 대리를 한 변리사에게 당사자가 지급한 또는 지급할 보수는 특허청장이 정하는 금액의 범위에서 심판비용으로 본다. 이 경우 여러 명의 변리사가 심판의 대리를 한 경우라도 1명의 변리사가 심판대리를 한 것으로 본다. [본조신설 2009.6.9]	
제166조【심판비용액 또는 대가에 대한 집행명의】 이 법에 의하여 특허심판원장이 정한 심판비용액 또는 심판관이 정한 대가에 관하여 확정된 결정은 집행력 있는 집행명의와 동일한 효력을 가진다. 이 경우 집행력 있는 정본은 특허심판원 공무원이 이를 부여한다. [전문개정 2001.2.3] **제167조 삭제** <1995.1.5>	**제33조【「특허법」의 준용】**	**제72조의30【심판비용액 또는 대가에 대한 집행명의】** 이 법에 따라 특허심판원장이 정한 심판비용액 또는 심판관이 정한 대가에 관하여 확정된 결정은 집행력 있는 집행명의와 같은 효력을 가진다. 이 경우 집행력 있는 정본은 특허심판원 소속 공무원이 부여한다.	**제77조【「특허법」의 준용】**

특허법	실용신안법	디자인보호법	상표법
제168조 삭제 <1995.1.5> 제169조 삭제 <1995.1.5> 제170조 【심사규정의 특허거절결정에 대한 심판에의 준용】 ①특허거절결정에 대한 심판에 관하여는 제47조제1항제1호·제2호, 제51조, 제63조 및 제66조를 준용한다. 이 경우 제51조제1항 본문 중 "제47조제1항제2호 및 제3호"는 "제47조제1항제2호"로, "보정"은 "보정(제132조의3의 특허거절결정에 대한 심판청구 전에 한 것은 제외한다)"으로 본다. <개정 2009.1.30> ②제1항의 규정에 의하여 준용되는 제63조의 규정은 특허거절결정의 이유와 다른 거절이유를 발견한 경우에 한하여 이를 적용한다. <개정 2001.2.3> [전문개정 1997.4.10] ▶판례 특허청이 출원발명에 대한 최초의 거절이유통지부터 출원거절의 심결을 내릴 때까지 출원발명의 진보성을 문제삼았을 뿐이고 출원인에게 출원발명이 신규성이	제33조 【「특허법」의 준용】	제71조 【심사규정의 디자인등록거절결정에 대한 심판에의 준용】 ①디자인등록거절결정에 대한 심판에 관하여는 제18조제1항부터 제4항까지, 제18조제5항 본문, 제18조의2, 제27조 및 제28조를 준용한다. 이 경우 제18조제5항 본문 중 "제28조에 따른 디자인등록결정 또는 제26조에 따른 디자인등록거절결정에 해당하는 결정(이하 "디자인등록여부결정"이라 한다)의 통지서가 송달되기 전까지"는 "거절이유통지에 의한 의견서제출기간에"로 보고, 제18조의2제3항 중 "제67조의2의 규정에 의하여 심판을 청구한 때"는 "제75조제1항에 따라 소를 제기한 때"로, "그 심판의 심결이 확정될 때까지"는 "그 판결이 확정될 때까지"로 본다. <개정 2009.6.9> ②제1항에 따라 준용되는 제18조의2제1항·제4항 및 제27조는 디자인등록거절결정의 이유와 다른 거절이유를 발견한 경	제80조 삭제 <1995.1.5> 제81조 【심사규정의 거절결정에 대한 심판에의 준용】 ①거절결정에 대한 심판에 관하여는 제15조, 제17조, 제18조, 제23조제2항, 제24조, 제24조의2, 제24조의3, 제25조부터 제30조까지, 제46조의4제2항 및 제48조제2항을 준용한다. 이 경우 그 상표등록출원 또는 지정상품의 추가등록출원에 대하여 이미 출원공고가 있는 경우에는 제24조는 준용하지 아니한다. <개정 2010.1.27> ②제1항의 규정에 의하여 제17조를 준용하는 경우에는 제17조제3항중 "제70조의3의 규정에 의한 보정각하결정에 대한 심판을 청구한 때"는 "제86조제2항의 규정에 의하여 준용되는 「특허법」 제186조제1항의 규정에 의하여 소를 제기한 때"로, "그 심판의 심결이 확정될 때까지"는 "그 판결이 확정될 때까지"로 본다. <개정 1995.1.5, 2007.1.3> ③제1항에 따라 준용되는 제17

특허법	실용신안법	디자인보호법	상표법
없다는 이유로 의견서제출통지를 하여 그로 하여금 명세서를 보정할 기회를 부여한 바 없는 경우, 법원이 출원발명의 요지가 신규성이 없다는 이유로 위 심결을 유지할 수 없다고 한 사례 특단의 사정이 없는 한 발명에 신규성이 없다는 것과 진보성이 없다는 것은 원칙적으로 특허를 받을 수 없는 사유로서 독립되어 있는 것이라고 할 것인데, 출원발명에 대한 최초의 거절이유통지부터 심결이 내려질 때까지 특허청이 출원인에게 출원발명이 신규성이 없다는 이유로 의견서제출통지를 하여 그로 하여금 명세서를 보정할 기회를 부여한 바 없고, 심결에 이르기까지 특허청이 일관하여 출원발명의 요지로 인정하고 있는 부분에 관하여는 진보성이 있다고 여겨지는바, 법원이 출원발명의 요지를 제대로 파악한 결과 신규성이 없다고 인정되는 부분이 있다고 하더라도, 출원인에게 그 발명의 요지를 보정할 기회도 주지 않은 채 곧바로 이와 다른 이유로 출원발명의 출원을 거절한 심결의 결론이 그 결과에 있어서는 정당하다고 하여 심결을 그대로 유지하는 것은		우에만 적용한다. <개정 2004.12.31, 2009.6.9> [본조신설 2009.6.9]	조제4항부터 제6항까지, 제23조제2항, 제46조의4제2항 및 제48조제2항을 적용할 때에는 거절결정의 이유와 다른 거절이유를 발견한 경우에도 준용한다. <개정 2010.1.27>

특허법	실용신안법	디자인보호법	상표법
당사자에게 불측의 손해를 가하는 것으로 부당하다고 보여지므로, 출원발명의 요지를 잘못 인정하고 그에 따른 진보성 판단도 잘못된 심결을 취소함이 상당하다고 한 사례. (대법원 2002. 11. 26. 선고 2000후1177 판결)			
제171조 【특허거절결정에 대한 심판의 특칙】 특허거절결정 또는 특허권의 존속기간의 연장등록거절결정에 대한 심판에는 제147조제1항·제2항, 제155조 및 제156조를 적용하지 아니한다. [전문개정 2009.1.30]	**제33조 【「특허법」의 준용】**	**제72조의31 【디자인등록거절결정에 대한 심판의 특칙】** 제72조의10제1항·제2항, 제72조의19 및 제72조의20은 제67조의2 또는 제67조의3에 따른 심판에는 적용하지 아니한다. [본조신설 2009.6.9]	**제82조 【거절결정 및 보정각하결정에 대한 심판의 특칙】** ① 「특허법」 제172조 및 제176조의 규정은 거절결정 및 보정각하결정에 대한 심판에 관하여 이를 준용한다. 이 경우 동법 제176조제1항중 "제132조의3"은 "제70조의2 또는 제70조의3"으로, "특허거절결정, 특허권의 존속기간의 연장등록거절결정 또는 특허취소결정"은 "거절결정 또는 보정각하결정"으로 본다. ＜개정 2001.2.3, 2007.1.3＞ ②제77조의 규정에 의하여 준용되는 「특허법」 제147조제1항 및 제2항·제155조 및 제156조의 규정은 제70조의2의 규정에 의한 거절결정에 대한 심판 및 제70조의3의 규정에 의한 보정각하결정에 대한 심

특허법	실용신안법	디자인보호법	상표법
			판에는 이를 적용하지 아니한다. <개정 2001.2.3, 2007.1.3> [전문개정 1995.1.5]
제172조 【심사의 효력】 심사에서 밟은 특허에 관한 절차는 특허거절결정 또는 특허권의 존속기간의 연장등록출원의 거절결정에 대한 심판에서도 그 효력이 있다. [전문개정 2006.3.3]	제33조 【「특허법」의 준용】	제72조의32 【심사 또는 디자인무심사등록이의신청절차의 효력】 심사 또는 디자인무심사등록이의신청절차에서 밟은 디자인에 관한 절차는 디자인등록거절결정 또는 디자인등록취소결정에 대한 심판에서도 그 효력이 있다. [본조신설 2009.6.9]	
제173조 삭제 <2009.1.30>			
제174조 삭제 <2009.1.30>			
제175조 삭제 <2009.1.30>			
제176조 【특허거절결정 등의 취소】 ①심판관은 제132조의3의 규정에 의한 심판이 청구된 경우에 그 청구가 이유있다고 인정한 때에는 심결로써 특허거절결정 또는 특허권의 존속기간의 연장등록거절결정을 취소하여야 한다. <개정 1997.4.10, 2001.2.3, 2006.3.3> ②심판에서 특허거절결정 또는 특허권의 존속기간의 연장등록거절결정을 취소할 경우에는 심사에 붙일 것이라는 심결을	제33조 【「특허법」의 준용】	제72조의33 【디자인등록거절결정 등의 취소】 ①심판관은 제67조의2 또는 제67조의3에 따른 심판이 청구된 경우에 그 청구가 이유 있다고 인정한 때에는 심결로써 보정각하결정·디자인등록거절결정 또는 디자인등록취소결정을 취소하여야 한다. ②심판에서 보정각하결정·디자인등록거절결정 또는 디자인등록취소결정을 취소할 경우에는 심사에 붙일 것이라는 심결	

특허법	실용신안법	디자인보호법	상표법
할 수 있다. <개정 1997.4.10, 2001.2.3, 2006.3.3> ③제1항 및 제2항의 규정에 의한 심결에 있어서 취소의 기본이 된 이유는 그 사건에 대하여 심사관을 기속한다. [전문개정 1995.1.5] **제177조 삭제** <1995.1.5> **제8장 재심** **제178조 【재심의 청구】** ①당사자는 확정된 심결에 대하여 재심을 청구할 수 있다. ②「민사소송법」 제451조 및 동법 제453조의 규정은 제1항의 재심청구에 관하여 이를 준용한다. <개정 2002.1.26, 2006.3.3> ▶판례 상고심 계속중 당해 특허발명의 정정심결이 확정된 경우, 정정 전의 특허발명을 대상으로 하여 무효 여부를 판단한 원심판결에는 민사소송법상의 재심사유가 있다 (대법원 2008.7.24. 선고 2007후852 판결)	**제33조 【「특허법」의 준용】**	을 할 수 있다. ③제1항 및 제2항에 따른 심결에 있어서 취소의 기본이 된 이유는 그 사건에 대하여 심사관을 기속한다. [본조신설 2009.6.9] **제8장 재심 및 소송** **제73조 【재심의 청구】** ①당사자는 확정된 심결에 대하여 재심을 청구할 수 있다. ②「민사소송법」 제451조 및 동법 제453조의 규정은 제1항의 재심청구에 관하여 이를 준용한다. <개정 2002.1.26, 2007.1.3>	**제8장 재심 및 소송** **제83조 【재심의 청구】** ①당사자는 확정된 심결에 대하여 재심을 청구할 수 있다. ②「민사소송법」 제451조 및 동법 제453조의 규정은 제1항의 재심청구에 관하여 이를 준용한다. <개정 2002.1.26, 2007.1.3>

특허법	실용신안법	디자인보호법	상표법
제179조 【사해심결에 대한 불복청구】 ①심판의 당사자가 공모하여 제3자의 권리 또는 이익을 사해할 목적으로 심결을 하게 한 때에는 제3자는 그 확정된 심결에 대하여 재심을 청구할 수 있다. <개정 1995.1.5> ②제1항의 재심청구의 경우에는 심판의 당사자를 공동피청구인으로 한다. <개정 1995.1.5>	제33조 【「특허법」의 준용】	제73조의2 【사해심결에 대한 불복청구】 ①심판의 당사자가 공모하여 제3자의 권리 또는 이익을 사해(詐害)할 목적으로 심결을 하게 한 때에는 제3자는 그 확정된 심결에 대하여 재심을 청구할 수 있다. ②제1항의 재심청구의 경우에는 심판의 당사자를 공동피청구인으로 한다. [본조신설 2009.6.9]	제84조 【사해심결에 대한 불복청구】 ①심판의 당사자가 공모하여 제3자의 권리 또는 이익을 사해할 목적으로 심결을 하게 한 때에는 제3자는 그 확정된 심결에 대하여 재심을 청구할 수 있다. <개정 1995.1.5> ②제1항의 재심청구의 경우에 심판의 당사자를 공동피청구인으로 한다. <개정 1995.1.5>
제180조 【재심청구의 기간】 ① 당사자는 심결 확정후 재심의 사유를 안 날부터 30일이내에 재심을 청구하여야 한다. ②재심청구인은 대리권의 흠결을 이유로 하여 재심을 청구하는 경우에 제1항에서 규정하는 기간은 청구인 또는 법정대리인이 심결등본의 송달에 의하여 심결이 있는 것을 안 날의 다음날부터 기산한다. ③심결 확정후 3년을 경과한 때에는 재심을 청구할 수 없다. ④재심사유가 심결 확정후에 생긴 때에는 제3항의 기간은 그 사유가 발생한 날의 다음날부터 이를 기산한다. ⑤제1항 및 제3항의 규정은 당	제33조 【「특허법」의 준용】	제73조의3 【재심청구의 기간】 ① 당사자는 심결 확정 후 재심의 사유를 안 날부터 30일 이내에 재심을 청구하여야 한다. ②재심청구인은 대리권의 흠결을 이유로 하여 재심을 청구하는 경우에 제1항의 기간은 청구인 또는 법정대리인이 심결등본의 송달에 의하여 심결이 있는 것을 안 날의 다음 날부터 기산한다. ③심결 확정 후 3년이 지난 때에는 재심을 청구할 수 없다. ④재심사유가 심결 확정 후에 생긴 때에는 제3항의 기간은 그 사유가 발생한 날의 다음 날부터 기산한다. ⑤제1항 및 제3항은 해당 심결 이전에 행하여진 확정심결과	제86조 【「특허법」 등의 준용】 ①「특허법」 제180조·제184조 및 「민사소송법」 제459조 제1항의 규정은 재심의 절차 및 재심의 청구에 관하여 이를 준용한다. <개정 2002.1.26, 2007.1.3> ②「특허법」 제186조 내지 제188조, 제189조 및 제191조의2의 규정은 소송에 관하여 이를 준용한다. 이 경우 동법 제186조제1항중 "심결에 대한 소"는 "심결에 대한 소와 제81조제1항(제86조제1항의 규정에 의하여 준용하는 「특허법」 제184조의 경우를 포함한다)의 규정에 의하여 준용되는 제17조제1항의 규정에 의한 보정각하결정"으로, 동법 제187조 단서중

특허법	실용신안법	디자인보호법	상표법
해 심결 이전에 행하여진 확정 심결과 저촉한다는 이유로 재심을 청구하는 경우에는 이를 적용하지 아니한다.		저촉한다는 이유로 재심을 청구하는 경우에는 적용하지 아니한다. [본조신설 2009.6.9]	"제133조제1항·제134조제1항·제135조제1항·제137조제1항·제138조제1항 및 제3항"은 "제71조제1항·제72조제1항·제72조의2제1항·제73조제1항 및 제2항·제74조제1항과 제75조"로 본다. <개정 1995.1.5, 2001.2.3, 2007.1.3>
제181조 【재심에 의하여 회복한 특허권의 효력의 제한】 ①다음 각 호의 어느 하나에 해당하는 경우에 특허권의 효력은 당해 심결이 확정된 후 재심청구의 등록전에 선의로 수입 또는 국내에서 생산하거나 취득한 물건에는 미치지 아니한다. <개정 1998.9.23, 2001.2.3, 2006.3.3> 1. 무효로 된 특허권 또는 존속기간의 연장등록의 특허권이 재심에 의하여 회복된 경우 2. 특허권의 권리범위에 속하지 아니한다는 심결이 확정된 후 재심에 의하여 이와 상반되는 심결이 확정된 경우 3. 거절한다는 취지의 심결이 있었던 특허출원 또는 특허권의 존속기간의 연장등록출원이 재심에 의하여 특허권의 설정등록 또는 특허권의 존속기간의 연장등록이 된 경우	제33조 【「특허법」의 준용】	제74조 【재심에 의하여 회복한 디자인권의 효력의 제한】 ①다음 각호의 1에 해당하는 경우에 디자인권의 효력은 당해 심결이 확정된 후 재심청구의 등록전에 선의로 수입 또는 국내에서 생산하거나 취득한 물품에는 미치지 아니한다. <개정 2001.2.3, 2004.12.31> 1. 무효로 된 디자인권(디자인등록취소결정에 대한 심판에 의하여 취소가 확정된 디자인권을 포함한다)이 재심에 의하여 회복된 경우 2. 디자인권의 권리범위에 속하지 아니한다는 심결이 확정된 후 재심에 의하여 이와 상반되는 심결이 확정된 경우 3. 거절한다는 취지의 심결이 있었던 디자인등록출원에 대하여 재심에 의하여 디자인권의 설정등록이 된 경우	제85조 【재심에 의하여 회복한 상표권의 효력의 제한】 다음 각호의 1에 해당하는 경우에는 상표권의 효력은 당해 심결이 확정된 후 재심청구의 등록전에 선의로 당해 등록상표와 동일한 상표를 그 지정상품과 동일한 상품에 사용한 행위, 제66조제1항 각호의 1 또는 동조 제2항 각호의 1에 해당하는 행위에는 미치지 아니한다. <개정 2004.12.31> 1. 상표등록 또는 상표권의 존속기간갱신등록이 무효로 된 후 재심에 의하여 그 효력이 회복된 경우 2. 상표등록이 취소된 후 재심에 의하여 그 효력이 회복된 경우 3. 상표권의 권리범위에 속하지 아니한다는 심결이 확정된 후 재심에 의하여 이와 상반되

특허법	실용신안법	디자인보호법	상표법
②제1항 각호의 1에 해당하는 경우의 특허권의 효력은 다음 각호의 1의 행위에 미치지 아니한다. <개정 1995.12.29> 1. 당해 심결이 확정된 후 재심청구의 등록전에 한 당해 발명의 선의의 실시 2. 특허가 물건의 발명인 경우에는 그 물건의 생산에만 사용하는 물건을 당해 심결이 확정된 후 재심청구의 등록전에 선의로 생산·양도·대여 또는 수입하거나 양도 또는 대여의 청약을 하는 행위 3. 특허가 방법의 발명인 경우에는 그 방법의 실시에만 사용하는 물건을 당해 심결이 확정된 후 재심청구의 등록전에 선의로 생산·양도·대여 또는 수입하거나 양도 또는 대여의 청약을 하는 행위		②제1항 각호에 해당하는 경우의 디자인권의 효력은 다음 각호의 1의 행위에 미치지 아니한다. <개정 1995.12.29, 2004.12.31> 1. 당해 심결이 확정된 후 재심청구의 등록전에 한 당해 디자인의 선의의 실시 2. 등록디자인에 관련된 물품의 생산에만 사용하는 물품을 당해 심결이 확정된 후 재심청구의 등록전에 선의로 생산·양도·대여 또는 수입하거나 양도 또는 대여의 청약을 하는 행위	는 심결이 확정된 경우
제182조 【재심에 의하여 회복한 특허권에 대한 선사용자의 통상실시권】 제181조제1항 각호의 1에 해당하는 경우에 당해 심결이 확정된 후 재심청구의 등록전에 선의로 국내에서 그 발명의 실시사업을 하고 있는 자 또는 그 사업의 준비를 하고 있는 자는 그 실시 또는 준	**제33조 【「특허법」의 준용】**	**제74조의2 【재심에 의하여 회복한 디자인권에 대한 선사용자의 통상실시권】** 제74조제1항 각 호의 어느 하나에 해당하는 경우에 해당 심결이 확정된 후 재심청구 등록 전에 선의로 국내에서 그 디자인의 실시사업을 하고 있는 자 또는 그 사업의 준비를 하고 있는 자는 그	

특허법	실용신안법	디자인보호법	상표법
비를 하고 있는 발명 및 사업의 목적의 범위안에서 그 특허권에 관하여 통상실시권을 가진다.		실시 또는 준비를 하고 있는 디자인 및 사업의 목적의 범위에서 그 디자인권에 관하여 통상실시권을 가진다. [본조신설 2009.6.9]	
제183조 【재심에 의하여 통상실시권을 상실한 원권리자의 통상실시권】 ①제138조제1항 또는 제3항의 규정에 의하여 통상실시권을 허여한다는 심결이 확정된 후 재심에 의하여 이에 상반되는 심결의 확정이 있는 경우에는 재심청구 등록전에 선의로 국내에서 그 발명의 실시사업을 하고 있는 자 또는 그 사업의 준비를 하고 있는 자는 원통상실시권의 사업의 목적 및 발명의 범위안에서 그 특허권 또는 재심의 심결의 확정이 있는 당시에 존재하는 전용실시권에 대하여 통상실시권을 가진다. ②제104조제2항의 규정은 제1항의 경우에 이를 준용한다.	제33조 【「특허법」의 준용】	제74조의3 【재심에 의하여 통상실시권을 상실한 원권리자의 통상실시권】 ①제70조제1항 또는 제2항에 따라 통상실시권을 허여한다는 심결이 확정된 후 재심에 의하여 이에 상반되는 심결의 확정이 있는 경우에는 재심청구 등록 전에 선의로 국내에서 그 디자인의 실시사업을 하고 있는 자 또는 그 사업의 준비를 하고 있는 자는 원통상실시권의 사업의 목적 및 디자인의 범위에서 그 디자인권 또는 재심의 심결의 확정이 있는 당시에 존재하는 전용실시권에 대하여 통상실시권을 가진다. ②제1항에 따라 통상실시권을 가진 자는 디자인권자 또는 전용실시권자에게 상당한 대가를 지급하여야 한다. [본조신설 2009.6.9]	
제184조 【재심에서의 심판규정의 준용】 심판에 대한 재심의	제33조 【「특허법」의 준용】	제74조의4 【재심에서의 심판규정의 준용】 심판에 대한 재심	제86조 【「특허법」 등의 준용】

특허법	실용신안법	디자인보호법	상표법
절차에 관하여는 그 성질에 반하지 아니하는 한 심판의 절차에 관한 규정을 준용한다. [전문개정 1995.1.5]		의 절차에 관하여는 그 성질에 반하지 아니하는 한 심판의 절차에 관한 규정을 준용한다. [본조신설 2009.6.9]	
제185조【「민사소송법」의 준용】 「민사소송법」 제459조제1항의 규정은 재심청구에 관하여 이를 준용한다. <개정 2006.3.3>	**제33조【「특허법」의 준용】**	**제74조의5【「민사소송법」의 준용】** 재심청구에 관하여는 「민사소송법」 제459조제1항을 준용한다. [본조신설 2009.6.9]	
제9장 소송			
제186조【심결등에 대한 소】① 심결에 대한 소 및 심판청구서나 재심청구서의 각하결정에 대한 소는 특허법원의 전속관할로 한다. <개정 2001.2.3> ②제1항의 규정에 의한 소는 당사자, 참가인 또는 당해 심판이나 재심에 참가신청을 하였으나 그 신청이 거부된 자에 한하여 이를 제기할 수 있다. ③제1항의 규정에 의한 소는 심결 또는 결정의 등본을 송달받은 날부터 30일이내에 제기하여야 한다. ④제3항의 기간은 불변기간으로 한다. ⑤심판장은 원격 또는 교통이 불편한 지역에 있는 자를 위하	**제33조【「특허법」의 준용】**	**제75조【심결 등에 대한 소】①** 심결에 대한 소와 제71조제1항(제74조의4에서 준용하는 경우를 포함한다)에 따라 준용되는 제18조의2제1항에 따른 각하결정 및 심판청구서나 재심청구서의 각하결정에 대한 소는 특허법원의 전속관할로 한다. ②제1항에 따른 소는 당사자, 참가인 또는 해당 심판이나 재심에 참가신청을 하였으나 그 신청이 거부된 자만 제기할 수 있다. ③제1항에 따른 소는 심결 또는 결정의 등본을 송달받은 날부터 30일 이내에 제기하여야 한다. ④제3항의 기간은 불변기간으	**제86조【「특허법」등의 준용】**

특허법	실용신안법	디자인보호법	상표법
여 직권으로 제4항의 불변기간에 대하여는 부가기간을 정할 수 있다. <신설 1998.9.23> ⑥심판을 청구할 수 있는 사항에 관한 소는 심결에 대한 것이 아니면 이를 제기할 수 없다. ⑦제162조제2항제4호의 규정에 의한 대가의 심결 및 제165조제1항의 규정에 의한 심판비용의 심결 또는 결정에 대하여는 독립하여 제1항의 규정에 의한 소를 제기할 수 없다. ⑧특허법원의 판결에 대하여는 대법원에 상고할 수 있다. [전문개정 1995.1.5] ▶판례 **심결취소소송의 심리범위** 심판은 특허심판원에서의 행정절차이며 심결은 행정처분에 해당하고, 그에 대한 불복의 소송인 심결취소소송은 항고소송에 해당하여 그 소송물은 심결의 실체적, 절차적 위법성 여부라 할 것이므로 당사자는 심결에서 판단되지 않은 처분의 위법사유도 심결취소소송단계에서 주장·입증할 수 있고 심결취소소송의 법원은 특별한 사정이 없는 한 제한 없이 이를 심리·판단하여 판결의 기		로 한다. ⑤심판장은 주소 또는 거소가 멀리 떨어진 곳에 있거나 교통이 불편한 지역에 있는 자를 위하여 직권으로 제3항의 불변기간에 대하여 부가기간을 정할 수 있다. ⑥심판을 청구할 수 있는 사항에 관한 소는 심결에 대한 것이 아니면 제기할 수 없다. ⑦제72조의26제2항제5호에 따른 대가의 심결 및 제72조의29제1항에 따른 심판비용의 심결 또는 결정에 대하여는 독립하여 제1항에 따른 소를 제기할 수 없다. ⑧제1항에 따른 특허법원의 판결에 대하여는 대법원에 상고할 수 있다. [전문개정 2009.6.9]	

특허법	실용신안법	디자인보호법	상표법
초로 삼을 수 있는 것이며 이와 같이 본다고 하여 심급의 이익을 해한다거나 당사자에게 예측하지 못한 불의의 손해를 입히는 것이 아니다. (대법원 2002. 6. 25. 선고 2000후1290 판결)			
제187조 【피고적격】　제186조제1항의 규정에 의한 소제기에 있어서는 특허청장을 피고로 하여야 한다. 다만, 제133조제1항·제134조제1항·제135조제1항·제137조제1항·제138조제1항 및 제3항의 규정에 의한 심판 또는 그 재심의 심결에 대한 소제기에 있어서는 그 청구인 또는 피청구인을 피고로 하여야 한다. [전문개정 1995.1.5]	제33조 【「특허법」의 준용】	제75조의2 【피고적격】　제75조제1항에 따른 소의 제기는 특허청장을 피고로 하여야 한다. 다만, 제68조제1항, 제69조, 제70조제1항 및 제2항에 따른 심판 또는 그 재심의 심결에 대한 소제기는 그 청구인 또는 피청구인을 피고로 하여야 한다. [본조신설 2009.6.9]	제86조 【「특허법」 등의 준용】
제188조 【소제기통지·재판서정본송부】 ①법원은 제186조제1항의 규정에 의한 소의 제기 또는 동조제8항의 규정에 의한 상고가 있는 때에는 지체없이 그 취지를 특허심판원장에게 통지하여야 한다. <개정 2001.2.3> ②법원은 제187조 단서의 규정	제33조 【「특허법」의 준용】	제75조의3 【소제기통지·재판서정본송부】 ①법원은 심결에 대한 소와 제71조제1항(제74조의4에서 준용하는 경우를 포함한다)에 따라 준용되는 제18조의2제1항에 따른 각하결정에 대한 소의 제기 또는 제75조제8항에 따른 상고가 있는 때에는 지체 없이 그 취지를 특허심판	제86조 【「특허법」 등의 준용】

특허법	실용신안법	디자인보호법	상표법
에 의한 소에 관하여 소송절차가 완결된 때에는 지체없이 그 사건에 대한 각 심급의 재판서 정본을 특허심판원장에게 송부하여야 한다. [전문개정 1995.1.5]		원장에게 통지하여야 한다. ②법원은 제75조의2 단서에 따른 소에 관하여 소송절차가 완결된 때에는 지체 없이 그 사건에 대한 각 심급의 재판서 정본을 특허심판원장에게 송부하여야 한다. [본조신설 2009.6.9]	
제188조의2 【기술심리관의 제척·기피·회피】 ①제148조, 「민사소송법」 제42조 내지 제45조, 제47조 및 제48조의 규정은 「법원조직법」 제54조의2의 규정에 의한 기술심리관의 제척·기피에 관하여 이를 준용한다. <개정 2002.1.26, 2006.3.3> ②제1항의 규정에 의한 기술심리관에 대한 제척·기피의 재판은 그 소속 법원이 결정으로 하여야 한다. ③기술심리관은 제척 또는 기피의 사유가 있다고 인정할 경우에는 특허법원장의 허가를 얻어 회피할 수 있다. [본조신설 1995.1.5]	제33조 【「특허법」의 준용】		
제189조 【심결 또는 결정의 취소】 ①법원은 제186조제1항의 규정에 의하여 소가 제기된 경	제33조 【「특허법」의 준용】	제75조의4 【심결 또는 결정의 취소】 ①법원은 제75조제1항에 따라 소가 제기된 경우에 그	제86조 【「특허법」등의 준용】

특허법	실용신안법	디자인보호법	상표법
우에 그 청구가 이유있다고 인정한 때에는 판결로써 당해 심결 또는 결정을 취소하여야 한다. ②심판관은 제1항의 규정에 의하여 심결 또는 결정의 취소판결이 확정된 때에는 다시 심리를 하여 심결 또는 결정을 하여야 한다. ③제1항의 규정에 의한 판결에 있어서 취소의 기본이 된 이유는 그 사건에 대하여 특허심판원을 기속한다. [전문개정 1995.1.5] ▶판례 **심결취소판결의 확정 이후 특허심판원의 재심리과정에서 취소판결에서의 취소의 기본이 된 이유에 따라 한 심결에 대하여 새로운 사실의 주장이나 입증 없이 그 적법 여부를 다툴 수 있는지 여부(소극)** 특허심판원은 종전의 심결을 취소하는 판결이 확정된 경우 취소판결의 취지에 따라 재심리를 하여 다시 심결을 하여야 할 의무가 있고 이 경우 취소판결에 있어서 취소의 기본이 된 이유에 기속되므로, 취소판결에서 위법이라고 판단된 심결의 이유와 동		청구가 이유 있다고 인정한 때에는 판결로써 해당 심결 또는 결정을 취소하여야 한다. ②심판관은 제1항에 따라 심결 또는 결정의 취소판결이 확정된 때에는 다시 심리를 하여 심결 또는 결정을 하여야 한다. ③제1항에 따른 판결에 있어서 취소의 기본이 된 이유는 그 사건에 대하여 특허심판원을 기속한다. [본조신설 2009.6.9]	

특허법	실용신안법	디자인보호법	상표법
일한 이유로 취소된 종전의 심결과 동일한 결론의 재심결을 할 수 없으나, 다만 취소의 기본이 된 이유와 다른, 재심리과정에서 새로이 제출된 사실과 증거에 의하여 새로이 발견된 이유에 의해서는 취소된 종전의 심결과 동일한 결론의 재심결을 할 수 있고, 이 경우 불리한 심결을 받은 당사자는 이에 불복하여 다시 취소소송을 제기할 수 있다. 그러나 재심리과정에서 새로운 주장, 입증이 없어 취소판결에 있어서의 취소의 기본이 된 이유에 따라한 심결은 위와 같은 기속력에 따른 것으로 원칙적으로 적법하고, 이 경우 불리한 심결을 받은 당사자라도 새로운 사실을 주장하거나 또는 취소판결에서 인정한 사실을 번복하기에 족한 정도의 새로운 증거를 제출하는 등으로 취소판결에서 판단한 것과 다른 새로운 위법사유를 주장하지 않는 한 이를 다툴 수 없다. (특허법원 2005. 7. 21. 선고 2005허2724 판결) 제190조 【보상금 또는 대가에 관한 불복의 소】 ①제41조제3항·제4항, 제106조제3항, 제	제33조 【「특허법」의 준용】	제75조의5 【대가에 관한 불복의 소】 ①제70조제3항에 따른 대가에 대하여 심결·결정을 받	

특허법	실용신안법	디자인보호법	상표법
106조의2제3항, 제110조제2항 제2호 및 제138조제4항에 따른 보상금 및 대가에 대하여 심결·결정 또는 재정을 받은 자가 그 보상금 또는 대가에 불복이 있는 때에는 법원에 소송을 제기할 수 있다. <개정 2001.2.3, 2010.1.27> ②제1항의 규정에 의한 소송은 심결·결정 또는 재정의 등본을 송달받은 날부터 30일이내에 이를 제기하여야 한다. <개정 2001.2.3> ③제2항의 규정에 의한 기간은 이를 불변기간으로 한다. **제191조【보상금 또는 대가에 관한 소송의 피고】** 제190조에 따른 소송에 있어서는 다음 각 호의 어느 하나에 해당하는 자를 피고로 하여야 한다. <개정 2004.12.31, 2010.1.27> 1. 제41조제3항 및 제4항의 규정에 의한 보상금에 대하여는 보상금을 지급할 관서 또는 출원인 2. 제106조제3항 및 제106조의2제3항에 따른 보상금에 대하여는 보상금을 지급할 관서·특허권자·전용실시권자 또는 통상실시권자	**제33조【「특허법」의 준용】**	은 자가 그 대가에 불복이 있는 때에는 법원에 소송을 제기할 수 있다. ②제1항에 따른 소송은 심결·결정의 등본을 송달받은 날부터 30일 이내에 제기하여야 한다. ③제2항에 따른 기간은 불변기간으로 한다. [본조신설 2009.6.9] **제75조의6【대가에 관한 소송의 피고】** 제75조의5에 따른 소송에 있어서 제70조제3항에 따른 대가에 대하여는 통상실시권자·전용실시권자 또는 디자인권자를 피고로 하여야 한다. [본조신설 2009.6.9]	

특허법	실용신안법	디자인보호법	상표법
3. 제110조제2항제2호 및 제138조제4항의 규정에 의한 대가에 대하여는 통상실시권자·전용실시권자·특허권자·실용신안권자 또는 디자인권자 **제191조의2 【변리사의 보수와 소송비용】** 소송을 대리한 변리사의 보수에 관하여는 「민사소송법」 제109조의 규정을 준용한다. 이 경우 "변호사"는 "변리사"로 본다. [본조신설 2006.3.3] **제10장 「특허협력조약」에 의한 국제출원** <개정 2006.3.3> **제1절 국제출원절차** **제192조 【국제출원을 할 수 있는 자】** 특허청장에게 국제출원을 할 수 있는 자는 다음 각호의 1에 해당하는 자로 한다. <개정 1993.3.6, 1993.12.10, 1995.12.29, 2001.2.3, 2008.2.29> 1. 대한민국 국민 2. 국내에 주소 또는 영업소를	**제33조 【「특허법」의 준용】** **제8장 「특허협력조약」에 의한 국제출원** **제41조 【「특허법」의 준용】** 「특허법」 제192조 내지 제198조, 제198조의2, 제200조, 제202조 내지 제208조 및 제211조의 규정은 국제실용신안등록출원에 관하여 이를 준용한다.	**제75조의7 【변리사의 보수와 소송비용】** 소송을 대리한 변리사의 보수에 관하여는 「민사소송법」 제109조를 준용한다. 이 경우 "변호사"는 "변리사"로 본다. [본조신설 2009.6.9]	**제86조 【「특허법」등의 준용】** **제8장의2 의정서에 의한 국제출원** <신설 2001.2.3> **제1절 국제출원 등** <신설 2001.2.3> **제86조의3 【출원인적격】** ①특허청장에게 국제출원을 할 수 있는 자는 다음 각호의 1에 해당하는 자로 한다. 1. 대한민국 국민 2. 대한민국안에 주소(법인인 경우에는 영업소)를 가진 자 ②2인 이상이 공동으로 국제출

특허법	실용신안법	디자인보호법	상표법
가진 외국인 3. 제1호 또는 제2호에 해당하는 자가 아닌 자로서 제1호 또는 제2호에 해당하는 자를 대표자로 하여 국제출원을 하는 자 4. 지식경제부령이 정하는 요건에 해당하는 자 **제193조 【국제출원】** ①국제출원을 하고자 하는 자는 지식경제부령이 정하는 언어로 작성한 출원서와 명세서·청구의 범위·필요한 도면 및 요약서를 특허청장에게 제출하여야 한다. <개정 1993.3.6, 1995.12.29, 1998.9.23, 2006.3.3, 2008.2.29> ②제1항의 출원서에는 다음 각 호의 사항을 기재하여야 한다. <개정 1993.12.10, 2006.3.3> 1. 당해 출원이 「특허협력조약」에 의한 국제출원이라는 표시 2. 당해 출원한 발명의 보호가 요구되는 「특허협력조약」 체약국의 지정 3. 제2호의 지정국중 「특허협력조약」 제2조(iv)의 지역특허를 받고자 하는 경우에는 그 취지 4. 출원인의 성명이나 명칭·	**제41조 【「특허법」의 준용】**		원을 하고자 하는 경우에는 출원인적격에 관하여 지식경제부령이 정하는 요건을 충족하여야 한다. <개정 2008.2.29> [본조신설 2001.2.3] **제86조의2 【국제출원】** 의정서 제2조(1)의 규정에 의한 국제등록(이하 "국제등록"이라 한다)을 받고자 하는 자는 다음 각 호의 1에 해당하는 상표등록출원 또는 상표등록을 기초로 하여 특허청장에게 국제출원을 하여야 한다. 1. 본인의 상표등록출원 2. 본인의 상표등록 3. 본인의 상표등록출원 및 본인의 상표등록 [본조신설 2001.2.3]

특허법	실용신안법	디자인보호법	상표법
주소나 영업소 및 국적 5. 대리인이 있는 경우에는 그 대리인의 성명 및 주소나 영업소 6. 발명의 명칭 7. 발명자의 성명 및 주소나 영업소(지정국의 법령에 발명자에 관한 사항의 기재가 규정되어 있는 경우에 한한다) ③제1항의 명세서는 그 발명이 속하는 기술분야에서 통상의 지식을 가진 자가 용이하게 실시할 수 있도록 명확하고 상세하게 기재되어야 한다. ④제1항의 청구의 범위에는 보호를 받고자 하는 사항을 명확하고 간결하게 기재하여야 하며 명세서에 의하여 충분히 뒷받침되어야 한다. ⑤제1항 내지 제4항에 규정된 것외에 국제출원에 관하여 필요한 사항은 지식경제부령으로 정한다. <개정 1993.3.6, 1995.12.29, 2001.2.3> **제86조의4 【국제출원의 절차】** ①국제출원을 하고자 하는 자는 지식경제부령이 정하는 언어로 작성한 국제출원서(이하 "국제출원서"라 한다) 및 국제			

특허법	실용신안법	디자인보호법	상표법
			출원에 필요한 서류를 특허청장에게 제출하여야 한다. <개정 2008.2.29> ②국제출원서에는 다음 각호의 사항을 기재하여야 한다. <개정 2008.2.29> 1. 출원인의 성명 및 주소(법인인 경우에는 그 명칭 및 영업소의 소재지) 2. 제86조의3의 규정에 의한 출원인적격에 관한 사항 3. 상표를 보호받고자 하는 국가(정부간기구를 포함한다. 이하 "지정국"이라 한다) 4. 의정서 제2조(1)의 규정에 의한 기초출원(이하 "기초출원"이라 한다)의 출원일자 및 출원번호 또는 의정서 제2조(1)의 규정에 의한 기초등록(이하 "기초등록"이라 한다)의 등록일자 및 등록번호 5. 국제등록을 받고자 하는 상표 6. 국제등록을 받고자 하는 상품 및 그 유구분 7. 기타 지식경제부령이 정하는 사항 ③국제출원을 하고자 하는 자가 색채를 상표의 식별력있는 요소로 청구하고자 하는 경우에는 그 취지와 색채 또는 색

특허법	실용신안법	디자인보호법	상표법
			채의 조합을 국제출원서에 기재하고, 당해 색채를 결합한 상표의 사본을 국제출원서에 첨부하여야 한다. [본조신설 2001.2.3] **제86조의5 【기재사항의 심사 등】** ①특허청장은 국제출원서의 기재사항이 기초출원 또는 기초등록의 기재사항과 합치하는 경우에는 그 사실을 인정한다는 뜻과 국제출원서의 특허청 도달일을 국제출원서에 기재하여야 한다. ②특허청장은 제1항의 규정에 의하여 도달일 등을 기재한 후에는 즉시 국제출원서 및 국제출원에 필요한 서류를 의정서 제2조(1)의 규정에 의한 국제사무국(이하 "국제사무국"이라 한다)에 보내고, 그 국제출원서의 사본을 당해 출원인에게 보내야 한다. [본조신설 2001.2.3] **제86조의6 【사후지정】** ①국제등록명의인은 국제등록된 상표를 보호받고자 하는 국가 또는 정부간기구를 추가로 지정(이하 "사후지정"이라 한다)하고자 하는 경우에는 지식경제부령이

특허법	실용신안법	디자인보호법	상표법
			정하는 바에 따라 특허청장에게 사후지정을 신청할 수 있다. <개정 2008.2.29> ②제1항의 규정을 적용함에 있어서 국제등록명의인은 국제등록된 지정상품의 전부 또는 일부에 대하여 사후지정을 할 수 있다. [본조신설 2001.2.3] **제86조의7 【존속기간의 갱신】** ① 국제등록명의인은 국제등록의 존속기간을 10년간씩 갱신할 수 있다. ②제1항의 규정에 의하여 국제등록의 존속기간을 갱신하고자 하는 자는 지식경제부령이 정하는 바에 따라 특허청장에게 국제등록존속기간의 갱신을 신청할 수 있다. <개정 2008.2.29> [본조신설 2001.2.3] **제86조의8 【국제등록의 명의변경】** ①국제등록명의인 또는 그 승계인은 지정상품 또는 지정국의 전부 또는 일부에 대하여 국제등록의 명의를 변경할 수 있다. ②제1항의 규정에 의하여 국제등록의 명의를 변경하고자 하

특허법	실용신안법	디자인보호법	상표법
			는 자는 지식경제부령이 정하는 바에 따라 특허청장에게 국제등록명의변경등록을 신청할 수 있다. <개정 2008.2.29> [본조신설 2001.2.3] **제86조의12【국제등록사항의 변경등록 등】** 국제등록사항의 변경등록신청 기타 국제출원에 관하여 필요한 사항은 지식경제부령으로 정한다. <개정 2008.2.29> [본조신설 2001.2.3] **제86조의13【업무표장에 대한 적용 제외】** 제86조의2 내지 제86조의12의 규정은 업무표장에 대하여 이를 적용하지 아니한다. [본조신설 2001.2.3]
제194조【국제출원일의 인정등】 ①특허청장은 국제출원이 특허청에 도달한 날을 「특허협력조약」 제11조의 국제출원일(이하 "국제출원일"이라 한다)로 인정하여야 한다. 다만, 다음 각호의 1에 해당하는 경우에는 그러하지 아니하다. <개정 2006.3.3> 1. 출원인이 제192조에 규정된	**제41조【「특허법」의 준용】**		

특허법	실용신안법	디자인보호법	상표법
요건을 충족하지 못하는 경우 2. 제193조제1항의 규정에 의한 언어로 작성되지 아니한 경우 3. 제193조제1항의 명세서 및 청구의 범위가 제출되지 아니한 경우 4. 제193조제2항제1호·제2호에 규정된 사항 및 출원인의 성명이나 명칭을 기재하지 아니한 경우 ②특허청장은 국제출원이 제1항 단서의 규정에 해당하는 경우에는 기간을 정하여 서면으로 절차를 보완할 것을 명하여야 한다. <개정 1993.12.10> ③특허청장은 국제출원이 도면에 관하여 기재하고 있으나 그 출원에 도면이 포함되어 있지 아니한 경우에는 그 취지를 출원인에게 통지하여야 한다. ④특허청장은 제2항의 규정에 의한 절차의 보완명령을 받은 자가 지정된 기간내에 보완을 한 경우에는 그 보완에 관계되는 서면의 도달일을, 제3항의 규정에 의한 통지를 받은 자가 지식경제부령이 정하는 기간내에 도면을 제출한 경우에는 그 도면의 도달일을 국제출원일로 인정하여야 한다. 다만, 제3항			

특허법	실용신안법	디자인보호법	상표법
의 규정에 의한 통지를 받은 자가 지식경제부령이 정하는 기간내에 도면을 제출하지 아니한 경우에는 그 도면에 관한 기재는 없는 것으로 본다. <개정 1993.3.6, 1993.12.10, 1995.12.29, 2001.2.3, 2008.2.29>			
제195조【보정명령】 특허청장은 국제출원이 다음 각호의 1에 해당하는 경우에는 기간을 정하여 보정을 명하여야 한다. <개정 1993.3.6, 1995.12.29, 2001.2.3, 2008.2.29> 1. 발명의 명칭이 기재되지 아니한 경우 2. 요약서가 제출되지 아니한 경우 3. 제3조 또는 제197조제3항의 규정에 위반된 경우 4. 지식경제부령이 정하는 방식에 위반된 경우	**제41조【「특허법」의 준용】**		
제196조【취하된 것으로 보는 국제출원등】 ①국제출원이 다음 각호의 1에 해당하는 경우에는 그 국제출원은 취하된 것으로 본다. <개정 1993.3.6, 1995.12.29, 2001.2.3, 2006.3.3, 2008.2.29>	**제41조【「특허법」의 준용】**		

특허법	실용신안법	디자인보호법	상표법
1. 제195조의 규정에 의한 보정명령을 받은 자가 지정된 기간내에 보정을 하지 아니한 경우 2. 국제출원에 관한 수수료를 지식경제부령이 정하는 기간내에 납부하지 아니하여 「특허협력조약」 제14조(3)(a)에 해당하게 된 경우 3. 제194조의 규정에 의하여 국제출원일이 인정된 국제출원에 관하여 지식경제부령이 정하는 기간내에 그 국제출원이 제194조제1항 단서 각호의 1에 해당되는 것이 발견된 경우 ②국제출원에 관하여 납부하여야 할 수수료의 일부를 지식경제부령이 정하는 기간내에 납부하지 아니하여 「특허협력조약」 제14조(3)(b)에 해당하게 된 경우에는 수수료를 납부하지 아니한 지정국의 지정은 취하된 것으로 본다. <개정 1993.3.6, 1995.12.29, 2001.2.3, 2006.3.3, 2008.2.29> ③특허청장은 제1항 및 제2항의 규정에 의하여 국제출원 또는 지정국의 일부가 취하된 것으로 보는 때에는 그 사실을 출원인에게 통지하여야 한다.			

특허법	실용신안법	디자인보호법	상표법
제197조 【대표자등】 ①2인이상이 공동으로 국제출원을 하는 경우에 제192조 내지 제196조 및 제198조의 규정에 의한 절차는 출원인의 대표자가 그 절차를 행할 수 있다. ②2인이상이 공동으로 국제출원을 하는 경우에 출원인이 대표자를 정하지 아니한 때에는 지식경제부령이 정하는 바에 따라 대표자를 정할 수 있다. <개정 1993.3.6, 1995.12.29, 2001.2.3, 2008.2.29> ③제1항의 절차를 대리인에 의하여 행하고자 하는 자는 제3조의 규정에 의한 법정대리인을 제외하고는 변리사를 대리인으로 하여야 한다.	**제41조 【「특허법」의 준용】**		
제198조 【수수료】 ①국제출원을 하고자 하는 자는 수수료를 납부하여야 한다. ②제1항의 규정에 의한 수수료·그 납부방법 및 납부기간 등에 관하여 필요한 사항은 지식경제부령으로 정한다. <개정 1993.3.6, 1995.12.29, 2001.2.3, 2008.2.29>	**제41조 【「특허법」의 준용】**		
제198조의2 【국제조사 및 국제예비심사】 ①특허청은 「특허협	**제41조 【「특허법」의 준용】**		

특허법	실용신안법	디자인보호법	상표법
력조약」 제2조(xix)의 국제사무국(이하 "국제사무국"이라 한다)과 체결하는 협정에 따라 국제출원에 대한 국제조사기관 및 국제예비심사기관으로서의 업무를 수행한다. <개정 2006.3.3, 2009.1.30> ②제1항의 규정에 의한 업무수행에 관하여 필요한 사항은 지식경제부령으로 정한다. <개정 2008.2.29> [본조신설 1998.9.23] **제2절 국제특허출원에 관한 특례** **제199조 【국제출원에 의한 특허출원】** ①「특허협력조약」에 의하여 국제출원일이 인정된 국제출원으로서 특허를 받기 위하여 대한민국을 지정국으로 지정한 국제출원은 그 국제출원일에 출원된 특허출원으로 본다. <개정 2006.3.3> ②제1항의 규정에 의한 특허출원으로 보는 국제출원(이하 "국제특허출원"이라 한다)에 관하여는 제54조의 규정은 이를 적용하지 아니한다.	**제34조 【국제출원에 의한 실용신안등록출원】** ①「특허협력조약」에 의하여 국제출원일이 인정된 국제출원으로서 실용신안등록을 받기 위하여 대한민국을 지정국으로 지정한 국제출원은 그 국제출원일에 출원된 실용신안등록출원으로 본다. ②제1항의 규정에 의한 실용신안등록출원으로 보는 국제출원(이하 "국제실용신안등록출원"이라 한다)에 관하여는 제11조의 규정에 의하여 준용되는 「특허법」 제54조의 규정은		**제2절 국제상표등록출원에 관한 특례** <신설 2001.2.3> **제86조의14 【국제상표등록출원】** ①의정서에 의하여 국제등록된 국제출원으로서 대한민국을 지정국으로 지정(사후지정을 포함한다)한 국제출원은 이 법에 의한 상표등록출원으로 본다. ②제1항의 규정을 적용함에 있어서 의정서 제3조(4)의 규정에 의한 국제등록일(이하 "국제등록일"이라 한다)을 이 법에 의한 상표등록출원일로 본다. 다만, 대한민국을 사후지정한 국제출원의 경우에는 그 사후지정이 국제등록부(의정서 제2조(1)의 규정에 의한 국제등

특허법	실용신안법	디자인보호법	상표법
	이를 적용하지 아니한다.		록부를 말한다. 이하 같다)에 등록된 날(이하 "사후지정일"이라 한다)을 이 법에 의한 상표등록출원일로 본다. ③제1항의 규정에 의하여 이 법에 의한 상표등록출원으로 보는 국제출원(이하 "국제상표등록출원"이라 한다)에 대하여는 국제등록부에 등록된 국제등록명의인의 성명 및 주소(법인인 경우에는 그 명칭 및 영업소의 소재지), 상표, 지정상품 및 그 유구분은 이 법에 의한 출원인의 성명 및 주소(법인인 경우에는 그 명칭 및 영업소의 소재지), 상표, 지정상품 및 그 유구분으로 본다. [본조신설 2001.2.3] **제86조의15 【업무표장의 특례】** 업무표장에 관한 규정은 국제상표등록출원에 대하여 이를 적용하지 아니한다. [본조신설 2001.2.3] **제86조의16 【국제상표등록출원의 특례】** ①국제상표등록출원에 대하여 이 법을 적용함에 있어서 국제등록부에 등록된 우선권주장의 취지, 최초로 출원한 국가명 및 출원의 연월일

특허법	실용신안법	디자인보호법	상표법
			은 상표등록출원서에 기재된 우선권주장의 취지, 최초로 출원한 국가명 및 출원의 연월일로 본다. ②국제상표등록출원에 대하여 이 법을 적용함에 있어서 국제등록부에 등록된 입체적 형상·색채·홀로그램·동작 또는 그 밖에 시각적으로 인식할 수 있는 것으로 된 상표라는 취지는 상표등록출원서에 기재된 입체적 형상·색채·홀로그램·동작 또는 그 밖에 시각적으로 인식할 수 있는 것으로 된 상표의 취지로 본다. <개정 2007.1.3> ③단체표장등록을 받고자 하는 자는 지식경제부령이 정하는 기간 이내에 제9조제3항의 규정에 의한 정관을 제출하여야 한다. 이 경우 제2조제1항제3호의4의 규정에 의한 지리적 표시 단체표장을 등록받고자 하는 자는 그 취지를 기재한 서류와 제2조제1항제3호의2의 규정에 의한 지리적 표시의 정의에 합치함을 입증할 수 있는 대통령령이 정하는 서류를 정관과 함께 제출하여야 한다. <개정 2004.12.31, 2008.2.29> [본조신설 2001.2.3]

특허법	실용신안법	디자인보호법	상표법
			제86조의17 【국내등록상표가 있는 경우의 국제상표등록출원의 효과】 ①대한민국에 설정등록된 상표(국제상표등록출원에 의한 등록상표를 제외한다. 이하 이 조에서 "국내등록상표"라 한다)의 상표권자가 국제상표등록출원을 하는 경우로서 다음 각호의 요건을 갖춘 때에는 그 국제상표등록출원은 지정상품이 중복되는 범위안에서 당해 국내 등록상표에 관한 상표등록출원의 출원일에 출원된 것으로 본다. 1. 국제상표등록출원에 의하여 국제등록부에 등록된 상표(이하 "국제등록상표"라 한다)와 국내등록상표가 동일할 것 2. 국제등록상표에 관한 국제등록명의인과 국내등록상표의 상표권자가 동일할 것 3. 국내등록상표의 지정상품이 국제등록상표의 지정상품에 모두 포함되어 있을 것 4. 의정서 제3조의3의 규정에 의한 영역확장의 효력이 국내등록상표의 상표등록일후에 발생할 것 ②제1항의 규정에 의한 국내등록상표에 관한 상표등록출원에

특허법	실용신안법	디자인보호법	상표법
			대하여 조약에 의한 우선권이 인정되는 경우에는 그 우선권이 동항의 규정에 의한 국제상표등록출원에도 인정된다. ③국내등록상표의 상표권이 다음 각호의 1에 해당하는 사유로 취소되거나 소멸되는 경우에는 그 취소 또는 소멸된 상표권의 지정상품과 동일한 범위안에서 제1항 및 제2항의 규정에 의한 당해 국제상표등록출원에 대한 효과는 인정되지 아니한다. <개정 2004.12.31> 1. 제73조제1항제2호·제3호 및 제5호 내지 제12호의 규정에 해당한다는 것을 사유로 상표등록을 취소한다는 심결이 확정된 경우 2. 제73조제1항제2호·제3호 및 제5호 내지 제12호의 규정에 해당한다는 것을 사유로 상표등록의 취소심판이 청구되고, 그 청구일 이후에 존속기간의 만료로 인하여 상표권이 소멸하거나 상표권 또는 지정상품의 일부를 포기한 경우 ④의정서 제4조의2제2항의 규정에 따른 신청을 하려고 하는 자는 다음 각 호의 사항을 적은 신청서를 특허청장에게 제출하여야 한다.

특허법	실용신안법	디자인보호법	상표법
			<신설 2007.1.3, 2008.2.29> 1. 국제등록명의인의 성명 및 주소(법인의 경우에는 그 명칭 및 영업소의 소재지) 2. 국제등록번호 3. 관련 국내등록상표 번호 4. 중복되는 지정상품 5. 그 밖에 지식경제부령이 정하는 사항 ⑤심사관은 제4항의 규정에 따른 신청이 있는 때에는 당해 국제상표등록출원에 대하여 제1항 내지 제3항의 규정에 따른 효과의 인정 여부를 신청인에게 통지하여야 한다. <신설 2007.1.3> [본조신설 2001.2.3] **제86조의18 【출원의 승계 및 분할이전 등의 특례】** ①제12조제1항의 규정은 국제상표등록출원에 대하여 이를 적용함에 있어서 "상속 기타 일반승계의 경우를 제외하고는 출원인변경신고를"은 "출원인이 국제사무국에 명의변경신고를"으로 한다. ②국제등록명의의 변경에 의하여 국제등록지정상품의 전부 또는 일부가 분할되어 이전된 경우에는 국제상표등록출원은

특허법	실용신안법	디자인보호법	상표법
			변경된 국제등록명의인에 의하여 각각 출원된 것으로 본다. ③제12조제4항의 규정은 국제상표등록출원에 대하여 이를 적용하지 아니한다. [본조신설 2001.2.3] **제86조의20 【출원의 분할의 특례】** 제18조의 규정은 국제상표등록출원에 대하여 이를 적용하지 아니한다. [본조신설 2001.2.3] **제86조의21 【출원의 변경의 특례】** 제19조제1항 내지 제4항의 규정은 국제상표등록출원에 대하여 이를 적용하지 아니한다. [본조신설 2001.2.3] **제86조의22 【파리협약에 의한 우선권주장의 특례】** 제20조제4항 및 제5항의 규정은 국제상표등록출원을 하는 자가 파리협약에 의한 우선권주장을 하는 경우에 이를 적용하지 아니한다. [본조신설 2001.2.3] **제86조의23 【출원 시 및 우선심사의 특례】** ①제21조제2항의 규정은 국제상표등록출원에 대하여 이를 적용함에 있어서 〃

특허법	실용신안법	디자인보호법	상표법
			그 취지를 기재한 서면을 상표등록출원과 동시에 특허청장에게 제출하고 이를 증명할 수 있는 서류를 상표등록출원일부터 30일 이내"는 "그 취지를 기재한 서면 및 이를 증명할 수 있는 서류를 지식경제부령이 정하는 기간 이내"로 한다. <개정 2008.2.29, 2010.1.27> ② 국제상표등록출원에 관하여는 제22조의4제2항을 적용하지 아니한다. <신설 2010.1.27> [본조신설 2001.2.3] [제목개정 2010.1.27] **제86조의24 【거절이유통지의 특례】** 제23조제2항의 규정을 국제상표등록출원에 대하여 적용하는 경우에는 "그 출원인에게"를 "국제사무국을 통하여 그 출원인에게"로 한다. [본조신설 2007.1.3] **제86조의25 【출원공고의 특례】** 제24조제1항의 규정은 국제상표등록출원에 대하여 이를 적용함에 있어서 "거절이유를 발견할 수 없는 때에는"은 "지식경제부령이 정하는 기간 이내에 거절이유를 발견할 수 없는 때에는"으로 한다.

특허법	실용신안법	디자인보호법	상표법
			<개정 2008.2.29> [본조신설 2001.2.3] 제86조의26 【손실보상청구권의 특례】 제24조의2제1항 단서의 규정은 국제상표등록출원에 대하여 이를 적용함에 있어서 "당해 상표등록출원의 사본"은 "당해 국제출원의 사본"으로 한다. [본조신설 2001.2.3] 제86조의27 【상표등록결정 및 직권에 의한 보정의 특례】 ①제30조의 규정은 국제상표등록출원에 대하여 이를 적용함에 있어서 "거절이유를 발견할 수 없는 때에는"은 "지식경제부령이 정하는 기간 이내에 거절이유를 발견할 수 없는 때에는"으로 한다. <개정 2008.2.29, 2010.1.27> ②국제상표등록출원에 관하여는 제24조의3을 적용하지 아니한다. <신설 2010.1.27> [본조신설 2001.2.3] [제목개정 2010.1.27] 제86조의28 【상표등록료 등의 특례】 ①국제상표등록출원을 하고자 하는 자 또는 제86조의31의 규정에 의하여 설정등록을

특허법	실용신안법	디자인보호법	상표법
			받은 상표권(이하 "국제등록기초상표권"이라 한다)의 존속기간을 갱신하고자 하는 자는 의정서 제8조(7)(a)의 규정에 의한 개별수수료를 국제사무국에 납부하여야 한다. ②제1항의 규정에 의한 개별수수료에 관하여 필요한 사항은 지식경제부령으로 정한다. <개정 2008.2.29> ③제34조·제34조의2·제35조·제36조·제36조의2 및 제36조의3의 규정은 국제상표등록출원 또는 국제등록기초상표권에 대하여는 이를 적용하지 아니한다. <개정 2007.1.3> [본조신설 2001.2.3] **제86조의29 【상표등록료 등의 반환의 특례】** 제38조제1항 본문의 규정은 국제상표등록출원에 대하여 이를 적용함에 있어서 "납부된 상표등록료 및 수수료"는 "납부된 수수료"로, 동조동항 단서와 동조제2항 및 제3항의 규정을 적용함에 있어서 "상표등록료 및 수수료"는 각각 "수수료"로 한다. [본조신설 2001.2.3] **제86조의30 【상표원부에의 등록**

특허법	실용신안법	디자인보호법	상표법
			의 특례】 ①제39조제1항제1호의 규정은 국제등록기초상표권에 대하여 이를 적용함에 있어서 "상표권의 설정·이전·변경·소멸·존속기간의 갱신·제46조의2의 규정에 의한 상품분류전환·지정상품의 추가 또는 처분의 제한"은 "상표권의 설정 또는 처분의 제한"으로 한다. ②국제등록기초상표권의 이전·변경·소멸 또는 존속기간의 갱신은 국제등록부에 등록된 바에 의한다. [본조신설 2001.2.3] 제86조의31 【상표권의 설정등록의 특례】 제41조제2항은 국제상표등록출원에 대하여 적용할 때에 "제34조제1항 또는 제35조에 따라 상표등록료(제34조제1항 후단에 따라 분할납부하는 경우에는 1회차 상표등록료를 말한다. 이하 이 항에서 같다)를 납부한 때, 제36조의2제2항에 따라 상표등록료를 보전한 때 또는 제36조의3제1항에 따라 상표등록료를 납부하거나 보전한 때"는 "상표등록결정이 있은 때"로 본다. [전문개정 2010.1.27]

특허법	실용신안법	디자인보호법	상표법
			제86조의32【상표권의 존속기간 등의 특례】①국제등록기초상표권의 존속기간은 제86조의31의 규정에 의한 상표권의 설정등록이 있는 날부터 국제등록일후 10년이 되는 날까지로 한다. ②국제등록기초상표권의 존속기간은 국제등록의 존속기간의 갱신에 의하여 10년간씩 갱신할 수 있다. ③제2항의 규정에 의하여 국제등록기초상표권의 존속기간이 갱신된 경우에는 당해 국제등록기초상표권의 존속기간은 그 존속기간의 만료시에 갱신된 것으로 본다. ④국제등록기초상표권에 관하여는 제42조, 제43조, 제46조, 제46조의2, 제46조의4, 제46조의5, 제49조제1항·제2항 및 제64조의2를 적용하지 아니한다. <개정 2010.1.27> [본조신설 2001.2.3] **제86조의33【지정상품의 추가등록출원의 특례】** 제47조·제48조 및 제49조제3항의 규정은 국제상표등록출원 또는 국제등록기초상표권에 대하여 이를

특허법	실용신안법	디자인보호법	상표법
			적용하지 아니한다. [본조신설 2001.2.3] 제86조의34 【상표권의 분할의 특례】 제54조의2의 규정은 국제등록기초상표권에 대하여 이를 적용하지 아니한다. [본조신설 2001.2.3] 제86조의35 【상표권등록의 효력의 특례】 ①국제등록기초상표권의 이전·변경·포기에 의한 소멸 또는 존속기간의 갱신은 국제등록부에 등록하지 아니하면 그 효력이 발생하지 아니한다. ②제56조제1항제1호(처분의 제한에 관한 부분을 제외한다)의 규정은 국제등록기초상표권에 대하여 이를 적용하지 아니한다. ③제56조제2항의 규정은 국제등록기초상표권에 대하여 이를 적용함에 있어서 "상표권·전용사용권"은 "전용사용권"으로 한다. [본조신설 2001.2.3] 제86조의36 【국제등록 소멸의 효과】 ①국제상표등록출원의 기초가 되는 국제등록의 전부 또

특허법	실용신안법	디자인보호법	상표법
			는 일부가 소멸한 경우에는 그 소멸한 범위안에서 당해 국제상표등록출원은 지정상품의 전부 또는 일부에 대하여 취하된 것으로 본다. ②국제등록기초상표권의 기초가 되는 국제등록의 전부 또는 일부가 소멸한 경우에는 그 소멸한 범위안에서 당해 상표권은 지정상품의 전부 또는 일부에 대하여 소멸된 것으로 본다. ③제1항 및 제2항의 규정에 의한 취하 또는 소멸의 효과는 국제등록부상 당해 국제등록이 소멸된 날부터 발생한다. [본조신설 2001.2.3] **제86조의37 【상표권의 포기의 특례】** ①제60조제1항의 규정은 국제등록기초상표권에 대하여 이를 적용하지 아니한다. ②제61조의 규정은 국제등록기초상표권에 대하여 이를 적용함에 있어서 "상표권·전용사용권"은 각각 "전용사용권"으로 한다. [본조신설 2001.2.3] **제86조의38 【존속기간갱신등록의 무효심판 등의 특례】** 제72조 및 제72조의2의 규정은 국

특허법	실용신안법	디자인보호법	상표법
			제등록기초상표권에 대하여 이를 적용하지 아니한다. [본조신설 2001.2.3] **제3절 상표등록출원의 특례** <신설 2001.2.3> **제86조의39【국제등록 소멸후의 상표등록출원의 특례】** ①대한민국을 지정(사후지정을 포함한다)한 국제등록의 대상인 상표가 지정상품의 전부 또는 일부에 관하여 의정서 제6조(4)의 규정에 따라 그 국제등록이 소멸된 경우에는 당해 국제등록의 명의인은 당해 상품의 전부 또는 일부에 관하여 특허청장에게 상표등록출원을 할 수 있다. ②제1항의 규정에 의한 상표등록출원이 다음 각호의 요건을 갖춘 때에는 국제등록일(사후지정의 경우에는 사후지정일)에 출원된 것으로 본다. 1. 제1항의 규정에 의한 상표등록출원이 동항의 규정에 의한 국제등록소멸일부터 3월 이내에 출원될 것 2. 제1항의 규정에 의한 상표등록출원의 지정상품이 동항의 규정에 의한 국제등록의 지정

특허법	실용신안법	디자인보호법	상표법
			상품에 모두 포함될 것 3. 상표등록을 받고자 하는 상표가 소멸된 국제등록의 대상인 상표와 동일할 것 ③제1항의 규정에 의한 국제등록에 관한 국제상표등록출원에 대하여 조약에 의한 우선권이 인정되는 경우에는 그 우선권이 동항의 규정에 의한 상표등록출원에 인정된다. [본조신설 2001.2.3] **제86조의40 [의정서 폐기후의 상표등록출원의 특례]** ①대한민국을 지정(사후지정을 포함한다)하는 국제등록의 명의인이 의정서 제15조(5)(b)의 규정에 따라 출원인적격을 잃게 된 때에는 당해 국제등록의 명의인은 국제등록된 지정상품의 전부 또는 일부에 관하여 특허청장에게 상표등록출원을 할 수 있다. ②제86조의39제2항 및 제3항의 규정은 제1항의 규정에 의한 상표등록출원에 관하여 이를 준용한다. 이 경우 제86조의39제2항제1호중 "동항의 규정에 의한 국제등록소멸일부터 3월이내"는 "의정서 제15조(3)의 규정에 의하여 폐기의 효력이

특허법	실용신안법	디자인보호법	상표법
			발생한 날부터 2년 이내"로 본다. [본조신설 2001.2.3] **제86조의41 【심사의 특례】** 제23조·제24조 및 제25조 내지 제29조의 규정은 다음 각호의 1에 해당하는 상표등록출원(이하 "재출원"이라 한다)이 제86조의31의 규정에 의하여 설정등록되었던 본인의 등록상표에 관한 경우에는 당해 상표등록출원에 대하여 이를 적용하지 아니한다. 1. 제86조의39제2항 각호의 요건을 갖추어 동조제1항의 규정에 의하여 행하는 상표 등록출원 2. 제86조의40제2항의 규정에 의하여 준용되는 제86조의39제2항 각호의 요건을 갖추어 제86조의40제1항의 규정에 의하여 행하는 상표등록출원 [본조신설 2001.2.3] **제86조의42 【제척기간의 특례】** 재출원에 의하여 당해 상표가 설정등록된 경우로서 종전의 국제등록기초상표권에 대한 제76조제1항의 제척기간이 경과된 때에는 재출원에 의하여 설

특허법	실용신안법	디자인보호법	상표법
			정등록된 상표에 대하여 무효심판을 청구할 수 없다.
제200조【공지 등이 되지 아니한 발명으로 보는 경우의 특례】 국제특허출원한 발명에 관하여 제30조제1항제1호의 규정을 적용받고자 하는 자는 그 취지를 기재한 서면 및 이를 증명할 수 있는 서류를 제30조제2항의 규정에 불구하고 지식경제부령이 정하는 기간내에 특허청장에게 제출할 수 있다. <개정 2007.1.3>	**제41조【「특허법」의 준용】** 「특허법」 제192조 내지 제198조, 제198조의2, 제200조, 제202조 내지 제208조 및 제211조의 규정은 국제실용신안등록출원에 관하여 이를 준용한다.		
제201조【국제특허출원의 번역문】 ①국제특허출원을 외국어로 출원한 출원인은 「특허협력조약」 제2조(xi)의 우선일(이하 "우선일"이라 한다)부터 2년 7월(이하 "국내서면제출기간"이라 한다) 이내에 국제출원일에 제출한 명세서·청구의 범위·도면(도면중 설명부분에 한한다) 및 요약서의 국어 번역문을 특허청장에게 제출하여야 한다. 다만, 국제특허출원을 외국어로 출원한 출원인이 「특허협력조약」 제19조(1)의 규정에 의하여 청구의 범위에 관한 보정을 한 때에는 국제출원일에 제출한 청구의 범위에 대	**제35조【국제실용신안등록출원의 국어 번역문】** ①국제실용신안등록출원을 외국어로 출원한 출원인은 「특허협력조약」 제2조 (xi)의 우선일(이하 "우선일"이라 한다)부터 2년 7월(이하 "국내서면제출기간"이라 한다) 이내에 국제출원일에 제출한 명세서, 청구의 범위, 도면(도면 중 설명부분에 한한다) 및 요약서의 국어 번역문을 특허청장에게 제출하여야 한다. 다만, 국제실용신안등록출원을 외국어로 출원한 출원인이 「특허협력조약」 제19조 (1)의 규정에 의하여 청구의 범위에 관한 보정을 한 때에는 국제출원		

특허법	실용신안법	디자인보호법	상표법
한 국어 번역문을 보정 후의 청구의 범위에 대한 국어 번역문으로 대체하여 제출할 수 있다. <개정 1997.4.10, 1998.9.23, 2002.12.11, 2006.3.3> ②국내서면제출기간내에 제1항의 규정에 의한 명세서 및 청구의 범위의 번역문의 제출이 없는 경우에는 그 국제특허출원은 취하된 것으로 본다. ③제1항의 규정에 의하여 번역문을 제출한 출원인은 국내서면제출기간내에 그 번역문에 갈음하여 새로운 번역문을 제출할 수 있다. 다만, 출원인이 출원심사의 청구를 한 후에는 그러하지 아니하다. ④국제출원일에 제출된 국제특허출원의 명세서나 청구의 범위에 기재된 사항 및 도면중의 설명부분으로서 국내서면제출기간(그 기간내에 출원인이 출원심사의 청구를 한 때에는 그 청구일, 이하 "기준일"이라 한다)내에 제출된 제1항 또는 제3항의 규정에 의한 번역문(이하 "출원번역문"이라 한다)에 기재되지 아니한 것은 국제출원일에 제출된 국제특허출원의 명세서 및 청구의 범위에 기재	일에 제출한 청구의 범위에 대한 국어 번역문을 보정 후의 청구의 범위에 대한 국어 번역문으로 대체하여 제출할 수 있다. ②국내서면제출기간 이내에 제1항의 규정에 의한 명세서 및 청구의 범위의 국어 번역문의 제출이 없는 경우에는 그 국제실용신안등록출원은 취하된 것으로 본다. ③제1항의 규정에 의하여 국어 번역문을 제출한 출원인은 국내서면제출기간 이내에 그 국어 번역문에 갈음하여 새로운 국어 번역문을 제출할 수 있다. 다만, 출원인이 출원심사의 청구를 한 후에는 그러하지 아니하다. ④국제출원일에 제출된 국제실용신안등록출원의 명세서나 청구의 범위에 기재된 사항 및 도면 중의 설명부분으로서 국내서면제출기간(그 기간 이내에 출원인이 출원심사의 청구를 한 때에는 그 청구일을 말하며, 이하 "기준일"이라 한다) 이내에 제출된 제1항 또는 제3항의 규정에 의한 국어 번역문(이하 "출원번역문"이라 한다)에 기재되지 아니한 것은 국제		

특허법	실용신안법	디자인보호법	상표법
되지 아니한 것으로 보거나 도면중의 설명이 없었던 것으로 본다. ⑤국제특허출원의 국제출원일의 출원서는 제42조제1항의 규정에 의하여 제출된 출원서로 본다. ⑥국제특허출원의 명세서·청구의 범위·도면 및 요약서의 출원번역문(국어로 출원된 국제특허출원의 경우에는 국제출원일에 제출된 명세서·청구의 범위·도면 및 요약서)은 제42조제2항의 규정에 의하여 제출된 명세서·도면 및 요약서로 본다. <개정 1998.9.23> ⑦제204조제1항 및 제2항의 규정은 제1항 단서의 규정에 의하여 보정후의 청구의 범위의 국어 번역문을 제출하는 경우에는 이를 적용하지 아니한다. <신설 1997.4.10> ⑧제1항 단서의 규정에 의하여 보정후의 청구의 범위에 대한 국어 번역문만을 제출하는 경우에는 국제출원일에 제출한 청구의 범위는 이를 인정하지 아니한다. <신설 1997.4.10>	출원일에 제출된 국제실용신안등록출원의 명세서 및 청구의 범위에 기재되지 아니한 것으로 보거나 도면 중의 설명이 없었던 것으로 본다. ⑤국제실용신안등록출원의 국제출원일의 출원서는 제8조제1항의 규정에 의하여 제출된 출원서로 본다. ⑥국제실용신안등록출원의 명세서, 청구의 범위, 도면 및 요약서의 출원번역문(국어로 출원된 국제실용신안등록출원의 경우에는 국제출원일에 제출된 명세서, 청구의 범위, 도면 및 요약서)은 제8조제2항의 규정에 의하여 제출된 명세서·도면 및 요약서로 본다. ⑦제41조의 규정에 의하여 준용되는 「특허법」 제204조제1항 및 제2항의 규정은 제1항 단서의 규정에 의하여 보정 후의 청구의 범위의 국어 번역문을 제출하는 경우에는 이를 적용하지 아니한다. ⑧제1항 단서의 규정에 의하여 보정 후의 청구의 범위에 대한 국어 번역문만을 제출하는 경우에는 국제출원일에 제출한 청구의 범위는 이를 인정하지 아니한다.		

특허법	실용신안법	디자인보호법	상표법
	▶판례 선등록 실용신안권자가 후등록 실용신안권자를 상대로 적극적 권리범위확인심판 청구를 할 수 있는지 여부(소극) 실용신안권의 권리범위확인은 등록된 실용신안을 중심으로 어떠한 비등록 실용신안이 적극적으로 등록 실용신안의 권리범위에 속한다거나 소극적으로 이에 속하지 아니함을 확인하는 것이므로 등록된 두 개의 실용신안권의 고안내용이 동일 또는 유사한 경우 선등록 실용신안권자는 후등록 실용신안권자를 상대로 실용신안등록의 무효심판을 청구할 수 있을 뿐 그를 상대로 하는 권리범위확인심판을 청구할 수는 없다. (대법원 1996. 12. 20. 선고 95후1920 판결)		
제202조 【특허출원등에 의한 우선권주장의 특례】 ①국제특허출원에 관하여는 제55조제2항 및 제56조제2항의 규정은 이를 적용하지 아니한다. ②국제특허출원에 관한 제55조제4항의 규정을 적용함에 있어서는 동항중 "특허출원의 출원	**제41조 【「특허법」의 준용】**		

특허법	실용신안법	디자인보호법	상표법
서에 최초로 첨부된 명세서 또는 도면"은 "제201조제1항의 규정에 의하여 국제출원일에 제출된 국제출원의 명세서·청구의 범위 또는 도면(도면중의 설명부분에 한한다) 및 이 서류들의 동조제4항의 규정에 의한 출원번역문 또는 국제출원일에 제출된 국제출원의 도면(도면중 설명부분을 제외한다)"으로, "출원공개"는 "「특허협력조약」 제21조에서 규정하는 국제공개"로 한다. <개정 2006.3.3> ③선출원이 국제특허출원 또는 「실용신안법」 제34조제2항에 따른 국제실용신안등록출원인 경우에 제55조제1항, 같은 조 제3항부터 제5항까지 및 제56조제1항을 적용할 때에는 다음 각 호에 따른다. <개정 2009.1.30> 1. 제55조제1항 각 호 외의 부분 본문, 같은 조 제3항 및 제5항 각 호 외의 부분 중 "출원서에 최초로 첨부된 명세서 또는 도면"은 "국제출원일에 제출된 국제출원의 명세서, 청구의 범위 또는 도면"으로 본다. 2. 제55조제4항 중 "선출원의 출원서에 최초로 첨부된 명세			

특허법	실용신안법	디자인보호법	상표법
서 또는 도면"은 "선출원의 국제출원일에 제출된 국제출원의 명세서, 청구의 범위 또는 도면"으로, "선출원에 관하여 출원공개"는 "그 선출원에 관하여 「특허협력조약」 제21조에 따른 국제공개"로 본다. 3. 제56조제1항 각 호 외의 부분 본문 중 "그 출원일부터 1년 3개월이 지난 때"는 "국제출원일부터 1년 3개월이 지난 때 또는 제201조제4항, 「실용신안법」 제35조제4항에 따른 기준일 중 늦은 때"로 본다. ④제55조제1항에 따른 선출원이 제214조제4항 또는 「실용신안법」 제40조제4항에 따라 특허출원 또는 실용신안등록출원으로 되는 국제출원인 경우에 제55조제1항, 같은 조 제3항부터 제5항까지 및 제56조제1항을 적용할 때에는 다음 각 호에 따른다. <개정 2009.1.30> 1. 제55조제1항 각 호 외의 부분 본문, 같은 조 제3항 및 제5항 각 호 외의 부분 중 "출원서에 최초로 첨부된 명세서 또는 도면"은 "제214조제4항 또는 「실용신안법」 제40조제4항에 따라 국제출원일로 인정			

특허법	실용신안법	디자인보호법	상표법
할 수 있었던 날의 국제출원의 명세서, 청구의 범위 또는 도면"으로 본다. 2. 제55조제4항 중 "선출원의 출원서에 최초로 첨부된 명세서 또는 도면"은 "제214조제4항 또는 「실용신안법」 제40조제4항에 따라 국제출원일로 인정할 수 있었던 날의 선출원의 국제출원의 명세서, 청구의 범위 또는 도면"으로 본다. 3. 제56조제1항 각 호 외의 부분 본문 중 "그 출원일부터 1년 3개월이 지난 때"는 "제214조제4항 또는 「실용신안법」 제40조제4항에 따라 국제출원일로 인정할 수 있었던 날부터 1년 3개월이 지난 때 또는 제214조제4항이나 「실용신안법」 제40조제4항에 따른 결정을 한 때 중 늦은 때"로 본다. **제203조 【서면의 제출】** ①국제특허출원의 출원인은 국내서면제출기간내에 다음 각호의 사항을 기재한 서면을 특허청장에게 제출하여야 한다. 이 경우 국제특허출원을 외국어로 출원한 출원인은 제201조제1항의 규정에 의한 번역문을 함께 제출하여야 한다.	**제36조 【도면의 제출】** ①국제실용신안등록출원의 출원인은 국제출원일에 제출한 국제출원이 도면을 포함하지 아니한 경우에는 기준일까지 도면(도면에 관한 간단한 설명을 포함한다)을 특허청장에게 제출하여야 한다. ②특허청장은 기준일까지 제1		

특허법	실용신안법	디자인보호법	상표법
<개정 2001.2.3, 2002.12.11> 1. 출원인의 성명 및 주소(법인인 경우에는 그 명칭 및 영업소의 소재지) 2. 출원인의 대리인이 있는 경우에는 그 대리인의 성명 및 주소나 영업소의 소재지(대리인이 특허법인인 경우에는 그 명칭, 사무소의 소재지 및 지정된 변리사의 성명) 3. 삭제 <2001.2.3> 4. 발명의 명칭 5. 발명자의 성명 및 주소나 영업소 6. 국제출원일 및 국제출원번호 ②특허청장은 다음 각호의 1에 해당하는 경우는 보정기간을 정하여 보정을 명하여야 한다. <신설 2002.12.11> 1. 제1항 전단의 규정에 의한 서면을 국내서면제출기간내에 제출하지 아니한 경우 2. 제1항 전단의 규정에 의하여 제출된 서면이 이 법 또는 이 법에 의한 명령이 정하는 방식에 위반되는 경우 ③제2항의 규정에 의하여 보정명령을 받은 자가 지정된 기간 내에 보정을 하지 아니한 경우에 특허청장은 당해 국제특허	항의 규정에 의한 도면의 제출이 없는 때에는 국제실용신안등록출원의 출원인에게 기간을 정하여 도면의 제출을 명할 수 있다. 기준일까지 제35조제1항 또는 제3항의 규정에 의한 도면의 국어 번역문의 제출이 없는 때에도 또한 같다. ③특허청장은 제2항의 규정에 의하여 도면의 제출명령을 받은 자가 그 지정된 기간 이내에 도면을 제출하지 아니한 때에는 그 국제실용신안등록출원을 무효로 할 수 있다. ④제1항 또는 제2항의 규정에 의하여 제출된 도면 및 도면의 국어 번역문은 제11조의 규정에 의하여 준용되는 「특허법」 제47조제1항의 규정에 의한 보정으로 본다. 이 경우 「특허법」 제47조제1항의 보정기간은 도면의 제출에 이를 적용하지 아니한다. **제41조【「특허법」의 준용】**		

특허법	실용신안법	디자인보호법	상표법
출원을 무효로 할 수 있다. <신설 2002.12.11> **제204조 【국제조사보고서를 받은 후의 보정】** ①국제특허출원의 출원인은 「특허협력조약」 제19조(1)에 따라 국제조사보고서를 받은 후에 국제특허출원의 청구의 범위에 관하여 보정을 한 경우 기준일까지(기준일이 출원심사의 청구일인 경우 출원심사의 청구를 한 때까지를 말한다. 이하 이 조 및 제205조에서 같다) 다음 각 호의 어느 하나에 해당하는 서류를 특허청장에게 제출하여야 한다. 1. 외국어로 출원한 국제특허출원인 경우 그 보정서의 국어 번역문 2. 국어로 출원한 국제특허출원인 경우 그 보정서의 사본 ②제1항에 따라 보정서의 번역문 또는 사본이 제출된 때에는 그 보정서의 번역문 또는 사본에 따라 제47조제1항에 따른 청구의 범위가 보정된 것으로 본다. 다만, 「특허협력조약」 제20조에 따라 기준일까지 그 보정서(국어로 출원한 국제특허출원인 경우에 한정한다)가	제41조 【「특허법」의 준용】		

특허법	실용신안법	디자인보호법	상표법
특허청에 송달된 때에는 그 보정서에 따라 보정된 것으로 본다. ③국제특허출원의 출원인은 「특허협력조약」 제19조(1)에 따른 설명서를 국제사무국에 제출한 경우 다음 각 호의 어느 하나에 해당하는 서류를 기준일까지 특허청장에게 제출하여야 한다. 1. 외국어로 출원한 국제특허출원인 경우 그 설명서의 국어 번역문 2. 국어로 출원한 국제특허출원인 경우 그 설명서의 사본 ④국제특허출원의 출원인이 기준일까지 제1항 또는 제3항에 따른 절차를 밟지 아니한 경우 「특허협력조약」 제19조(1)에 따른 보정서 또는 설명서는 제출되지 아니한 것으로 본다. 다만, 국어로 출원한 국제특허출원인 경우로서 「특허협력조약」 제20조에 따라 기준일까지 그 보정서 또는 그 설명서가 특허청에 송달된 때에는 그러하지 아니하다. [전문개정 2009.1.30] **제205조【국제예비심사보고서 작성 전의 보정】**①국제특허출	**제41조【「특허법」의 준용】**		

특허법	실용신안법	디자인보호법	상표법
원의 출원인은 「특허협력조약」 제34조(2)(b)에 따라 국제특허출원의 명세서, 청구의 범위 및 도면에 대하여 보정을 한 경우 기준일까지 다음 각 호의 어느 하나에 해당하는 서류를 특허청장에게 제출하여야 한다. 1. 외국어로 출원한 국제특허출원인 경우 그 보정서의 국어번역문 2. 국어로 출원한 국제특허출원인 경우 그 보정서의 사본 ②제1항에 따라 보정서의 번역문 또는 사본이 제출된 때에는 그 보정서의 번역문 또는 사본에 따라 제47조제1항에 따른 명세서 및 도면이 보정된 것으로 본다. 다만, 「특허협력조약」 제36조(3)(a)에 따라 기준일까지 그 보정서(국어로 출원한 국제특허출원인 경우에 한정한다)가 특허청에 송달된 때에는 그 보정서에 따라 보정된 것으로 본다. ③국제특허출원의 출원인이 기준일까지 제1항에 따른 절차를 밟지 아니한 경우 「특허협력조약」 제34조(2)(b)에 따른 보정서는 제출되지 아니한 것으로 본다. 다만, 「특허협력조			

특허법	실용신안법	디자인보호법	상표법
약」 제36조(3)(a)에 따라 기준일까지 그 보정서(국어로 출원한 국제특허출원인 경우에 한정한다)가 특허청에 송달된 때에는 그러하지 아니하다. [전문개정 2009.1.30] 제206조 【재외자의 특허관리인의 특례】 ①재외자인 국제특허출원의 출원인은 기준일까지는 제5조제1항의 규정에 불구하고 특허관리인에 의하지 아니하고 특허에 관한 절차를 밟을 수 있다. ②제1항의 규정에 의한 출원번역문을 제출한 재외자는 지식경제부령이 정하는 기간내에 특허관리인을 선임하여 특허청장에게 신고하여야 한다. <개정 1993.3.6, 1995.12.29, 2001.2.3, 2008.2.29> ③제2항의 규정에 의한 선임신고가 없는 경우에는 그 국제특허출원은 취하된 것으로 본다. 제207조 【출원공개시기 및 효과의 특례】 ①국제특허출원의 출원공개에 관하여 제64조제1항을 적용할 때에는 "다음 각 호의 어느 하나에 해당하는 날부터 1년6월이 경과한 때"는 "국	제41조 【「특허법」의 준용】 제41조 【「특허법」의 준용】		제21조 【출원시의 특례】 ①상표등록을 받을 수 있는 자가 다음 각호의 1의 박람회에 출품한 상품에 사용한 상표를 그 출품한 날부터 6월 이내에 그 상품을 지정상품으로 하여 상

특허법	실용신안법	디자인보호법	상표법
내서면제출기간이 지난 때(국내서면제출기간에 출원인이 출원심사의 청구를 한 국제특허출원으로서 「특허협력조약」 제21조에 따라 국제공개가 된 것은 우선일부터 1년 6개월이 지난 때 또는 출원심사의 청구일 중 늦은 때)"로 본다. <개정 2009.1.30> ②제1항에도 불구하고 국어로 출원한 국제특허출원에 관하여 제1항에 따른 출원공개 전에 이미 「특허협력조약」 제21조에 따라 국제공개가 된 경우 그 국제공개 시에 출원공개가 된 것으로 본다. <신설 2009.1.30> ③국제특허출원의 출원인은 국제특허출원에 관하여 국내공개(국어로 출원한 국제특허출원인 경우 「특허협력조약」 제21조에 따른 국제공개를 말한다. 이하 이 항에서 같다)가 있은 후 국제특허출원된 발명을 업으로 실시한 자에게 국제특허출원된 발명인 것을 서면으로 경고한 때에는 그 경고후부터 특허권의 설정등록전에 그 발명을 업으로서 실시한 자에게 그 특허발명의 실시에 대하여 통상 받을 수 있는 금액에			표등록출원을 한 경우에는 당해 상표등록출원은 그 출품을 한 때에 출원한 것으로 본다. 1. 정부 또는 지방자치단체가 개최하는 박람회 2. 정부 또는 지방자치단체의 승인을 얻은 자가 개최하는 박람회 3. 정부의 승인을 얻어 국외에서 개최하는 박람회 4. 조약 당사국 영역안에서 그 정부나 그 정부로부터 승인을 얻은 자가 개최하는 국제박람회 ②제1항의 규정을 적용받고자 하는 자는 그 취지를 기재한 서면을 상표등록출원과 동시에 특허청장에게 제출하고 이를 증명할 수 있는 서류를 상표등록출원일부터 30일 이내에 특허청장에게 제출하여야 한다.

특허법	실용신안법	디자인보호법	상표법
상당하는 보상금의 지급을 청구할 수 있으며, 경고를 하지 아니하는 경우에도 국내공개된 국제특허출원된 발명인 것을 알고 특허권의 설정등록전에 업으로서 그 발명을 실시한 자에 대하여도 또한 같다. 다만, 그 청구권은 당해 특허출원이 특허권의 설정등록된 후가 아니면 이를 행사할 수 없다. <개정 2009.1.30> 제208조 【보정의 특례】 ①국제특허출원에 관하여는 다음 각 호의 요건을 모두 갖추지 아니하면 제47조제1항에도 불구하고 보정(제204조제2항 및 제205조제2항에 따른 보정은 제외한다)을 할 수 없다. <개정 2009.1.30> 1. 제82조제1항에 따른 수수료를 납부할 것 2. 제201조제1항에 따른 국어번역문을 제출할 것. 다만, 국어로 출원된 국제특허출원인 경우는 그러하지 아니하다. 3. 기준일(기준일이 출원심사의 청구일인 경우 출원심사를 청구한 때를 말한다)이 지날 것 ②삭제 <2001.2.3>	제41조 【「특허법」의 준용】		제86조의19 【보정의 특례】 ①제14조제1항의 규정은 국제상표등록출원에 대하여 이를 적용함에 있어서 "그 상표등록출원에 관한 지정상품 및 상표를"은 "제23조제2항의 규정에 의한 거절이유의 통지를 받은 때에 한하여 그 상표등록출원에 관한 지정상품을"로 한다. ②제15조의 규정은 국제상표등록출원에 대하여 이를 적용함에 있어서 "지정상품 및 상표를"은 "지정상품을"로 한다. ③제16조제1항제4호의 규정은 국제상표등록출원에 대하여 이를 적용하지 아니한다. ④제16조제2항 또는 제3항의 규정은 국제상표등록출원에 대하여 이를 적용함에 있어서 "

특허법	실용신안법	디자인보호법	상표법
③외국어로 출원된 국제특허출원의 보정이 가능한 범위에 관하여 제47조제2항의 규정을 적용함에 있어서는 "특허출원서에 최초로 첨부된 명세서 또는 도면에 기재된 사항"은 "국제출원일에 제출한 국제특허출원의 명세서, 청구의 범위 또는 도면(도면중 설명부분에 한한다)의 번역문이나 국제출원일에 제출한 국제특허출원의 도면(도면중 설명부분을 제외한다)에 기재된 사항"으로 한다. <개정 2001.2.3, 2006.3.3> ④삭제 <2001.2.3> ⑤삭제 <2001.2.3> **제209조 【변경출원시기의 제한】** 「실용신안법」 제34조제1항의 규정에 의하여 국제출원일에 출원된 실용신안등록출원으로 보는 국제출원을 기초로 하여 특허출원으로 변경출원을 하는 경우에는 이 법 제53조제1항의 규정에 불구하고 「실용신안법」 제17조제1항의 규정에 의한 수수료를 납부하고 동법 제35조제1항의 규정에 의한 번역문(국어로 출원된 국제실용신안등록출원의 경우를 제외한다)을 제출한 후(「실용신안			상표 또는 지정상품"은 각각 "지정상품"으로 한다. [본조신설 2001.2.3]
제37조 【변경출원시기의 제한】 「특허법」 제199조제2항의 규정에 의하여 국제출원일에 출원된 특허출원으로 보는 국제출원을 기초로 하여 실용신안등록출원으로 변경출원을 하는 경우에는 제10조제1항의 규정에 불구하고 「특허법」 제82조제1항의 규정에 의한 수수료를 납부하고 동법 제201조제1항의 규정에 의한 국어 번역문(국어로 출원된 국제특허출원의 경우를 제외한다)을 제출한 후(「특허법」 제214조제4항의			

특허법	실용신안법	디자인보호법	상표법
법」 제40조제4항의 규정에 의하여 국제출원일로 인정할 수 있었던 날에 출원된 것으로 간주되는 국제출원을 기초로 하는 경우에는 동조제4항의 규정에 의한 결정이 있은 후)가 아니면 이를 할 수 없다. <개정 2006.3.3> [전문개정 1998.9.23] **제210조 【출원심사청구시기의 제한】** 국제특허출원의 출원인은 제201조제1항의 규정에 의한 절차(국어로 출원된 국제특허출원의 경우를 제외한다)를 밟고 제82조제1항의 규정에 의한 수수료를 납부한 후가 아니거나 국제특허출원의 출원인이 아닌 자는 제201조제1항에서 규정한 기간을 경과한 후가 아니면 제59조제2항의 규정에 불구하고 그 국제특허출원에 관하여 출원심사의 청구를 할 수 없다. <개정 1998.9.23> **제211조 【국제조사보고서등에 기재된 문헌의 제출명령】** 특허청장은 국제특허출원의 출원인에 대하여 기간을 정하여 「특허협력조약」 제18조의 국제조	규정에 의하여 국제출원일로 인정할 수 있었던 날에 출원된 것으로 보는 국제출원을 기초로 하는 경우에는 동항의 규정에 의한 결정이 있은 후)가 아니면 이를 할 수 없다. **제38조 【출원심사청구시기의 제한】** 국제실용신안등록출원의 출원인은 제35조제1항의 규정에 의한 절차(국어로 출원된 국제실용신안등록출원의 경우를 제외한다)를 밟고 제17조제1항의 규정에 의한 수수료를 납부한 후가 아니거나 국제실용신안등록출원의 출원인이 아닌 자는 제35조제1항에서 규정한 기간을 경과한 후가 아니면 제12조제2항의 규정에 불구하고 그 국제실용신안등록출원에 관하여 출원심사의 청구를 할 수 없다. **제41조 【「특허법」의 준용】**		

특허법	실용신안법	디자인보호법	상표법
사보고서 또는 동조약 제35조의 국제예비심사보고서에 기재된 문헌의 사본을 제출하게 할 수 있다. <개정 2006.3.3> **제212조 삭제** <2006.3.3> **제213조 【특허의 무효심판의 특례】** 외국어로 출원된 국제특허출원의 특허에 대하여는 제133조제1항 각 호의 규정에 의한 경우외에 발명이 다음 각 호의 어느 하나에 해당하지 아니한다는 이유로 특허의 무효심판을 청구할 수 있다. <개정 2006.3.3> 1. 국제출원일에 제출된 국제출원의 명세서·청구의 범위 또는 도면(도면중 설명부분에 한한다)과 그 출원번역문에 다 같이 기재되어 있는 발명 2. 국제출원일에 제출된 국제출원의 도면(도면중 설명부분을 제외한다)에 기재되어 있는 발명 [전문개정 2002.12.11]	**제39조 【실용신안등록의 무효심판의 특례】** 외국어로 출원된 국제실용신안등록출원의 실용신안등록에 대하여는 제31조제1항 각 호의 규정에 의한 경우 외에 고안이 다음 각 호의 어느 하나에 해당하지 아니한다는 이유로 실용신안등록의 무효심판을 청구할 수 있다. 1. 국제출원일에 제출된 국제출원의 명세서, 청구의 범위 또는 도면(도면 중 설명부분에 한한다)과 그 출원번역문에 다 같이 기재되어 있는 고안 2. 국제출원일에 제출된 국제출원의 도면(도면 중 설명부분을 제외한다)에 기재되어 있는 고안 ▶**판례** 등록고안의 선 출원 등록자가 후 등록된 (가)호 고안이 진보성이 없는 개악고안으로서 무효라는 취지로 주장하면서 적극적 권리		

특허법	실용신안법	디자인보호법	상표법
제214조 【결정에 의하여 특허출원으로 되는 국제출원】 ①국제출원의 출원인은 「특허협력조약」 제4조(1)(ii)의 지정국에 대한민국을 포함하는 국제출원(특허출원만 해당한다)이 다음 각 호의 어느 하나에 해당하는 경우 지식경제부령으로 정하는 기간에 지식경제부령으로 정하는 바에 따라 특허청장에게 같은 조약 제25조(2)(a)에 따른 결정을 하여줄 것을 신청할 수 있다. <개정 2009.1.30> 1. 「특허협력조약」 제2조(xv)의 수리관청이 그 국제출원에 대하여 같은 조약 제25조(1)(a)에 따른 거부를 한 경우	범위확인심판을 청구한 이상 확인의 이익이 없는 부적법한 청구라고 한 사례 등록고안의 선 출원 등록자가 후등록된 (가)호 고안이 진보성이 없는 개악고안으로서 무효라는 취지로 주장하면서 적극적 권리범위확인심판을 청구한 이상 확인의 이익이 없는 부적법한 청구라고 한 사례. (대법원 2002. 6. 28. 선고 99후2433 판결) 제40조 【결정에 의하여 실용신안등록출원으로 되는 국제출원】 ①국제출원의 출원인은 「특허협력조약」 제4조(1)(ii)의 지정국에 대한민국을 포함하는 국제출원(실용신안등록출원만 해당한다)이 다음 각 호의 어느 하나에 해당하는 경우 지식경제부령으로 정하는 기간에 지식경제부령으로 정하는 바에 따라 특허청장에게 같은 조약 제25조(2)(a)에 따른 결정을 하여줄 것을 신청할 수 있다. <개정 2009.1.30> 1. 「특허협력조약」 제2조(xv)의 수리관청이 그 국제출원에 대하여 같은 조약 제25조(1)(a)		

특허법	실용신안법	디자인보호법	상표법
2. 「특허협력조약」 제2조(xv)의 수리관청이 그 국제출원에 대하여 같은 조약 제25조(1)(a) 또는 (b)에 따른 선언을 한 경우 3. 국제사무국이 그 국제출원에 대하여 같은 조약 제25조(1)(a)에 따른 인정을 한 경우 ②제1항의 신청을 하는 자가 그 신청을 할 때에는 명세서·청구의 범위 또는 도면(도면중의 설명부분에 한한다) 기타 지식경제부령이 정하는 국제출원에 관한 서류의 국어에 의한 번역문을 특허청장에게 제출하여야 한다. <개정 1993.3.6, 1995.12.29, 2001.2.3, 2008.2.29> ③특허청장은 제1항의 신청이 있는 때에는 그 신청에 관한 거부·선언 또는 인정이 「특허협력조약」 및 동규칙의 규정에 따라 정당하게 된 것인지에 관하여 결정을 하여야 한다. <개정 2006.3.3> ④특허청장은 제3항의 규정에 의하여 그 거부·선언 또는 인정이 「특허협력조약」 및 동규칙의 규정에 따라 정당하게 된 것이 아니라고 결정을 한 때에는 그 결정에 관한 국제출원은 그 국제출원에 대하여 거	에 따른 거부를 한 경우 2. 「특허협력조약」 제2조(xv)의 수리관청이 그 국제출원에 대하여 같은 조약 제25조(1)(a) 또는 (b)에 따른 선언을 한 경우 3. 「특허협력조약」 제2조(xix)의 국제사무국이 그 국제출원에 대하여 같은 조약 제25조(1)(a)에 따른 인정을 한 경우 ②제1항의 규정에 의한 신청을 하는 자가 그 신청을 할 때에는 명세서, 청구의 범위 또는 도면(도면 중 설명부분에 한한다) 그 밖에 지식경제부령이 정하는 국제출원에 관한 서류의 국어 번역문을 특허청장에게 제출하여야 한다. <개정 2008.2.29> ③특허청장은 제1항의 규정에 의한 신청이 있는 때에는 그 신청에 관한 거부·선언 또는 인정이 「특허협력조약」 및 동조약 규칙의 규정에 따라 정당하게 된 것인지에 관하여 결정을 하여야 한다. ④특허청장은 제3항의 규정에 의하여 거부·선언 또는 인정이 「특허협력조약」 및 동조약 규칙의 규정에 따라 정당하게 된 것이 아니라고 결정을		

특허법	실용신안법	디자인보호법	상표법
부·선언 또는 인정이 없었다면 국제출원일로 인정할 수 있었던 날에 출원된 특허출원으로 본다. <개정 2006.3.3> ⑤특허청장은 제3항의 규정에 따른 정당성 여부의 결정을 하는 때에는 그 결정의 등본을 국제출원의 출원인에게 송달하여야 한다. <신설 2007.1.3> ⑥제199조제2항·제200조·제201조제4항 내지 제8항·제202조제1항 및 제2항·제208조·제210조 및 제213조의 규정은 제4항의 규정에 의하여 특허출원으로 되는 국제출원에 관하여 이를 준용한다. <개정 1998.9.23, 2006.3.3, 2007.1.3> ⑦제4항의 규정에 의하여 특허출원으로 되는 국제출원에 관한 출원공개에 관하여는 제64조제1항중 "특허출원일"을 "제201조제1항의 우선일"로 한다. <개정 2007.1.3>	한 때에는 그 결정에 관한 국제출원은 거부·선언 또는 인정이 없었다면 국제출원일로 인정할 수 있었던 날에 출원된 실용신안등록출원으로 본다. ⑤특허청장은 제3항의 규정에 따른 정당성 여부의 결정을 하는 때에는 그 결정의 등본을 국제출원의 출원인에게 송달하여야 한다. <신설 2007.1.3> ⑥제34조제2항, 제35조제4항 내지 제8항, 제38조, 제39조, 제41조의 규정에 의하여 준용되는 「특허법」 제200조, 제202조제1항·제2항 및 제208조의 규정은 제4항의 규정에 의하여 실용신안등록출원으로 되는 국제출원에 이를 준용한다. <개정 2007.1.3> ⑦제4항의 규정에 의하여 실용신안등록출원으로 되는 국제출원에 관한 출원공개에 관하여는 제15조의 규정에 의하여 준용되는 「특허법」 제64조제1항중 "특허출원일"은 "제35조제1항의 우선일"로 한다. <개정 2007.1.3>		

특허법	실용신안법	디자인보호법	상표법
제11장 보칙	제9장 보칙	제9장 보칙	제9장 보칙
제215조【2 이상의 청구항이 있는 특허 또는 특허권에 관한 특칙】 제65조제6항·제84조제1항제2호·제85조제1항제1호(소멸에 한한다)·제101조제1항제1호, 제104조제1항제1호·제3호 또는 제5호, 제119조제1항, 제133조제2항 또는 제3항, 제136조제6항·제139조제1항·제181조·제182조 또는 「실용신안법」 제26조제1항제2호·제4호 또는 제5호는 2 이상의 청구항이 있는 특허 또는 특허권에 관하여 이를 적용함에 있어서는 청구항마다 특허가 되거나 특허권이 있는 것으로 본다. <개정 2006.3.3> [전문개정 2001.2.3]	**제44조【「특허법」의 준용】** 「특허법」 제215조, 제215조의2, 제216조, 제217조, 제217조의2, 제218조 내지 제220조, 제222조 내지 제224조 및 제224조의2의 규정은 실용신안에 관하여 이를 준용한다.		
제215조의2【2 이상의 청구항이 있는 특허출원의 등록에 관한 특칙】 ①2 이상의 청구항이 있는 특허출원에 대한 특허결정을 받은 자가 특허료를 납부하는 때에는 청구항별로 이를 포기할 수 있다. ②제1항의 규정에 의한 청구항의 포기에 관하여 필요한 사항은 지식경제부령으로 정한다.	**제44조【「특허법」의 준용】**		

특허법	실용신안법	디자인보호법	상표법
<개정 2008.2.29> [본조신설 2001.2.3] 제216조 【서류의 열람등】 ①특허 또는 심판에 관한 증명, 서류의 등본 또는 초본의 교부, 특허원부 및 서류의 열람 또는 복사를 필요로 하는 자는 특허청장 또는 특허심판원장에게 이를 신청할 수 있다. <개정 1995.1.5> ②특허청장 또는 특허심판원장은 제1항의 신청이 있더라도 설정등록 또는 출원공개되지 아니한 특허출원에 관한 서류와 공공의 질서 또는 선량한 풍속을 문란하게 할 염려가 있는 것은 이를 허가하지 아니할 수 있다. <개정 2009.1.30>	제44조 【「특허법」의 준용】	제76조 【서류의 열람등】 ①디자인등록출원 또는 심판등에 관한 증명, 서류의 등본 또는 초본의 교부, 디자인등록원부 및 서류의 열람 또는 복사를 필요로 하는 자는 특허청장 또는 특허심판원장에게 이를 신청할 수 있다. <개정 1995.1.5, 2004.12.31> ②특허청장 또는 특허심판원장은 제1항의 신청이 있더라도 출원공개되지 아니하고 디자인권의 설정등록이 되지 아니한 디자인등록출원에 관한 서류와 공공의 질서 또는 선량한 풍속을 문란하게 할 염려가 있는 것은 이를 허가하지 아니할 수 있다. <개정 1995.1.5, 1995.12.29, 2004.12.31>	제87조 【서류의 열람등】 상표등록출원 및 심판에 관한 증명, 서류의 등본 또는 초본의 교부, 상표원부 및 서류의 열람 또는 복사를 필요로 하는 자는 특허청장 또는 특허심판원장에게 이를 신청할 수 있다. <개정 1995.1.5>
제217조 【특허출원·심사·심판·재심서류 또는 특허원부등의 반출과 공개금지】 ①특허출원·심사·심판·재심에 관한 서류 또는 특허원부는 다음 각 호의 어느 하나에 해당하는 경우를 제외하고는 이를 외부에 반출	제44조 【「특허법」의 준용】	제77조 【디자인등록출원·심사·심판 등에 관한 서류의 반출 및 공개금지】 ①디자인등록출원·심사·디자인무심사등록이의신청·심판·재심에 관한 서류 또는 디자인등록원부는 다음 각 호의 어느 하나에 해당	제88조 【상표등록출원·심사·심판·재심서류 또는 상표원부등의 반출과 공개금지】 ①상표등록출원·심사·상표등록이의신청·심판·재심에 관한 서류 또는 상표원부는 다음 각 호의 어느 하나에 해당하는 경우를

특허법	실용신안법	디자인보호법	상표법
할 수 없다. <개정 2006.3.3, 2007.1.3> 1. 제58조제1항 또는 제2항의 규정에 의한 선행기술의 조사 등을 위하여 특허출원 또는 심사에 관한 서류를 반출하는 경우 2. 제217조의2제1항의 규정에 의한 특허문서전자화업무의 위탁을 위하여 특허출원·심사·심판·재심에 관한 서류 또는 특허원부를 반출하는 경우 3. 「전자정부법」 제30조의 규정에 의한 온라인 원격근무를 위하여 특허출원·심사·심판·재심에 관한 서류 또는 특허원부를 반출하는 경우 ②특허출원·심사·심판이나 재심으로 계속중에 있는 사건의 내용 또는 특허여부결정·심결이나 결정의 내용에 관하여는 감정·증언 또는 질의에 응답할 수 없다. <개정 1997.4.10, 2001.2.3, 2006.3.3>		하는 경우를 제외하고는 이를 외부에 반출할 수 없다. <개정 2007.1.3, 2009.6.9, 2010.2.4> 1. 제25조의2제1항 또는 제2항에 따른 선행디자인의 조사 등을 위하여 디자인등록출원 또는 심사에 관한 서류를 반출하는 경우 2. 제77조의2제1항에 따른 디자인문서전자화업무의 위탁을 위하여 디자인등록출원·심사·디자인무심사등록이의신청·심판·재심에 관한 서류나 디자인등록원부를 반출하는 경우 3. 「전자정부법」 제32조제2항에 따른 온라인 원격근무를 위하여 디자인등록출원·심사·디자인무심사등록이의신청·심판·재심에 관한 서류나 디자인등록원부를 반출하는 경우 ②디자인등록출원·심사·디자인무심사등록이의신청·심판 또는 재심으로 계속중에 있는 사건의 내용 또는 디자인등록여부결정·심결이나 결정의 내용에 관하여는 감정·증언 또는 질의에 응답할 수 없다. <개정 1997.8.22, 2001.2.3, 2004.12.31>	제외하고는 이를 외부에 반출할 수 없다. <개정 2007.1.3, 2010.2.4> 1. 제22조의2제1항 내지 제3항의 규정에 따른 상표검색 등을 위하여 상표등록출원·지리적표시 단체표장등록출원·심사 또는 상표등록이의신청에 관한 서류를 반출하는 경우 2. 제92조에서 준용하는 「특허법」 제217조의2제1항의 규정에 따른 상표문서전자화업무의 위탁을 위하여 상표등록출원·심사·상표등록이의신청·심판·재심에 관한 서류나 상표원부를 반출하는 경우 3. 「전자정부법」 제32조제2항의 규정에 따른 온라인 원격근무를 위하여 상표등록출원·심사·상표등록이의신청·심판·재심에 관한 서류나 상표원부를 반출하는 경우 ②상표등록출원·심사·상표등록이의신청·심판이나 재심으로 계속중에 있는 사건의 내용 또는 상표등록여부결정·심결이나 결정의 내용에 관하여는 감정·증언 또는 질의에 응답할 수 없다. <개정 1997.8.22, 2001.2.3, 2007.1.3> [본조신설 1995.12.29]

특허법	실용신안법	디자인보호법	상표법
제217조의2 【특허문서전자화업무의 대행】 ①특허청장은 특허에 관한 절차를 효율적으로 처리하기 위하여 필요하다고 인정하는 경우에는 특허출원·심사·심판·재심에 관한 서류 또는 특허원부를 전산정보처리조직과 전산정보처리조직의 이용기술을 활용하여 전자화하는 업무 또는 이와 유사한 업무(이하 "특허문서전자화업무"라 한다)를 지식경제부령이 정하는 시설 및 인력을 갖춘 법인에게 위탁하여 수행하게 할 수 있다. <개정 2001.2.3, 2006.3.3, 2008.2.29> ②삭제 <2006.3.3> ③제1항의 규정에 의하여 특허문서전자화업무를 위탁받은 자(이하 "특허문서전자화기관"이라 한다)의 임원·직원 또는 그 직에 있었던 자는 직무상 알게 된 특허출원중의 발명에 관하여 비밀을 누설하거나 도용하여서는 아니된다. ④특허청장은 제28조의3제1항의 규정에 의한 전자문서로 제출되지 아니한 특허출원서 기타 지식경제부령이 정하는 서	제44조 【「특허법」의 준용】	제77조의2 【디자인문서전자화업무의 대행】 ①특허청장은 디자인에 관한 절차를 효율적으로 처리하기 위하여 필요하다고 인정하면 디자인등록출원·심사·디자인무심사등록이의신청·심판·재심에 관한 서류 또는 디자인원부를 전산정보처리조직과 전산정보처리조직의 이용기술을 활용하여 전자화하는 업무 또는 이와 유사한 업무(이하 "디자인문서전자화업무"라 한다)를 지식경제부령으로 정하는 시설 및 인력을 갖춘 법인에 위탁하여 수행하게 할 수 있다. ②제1항에 따라 디자인문서전자화업무를 위탁받은 자(이하 "디자인문서전자화기관"이라 한다)의 임직원 또는 그 직에 있었던 자는 직무상 알게 된 디자인등록출원 중의 디자인에 관하여 비밀을 누설하거나 도용하여서는 아니 된다. ③특허청장은 제4조의28제1항에 따른 전자문서로 제출되지 아니한 디자인등록출원서, 그 밖에 지식경제부령으로 정하는 서류를 제1항에 따라 전자화하고 이를 특허청 또는 특허심판	제92조 【「특허법」의 준용】 「특허법」 제217조의2 내지 제220조, 제222조 및 제224조의2의 규정은 상표에 관하여 이를 준용한다. 다만, 「특허법」 제220조제1항의 규정은 심사관이 제86조의24의 규정에 따라 국제사무국을 통하여 국제상표등록출원인에게 거절이유를 통지하는 경우에는 이를 준용하지 아니한다. <개정 2007.1.3> [본조신설 1995.12.29]

특허법	실용신안법	디자인보호법	상표법
류를 제1항의 규정에 의하여 전자화하고 이를 특허청 또는 특허심판원에서 사용하는 전산정보처리조직의 파일에 수록할 수 있다. <신설 1998.9.23, 2001.2.3, 2008.2.29> ⑤제4항의 규정에 의하여 파일에 수록된 내용은 당해 서류에 기재된 내용과 동일한 것으로 본다. <신설 1998.9.23> ⑥제1항의 규정에 의한 특허문서전자화업무의 수행방법 및 기타 특허문서전자화업무의 수행을 위하여 필요한 사항은 지식경제부령으로 정한다. <개정 2001.2.3, 2008.2.29> ⑦특허청장은 특허문서전자화기관이 제1항의 규정에 의한 지식경제부령이 정하는 시설 및 인력기준에 미달하여 특허청장이 요구한 시정조치에 불응한 경우에는 특허문서전자화업무의 위탁을 취소할 수 있다. 이 경우 미리 의견을 진술할 기회를 부여하여야 한다. <신설 2006.3.3, 2008.2.29> [본조신설 1997.4.10]		원에서 사용하는 전산정보처리조직의 파일에 수록할 수 있다. ④제3항에 따라 파일에 수록된 내용은 해당 서류에 적힌 내용과 같은 것으로 본다. ⑤디자인문서전자화업무의 수행방법, 그 밖에 디자인문서전자화업무의 수행을 위하여 필요한 사항은 지식경제부령으로 정한다. ⑥특허청장은 디자인문서전자화기관이 제1항에 따른 지식경제부령으로 정하는 시설 및 인력기준에 미달하여 특허청장이 요구한 시정조치에 불응한 경우에는 디자인문서전자화업무의 위탁을 취소할 수 있다. 이 경우 미리 의견을 진술할 기회를 주어야 한다. [본조신설 2009.6.9]	
제218조【서류의 송달】 이 법에 규정된 서류의 송달절차 등	제44조【「특허법」의 준용】	제77조의3【서류의 송달】 이 법에 규정된 서류의 송달절차	제92조【「특허법」의 준용】

특허법	실용신안법	디자인보호법	상표법
에 관하여 필요한 사항은 대통령령으로 정한다. <개정 2007.1.3>		등에 필요한 사항은 대통령령으로 정한다. [본조신설 2009.6.9]	
제219조 【공시송달】 ①송달을 받을 자의 주소나 영업소가 불분명하여 송달할 수 없는 때에는 공시송달을 하여야 한다. ②공시송달은 송달할 서류를 받을 자에게 어느 때라도 교부한다는 뜻을 특허공보에 게재함으로써 행한다. ③최초의 공시송달은 특허공보에 게재한 날부터 2주일을 경과하면 그 효력이 발생한다. 다만, 동일 당사자에 대한 이후의 공시송달은 특허공보에 게재한 날의 다음날부터 그 효력이 발생한다.	제44조 【「특허법」의 준용】	제77조의4 【공시송달】 ①송달을 받을 자의 주소나 영업소가 불분명하여 송달할 수 없는 때에는 공시송달을 하여야 한다. ②공시송달은 송달할 서류를 받을 자에게 어느 때라도 교부한다는 뜻을 디자인공보에 게재함으로써 행한다. ③최초의 공시송달은 디자인공보에 게재한 날부터 2주일이 지나면 그 효력이 발생한다. 다만, 같은 당사자에 대한 이후의 공시송달은 디자인공보에 게재한 날의 다음 날부터 그 효력이 발생한다. [본조신설 2009.6.9]	제92조 【「특허법」의 준용】
제220조 【재외자에 대한 송달】 ①재외자로서 특허관리인이 있는 때에는 그 재외자에게 송달할 서류는 특허관리인에게 송달하여야 한다. ②재외자로서 특허관리인이 없는 때에는 그 재외자에게 송달할 서류는 항공등기우편으로 발송할 수 있다. ③제2항의 규정에 의하여 서류	제44조 【「특허법」의 준용】	제77조의5 【재외자에 대한 송달】 ①재외자로서 디자인관리인이 있으면 그 재외자에게 송달할 서류는 디자인관리인에게 송달하여야 한다. ②재외자로서 디자인관리인이 없으면 그 재외자에게 송달할 서류는 항공등기우편으로 발송할 수 있다. ③제2항에 따라 서류를 항공등	제92조 【「특허법」의 준용】 「특허법」 제217조의2 내지 제220조, 제222조 및 제224조의2의 규정은 상표에 관하여 이를 준용한다. 다만, 「특허법」 제220조제1항의 규정은 심사관이 제86조의24의 규정에 따라 국제사무국을 통하여 국제상표등록출원인에게 거절이유를 통지하는 경우에는 이를 준용하지

특허법	실용신안법	디자인보호법	상표법
를 항공등기우편으로 발송한 때에는 그 발송을 한 날에 송달된 것으로 본다. 제221조 【특허공보】 ①특허청은 특허공보를 발행하여야 한다. ②특허공보는 지식경제부령이 정하는 바에 의하여 전자적 매체로 발행할 수 있다. <신설 1997.4.10, 2001.2.3, 2008.2.29> ③특허청장은 전자적 매체로 특허공보를 발행하는 경우에는 정보통신망을 활용하여 특허공보의 발행사실·주요목록 및 공시송달에 관한 사항을 알려야 한다. <신설 1997.4.10, 2001.2.3>	제42조 【실용신안공보】 ①특허청장은 실용신안공보를 발행하여야 한다. ②실용신안공보는 지식경제부령이 정하는 바에 의하여 전자적 매체로 발행할 수 있다. <개정 2008.2.29> ③특허청장은 전자적 매체로 실용신안공보를 발행하는 경우에는 정보통신망을 활용하여 실용신안공보의 발행사실·주요목록 및 공시송달에 관한 사항을 알려야 한다. ▶판례 **선 등록고안과 후 고안 사이의 이용관계의 성립요건 및 등록고안의 균등고안을 이용하는 경우에도 이용관계가 성립하는지 여부(적극)** 선 등록고안과 후 고안이 이용관계에 있는 경우에는 후 고안은 선 등록고안의 권리범위에 속하게 되고, 이러한 이용관계는 후 고안이 선 등록고안의 기술적 구성에 새로운 기술적 요소를 부가	기우편으로 발송한 때에는 그 발송을 한 날에 송달된 것으로 본다. [본조신설 2009.6.9] 제78조 【디자인공보】 ①특허청은 디자인공보를 발행하여야 한다. <개정 2004.12.31, 2007.1.3, 2009.6.9> ②디자인공보는 지식경제부령이 정하는 바에 의하여 전자적 매체로 발행할 수 있다. <신설 1997.4.10, 2001.2.3, 2004.12.31, 2008.2.29> ③특허청장은 전자적 매체로 디자인공보를 발행하는 경우에는 정보통신망을 활용하여 디자인공보의 발행사실·주요목록 및 공시송달에 관한 사항을 알려야 한다. <신설 1997.4.10, 2001.2.3, 2004.12.31> ④제1항의 디자인공보에 게재할 사항은 대통령령으로 정한다. <개정 2004.12.31>	아니한다. <개정 2007.1.3> [본조신설 2001.2.3] 제89조 【상표공보】 ①특허청은 상표공보를 발행하여야 한다. ②상표공보는 지식경제부령이 정하는 바에 의하여 전자적 매체로 발행할 수 있다. <신설 1997.4.10, 2001.2.3, 2008.2.29> ③특허청장은 전자적 매체로 상표공보를 발행하는 경우에는 정보통신망을 활용하여 상표공보의 발행사실·주요목록 및 공시송달에 관한 사항을 알려야 한다. <신설 1997.4.10, 2001.2.3> ④상표공보에 게재할 사항은 대통령령으로 정한다. [본조신설 1995.12.29]

특허법	실용신안법	디자인보호법	상표법
	하는 것으로서 후 고안이 선 등록고안의 요지를 전부 포함하고 이를 그대로 이용하되, 후 고안 내에 선 등록고안이 고안으로서의 일체성을 유지하는 경우에 성립하며, 이는 선 등록고안과 동일한 고안뿐만 아니라 균등한 고안을 이용하는 경우도 마찬가지이다. (대법원 2001. 9. 7. 선고 2001후393 판결)		
제222조 【서류의 제출등】 특허청장 또는 심사관은 당사자에 대하여 심판 또는 재심에 관한 절차외의 절차를 처리하기 위하여 필요한 서류 기타의 물건의 제출을 명할 수 있다.	**제44조 【「특허법」의 준용】**	**제78조의2 【서류의 제출 등】** 특허청장 또는 심사관은 당사자에 대하여 심판 또는 재심에 관한 절차 외의 절차를 처리하기 위하여 필요한 서류, 그 밖에 물건의 제출을 명할 수 있다. [본조신설 2009.6.9]	**제92조 【「특허법」의 준용】**
제223조 【특허표시】 특허권자·전용실시권자 또는 통상실시권자는 물건의 특허발명에 있어서는 그 물건에, 물건을 생산하는 방법의 특허발명에 있어서는 그 방법에 의하여 생산된 물건에 특허표시를 할 수 있으며, 물건에 특허표시를 할 수 없을 때에는 그 물건의 용기나 포장에 그 표시를 할 수	**제44조 【「특허법」의 준용】**	**제79조 【디자인등록표시】** 디자인권자·전용실시권자 또는 통상실시권자는 등록디자인에 관한 물품 또는 그 물품의 용기나 포장등에 디자인등록의 표시를 할 수 있다. <개정 2004.12.31>	**제90조 【등록상표의 표시】** 상표권자·전용사용권자 또는 통상사용권자는 등록상표를 사용할 때에는 당해 상표가 등록상표임을 표시할 수 있다.

특허법	실용신안법	디자인보호법	상표법
있다.			**제90조의2 【동음이의어 지리적 표시 등록단체표장의 표시】** 2 이상의 지리적 표시 등록단체표장이 서로 동음이의어 지리적 표시에 해당하는 경우에는 각 단체표장권자 및 그 소속단체원은 지리적 출처에 대하여 수요자로 하여금 혼동을 초래하지 아니하도록 하는 표시를 등록단체표장과 함께 사용하여야 한다. [본조신설 2004.12.31]
제224조 【허위표시의 금지】 누구든지 다음 각호의 1에 해당하는 행위를 하여서는 아니된다. 1. 특허된 것이 아닌 물건, 특허출원중이 아닌 물건, 특허된 것이 아닌 방법이나 특허출원중이 아닌 방법에 의하여 생산한 물건 또는 그 물건의 용기나 포장에 특허표시 또는 특허출원표시를 하거나 이와 혼동하기 쉬운 표시를 하는 행위 2. 제1호의 표시를 한 것을 양도·대여 또는 전시하는 행위 3. 제1호의 물건을 생산·사용·양도 또는 대여하기 위하여 광고·간판 또는 표찰에 그	**제44조 【「특허법」의 준용】**	**제80조 【허위표시의 금지】** 누구든지 다음 각호의 1에 해당하는 행위를 하여서는 아니된다. <개정 2004.12.31> 1. 디자인등록된 것이 아닌 물품, 디자인등록출원중이 아닌 물품 또는 그 물품의 용기나 포장에 디자인등록표시 또는 디자인등록출원표시를 하거나 이와 혼동하기 쉬운 표시를 하는 행위 2. 제1호의 표시를 한 것을 양도·대여 또는 전시하는 행위 3. 디자인등록된 것이 아닌 물품·디자인등록출원중이 아닌 물품을 생산·사용·양도나 대여를 위하여 광고·간판 또는	**제91조 【허위표시의 금지】** ①누구든지 다음 각호의 1에 해당하는 행위를 하여서는 아니된다. <개정 1997.8.22> 1. 등록을 하지 아니한 상표 또는 상표등록출원을 하지 아니한 상표를 등록상표 또는 등록출원상표인 것 같이 상품에 표시하는 행위 2. 등록을 하지 아니한 상표 또는 상표등록출원을 하지 아니한 상표를 등록상표 또는 등록출원상표인 것같이 영업용 광고·간판·표찰·상품의 포장 또는 기타 영업용 거래서류 등에 표시하는 행위 3. 지정상품외의 상품에 대하

특허법	실용신안법	디자인보호법	상표법
물건이 특허나 특허출원된 것 또는 특허된 방법이나 특허출원중인 방법에 의하여 생산한 것으로 표시하거나 이와 혼동하기 쉬운 표시를 하는 행위 4. 특허된 것이 아닌 방법이나 특허출원중이 아닌 방법을 사용·양도 또는 대여하기 위하여 광고·간판 또는 표찰에 그 방법이 특허 또는 특허출원된 것으로 표시하거나 이와 혼동하기 쉬운 표시를 하는 행위		표찰에 그 물품이 디자인등록 또는 디자인등록출원된 것으로 표시하거나 이와 혼동하기 쉬운 표시를 하는 행위	여 등록상표를 사용하는 경우에 그 상표에 상표등록 표시 또는 이와 혼동하기 쉬운 표시를 하는 행위 ②제1항제1호 및 제2호의 규정에 의한 상표를 표시하는 행위에는 상품, 상품의 포장, 광고, 간판 또는 표찰을 표장의 형장으로 하는 것을 포함한다. <신설 1997.8.22> **제91조의2 【등록상표와 유사한 상표등에 대한 특칙】** ①제50조, 제53조, 제55조제3항, 제57조제2항, 제62조, 제67조제3항, 제73조제1항제3호 및 제4항, 제85조, 제90조 및 제91조에 규정된 "등록상표"에는 그 등록상표와 유사한 상표로서 색채를 등록상표와 동일하게 하면 등록상표와 동일한 상표라고 인정되는 상표를 포함하는 것으로 한다. <개정 1997.8.22, 2002.12.11> ②제66조제1항제1호 및 제73조제1항제2호에 규정된 "등록상표와 유사한 상표"에는 그 등록상표와 유사한 상표로서 색채를 등록상표와 동일하게 하

특허법	실용신안법	디자인보호법	상표법
			면 등록상표와 동일한 상표라고 인정되는 상표를 포함하지 아니하는 것으로 한다. <개정 2004.12.31> ③제66조제2항제1호에 규정된 "타인의 지리적 표시 등록단체표장과 유사한 상표"에는 그 등록단체표장과 유사한 상표로서 색채를 등록단체표장과 동일하게 하면 등록단체표장과 동일한 상표라고 인정되는 상표를 포함하지 아니하는 것으로 한다. <신설 2004.12.31> ④제1항 내지 제3항의 규정은 색채나 색채의 조합만으로 된 등록상표의 경우에는 이를 적용하지 아니한다. <신설 2007.1.3> [본조신설 1995.12.29]
제224조의2 【불복의 제한】 ①보정각하결정·특허여부결정·심결·심판청구서나 재심청구서의 각하결정에 대하여는 다른 법률에 의한 불복을 할 수 없으며, 이 법의 규정에 의하여 불복할 수 없도록 규정되어 있는 처분에 대하여는 다른 법률의 규정에 의한 불복을 할 수 없다. <개정 2001.2.3, 2006.3.3>	제44조 【「특허법」의 준용】	제81조 【불복의 제한】 ①보정각하결정, 디자인등록여부결정, 디자인등록취소결정, 심결, 심판청구서나 재심청구서의 각하결정에 대하여는 다른 법률에 따른 불복을 할 수 없으며, 이 법에 따라 불복할 수 없도록 규정되어 있는 처분에 대하여는 다른 법률에 따른 불복을 할 수 없다. ②제1항에 따른 처분 외의 처	제92조 【「특허법」의 준용】 「특허법」 제217조의2 내지 제220조, 제222조 및 제224조의2의 규정은 상표에 관하여 이를 준용한다. 다만, 「특허법」 제220조제1항의 규정은 심사관이 제86조의24의 규정에 따라 국제사무국을 통하여 국제상표등록출원인에게 거절이유를 통지하는 경우에는 이를 준용하지 아니한다. <개정 2007.1.3>

특허법	실용신안법	디자인보호법	상표법
②제1항의 규정에 의한 처분 외의 처분의 불복에 대하여는 「행정심판법」 또는 「행정소송법」에 의한다. <신설 2006.3.3> [전문개정 1997.4.10]		분의 불복에 대하여는 「행정심판법」 또는 「행정소송법」에 따른다. [전문개정 2009.6.9]	
제12장 벌칙	**제10장 벌칙**	**제10장 벌칙**	**제10장 벌칙**
제225조 【침해죄】 ①특허권 또는 전용실시권을 침해한 자는 7년 이하의 징역 또는 1억원 이하의 벌금에 처한다. <개정 1997.4.10, 2001.2.3> ②제1항의 죄는 고소가 있어야 논한다.	**제45조 【침해죄】** ①실용신안권 또는 전용실시권을 침해한 자는 7년 이하의 징역 또는 1억원 이하의 벌금에 처한다. ②제1항의 죄는 고소가 있어야 공소(公訴)를 제기할 수 있다.	**제82조 【침해죄】** ①디자인권 또는 전용실시권을 침해한 자는 7년 이하의 징역 또는 1억원 이하의 벌금에 처한다. <개정 1997.8.22, 2001.2.3, 2004.12.31> ②제1항의 죄는 고소가 있어야 론한다.	**제93조 【침해죄】** 상표권 및 전용사용권의 침해행위를 한 자는 7년 이하의 징역 또는 1억원 이하의 벌금에 처한다. <개정 1997.8.22, 2001.2.3>
▶판례 특허출원인 내지 특허권자가 특허의 출원·등록과정 등에서 특허발명과 대비대상이 되는 제품을 특허발명의 특허청구범위에서 의식적으로 제외하였다고 볼 수 있는 경우, 특허권자가 그 대비대상이 되는 제품을 제조·판매하고 있는 자를 상대로 특허권의 침해를 주장하는 것이 금반언의 원칙에 위배되는지 여부(적극) 및 특허발명과 대비대상이 되는 제품이 특허발명의 출원·등록과정 등에서 특허발명의 특허청구범위			▶판례 자동차부품인 에어 클리너를 제조하면서 그 포장상자에 자동차 제작회사의 등록상표의 표시를 하였으나 제반 사정에 비추어 그 출처표시가 명백하고 부품 등의 용도설명 등을 위하여 사용한 것에 불과하므로 그 등록상표를 사용한 것으로 볼 수 없고, 타인의 상품과 혼동을 일으키게 하는 행위라고도 볼 수 없다. 자동차부품인 에어 클리너를 제조하면서 그 포장상자에 에어 클리너가 사용되는 적용차종을 밝히기 위하여 자동차 제작회사의 등록상표의 표시를 하였으나 제

특허법	실용신안법	디자인보호법	상표법
로부터 의식적으로 제외된 것에 해당하는지 여부의 판단 방법 특허출원인 내지 특허권자가 특허의 출원·등록과정 등에서 특허발명과 대비대상이 되는 제품을 특허발명의 특허청구범위로부터 의식적으로 제외하였다고 볼 수 있는 경우에는 특허발명과 대비대상이 되는 제품이 특허발명의 보호범위에 속하여 그 권리가 침해되고 있다고 주장하는 것은 금반언의 원칙에 위배되므로 허용되지 아니한다. 그리고 특허발명과 대비대상이 되는 제품이 특허발명의 출원·등록과정 등에서 특허발명의 특허청구범위로부터 의식적으로 제외된 것에 해당하는지 여부는 명세서뿐만 아니라 출원에서부터 특허될 때까지 특허청 심사관이 제시한 견해, 특허출원인이 제출한 보정서와 의견서 등에 나타난 특허출원인의 의도 등을 참작하여 판단하여야 한다. (대법원 2007.2.23. 선고 2005도4210 판결)			반 사정에 비추어 그 줄처표시가 명백하고 부품 등의 용도설명 등을 위하여 사용한 것에 불과하다는 이유로 그 등록상표를 사용한 것으로 볼 수 없고, 그 에어 클리너는 자동차 제작회사에서 공급하는 정품과는 쉽게 구분되는 것이어서 타인의 상품과 혼동을 일으키게 하는 행위라고도 볼 수 없다고 한 사례. (대법원 2001. 7. 13. 선고 2001도1355 판결) ▶판례 **표장이 의장적 기능도 있는 경우, 상표로서의 사용에 해당하는지 여부의 판단 기준** 의장과 상표는 배타적, 선택적인 관계에 있는 것이 아니므로 의장이 될 수 있는 형상이나 모양이라고 하더라도 그것이 상표의 본질적인 기능이라고 할 수 있는 자타상품의 출처표시를 위하여 사용되는 것으로 볼 수 있는 경우에는 위 사용은 상표로서의 사용이라고 보아야 한다. (대법원 2000. 12. 26. 선고 98도2743 판결)
제226조 【비밀누설죄등】 특허청 직원·특허심판원 직원 또는 그 직에 있었던 자가 그 직	**제46조 【비밀누설죄 등】** 특허청 또는 특허심판원의 직원 또는 그 직에 있었던 자가 그 직무	**제86조 【비밀누설죄등】** 특허청 직원·특허심판원 직원 또는 그 직에 있었던 자가 디자인등	

특허법	실용신안법	디자인보호법	상표법
무상 지득한 특허출원 중의 발명(국제출원 중의 발명을 포함한다)에 관하여 비밀을 누설하거나 도용한 때에는 5년 이하의 징역 또는 5천만원 이하의 벌금에 처한다. <개정 1995.1.5, 2009.1.30> [제229조에서 이동, 종전의 제226조는 제227조로 이동 <2009.1.30>]	상 알게 된 실용신안등록출원 중의 고안(국제출원 중의 고안을 포함한다)에 관하여 비밀을 누설하거나 도용한 때에는 5년 이하의 징역 또는 5천만원 이하의 벌금에 처한다. <개정 2009.1.30> [제49조에서 이동, 종전의 제46조는 제47조로 이동 <2009.1.30>]	록출원중인 디자인 또는 제13조제1항에 따라 비밀로 할 것을 청구한 디자인에 관하여 직무상 지득한 비밀을 누설하거나 도용한 때에는 5년 이하의 징역 또는 5천만원 이하의 벌금에 처한다. <개정 1995.1.5, 2004.12.31, 2009.6.9> [전문개정 1993.12.10]	
제226조의2 【전문기관 등의 임·직원에 대한 공무원 의제】 제58조제1항의 규정에 따른 전문기관 또는 특허문서전자화기관의 임원·직원 또는 그 직에 있었던 자는 제226조의 규정을 적용함에 있어서 특허청 직원 또는 그 직에 있었던 자로 본다. <개정 2001.2.3, 2006.3.3> [본조신설 1997.4.10] [제229조의2에서이동<2009.1.30>]	제43조 【전문기관 등의 임·직원에 대한 공무원 의제】 제15조의 규정에 의하여 준용되는 「특허법」 제58조제1항의 규정에 따른 전문기관 또는 제44조의 규정에 의하여 준용되는 「특허법」 제217조의2제3항의 규정에 의한 특허문서전자화기관의 임원·직원 또는 그 직에 있었던 자는 제46조의 규정을 적용함에 있어서 특허청 직원 또는 그 직에 있었던 자로 본다. <개정 2009.1.30>	제86조의2 【전문기관 등의 임직원에 대한 공무원 의제】 제25조의2제1항에 따른 전문기관 또는 제77조의2에 따른 디자인문서전자화기관의 임직원 또는 그 직에 있었던 자는 제86조를 적용할 때에 특허청 소속 직원 또는 그 직에 있었던 자로 본다. [본조신설 2009.6.9]	
제227조 【위증죄】 ①이 법의 규정에 의하여 선서한 증인·감정인 또는 통역인이 특허심판원에 대하여 허위의 진술·감정 또는 통역을 한 때에는 5년 이하의 징역 또는 1천만원 이	제47조 【위증죄】 ①제33조 및 「특허법」 제157조제2항의 규정에 의하여 준용되는 「민사소송법」의 규정에 따라 선서한 증인·감정인 또는 통역인이 특허심판원에 대하여 허위	제83조 【위증죄】 ①이 법의 규정에 의하여 선서한 증인·감정인 또는 통역인이 특허심판원에 대하여 허위의 진술·감정 또는 통역을 한 때에는 5년이하의 징역 또는 1천만원 이하	제94조 【위증죄】 ①이 법의 규정에 의하여 선서한 증인·감정인 또는 통역인이 특허심판원에 대하여 허위의 진술·감정 또는 통역을 한 때에는 5년 이하의 징역 또는 1천만원 이하

특허법	실용신안법	디자인보호법	상표법
하의 벌금에 처한다. <개정 1995.1.5, 2001.2.3> ②제1항의 규정에 의한 죄를 범한 자가 그 사건의 심결의 확정전에 자수한 때에는 그 형을 감경 또는 면제할 수 있다. <개정 1997.4.10, 2006.3.3> [제226조에서 이동, 종전의 제227조는 제228조로 이동 <2009.1.30>]	의 진술·감정 또는 통역을 한 때에는 5년 이하의 징역 또는 1천만원 이하의 벌금에 처한다. ②제1항의 규정에 의한 죄를 범한 자가 그 사건의 심결의 확정 전에 자수한 때에는 그 형을 감경 또는 면제할 수 있다. [제46조에서 이동, 종전의 제47조는 제48조로 이동 <2009.1.30>]	의 벌금에 처한다. <개정 1995.1.5, 2001.2.3> ②제1항의 규정에 의한 죄를 범한 자가 그 사건의 디자인등록여부결정·디자인무심사등록이의결정 또는 심결의 확정전에 자수한 때에는 그 형을 감경 또는 면제할 수 있다. <개정 1997.8.22, 2001.2.3, 2004.12.31>	의 벌금에 처한다. <개정 1995.1.5, 2001.2.3> ②제1항의 규정에 의한 죄를 범한 자가 그 사건의 상표등록여부결정 또는 심결의 확정전에 자수한 때에는 그 형을 감경 또는 면제할 수 있다. <개정 2001.2.3>
제228조 【허위표시의 죄】 제224조의 규정에 위반한 자는 3년이하의 징역 또는 2천만원이하의 벌금에 처한다. [제227조에서 이동, 종전의 제228조는 제229조로 이동 <2009.1.30>]	제48조 【허위표시의 죄】 제44조의 규정에 의하여 준용되는 「특허법」 제224조제1호 내지 제3호의 규정을 위반한 자는 3년 이하의 징역 또는 2천만원 이하의 벌금에 처한다. [제47조에서 이동, 종전의 제48조는 제49조로 이동 <2009.1.30>]	제84조 【허위표시의 죄】 제80조의 규정에 위반한 자는 3년이하의 징역 또는 2천만원이하의 벌금에 처한다.	제95조 【허위표시의 죄】 제91조의 규정에 위반한 자는 3년 이하의 징역 또는 2천만원 이하의 벌금에 처한다.
제229조 【사위행위의 죄】 사위 기타 부정한 행위로써 특허, 특허권의 존속기간의 연장등록 또는 심결을 받은 자는 3년이하의 징역 또는 2천만원 이하의 벌금에 처한다. <개정 1997.4.10, 2001.2.3, 2006.3.3>	제49조 【사위행위의 죄】 사위(詐僞) 그 밖에 부정한 행위로써 실용신안등록 또는 심결을 받은 자는 3년 이하의 징역 또는 2천만원 이하의 벌금에 처한다. [제48조에서 이동, 종전의 제49조는 제46조로	제85조 【사위행위의 죄】 사위 기타 부정한 행위로써 디자인등록 또는 심결을 받은 자는 3년이하의 징역 또는 2천만원 이하의 벌금에 처한다. <개정 2001.2.3, 2004.12.31> [본조신설 2009.6.9]	제96조 【사위행위의 죄】 사위 기타 부정한 행위로써 상표등록·지정상품의 추가등록·상표권의 존속기간갱신등록·상품분류전환등록 또는 심결을 받은 자는 3년 이하의 징역 또는 2천만원 이하의 벌금에 처한다. <개정 2001.2.3>

특허법	실용신안법	디자인보호법	상표법
[제228조에서 이동, 종전의 제229조는 제226조로 이동 <2009.1.30>] **제229조의2** [종전 제229조의2는 제226조의2로 이동 <2009.1.30>] **제230조 【양벌규정】** 법인의 대표자나 법인 또는 개인의 대리인, 사용인, 그 밖의 종업원이 그 법인 또는 개인의 업무에 관하여 제225조제1항, 제228조 또는 제229조의 어느 하나에 해당하는 위반행위를 하면 그 행위자를 벌하는 외에 그 법인에게는 다음 각 호의 어느 하나에 해당하는 벌금형을, 그 개인에게는 해당 조문의 벌금형을 과(科)한다. 다만, 법인 또는 개인이 그 위반행위를 방지하기 위하여 해당 업무에 관하여 상당한 주의와 감독을 게을리하지 아니한 경우에는 그러하지 아니하다. <개정 2009.1.30> 1. 제225조제1항의 경우 : 3억원 이하의 벌금 2. 제228조 또는 제229조의 경우 : 6천만원 이하의 벌금 [전문개정 2008.12.26]	이동 <2009.1.30>] **제50조 【양벌규정】** 법인의 대표자나 법인 또는 개인의 대리인, 사용인, 그 밖의 종업원이 그 법인 또는 개인의 업무에 관하여 제45조제1항, 제48조 또는 제49조의 어느 하나에 해당하는 위반행위를 하면 그 행위자를 벌하는 외에 그 법인에게는 다음 각 호의 어느 하나에 해당하는 벌금형을, 그 개인에게는 해당 조문의 벌금형을 과(科)한다. 다만, 법인 또는 개인이 그 위반행위를 방지하기 위하여 해당 업무에 관하여 상당한 주의와 감독을 게을리하지 아니한 경우에는 그러하지 아니하다. <개정 2009.1.30> 1. 제45조제1항의 경우 : 3억원 이하의 벌금 2. 제48조 또는 제49조의 경우 : 6천만원 이하의 벌금 [전문개정 2008.12.26]	**제87조 【양벌규정】** 법인의 대표자나 법인 또는 개인의 대리인, 사용인, 그 밖의 종업원이 그 법인 또는 개인의 업무에 관하여 제82조제1항, 제84조 또는 제85조의 어느 하나에 해당하는 위반행위를 하면 그 행위자를 벌하는 외에 그 법인에게는 다음 각 호의 어느 하나에 해당하는 벌금형을, 그 개인에게는 해당 조문의 벌금형을 과(科)한다. 다만, 법인 또는 개인이 그 위반행위를 방지하기 위하여 해당 업무에 관하여 상당한 주의와 감독을 게을리하지 아니한 경우에는 그러하지 아니하다. 1. 제82조제1항의 경우 : 3억원 이하의 벌금 2. 제84조 또는 제85조의 경우 : 6천만원 이하의 벌금 [전문개정 2008.12.26]	**제97조 【양벌규정】** 법인의 대표자나 법인 또는 개인의 대리인, 사용인, 그 밖의 종업원이 그 법인 또는 개인의 업무에 관하여 제93조, 제95조 또는 제96조의 어느 하나에 해당하는 위반행위를 하면 그 행위자를 벌하는 외에 그 법인에게는 다음 각 호의 어느 하나에 해당하는 벌금형을, 그 개인에게는 해당 조문의 벌금형을 과(科)한다. 다만, 법인 또는 개인이 그 위반행위를 방지하기 위하여 해당 업무에 관하여 상당한 주의와 감독을 게을리하지 아니한 경우에는 그러하지 아니하다. 1. 제93조의 경우 : 3억원 이하의 벌금 2. 제95조 또는 제96조의 경우 : 6천만원 이하의 벌금 [전문개정 2008.12.26]

특허법	실용신안법	디자인보호법	상표법
제231조 【몰수등】 ①제225조제1항에 해당하는 침해행위를 조성한 물건 또는 그 침해행위로부터 생긴 물건은 이를 몰수하거나 피해자의 청구에 의하여 그 물건을 피해자에게 교부할 것을 선고하여야 한다. <개정 1997.4.10> ②피해자는 제1항의 규정에 의한 물건의 교부를 받은 경우에는 그 물건의 가액을 초과하는 손해의 액에 한하여 배상을 청구할 수 있다.	**제51조 【몰수 등】** ①제45조제1항에 해당하는 침해행위를 조성한 물품 또는 그 침해행위로부터 생긴 물품은 이를 몰수하거나 피해자의 청구에 의하여 그 물품을 피해자에게 교부할 것을 선고할 수 있다. ②피해자는 제1항의 규정에 의한 물품의 교부를 받은 경우에는 그 물품의 가액을 초과하는 손해의 액에 한하여 배상을 청구할 수 있다.	**제87조의2 【몰수 등】** ①제82조제1항에 해당하는 침해행위를 조성한 물건 또는 그 침해행위로부터 생긴 물건은 몰수하거나 피해자의 청구에 의하여 그 물건을 피해자에게 교부할 것을 선고하여야 한다. ②피해자는 제1항에 따른 물건의 교부를 받은 경우에는 그 물건의 가액을 초과하는 손해의 액에 한하여 배상을 청구할 수 있다. [본조신설 2009.6.9]	**제97조의2 【몰수】** ①제93조의 규정에 의한 상표권 또는 전용사용권의 침해행위에 제공되거나 그 침해행위로 인하여 생긴 상표·포장 또는 상품과 상표 또는 포장의 제작용구는 이를 몰수한다. ②제1항의 규정에 불구하고 상품이 기능 및 외관을 해치지 아니하고 상표 또는 포장과 쉽게 분리될 수 있는 경우에는 그 상품은 이를 몰수하지 아니할 수 있다. [본조신설 1997.8.22]
제232조 【과태료】 ①다음 각 호의 어느 하나에 해당하는 자는 50만원이하의 과태료에 처한다. <개정 1995.1.5, 2002.1.26, 2006.3.3> 1. 「민사소송법」 제299조제2항 및 동법 제367조의 규정에 의하여 선서를 한 자로서 특허심판원에 대하여 허위의 진술을 한 자 2. 특허심판원으로부터 증거조사 또는 증거보전에 관하여 서류 기타 물건의 제출 또는 제시의 명령을 받은 자로서 정당한 이유없이 그 명령에 응하지	**제52조 【과태료】** ①다음 각 호의 어느 하나에 해당하는 자는 50만원 이하의 과태료에 처한다. 1. 「민사소송법」 제299조제2항 및 동법 제367조의 규정에 의하여 선서를 한 자로서 특허심판원에 대하여 허위의 진술을 한 자 2. 특허심판원으로부터 증거조사 또는 증거보전에 관하여 서류 그 밖의 물품의 제출 또는 제시의 명령을 받은 자로서 정당한 사유 없이 그 명령에 응하지 아니한 자 3. 특허심판원으로부터 증인·	**제88조 【과태료】** ①다음 각호의 1에 해당하는 자는 50만원이하의 과태료에 처한다. <개정 1995.1.5, 2002.1.26, 2007.1.3> 1. 「민사소송법」 제299조제2항 및 동법 제367조의 규정에 의하여 선서를 한 자로서 특허심판원에 대하여 허위의 진술을 한 자 2. 특허심판원으로부터 증거조사 또는 증거보전에 관하여 서류 기타 물품의 제출 또는 제시의 명령을 받은 자로서 정당한 이유없이 그 명령에 응하지 아니한 자	**제98조 【과태료】** ①다음 각호의 1에 해당하는 자는 50만원 이하의 과태료에 처한다. <개정 1995.1.5, 2002.1.26, 2007.1.3> 1. 「민사소송법」 제299조제2항 및 동법 제367조의 규정에 의하여 선서를 한 자로서 특허심판원에 대하여 허위의 진술을 한 자 2. 특허심판원으로부터 증거조사 또는 증거보전에 관하여 서류 기타 물건의 제출 또는 제시의 명령을 받은 자로서 정당한 이유없이 그 명령에 응하지 아니한 자

특허법	실용신안법	디자인보호법	상표법
아니한 자 3. 삭제 <2006.3.3> 4. 특허심판원으로부터 증인·감정인 또는 통역인으로 소환된 자로서 정당한 이유없이 소환에 응하지 아니하거나 선서·진술·증언·감정 또는 통역을 거부한 자 ②제1항의 규정에 의한 과태료는 대통령령이 정하는 바에 의하여 특허청장이 부과·징수한다. ③제2항의 규정에 의한 과태료의 처분에 불복이 있는 자는 그 처분의 고지를 받은 날부터 30일이내에 특허청장에게 이의를 제기할 수 있다. ④제2항의 규정에 의한 과태료의 처분을 받은 자가 제3항의 규정에 의한 이의를 제기한 때에는 특허청장은 지체없이 관할법원에 그 사실을 통보하여야 하며, 그 통보를 받은 법원은 「비송사건절차법」에 의한 과태료의 재판을 한다. <개정 2006.3.3> ⑤제3항의 규정에 의한 기간내에 이의를 제기하지 아니하고 과태료를 납부하지 아니한 때에는 국세체납처분의 예에 의하여 이를 징수한다.	감정인 또는 통역인으로 소환된 자로서 정당한 사유 없이 소환에 응하지 아니하거나 선서·진술·증언·감정 또는 통역을 거부한 자 ②제1항의 규정에 의한 과태료는 대통령령이 정하는 바에 의하여 특허청장이 부과·징수한다. ③제2항의 규정에 의한 과태료처분에 불복하는 자는 그 처분을 고지 받은 날부터 30일 이내에 특허청장에게 이의를 제기할 수 있다. ④제2항의 규정에 의한 과태료처분을 받은 자가 제3항의 규정에 의한 이의를 제기한 때에는 특허청장은 지체 없이 관할법원에 그 사실을 통보하여야 하며, 그 통보를 받은 관할법원은 「비송사건절차법」에 의한 과태료의 재판을 한다. ⑤제3항의 규정에 의한 기간이내에 이의를 제기하지 아니하고 과태료를 납부하지 아니한 때에는 국세체납처분의 예에 의하여 이를 징수한다.	3. 삭제 <2004.12.31> 4. 특허심판원으로부터 증인·감정인 또는 통역인으로 소환된 자로서 정당한 이유없이 소환에 응하지 아니하거나 선서·진술·증언·감정 또는 통역을 거부한 자 ②제1항의 규정에 의한 과태료는 대통령령이 정하는 바에 의하여 특허청장이 부과·징수한다. ③삭제 <2009.6.9> ④삭제 <2009.6.9> ⑤삭제 <2009.6.9> **제89조 삭제** <2009.6.9>	3. 특허심판원으로부터 증인·감정인 또는 통역인으로 소환된 자로서 정당한 이유없이 소환에 응하지 아니하거나 선서·진술·증언·감정 또는 통역을 거부한 자 ②제1항의 규정에 의한 과태료는 대통령령이 정하는 바에 의하여 특허청장이 부과·징수한다. ③삭제 <2009.5.21> ④삭제 <2009.5.21> ⑤삭제 <2009.5.21>

특허등록령	실용신안등록령	디자인등록령	상표등록령
[시행 2010. 7.28] [대통령령 제22308호, 2010. 7.26, 일부개정]	[시행 2010. 5. 5] [대통령령 제22151호, 2010. 5. 4, 타법개정]	[시행 2010. 7.28] [대통령령 제22308호, 2010. 7.26, 타법개정]	[시행 2010. 7.28] [대통령령 제22308호, 2010. 7.26, 타법개정]
제1장 총칙 **제1조 【목적】** 이 영은 특허권 그밖에 특허에 관한 권리의 등록에 관하여 「특허법」에서 위임된 사항과 그 시행에 관하여 필요한 사항을 규정함을 목적으로 한다. <개정 2005.6.30> [본조신설 2001.6.27][종전 제1조는 제1조의2로 이동 <2001.6.27>]	**제1장 총칙** **제1조 【목적】** 이 영은 실용신안권이나 그 밖의 실용신안에 관한 권리의 등록에 관하여 「실용신안법」에서 위임된 사항과 그 시행에 관하여 필요한 사항을 규정함을 목적으로 한다.	**제1장 총칙** **제1조 【목적】** 이 영은 디자인권과 그 밖에 디자인에 관한 권리의 등록에 관하여 「디자인보호법」에서 위임된 사항과 그 시행에 필요한 사항을 규정함을 목적으로 한다.	**제1장 총칙** **제1조 【목적】** 이 영은 상표등록에 관하여 「상표법」에서 위임된 사항과 그 시행에 필요한 사항을 규정함을 목적으로 한다.
			제2조 【적용 범위】 이 영의 상표등록에 관한 규정은 서비스표, 단체표장 및 업무표장의 등록에 대해서도 적용한다.
제1조의2 【등록사항】 「특허법」(이하 "법"이라 한다) 제85조제3항의 규정에 의한 등록사항은 다음 각 호와 같다. <개정 1996.6.3, 1997.6.26, 1999.6.30, 2005.6.30, 2006.9.28, 2010.7.26> 1. 삭제 <2001.6.27> 1의2. 삭제 <2006.9.28> 2. 법 제106조제1항 및 제106	**제2조 【등록사항】** 「실용신안법」(이하 "법"이라 한다) 제18조제3항에 따른 등록사항은 다음 각 호와 같다. 1. 법 제28조에 따라 준용되는 「특허법」 제106조제1항에 따른 실용신안권의 수용·실시 2. 법 제28조에 따라 준용되는 「특허법」 제107조제1항에 따라 청구된 통상실시권 설정의	**제2조 【등록사항】** 「디자인보호법」(이하 "법"이라 한다) 제37조제3항에 따른 등록사항은 다음 각 호와 같다. 1. 법 제29조의2제1항에 따른 디자인무심사등록이의신청의 확정결정 2. 법 제67조의3(디자인등록취소결정에 대한 심판으로 한정한다), 제68조제1항, 제69조 및	**제3조 【등록사항】** ① 「상표법」(이하 "법"이라 한다) 제39조제3항에 따른 등록사항은 다음 각 호와 같다. 1. 법 제71조제1항, 제72조제1항, 제72조의2제1항, 제73조제1항, 제74조제1항 및 제75조에 따른 심판의 확정심결 2. 법 제83조제1항에 따른 재심의 확정심결

특허등록령	실용신안등록령	디자인등록령	상표등록령
조의2제1항에 따른 특허권의 수용·실시 3. 법 제107조제1항의 규정에 의한 통상실시권 설정의 재정, 법 제114조제1항의 규정에 의한 재정의 취소 및 법 제116조제1항의 규정에 의한 특허권의 취소 4. 법 제132조의3·법 제133조제1항·법 제134조제1항·법 제135조제1항·법 제136조제1항·법 제137조제1항·법 제138조제1항 및 제3항의 규정에 의한 심판의 확정심결 5. 법 제178조제1항의 규정에 의한 재심의 확정심결 6. 법 제186조제1항의 규정에 의한 특허법원의 확정판결 7. 법 제186조제8항의 규정에 의한 대법원의 판결 [전문개정 1990.8.28][제1조에서 이동 <2001.6.27>]	재정, 동법 제114조제1항에 따른 재정의 취소 및 동법 제116조제1항에 따른 실용신안권의 취소 3. 법 제31조제1항, 법 제32조 및 법 제33조에 따라 준용되는 「특허법」 제135조 내지 제137조에 따른 심판의 확정심결 4. 법 제33조에 따라 준용되는 「특허법」 제178조제1항에 따라 청구된 재심의 확정심결 5. 법 제33조에 따라 준용되는 「특허법」 제186조제1항에 따른 특허법원의 확정판결 6. 법 제33조에 따라 준용되는 「특허법」 제186조제8항에 따른 대법원의 판결	제70조제1항·제2항에 따른 심판의 확정심결 3. 법 제73조제1항에 따른 재심의 확정심결 4. 법 제75조제1항에 따른 특허법원의 확정판결 5. 법 제75조제8항에 따른 대법원의 판결	3. 법 제86조제2항에 따라 준용되는 「특허법」 제186조제1항에 따른 특허법원의 확정판결 4. 법 제86조제2항에 따라 준용되는 「특허법」 제186조제8항에 따른 대법원의 판결 ②법 제86조의31에 따라 설정등록을 받은 상표권(이하 "국제등록기초상표권"이라 한다)의 경우에는 제1항 각 호에 따른 사항 외에 「표장의 국제등록에 관한 마드리드협정에 대한 의정서」(이하 "의정서"라 한다) 제2조(1)에 따른 국제등록부(이하 "국제등록부"라 한다)에 등록된 사항을 등록하여야 한다.
제2조 【가등록】 가등록은 다음 각호의 경우에 한다. 1. 등록신청에 필요한 절차상의 요건이 구비되지 아니할 경우 2. 특허권·전용실시권 및 통상실시권과 이를 목적으로 하는 질권의 설정·이전·변경	제9조 【「특허등록령」의 준용】 ①「특허등록령」 제2조, 제4조 내지 제7조, 제9조 내지 제13조, 제15조 내지 제17조, 제19조 내지 제22조, 제24조 내지 제31조, 제31조의2, 제32조, 제34조 내지 제48조 및 제50조 내지 제63조의 규정은 실용신	제3조 【가등록】 가등록은 다음 각 호의 경우에 한다. 1. 등록 신청에 필요한 절차상의 요건이 갖춰지지 아니한 경우 2. 디자인권·전용실시권 및 통상실시권과 이를 목적으로 하는 질권의 설정, 이전, 변경	제4조 【가등록】 가등록은 다음 각 호의 경우에 한다. 1. 등록 신청에 필요한 절차상의 요건이 갖춰지지 아니한 경우 2. 상표권·전용사용권 및 통상사용권과 이를 목적으로 하는 질권의 설정, 이전, 변경 또

특허등록령	실용신안등록령	디자인등록령	상표등록령
또는 소멸에 관하여 청구권을 보전하고자 할 경우 3. 제2호의 청구권이 시기부이거나 정지조건부인 경우 기타 장래에 있어서 확정될 것인 경우	안에 관한 등록 및 그 절차와 실용신안원부에 관하여 이를 준용한다. ②제1항에 따라 준용하는 「특허등록령」 제26조제4항제4호 중 "신청인의 인감증명서(작성 후 6월 이내의 것이어야 하며, 인감증명제도가 없는 외국인인 경우에는 이에 준하는 증명서)"는 "신청인의 인감증명서(작성 후 6월 이내의 것이어야 하며, 인감증명제도가 없는 외국인인 경우에는 이에 준하는 증명서). 다만, 「특허법」 제87조제2항에 따라 특허권의 설정등록을 위하여 동일한 신청인이 특허권의 등록신청과 동시에 실용신안권의 포기를 원인으로 한 말소등록을 신청하는 경우에는 이를 생략할 수 있다."로 본다.	또는 소멸에 관하여 청구권을 보전하려는 경우 3. 제2호의 청구권이 시기부(始期附)이거나 정지조건부(停止條件附)인 경우와 그 밖에 장래에 확정될 것인 경우	는 소멸에 관하여 청구권을 보전하려는 경우 3. 제2호의 청구권이 시기부(始期附)이거나 정지조건부(停止條件附)인 경우와 그 밖에 장래에 확정될 것인 경우
제3조【예고등록】 예고등록은 다음 각 호의 경우에 한다. ＜개정 1981.7.30, 1987.7.1, 1990.8.28, 1996.6.3, 1997.6.26, 1999.6.30, 2006.9.28, 2010.7.26＞ 1. 등록의 원인의 무효나 취소로 인한 등록의 말소 또는 회복의 소가 제기된 경우. 다만, 등록의 원인의 무효나 취소로	제3조【예고등록】 예고등록은 다음 각 호의 경우에 한다. 1. 등록의 원인의 무효나 취소로 인한 등록의 말소 또는 회복의 소가 제기된 경우. 다만, 등록의 원인의 무효나 취소로써 선의의 제3자에게 대항할 수 있는 경우에만 해당된다. 2. 법 제28조에 따라 준용되는	제4조【예고등록】 예고등록은 다음 각 호의 경우에 한다. 1. 등록 원인이 무효나 취소라는 이유로 등록의 말소 또는 회복의 소가 제기된 경우. 다만, 등록 원인의 무효나 취소로써 선의의 제3자에게 대항할 수 있는 경우로 한정한다. 2. 법 제29조의2제1항에 따른	제5조【예고등록】 예고등록은 다음 각 호의 경우에 한다. 1. 등록 또는 의정서 제2조(1)에 따른 국제등록(이하 "국제등록"이라 한다) 원인이 무효나 취소라는 이유로 등록·국제등록의 말소 또는 회복의 소(訴)가 제기된 경우. 다만, 등록·국제등록 원인의 무효나

특허등록령	실용신안등록령	디자인등록령	상표등록령
써 선의의 제3자에 대항할 수 있는 경우에 한한다. 1의2. 삭제 <2006.9.28> 2. 법 제106조제1항 및 제106조의2제1항에 따른 특허권의 수용·실시의 신청이 있는 경우 3. 법 제107조제1항의 규정에 의한 통상실시권 설정의 재정신청, 법 제114조제1항의 규정에 의한 재정의 취소신청 및 법 제116조제1항의 규정에 의한 특허권의 취소신청이 있는 경우 4. 법 제132조의3·법 제133조제1항·법 제134조제1항·법 제135조제1항·법 제136조제1항·법 제137조제1항·법 제138조제1항 및 제3항의 규정에 의한 심판의 청구가 있는 경우 5. 법 제178조제1항의 규정에 의한 재심의 청구가 있는 경우 6. 법 제186조제1항의 규정에 의한 특허법원에의 소가 있는 경우 7. 법 제186조제8항의 규정에 의한 대법원에의 상고가 있는 경우	「특허법」 제106조제1항에 따른 실용신안권의 수용·실시의 신청이 있는 경우 3. 법 제28조에 따라 준용되는 「특허법」 제107조제1항에 따른 통상실시권 설정의 재정청구, 동법 제114조제1항에 따른 재정의 취소신청 또는 동법 제116조제1항에 따른 실용신안권의 취소신청이 있는 경우 4. 법 제31조제1항, 법 제32조 및 법 제33조에 따라 준용되는 「특허법」 제135조 내지 제137조에 따른 심판의 청구가 있는 경우 5. 법 제33조에 따라 준용되는 「특허법」 제178조제1항에 따른 재심의 청구가 있는 경우 6. 법 제33조에 따라 준용되는 「특허법」 제186조제1항에 따른 특허법원에의 소가 있는 경우 7. 법 제33조에 따라 준용되는 「특허법」 제186조제8항에 따른 대법원에의 상고가 있는 경우	디자인무심사등록이의신청 3. 법 제67조의3(디자인등록취소결정에 대한 심판으로 한정한다), 제68조제1항, 제69조 및 제70조제1항·제2항에 따른 심판의 청구가 있는 경우 4. 법 제73조제1항에 따른 재심의 청구가 있는 경우 5. 법 제75조제1항에 따른 특허법원에의 소가 있는 경우 6. 법 제75조제8항에 따른 대법원에의 상고가 있는 경우	취소로써 선의의 제3자에게 대항할 수 있는 경우로 한정한다. 2. 법 제71조제1항, 제72조제1항, 제72조의2제1항, 제73조제1항, 제74조제1항 및 제75조에 따른 심판의 청구가 있는 경우 3. 법 제83조제1항에 따른 재심의 청구가 있는 경우 4. 법 제86조제2항에 따라 준용되는 「특허법」 제186조제1항에 따른 특허법원에의 소가 있는 경우 5. 법 제86조제2항에 따라 준용되는 「특허법」 제186조제8항에 따른 대법원에의 상고가 있는 경우
제4조 【부기등록】 ①다음 각호의 사항의 등록은 부기에 의하	**제9조 【「특허등록령」의 준용】**	**제5조 【부기등록】** ①다음 각 호의 사항의 등록은 부기(附記)	**제6조 【부기등록】** ①다음 각 호의 사항의 등록은 부기(附記)

특허등록령	실용신안등록령	디자인등록령	상표등록령
여 한다. <개정 1999.6.30> 1. 등록명의인의 표시의 변경 또는 경정 2. 질권의 이전 3. 일부가 말소된 등록의 회복 ②다음 각호의 사항의 등록은 등록상의 이해 관계가 있는 제3자가 없는 경우 또는 등록신청서에 등록상의 이해관계가 있는 제3자의 승낙서 또는 그에 대항 할 수 있는 재판의 등본을 첨부한 경우에 한하여 부기에 의하여 한다. <개정 1999.6.30> 1. 특허권 이외의 권리의 변경 2. 등록의 경정(등록명의인의 표시의 경정을 제외한다)		로 한다. 1. 등록명의인의 표시의 변경 또는 경정 2. 질권의 이전 3. 일부가 말소된 등록의 회복 ②다음 각 호의 사항의 등록은 등록에 대한 이해관계가 있는 제3자가 없는 경우 또는 등록신청서에 등록에 대한 이해관계가 있는 제3자의 승낙서나 그에 대항할 수 있는 재판의 등본을 첨부한 경우에만 부기로 한다. 1. 디자인권 외의 권리의 변경 2. 등록의 경정(등록명의인의 표시의 경정은 제외한다)	로 한다. 1. 등록명의인의 표시의 변경 또는 경정 2. 질권의 이전 3. 일부가 말소된 등록의 회복 ②다음 각 호의 사항의 등록은 등록에 대한 이해관계가 있는 제3자가 없는 경우 또는 등록신청서에 등록에 대한 이해관계가 있는 제3자의 승낙서나 그에 대항할 수 있는 재판의 등본을 첨부한 경우에만 부기로 한다. 1. 상표권 외의 권리의 변경 2. 등록의 경정(등록명의인의 표시의 경정은 제외한다)
제5조【등록한 권리의 순위】 ① 동일한 특허권 기타 특허에 관한 권리에 관하여 등록된 권리의 순위는 법령에 특별한 규정이 있는 경우를 제외하고는 등록의 전후에 의한다. <개정 1981.7.30> ②제1항의 등록의 전후는 등록용지중 동일한 난에 등록된 것에 대하여는 순위번호에 의하고, 다른 난에 등록된 것에 대하여는 접수번호에 의한다. <개정 1981.7.30>	**제9조【「특허등록령」의 준용】**	**제6조【등록한 권리의 순위】** ① 같은 디자인권이나 그 밖에 디자인에 관한 권리에 관하여 등록된 권리의 순위는 법령에 특별한 규정이 있는 경우 외에는 등록된 순서에 따른다. ②제1항의 등록 순서는 등록용지 중 같은 난에 등록된 것에 대해서는 순위번호에 따르고, 다른 난에 등록된 것에 대해서는 접수번호에 따른다.	**제7조【등록한 권리의 순위】** ① 같은 상표권이나 그 밖에 상표에 관한 권리에 관하여 등록된 권리의 순위는 법령에 특별한 규정이 있는 경우 외에는 등록된 순서에 따른다. ②제1항의 등록 순서는 상표원부 중 같은 난에 등록된 것에 대해서는 순위번호에 따르고, 다른 난에 등록된 것에 대해서는 접수번호에 따른다.

특허등록령	실용신안등록령	디자인등록령	상표등록령
제6조 【부기등록의 순위】 부기등록의 순위는 주등록의 순위에 의하고, 부기등록 상호순위는 그 전후에 의한다.	**제9조 【「특허등록령」의 준용】**	**제7조 【부기등록의 순위】** 부기등록의 순위는 주등록의 순위에 따르고, 부기등록 간의 순위는 그 등록된 순서에 따른다.	**제8조 【부기등록의 순위】** 부기등록의 순위는 주등록의 순위에 따르고, 부기등록 간의 순위는 그 등록된 순서에 따른다.
제7조 【가등록사항에 대한 본등록의 순위】 가등록을 한 사항에 대하여 본등록을 한 경우에 그 본등록의 순위는 가등록의 순위에 의한다. **제2장 특허원부 및 폐쇄특허원부**	**제9조 【「특허등록령」의 준용】**	**제8조 【가등록사항에 대한 본등록의 순위】** 가등록을 한 사항에 대하여 본등록을 한 경우에 그 본등록의 순위는 가등록의 순위에 따른다. **제2장 디자인원부 및 폐쇄디자인원부**	**제9조 【가등록사항에 대한 본등록의 순위】** 가등록을 한 사항에 대하여 본등록을 한 경우에 그 본등록의 순위는 가등록의 순위에 따른다. **제2장 상표원부 및 폐쇄상표원부**
제8조 【특허원부의 종류】 ①특허원부는 특허등록원부와 특허신탁원부로 한다. <개정 2010.7.26> ②삭제 <1990.8.28> ③심결 또는 판결의 원본에 따라 제1조의2제3호부터 제7호까지의 사항에 관하여 특허등록원부에 그 심결 또는 판결의 요지를 등록한 경우에는 그 원본은 특허등록원부의 일부로 본다. <개정 2006.9.28, 2010.7.26>	**제4조 【실용신안원부의 종류】** ①실용신안원부는 실용신안등록원부와 실용신안신탁원부로 한다. ②심결이나 판결의 원본에 따라 제2조제2호 내지 제6호의 사항에 관하여 실용신안등록원부에 그 심결이나 판결의 요지를 등록한 경우에는 그 원본은 실용신안등록원부의 일부로 본다.	**제9조 【디자인원부의 종류】** ①디자인원부는 디자인등록원부, 디자인관계거절심결재심청구원부 및 디자인신탁원부로 한다. ②등록을 받은 디자인의 도면은 디자인등록원부의 일부로 본다. ③디자인무심사등록이의신청에 대한 결정·심결 또는 판결의 원본에 의하여 디자인등록원부 또는 디자인관계거절심결재심청구원부에 제2조제1호 및 제3호부터 제5호까지의 사항에 관한 결정·심결 또는 판결의 요	**제10조 【상표원부의 종류】** ①상표원부는 상표등록원부와 상표신탁원부로 한다. ②등록을 받은 상표를 표시하는 서류는 상표등록원부의 일부로 본다. 다만, 국제등록기초상표권의 상표를 표시하는 서류는 그러하지 아니하다. ③심결 또는 판결의 원본에 따라 상표등록원부에 제3조제1항 각 호의 사항에 관한 심결 또는 판결의 요지를 등록한 경우, 그 원본은 상표등록원부의 일부로 본다.

특허등록령	실용신안등록령	디자인등록령	상표등록령
		지를 등록한 경우, 그 원본은 디자인등록원부 또는 디자인관계거절심결재심청구원부의 일부로 본다.	
제9조 【특허원부의 서식등】 특허원부는 자기디스크등으로 하되 그 서식·기재방법 및 작성방법과 그 부속서류의 종류는 지식경제부령으로 정한다. <개정 1993.3.6, 1993.12.31, 1995.10.19, 1999.6.30, 2008.2.29>[전문개정 1990.8.28]	제9조 【「특허등록령」의 준용】	제10조 【디자인원부의 서식 등】 디자인원부는 자기디스크 등으로 하되 그 서식, 기재방법 및 작성방법과 그 부속서류의 종류는 지식경제부령으로 정한다.	제11조 【상표원부의 서식 등】 상표원부는 자기디스크 등으로 하며, 그 서식, 기재방법 및 작성방법과 그 부속서류의 종류는 지식경제부령으로 정한다.
제10조 【특허원부의 멸실】 특허청장은 특허원부의 전부 또는 일부가 멸실된 경우에는 3월이상의 기간을 정하여 그 기간내에 등록의 회복을 신청한 자는 그 멸실된 특허원부에 있어서의 종전의 순위를 가진다는 뜻을 고시하여야 한다. <개정 1993.12.31>	제9조 【「특허등록령」의 준용】	제11조 【디자인원부의 멸실】 특허청장은 디자인원부의 전부 또는 일부가 멸실된 경우에는 3개월 이상의 기간을 정하여 그 기간에 등록의 회복을 신청한 자는 그 멸실된 디자인원부에서의 종전 순위를 유지한다는 뜻을 고시하여야 한다.	제12조 【상표원부의 멸실】 특허청장은 상표원부의 전부 또는 일부가 멸실된 경우에는 3개월 이상의 기간을 정하여 그 기간에 등록의 회복을 신청한 자는 그 멸실된 상표원부에서의 종전 순위를 유지한다는 뜻을 고시하여야 한다.
제11조 【특허권의 소멸등록으로 인한 특허원부의 폐쇄】 특허청장은 특허권의 소멸등록을 한 경우에는 해당 특허원부를 폐쇄하여야 한다. <개정 1993.12.31, 2010.7.26> [제목개정 2010.7.26]	제9조 【「특허등록령」의 준용】	제12조 【디자인권의 소멸등록에 따른 디자인원부의 폐쇄】 특허청장은 디자인권의 소멸등록을 한 경우에는 해당 디자인원부를 폐쇄하여야 한다.	제13조 【상표권의 소멸등록에 따른 상표원부의 폐쇄】 특허청장은 상표권의 소멸등록을 한 경우 또는 국제등록기초상표권에 관한 국제등록이 소멸된 경우에는 해당 상표원부를 폐쇄하여야 한다.

특허등록령	실용신안등록령	디자인등록령	상표등록령
제12조 【폐쇄특허원부】 특허청장은 제11조의 규정에 의하여 특허원부를 폐쇄하고자 할 때에는 지식경제부령이 정하는 바에 따라 특허원부에 그 취지를 기재하여야 하며, 이 폐쇄된 특허원부를 폐쇄특허원부로 한다. <개정 1995.10.19, 1999.6.30, 2008.2.29> [전문개정 1993.12.31]	제9조 【「특허등록령」의 준용】	제13조 【폐쇄디자인원부】 특허청장은 제12조에 따라 디자인원부를 폐쇄할 때에는 지식경제부령으로 정하는 바에 따라 디자인원부에 그 취지를 적어야 하며, 그 폐쇄된 디자인원부를 폐쇄디자인원부로 한다.	제14조 【폐쇄상표원부】 특허청장은 제13조에 따라 상표원부를 폐쇄할 때에는 지식경제부령으로 정하는 바에 따라 상표원부에 그 취지를 적어야 하며, 그 폐쇄된 상표원부를 폐쇄상표원부로 한다.
제3장 등록의 절차 **제1절 통칙**		**제3장 등록의 절차** **제1절 통칙**	**제3장 등록의 절차** **제1절 통칙**
제13조 【등록을 할 경우】 ①등록은 법령에 의하여 특허청장이 직권으로 하는 경우 이외에는 신청 또는 촉탁에 의하지 아니하고는 이를 할 수 없다. ②촉탁에 의한 등록의 절차에 관하여는 법령에 특별한 규정이 있는 경우를 제외하고는 이 영 중 신청에 의한 등록에 관한 규정을 준용한다.	제9조 【「특허등록령」의 준용】	제14조 【등록의 방법】 ①등록은 법령에 따라 특허청장이 직권으로 하는 경우 외에는 신청 또는 촉탁에 의해서만 하여야 한다. ②촉탁에 의한 등록의 절차에 관하여는 법령에 특별한 규정이 있는 경우 외에는 이 영 중 신청에 의한 등록에 관한 규정을 준용한다.	제15조 【등록의 방법】 ①등록은 법령에 따라 특허청장이 직권으로 하는 경우 외에는 신청 또는 촉탁에 의해서만 하여야 한다. ②촉탁에 의한 등록의 절차에 관하여는 법령에 특별한 규정이 있는 경우 외에는 이 영 중 신청에 의한 등록에 관한 규정을 준용한다.
제14조 【직권에 의한 등록】 다음 각 호의 사항의 등록은 특허청장이 직권으로 하여야 한	제5조 【직권에 의한 등록】 다음 각 호의 사항은 특허청장이 직권으로 등록하여야 한다. 다만,	제15조 【직권에 의한 등록】 다음 각 호의 사항의 등록은 특허청장이 직권으로 하여야 한	제16조 【직권에 의한 등록】 다음 각 호의 사항의 등록은 특허청장이 직권으로 하여야 한

특허등록령	실용신안등록령	디자인등록령	상표등록령
다. 다만, 제4호부터 제8호까지의 사항의 등록은 특허심판원장의 통지가 있는 경우에만 한다. <개정 1996.6.3, 1997.6.26, 1999.6.30, 2005.6.30, 2006.9.28, 2008.12.31, 2010.5.4, 2010.7.26> 1. 특허권의 설정·소멸(포기로 인한 것을 제외한다)·회복 및 존속기간의 연장 1의2. 삭제 <2006.9.28> 2. 법 제106조제1항 및 제106조의2제1항에 따른 특허권의 수용·실시 3. 법 제107조제1항의 규정에 의한 통상실시권 설정의 재정, 법 제114조제1항의 규정에 의한 재정의 취소 및 법 제116조제1항의 규정에 의한 특허권의 취소 4. 법 제132조의3·법 제133조제1항·법 제134조제1항·법 제135조제1항·법 제136조제1항·법 제137조제1항·법 제138조제1항 및 제3항의 규정에 의한 심판의 확정심결 5. 법 제178조제1항의 규정에 의한 재심의 확정심결 6. 법 제186조제1항의 규정에 의한 특허법원의 확정판결 7. 법 제186조제8항의 규정에 의한 대법원의 판결	제4호부터 제8호까지의 사항의 등록은 특허심판원장의 통지가 있는 경우에만 해당된다. <개정 2008.12.31, 2010.5.4> 1. 실용신안권의 설정·소멸(포기로 인한 것을 제외한다) 및 회복 2. 법 제28조에 따라 준용되는 「특허법」 제106조제1항에 따른 실용신안권의 수용·실시 3. 법 제28조에 따라 준용되는 「특허법」 제107조제1항에 따라 청구된 통상실시권 설정의 재정, 동법 제114조제1항에 따른 재정의 취소 및 동법 제116조제1항에 따른 실용신안권의 취소 4. 법 제31조제1항, 법 제32조 및 법 제33조에 따라 준용되는 「특허법」 제135조 내지 제137조에 따른 심판의 확정심결 5. 법 제33조에 따라 준용되는 「특허법」 제178조제1항에 따라 청구된 재심의 확정심결 6. 법 제33조에 따라 준용되는 「특허법」 제186조제1항에 따른 특허법원의 확정판결 7. 법 제33조에 따라 준용되는 「특허법」 제186조제8항에 따른 대법원의 판결 8. 심판이나 재심에 의한 명세	다. 다만, 제3호부터 제6호까지의 사항의 등록은 특허심판원장의 통지가 있는 경우에만 한다. <개정 2010.5.4, 2010.7.26> 1. 디자인권의 설정, 소멸(포기에 따른 소멸은 제외한다) 또는 회복 2. 법 제29조의2제1항에 따른 디자인무심사등록이의신청의 확정결정 3. 법 제67조의3(디자인등록취소결정에 대한 심판으로 한정한다), 제68조제1항, 제69조 및 제70조제1항·제2항에 따른 심판의 확정심결 4. 법 제73조제1항에 따른 재심의 확정심결 5. 법 제75조제1항에 따른 특허법원의 확정판결 6. 법 제75조제8항에 따른 대법원의 판결 7. 혼동에 따른 전용실시권, 통상실시권 또는 질권의 소멸 8. 권리의 이전등록 시, 말소등록 시, 전용실시권·통상실시권 설정등록 시 및 질권 설정등록 시 등록의무자의 주소 변경[해당 등록을 하는 경우에 제출한 시(행정시를 포함한다)·군·구(자치구가 아닌 구	다. 다만, 제2호부터 제5호까지의 사항의 등록은 특허심판원장의 통지가 있는 경우에만 하고, 제7호의 사항의 등록은 의정서 제2조(1)에 따른 국제사무국의 통지가 있는 경우에만 한다. <개정 2010.7.26> 1. 상표권의 설정, 소멸(포기에 의한 소멸은 제외한다), 회복, 존속기간의 갱신, 상품분류전환 또는 지정상품의 추가 2. 법 제71조제1항, 제72조제1항, 제72조의2제1항, 제73조제1항, 제74조제1항 및 제75조에 따른 심판의 확정심결 3. 법 제83조제1항에 따른 재심의 확정심결 4. 법 제86조제2항에 따라 준용되는 「특허법」 제186조제1항에 따른 특허법원의 확정판결 5. 법 제86조제2항에 따라 준용되는 「특허법」 제186조제8항에 따른 대법원의 판결 6. 혼동으로 인한 전용사용권, 통상사용권 또는 질권의 소멸 7. 국제등록기초상표권에 관하여 국제등록부에 등록된 사항 8. 권리의 이전등록 시, 말소등록 시, 전용사용권·통상사용권 설정등록 시 및 질권 설정

특허등록령	실용신안등록령	디자인등록령	상표등록령
8. 심판 또는 재심에 의한 명세서나 도면의 정정 또는 정정의 무효나 재심에 의한 정정의 회복 8의2. 삭제 <2006.9.28> 9. 혼동으로 인한 전용실시권·통상실시권 또는 질권의 소멸 10. 권리의 이전등록 시, 말소등록 시, 전용실시권·통상실시권 설정등록 시 및 질권 설정등록 시 등록의무자의 주소 변경[해당 등록을 하는 경우에 제출한 시(「제주특별자치도 설치 및 국제자유도시 조성을 위한 특별법」 제15조제2항에 따른 행정시를 포함한다)·군·구(자치구가 아닌 구를 포함한다)·읍·면·동 또는 등기 관련 기관의 장이 증명하는 서면이나 「전자정부법」 제36조제1항에 따른 행정정보의 공동이용을 통하여 특허청장이 등록의무자의 특허원부의 주소가 권리이전등록신청서, 말소등록신청서, 전용실시권·통상실시권 설정등록신청서의 주소로 변경된 사실을 확인할 수 있는 경우만 해당한다] [전문개정 1990.8.28]	서나 도면의 정정 또는 정정의 무효나 재심에 의한 정정의 회복 9. 혼동으로 인한 전용실시권·통상실시권 또는 질권의 소멸 10. 권리의 이전등록 시, 말소등록 시 및 전용실시권·통상실시권 설정등록 시 등록의무자의 주소의 변경(그 권리이전등록 시, 말소등록 시 및 전용실시권·통상실시권 설정등록 시 제출한 시·군·구·읍·면·동 또는 등기 관련 기관의 장이 증명하는 서면에 의하거나 「전자정부법」 제36조제1항에 따른 행정정보의 공동이용을 통하여 특허청장이 등록의무자의 실용신안등록원부상의 주소가 권리이전등록신청서, 말소등록신청서 및 전용실시권·통상실시권 설정등록신청서상의 주소로 변경된 사실을 확인할 수 있는 경우로 한정한다)	를 포함한다)·읍·면·동 또는 등기 관련 기관의 장이 증명하는 서면이나 「전자정부법」 제36조제1항에 따른 행정정보의 공동이용을 통하여 특허청장이 등록의무자의 디자인등록원부의 주소가 권리이전등록신청서, 말소등록신청서, 전용실시권·통상실시권 설정등록신청서 및 질권 설정등록신청서의 주소로 변경된 사실을 확인할 수 있는 경우만 해당한다]	등록 시 등록의무자의 주소 변경[해당 등록을 하는 경우에 제출한 시(「제주특별자치도 설치 및 국제자유도시 조성을 위한 특별법」 제15조제2항에 따른 행정시를 포함한다)·군·구(자치구가 아닌 구를 포함한다)·읍·면·동 또는 등기 관련 기관의 장이 증명하는 서면이나 「전자정부법」 제36조제1항에 따른 행정정보의 공동이용을 통하여 특허청장이 등록의무자의 상표원부의 주소가 권리이전등록신청서, 말소등록신청서, 전용사용권·통상사용권 설정등록신청서 및 질권 설정등록신청서의 주소로 변경된 사실을 확인할 수 있는 경우만 해당한다]

특허등록령	실용신안등록령	디자인등록령	상표등록령
제15조 【등록신청】 ①등록은 법령에 특별한 규정이 있는 경우를 제외하고는 등록권리자 및 등록의무자가 공동으로 신청하여야 한다. ②제1항의 경우에 신청서에 등록의무자의 승낙서를 첨부한 경우에는 등록권리자만으로 신청할 수 있다.	**제9조 【「특허등록령」의 준용】**	**제16조 【등록 신청】** ①등록은 법령에 특별한 규정이 있는 경우 외에는 등록권리자 및 등록의무자가 공동으로 신청하여야 한다. ②제1항의 경우 신청서에 등록의무자의 승낙서를 첨부하였을 때에는 등록권리자만으로 신청할 수 있다. **제17조 【유사디자인권 등이 있는 디자인권의 등록 신청】** 디자인권에 관하여 다음 각 호의 사항의 등록을 신청하는 경우로서 그 디자인권에 법 제7조제1항에 따른 유사디자인권이나 법 제49조제1항에 따른 통상실시권이 있을 때에는 그 유사디자인권이나 통상실시권에	**제17조 【등록 신청】** ①등록은 법령에 특별한 규정이 있는 경우 외에는 등록권리자 및 등록의무자가 공동으로 신청하여야 한다. ②제1항의 경우 신청서에 등록의무자의 승낙서를 첨부하였을 때에는 등록권리자만으로 신청할 수 있다. ③상표권의 이전등록은 그 신청서에 「상표법조약」 제11조(1)(b)에 규정된 서류로서 지식경제부령으로 정하는 서류를 첨부하였을 때에는 등록권리자 또는 등록의무자만으로 신청할 수 있다. ④법 제54조의2에 따른 상표권의 분할에 의한 등록은 등록명의인(상표권자만 해당한다)만으로 신청할 수 있다.

특허등록령	실용신안등록령	디자인등록령	상표등록령
		대해서도 같은 사항의 등록을 함께 신청하여야 한다. 1. 이전 2. 등록명의인의 표시의 변경 또는 경정	
제16조 【판결 또는 상속 등에 의한 등록신청】 판결에 의한 등록은 승소한 등록권리자 또는 등록의무자만으로, 상속 기타의 일반승계에 의한 등록은 등록권리자만으로 이를 신청할 수 있다. [전문개정 1999.6.30]	제9조 【「특허등록령」의 준용】	제18조 【판결 또는 상속 등에 의한 등록 신청】 판결에 의한 등록은 승소한 등록권리자 또는 등록의무자만으로, 상속이나 그 밖의 일반승계에 의한 등록은 등록권리자만으로 신청할 수 있다.	제18조 【판결 또는 상속 등에 의한 등록 신청】 판결에 의한 등록은 승소한 등록권리자 또는 등록의무자만으로 신청할 수 있으며, 상속이나 그 밖의 일반승계에 의한 등록은 등록권리자만으로 신청할 수 있다.
제17조 【등록명의인의 표시의 변경 또는 경정의 등록신청】 등록명의인의 표시의 변경 또는 경정의 등록은 등록명의인만으로 신청할 수 있다. <개정 1999.6.30> [제목개정 1999.6.30] 제18조 삭제 <2001.6.27>	제9조 【「특허등록령」의 준용】	제19조 【등록명의인의 표시의 변경 또는 경정의 등록 신청】 등록명의인의 표시의 변경 또는 경정의 등록은 등록명의인만으로 신청할 수 있다.	제19조 【등록명의인의 표시의 변경 또는 경정의 등록 신청】 등록명의인의 표시의 변경 또는 경정의 등록은 등록명의인만으로 신청할 수 있다.
제19조 【가등록의 신청】 ①가등록은 신청서에 가처분명령의 정본을 첨부한 경우에는 가등록 권리자만으로 신청할 수 있다. ②삭제 <1981.7.30>	제9조 【「특허등록령」의 준용】	제20조 【가등록 신청】 가등록은 신청서에 가처분명령의 정본을 첨부한 경우에는 가등록 권리자만으로 신청할 수 있다.	제20조 【가등록 신청】 가등록은 신청서에 가처분명령의 정본을 첨부한 경우에는 가등록권리자만으로 신청할 수 있다.

특허등록령	실용신안등록령	디자인등록령	상표등록령
제20조 【처분의 제한등의 등록의 촉탁】 ①법원은 특허권 또는 그 특허에 관한 권리에 관하여 처분을 제한하거나 그 제한을 해제한 경우에는 촉탁서에 재판의 등본을 첨부하여 처분의 제한의 등록 또는 그 등록의 말소를 특허청장에게 촉탁하는 것으로 한다. <개정 1981.7.30> ②제1항의 경우에 필요한 때에는 법원은 등록명의인의 표시의 변경이나 경정 또는 상속 기타의 일반 승계에 의한 권리의 이전의 등록을 특허청장에게 촉탁하는 것으로 한다. <개정 1999.6.30>	제9조 【「특허등록령」의 준용】	제21조 【처분의 제한 등에 대한 등록의 촉탁】 ①법원은 디자인권이나 그 디자인에 관한 권리에 관하여 처분을 제한하거나 그 제한을 해제한 경우에는 촉탁서에 재판의 등본을 첨부하여 처분의 제한에 관한 등록 또는 그 등록의 말소를 특허청장에게 촉탁하여야 한다. ②제1항의 경우에 필요하면 법원은 등록명의인의 표시의 변경이나 경정 또는 상속이나 그 밖의 일반승계에 의한 권리의 이전등록을 특허청장에게 촉탁하여야 한다.	제21조 【처분의 제한 등에 대한 등록의 촉탁】 ①법원은 상표권이나 그 상표에 관한 권리에 관하여 처분을 제한하거나 그 제한을 해제한 경우에는 촉탁서에 재판의 등본을 첨부하여 처분의 제한에 관한 등록 또는 그 등록의 말소를 특허청장에게 촉탁하여야 한다. ②제1항의 경우에 필요하면 법원은 등록명의인의 표시의 변경이나 경정 또는 상속이나 그 밖의 일반승계에 의한 권리의 이전등록을 특허청장에게 촉탁하여야 한다.
제21조 【멸실된 특허원부의 회복의 등록신청등】 ①제10조의 규정에 의한 회복의 등록은 등록권리자만으로 신청할 수 있다. ②특허청장은 제1항의 신청이 있는 경우에는 특허증·특허공보 기타의 관계서류를 조사 확인하여 특허원부를 작성하여야 한다. ③특허청장은 제2항의 규정에 의하여 특허원부를 작성한 경	제9조 【「특허등록령」의 준용】	제22조 【멸실된 디자인원부의 회복의 등록 신청 등】 ①제11조에 따른 회복의 등록은 등록권리자만으로 신청할 수 있다. ②특허청장은 제1항의 신청을 받은 경우에는 디자인증, 디자인공보, 그 밖의 관계 서류를 조사·확인하여 디자인원부를 작성하여야 한다. ③특허청장은 제2항에 따라 디자인원부를 작성한 경우에는 그 등본을 디자인권자 및 그	제22조 【멸실된 상표원부의 회복의 등록 신청 등】 ①제12조에 따른 회복의 등록은 등록권리자만으로 신청할 수 있다. ②특허청장은 제1항의 신청을 받은 경우에는 상표등록증, 상표공보, 그 밖의 관계 서류를 조사·확인하여 상표원부를 작성하여야 한다. ③특허청장은 제2항에 따라 상표원부를 작성한 경우에는 그 등본을 상표권자 및 그 상표에

특허등록령	실용신안등록령	디자인등록령	상표등록령
우에는 그 등본을 특허권자 및 그 특허에 관한 권리자에게 각 각 송부하여야 한다. <개정 1981.7.30>		디자인에 관한 권리자에게 각 각 송부하여야 한다.	관한 권리자에게 각각 송부하 여야 한다.
제22조 【예고등록의 촉탁】 법원 은 제3조제1호의 소가 제기된 경우에는 촉탁서에 소장의 등 본 또는 초본을 첨부하여 그 예고 등록을 특허청장에게 촉 탁하는 것으로 한다.	제9조 【「특허등록령」의 준용】	제23조 【예고등록의 촉탁】 법원 은 제4조제1호의 소가 제기된 경우에는 촉탁서에 소장의 등 본 또는 초본을 첨부하여 그 예고등록을 특허청장에게 촉탁 하여야 한다.	제23조 【예고등록의 촉탁】 법원 은 제5조제1호의 소가 제기된 경우에는 촉탁서에 소장의 등 본 또는 초본을 첨부하여 그 예고등록을 특허청장에게 촉탁 하여야 한다.
제23조 【직권에 의한 예고등록】 특허청장은 제3조제2호 내지 제7호의 신청·청구·소의 제 기 또는 상고가 있는 경우에는 직권으로 그 예고등록을 하여 야 한다. 다만, 동조제4호 내지 제7호의 청구·소의 제기 또는 상고에 대한 예고등록은 특허 심판원장의 통지가 있는 경우 에 한한다. <개정 2006.9.28> [전문개정 1997.6.26]	제6조 【직권에 의한 예고등록】 특허청장은 제3조제2호 내지 제7호의 신청, 청구, 소의 제기 또는 상고가 있는 경우에는 직 권으로 그 예고등록을 하여야 한다. 다만, 제3조제4호 내지 제7호의 청구, 소의 제기 또는 상고에 대한 예고등록은 특허 심판원장의 통지가 있는 경우 에 만 한다.	제24조 【직권에 의한 예고등록】 특허청장은 제4조제2호부터 제 6호까지의 규정에 따른 신청, 청구, 소의 제기 또는 상고가 있는 경우에는 직권으로 그 예 고등록을 하여야 한다. 다만, 제4조제3호부터 제6호까지의 규정에 따른 청구, 소의 제기 또는 상고에 대한 예고등록은 특허심판원장의 통지가 있는 경우에만 한다.	제24조 【직권에 의한 예고등록】 특허청장은 제5조제2호부터 제 5호까지의 규정에 따른 청구, 소의 제기 또는 상고가 있고 그에 대한 특허심판원장의 통 지가 있는 경우에는 직권으로 그 예고등록을 한다.
제24조 【신청서】 ①이 영에 의 한 등록을 하고자 하는 자(이 하 "신청인"이라 한다)는 1건마 다 지식경제부령이 정하는 신 청서를 작성하여 특허청장에게 제출하여야 한다. <개정 1990.8.28, 1993.3.6,	제9조 【「특허등록령」의 준용】	제25조 【신청서】 ①이 영에 따 른 등록을 하려는 자(이하 "신 청인"이라 한다)는 1건마다 지 식경제부령으로 정하는 신청서 를 특허청장에게 제출하여야 한다. ②신청인은 제1항에 따른 신청	제25조 【신청서】 ①이 영에 따 른 등록을 하려는 자(이하 "신 청인"이라 한다)는 1건마다 지 식경제부령으로 정하는 신청서 를 특허청장에게 제출하여야 한다. ②신청인은 제1항에 따른 신청

특허등록령	실용신안등록령	디자인등록령	상표등록령
1995.10.19, 1999.6.30, 2008.2.29> ②신청인은 제1항에 따른 신청서에 다음 각 호의 사항을 기재하고 기명한 후 서명하거나 날인하여야 한다. 다만, 지식경제부령으로 정하는 경우에는 서명 또는 날인을 생략할 수 있다.　　　　<개정 1990.8.28, 1993.3.6, 1995.10.19, 1999.6.30, 2001.6.27, 2006.9.28, 2008.2.29, 2008.12.31> 1. 특허번호 2. 등록의 목적이 특허권 이외의 권리에 관한 것인 경우에는 그 권리의 표시 3. 신청인의 성명(법인인 경우에는 그 명칭】 및 출원인코드(출원인코드가 없는 경우에는 신청인의 주소 또는 법인의 영업소 소재지】 4. 신청인의 대리인이 있는 경우에는 그 대리인의 성명(대리인이 특허법인인 경우에는 그 명칭】 및 대리인코드(대리인코드가 없는 경우에는 대리인의 주소 또는 법인의 영업소 소재지】 5. 삭제　<2006.9.28> 6. 등록의 원인 7. 등록의 목적		서에 다음 각 호의 사항을 적고 기명한 후 서명하거나 날인하여야 한다. 다만, 지식경제부령으로 정하는 경우에는 서명 및 날인을 모두 생략할 수 있다. 1. 디자인번호 2. 등록의 목적이 디자인권 외의 권리에 관한 것인 경우에는 그 권리의 표시 3. 신청인의 성명(법인인 경우에는 그 명칭을 말한다) 및 출원인코드(출원인코드가 없는 경우에는 신청인의 주소 또는 법인의 영업소 소재지를 말한다) 4. 신청인의 대리인이 있는 경우에는 그 대리인의 성명(대리인이 특허법인인 경우에는 그 명칭을 말한다) 및 대리인코드(대리인코드가 없는 경우에는 대리인의 주소 또는 법인의 영업소 소재지를 말한다) 5. 등록의 원인 6. 등록의 목적 7. 그 밖에 다른 규정에 따라 적어야 할 사항	서에 다음 각 호의 사항을 적고 기명(記名)한 후 서명하거나 날인하여야 한다. 다만, 지식경제부령으로 정하는 경우에는 서명 및 날인을 모두 생략할 수 있다. 1. 상표등록번호 또는 국제등록번호, 상품류구분, 지정상품 및 법 제54조제1항에 따라 지정상품을 분할하여 이전할 경우에는 그 지정상품과 유사한 지정상품 2. 등록의 목적이 상표권 외의 권리에 관한 것인 경우에는 그 권리의 표시 3. 신청인의 성명(법인인 경우에는 그 명칭을 말한다) 및 출원인코드(출원인코드가 없는 경우에는 신청인의 주소 또는 법인의 영업소 소재지) 4. 신청인의 대리인이 있는 경우에는 그 대리인의 성명(대리인이 특허법인인 경우에는 그 명칭을 말한다) 및 대리인코드(대리인코드가 없는 경우에는 대리인의 주소 또는 법인의 영업소 소재지) 5. 등록권리자가 외국인인 경우에는 그 국적 6. 등록의 원인 7. 등록의 목적

특허등록령	실용신안등록령	디자인등록령	상표등록령
8. 기타 다른 규정에 의하여 기재할 사항 [전문개정 1987.7.1]			8. 법 제59조에 따라 지정상품의 일부를 포기하는 경우에는 그 포기할 지정상품 9. 그 밖에 다른 규정에 따라 적어야 할 사항
제25조 【병합신청】 2이상의 특허권 또는 그 특허에 관한 권리의 등록은 등록의 원인 및 목적이 동일한 경우에 한하여 동일한 신청서로 신청할 수 있다. <개정 1981.7.30>	**제9조 【**「특허등록령」의 준용**】**	**제26조 【병합신청】** 둘 이상의 디자인권이나 그 디자인에 관한 권리의 등록은 등록의 원인 및 목적이 같은 경우에만 같은 신청서로 신청할 수 있다.	**제26조 【병합신청】** 둘 이상의 상표권이나 그 상표에 관한 권리의 등록은 등록의 원인 및 목적이 같은 경우에만 같은 신청서로 신청할 수 있다.
제26조 【신청에 필요한 첨부서류】 ①제24조제1항의 규정에 의한 신청서에는 다음 각호의 서류를 첨부하여야 한다. <개정 1975.12.26, 1980.12.24, 1987.7.1, 2001.6.27> 1. 등록의 원인을 증명하는 서류 2. 등록의 원인에 대하여 제3자의 허가·인가·동의 또는 승낙을 필요로 할 경우에는 그 허가·인가·동의 또는 승낙을 받았음을 증명하는 서류 3. 삭제 <2001.6.27> 4. 삭제 <2001.6.27> 5. 삭제 <2001.6.27> 6. 대리인에 의하여 등록을 신청하는 경우에는 그 대리권을	**제9조 【**「특허등록령」의 준용**】**	**제27조 【신청에 필요한 첨부서류】** ①제25조제1항에 따른 신청서에는 다음 각 호의 서류를 첨부하여야 한다. 1. 등록의 원인을 증명하는 서류 2. 등록의 원인에 대하여 제3자의 허가·인가·동의 또는 승낙이 필요한 경우에는 그 허가·인가·동의 또는 승낙을 받았음을 증명하는 서류 3. 대리인이 등록을 신청하는 경우에는 그 대리권을 증명하는 서류 4. 그 밖에 다른 규정에 따라 첨부할 서류 ②제1항제1호의 서류가 집행력 있는 판결인 경우에는 같은 항	**제27조 【신청에 필요한 첨부서류】** ①제25조제1항에 따른 신청서에는 다음 각 호의 서류를 첨부하여야 한다. 1. 등록의 원인을 증명하는 서류 2. 등록의 원인에 대하여 제3자의 허가·인가·동의 또는 승낙이 필요한 경우에는 그 허가·인가·동의 또는 승낙을 받았음을 증명하는 서류 3. 대리인이 등록을 신청하는 경우에는 그 대리권을 증명하는 서류 4. 그 밖에 다른 규정에 따라 첨부할 서류 ②제1항제1호의 서류가 집행력 있는 판결인 경우에는 같은 항

특허등록령	실용신안등록령	디자인등록령	상표등록령
증명하는 서류 7. 삭제 <1980.12.24> 8. 기타 다른 규정에 의하여 첨부할 서류 ②제1항제1호의 서류가 집행력 있는 판결인 경우에는 동항제2호의 서류의 첨부를 요하지 아니한다. <개정 2001.6.27> ③제1항제2호의 서류를 필요로 할 경우에는 그 제3자로 하여금 신청서에 기명하고 서명 또는 날인하게 함으로써 그 서류의 첨부에 갈음할 수 있다. <개정 2008.12.31> ④제1항의 규정에 불구하고 등록의 원인이 특허권 그밖에 특허에 관한 권리를 포기하는 것인 경우에는 제24조제1항의 규정에 의한 신청서에 다음 각호의 서류를 첨부하여야 한다. <개정 2001.6.27> 1. 제1항 각호의 규정에 의한 서류 2. 신청인이 외국인인 경우에는 그 국적증명서 3. 신청인이 법인인 경우에는 법인임을 증명하는 서류 4. 신청인의 인감증명서(작성 후 6월 이내의 것이어야 하며, 인감증명제도가 없는 외국인인 경우에는 이에 준하는 증명서)		제2호의 서류를 첨부하지 아니한다. ③제1항제2호의 서류가 필요한 경우에는 그 제3자로 하여금 신청서에 기명하고 서명 또는 날인하게 함으로써 그 서류를 첨부한 것으로 갈음할 수 있다. ④제1항에도 불구하고 등록의 원인이 디자인권이나 그 밖의 디자인에 관한 권리를 포기하는 것인 경우에는 제25조제1항에 따른 신청서에 다음 각 호의 서류를 첨부하여야 한다. 1. 제1항 각 호에 따른 서류 2. 신청인이 외국인인 경우에는 그 국적증명서 3. 신청인이 법인인 경우에는 법인임을 증명하는 서류 4. 신청인의 인감증명서(발급 후 6개월 이내의 것이어야 하며, 본국에 인감증명제도가 없는 외국인인 경우에는 이에 준하는 증명서를 말한다) ⑤등록의 원인이 제36조제1항 및 제3항에 따라 불수리 이유를 통지받은 등록 신청에 대하여 그 흠결을 보완하여 재신청하는 것인 경우에는 제1항에도 불구하고 제25조제1항에 따른 신청서에 다음 각 호의 서류를	제2호의 서류를 첨부하지 아니한다. ③제1항제2호의 서류가 필요한 경우에는 그 제3자로 하여금 신청서에 기명하고 서명 또는 날인하게 함으로써 그 서류의 첨부를 갈음할 수 있다. ④제1항에도 불구하고 등록의 원인이 상표권이나 그 밖에 상표에 관한 권리를 포기하는 것인 경우에는 제25조제1항에 따른 신청서에 다음 각 호의 서류를 첨부하여야 한다. 1. 제1항 각 호에 따른 서류 2. 신청인이 외국인인 경우에는 그 국적증명서 3. 신청인이 법인인 경우에는 법인임을 증명하는 서류 4. 신청인의 인감증명서(발급 후 6개월 이내의 것이어야 하며, 본국에 인감증명제도가 없는 외국인인 경우에는 이에 준하는 증명서를 말한다) ⑤등록의 원인이 제36조제1항 및 제3항에 따라 불수리 이유를 통지받은 등록 신청에 대하여 그 흠을 보완하여 재신청하는 것인 경우에는 제1항에도 불구하고 제25조제1항에 따른 신청서에 다음 각 호의 서류를 첨부하여 신청할 수 있다.

특허등록령	실용신안등록령	디자인등록령	상표등록령
⑤등록의 원인이 제34조제1항 및 제3항의 규정에 따라 불수리 이유를 통지받은 등록 신청에 대하여 그 흠결을 보완하여 재신청하는 것인 경우에는 제1항의 규정에 불구하고 제24조제1항의 규정에 따른 신청서에 다음 각 호의 서류를 첨부하여 신청할 수 있다. <신설 2005.6.30> 1. 등록의 원인에 대하여 제3자의 허가·인가·동의 또는 승낙을 필요로 할 경우에는 그 허가·인가·동의 또는 승낙을 받았음을 증명하는 서류 2. 대리인에 의하여 등록을 신청하는 경우에는 그 대리권을 증명하는 서류 3. 보완서류 ⑥삭제 <2001.6.27> [제목개정 1987.7.1]		첨부하여 신청할 수 있다. 1. 등록의 원인에 대하여 제3자의 허가·인가·동의 또는 승낙이 필요한 경우에는 그 허가·인가·동의 또는 승낙을 받았음을 증명하는 서류 2. 대리인이 등록을 신청하는 경우에는 그 대리권을 증명하는 서류 3. 보완서류	1. 등록의 원인에 대하여 제3자의 허가·인가·동의 또는 승낙이 필요한 경우에는 그 허가·인가·동의 또는 승낙을 받았음을 증명하는 서류 2. 대리인이 등록을 신청하는 경우에는 그 대리권을 증명하는 서류 3. 보완서류
제27조 【채권자의 대위】 채권자가 「민법」 제404조의 규정에 의하여 채무자에 대위하여 등록을 신청하는 경우에는 신청서에 다음 각호의 사항을 기재하고 그 대위의 원인을 증명하는 서류를 첨부하여야 한다. <개정 2001.6.27, 2005.6.30> 1. 채권자 및 채무자의 성명	**제9조 【「특허등록령」의 준용】**	**제28조 【채권자의 대위】** 채권자가 「민법」 제404조에 따라 채무자를 대위하여 등록을 신청하는 경우에는 신청서에 다음 각 호의 사항을 적고 그 대위의 원인을 증명하는 서류를 첨부하여야 한다. 1. 채권자 및 채무자의 성명 및 주소(법인인 경우에는 그	**제28조 【채권자의 대위】** 채권자가 「민법」 제404조에 따라 채무자를 대위하여 등록을 신청하는 경우에는 신청서에 다음 각 호의 사항을 적고 그 대위의 원인을 증명하는 서류를 첨부하여야 한다. 1. 채권자 및 채무자의 성명 및 주소(법인인 경우에는 그

특허등록령	실용신안등록령	디자인등록령	상표등록령
및 주소(법인인 경우에는 그 명칭 및 영업소의 소재지) 2. 대위의 원인		명칭 및 영업소의 소재지를 말한다) 2. 대위의 원인	명칭 및 영업소의 소재지를 말한다) 2. 대위의 원인
제28조 【권리의 소멸에 관한 사항의 기재】 등록의 원인에 등록의 목적인 권리의 소멸에 관한 사항을 정하고 있는 경우에는 신청서에 그 사항을 기재할 수 있다. <개정 2001.6.27>	제9조 【「특허등록령」의 준용】	제29조 【권리의 소멸에 관한 사항의 기재】 등록의 원인에 등록의 목적인 권리의 소멸에 관한 사항을 정하고 있는 경우에는 신청서에 그 사항을 적을 수 있다.	제29조 【권리의 소멸에 관한 사항의 기재】 등록의 원인에 등록의 목적인 권리의 소멸에 관한 사항을 정하고 있는 경우에는 신청서에 그 사항을 적을 수 있다.
제29조 【지분 등의 기재】 ①등록권리자가 둘 이상인 경우 등록의 원인에 지분에 관한 사항을 정하고 있을 때에는 신청서에 그 지분을 적을 수 있다. 특허권이나 그 특허에 관한 권리의 일부 이전의 등록을 신청하는 경우에도 또한 같다. <개정 1981.7.30, 2001.6.27, 2010.7.26> ②등록권리자가 둘 이상인 경우에 법 제99조제3항(법 제100조제5항 및 제102조제7항에서 준용하는 경우를 포함한다)에 따른 약정이나 「민법」 제268조제1항 단서에 따른 약정이 있을 때에는 신청서에 그 약정을 적을 수 있다. <개정 2010.7.26> [제목개정 2010.7.26]	제9조 【「특허등록령」의 준용】	제30조 【지분 등의 기재】 ①등록권리자가 둘 이상인 경우 등록의 원인에 지분에 관한 사항을 정하고 있을 때에는 신청서에 그 지분을 적을 수 있다. 디자인권이나 그 디자인에 관한 권리의 일부 이전의 등록을 신청하는 경우에도 또한 같다. ②등록권리자가 둘 이상인 경우에 법 제46조제3항(법 제47조제5항에서 준용하는 경우를 포함한다)에 따른 약정 또는 「민법」 제268조제1항 단서에 따른 약정이 있을 때에는 신청서에 그 약정을 적을 수 있다.	제30조 【지분 등의 기재】 ①등록권리자가 둘 이상인 경우 등록의 원인에 지분에 관한 사항을 정하고 있을 때에는 신청서에 그 지분을 적을 수 있다. 상표권이나 그 상표에 관한 권리의 일부 이전의 등록을 신청하는 경우에도 또한 같다. ②등록권리자가 둘 이상인 경우에 「민법」 제268조제1항 단서에 따른 약정이 있을 때에는 신청서에 그 약정을 적을 수 있다.

특허등록령	실용신안등록령	디자인등록령	상표등록령
제30조 【말소한 등록의 회복】 말소한 등록의 회복을 신청하는 경우에 등록상의 이해관계가 있는 제3자가 있는 때에는 신청서에 그 승낙서 또는 그에 대항할 수 있는 재판의 등본을 첨부하여야 한다. <개정 1981.7.30, 1999.6.30>	**제9조 【「특허등록령」의 준용】**	**제31조 【말소한 등록의 회복】** 말소한 등록의 회복을 신청하는 경우에 등록에 대한 이해관계가 있는 제3자가 있을 때에는 신청서에 그 승낙서 또는 그에 대항할 수 있는 재판의 등본을 첨부하여야 한다.	**제31조 【말소한 등록의 회복】** 말소한 등록의 회복을 신청하는 경우에 등록에 대한 이해관계가 있는 제3자가 있을 때에는 신청서에 그 승낙서나 그에 대항할 수 있는 재판의 등본을 첨부하여야 한다.
제31조 【사실증명서류의 첨부 등】 다음 각 호의 어느 하나에 해당하는 신청인은 신청서에 그 사실을 증명할 수 있는 서류를 첨부하여야 한다. 다만, 특허청장이 「전자정부법」 제36조제1항에 따른 행정정보의 공동이용을 통하여 신청인의 첨부서류에 대한 정보를 확인할 수 있으면 그 확인으로 첨부서류를 갈음할 수 있으며, 신청인이 확인에 동의하지 아니하면 이를 첨부하도록 하여야 한다. <개정 2006.6.12, 2010.5.4> 1. 등록의 원인이 상속 기타의 일반승계인 경우 2. 신청인이 등록권리자 또는 등록의무자의 상속인 기타의 일반승계인인 경우 3. 삭제 <2001.6.27> [제목개정 2006.6.12]	**제9조 【「특허등록령」의 준용】**	**제32조 【사실증명서류의 첨부 등】** 다음 각 호의 어느 하나에 해당하는 신청인은 신청서에 그 사실을 증명할 수 있는 서류를 첨부하여야 한다. 다만, 특허청장이 「전자정부법」 제36조제1항에 따른 행정정보의 공동이용을 통하여 신청인의 첨부서류에 대한 정보를 확인할 수 있으면 그 확인으로 첨부서류를 갈음할 수 있으며, 신청인이 확인에 동의하지 아니하면 해당 서류를 첨부하도록 하여야 한다. <개정 2010.5.4> 1. 등록의 원인이 상속이나 그 밖의 일반승계인 경우 2. 신청인이 등록권리자 또는 등록의무자의 상속인이나 그 밖의 일반승계인인 경우	**제32조 【사실증명서류의 첨부 등】** 다음 각 호의 어느 하나에 해당하는 신청인은 신청서에 그 사실을 증명할 수 있는 서류를 첨부하여야 한다. 다만, 특허청장이 「전자정부법」 제36조제1항에 따른 행정정보의 공동이용을 통하여 신청인의 첨부서류에 대한 정보를 확인할 수 있으면 그 확인으로 첨부서류를 갈음하여야 하며, 신청인이 확인에 동의하지 아니하면 해당 서류를 첨부하도록 하여야 한다. 1. 등록의 원인이 상속이나 그 밖의 일반승계인 경우 2. 신청인이 등록권리자 또는 등록의무자의 상속인이나 그 밖의 일반승계인인 경우

특허등록령	실용신안등록령	디자인등록령	상표등록령
제31조의2 【특허청장이 제출을 명하는 서류】 ①특허청장은 제24조 또는 제26조부터 제31조까지의 규정에 따른 신청서 및 첨부서류를 검토한 결과 신청인에 대한 구체적인 확인이 필요하다고 인정되면 기간을 정하여 다음 각 호의 서류를 제출하도록 할 수 있다. <개정 2006.6.12, 2008.12.31, 2010.7.26> 1. 가족관계등록부 증명서, 국적증명서(신청인이 외국인인 경우만 해당한다), 그 밖에 신청인을 확인할 수 있는 서류 2. 신청인이 법인인 경우에는 법인임을 증명하는 서류(제2항 제2호를 통하여 확인할 수 없는 경우만 해당한다) 3. 신청인의 인감증명서(발급 후 6개월 이내의 것이어야 하며, 본국에 인감증명제도가 없는 외국인인 경우에는 이에 준하는 증명서를 말한다) 4. 서명에 대한 공증서(외국인인 경우에는 본인이 서명하였다는 것을 증명하는 본국 관공서의 증명서면을 포함한다) ②제1항에 따라 신청인에 대한 구체적인 확인이 필요하다고	제9조 【「특허등록령」의 준용】	제33조 【특허청장이 제출을 명하는 서류】 ①특허청장은 제25조 또는 제27조부터 제32조까지의 규정에 따른 신청서 및 첨부서류를 검토한 결과 신청인에 대한 구체적인 확인이 필요하다고 인정되면 기간을 정하여 다음 각 호의 서류를 제출하도록 할 수 있다. 1. 가족관계등록부 증명서, 주민등록표 등본·초본, 국적증명서(신청인이 외국인인 경우만 해당한다), 그 밖에 신청인을 확인할 수 있는 서류 2. 신청인이 법인인 경우에는 법인임을 증명하는 서류 3. 신청인의 인감증명서(발급 후 6개월 이내의 것이어야 하며, 본국에 인감증명제도가 없는 외국인인 경우에는 이에 준하는 증명서를 말한다) 4. 서명에 대한 공증서(외국인인 경우에는 본인이 서명하였다는 것을 증명하는 본국 관공서의 증명서면을 포함한다) ②제1항에 따라 제출된 서류를 받은 특허청장은 「전자정부법」 제36조제1항에 따른 행정정보의 공동이용을 통하여 제1항 각 호의 서류에 대한 정보	제33조 【특허청장이 제출을 명하는 서류】 ①특허청장은 제25조 또는 제27조부터 제32조까지의 규정에 따른 신청서 및 첨부서류를 검토한 결과 신청인에 대한 구체적인 확인이 필요하다고 인정되면 기간을 정하여 다음 각 호의 서류를 제출하도록 할 수 있다. 1. 가족관계등록부 증명서, 국적증명서(신청인이 외국인인 경우만 해당한다), 그 밖에 신청인을 확인할 수 있는 서류 2. 신청인이 법인인 경우에는 법인임을 증명하는 서류(제2항 제2호를 통하여 확인할 수 없는 경우만 해당한다) 3. 신청인의 인감증명서(발급 후 6개월 이내의 것이어야 하며, 본국에 인감증명제도가 없는 외국인인 경우에는 이에 준하는 증명서를 말한다) 4. 서명에 대한 공증서(외국인인 경우에는 본인이 서명하였다는 것을 증명하는 본국 관공서의 증명서면을 포함한다) ②제1항에 따라 신청인에 대한 구체적인 확인이 필요하다고 인정되면 특허청장은 「전자정부법」 제36조제1항에 따른 행

특허등록령	실용신안등록령	디자인등록령	상표등록령
인정되면 특허청장은 「전자정부법」 제36조제1항에 따른 행정정보의 공동이용을 통하여 다음 각 호의 서류를 확인하여야 한다. 다만, 제1호의 서류의 경우 신청인이 확인에 동의하지 아니하면 이를 제출하도록 하여야 한다. <개정 2010.7.26> 1. 신청인의 주민등록표 등본·초본 2. 신청인의 법인 등기사항증명서(신청인이 법인인 경우만 해당하며 그 밖에 법인임을 증명하는 서류를 제출하는 경우는 제외한다) ③특허청장은 제1항 및 제2항에 따라 해당 서류를 제출하도록 할 때에는 그 이유를 통지하고 기간을 정하여 소명할 수 있는 기회를 주어야 한다. <신설 2010.7.26> [본조신설 2001.6.27]		를 확인할 수 있으면 그 확인으로 그 서류를 갈음할 수 있으며, 신청인이 확인에 동의하지 아니하면 해당 서류를 제출하도록 하여야 한다. <개정 2010.5.4>	정정보의 공동이용을 통하여 다음 각 호의 서류를 확인하여야 한다. 다만 제1호의 서류의 경우 신청인이 확인에 동의하지 아니하면 이를 제출하도록 하여야 한다. 1. 신청인의 주민등록표 등본·초본 2. 신청인의 법인 등기사항증명서(신청인이 법인인 경우만 해당하며 그 밖에 법인임을 증명하는 서류를 제출하는 경우는 제외한다) ③특허청장은 제1항 및 제2항에 따라 해당 서류를 제출하도록 할 때에는 그 이유를 통지하고 기간을 정하여 소명할 수 있는 기회를 주어야 한다.
제32조 【첨부서류 등의 생략】 ①동시에 2이상의 신청서에 의하여 등록을 신청하는 경우에 각 신청서에 첨부할 서류의 내용이 동일한 때에는 하나의 신청서에 이를 첨부하고 다른 신청서에는 그 뜻을 기재하여 당	**제9조 【「특허등록령」의 준용】**	**제34조 【첨부서류 등의 생략】** ①둘 이상의 신청서로 동시에 등록을 신청하는 경우에 각 신청서에 첨부할 서류의 내용이 같은 때에는 하나의 신청서에 그 서류를 첨부하고 다른 신청서에는 그 뜻을 적어 해당 서	**제34조 【첨부서류 등의 생략】** ①둘 이상의 신청서로 동시에 등록을 신청하는 경우에 각 신청서에 첨부할 서류의 내용이 같을 때에는 하나의 신청서에 그 서류를 첨부하고 다른 신청서에는 그 뜻을 적어 해당 서

특허등록령	실용신안등록령	디자인등록령	상표등록령
해 서류의 첨부를 생략할 수 있다. ②신청서에 첨부할 서류를 이미 다른 사건에 관하여 특허청장에게 제출한 자는 그 사항에 변경이 없는 경우에는 신청서에 그 뜻을 기재하고 당해 서류의 첨부를 생략할 수 있다. 다만, 특허청장은 특히 필요하다고 인정할 때에는 당해서류의 제출을 명할 수 있다. ③2 이상의 사건에 관하여 제31조의2의 규정에 의하여 제출명령을 받은 서류의 내용이 동일한 때에는 제1항 및 제2항의 규정을 준용한다. <신설 2001.6.27> [제목개정 2001.6.27]		류를 첨부하지 아니할 수 있다. ②신청서에 첨부할 서류를 이미 다른 사건과 관련하여 특허청장에게 제출한 자는 그 사항이 변경되지 아니한 경우에는 신청서에 그 뜻을 적어 해당 서류를 첨부하지 아니할 수 있다. 다만, 특허청장은 특히 필요하다고 인정할 때에는 해당 서류를 제출하도록 할 수 있다. ③둘 이상의 사건에 관하여 제33조에 따라 특허청장이 제출하도록 한 서류의 내용이 같은 때에는 제1항 및 제2항을 준용한다.	류를 첨부하지 아니할 수 있다. ②신청서에 첨부할 서류를 이미 다른 사건과 관련하여 특허청장에게 제출한 자는 그 사항이 변경되지 아니한 경우에는 신청서에 그 뜻을 적어 해당 서류를 첨부하지 아니할 수 있다. 다만, 특허청장은 특히 필요하다고 인정할 때에는 해당 서류를 제출하도록 할 수 있다. ③둘 이상의 사건에 관하여 제33조에 따라 특허청장이 제출하도록 한 서류의 내용이 같을 때에는 제1항 및 제2항을 준용한다.
제33조 【등록의 순서】 ①신청에 의한 등록은 접수의 순서에 따라 하여야 한다. ②직권에 의한 등록은 등록의 원인이 생긴 순서에 따라 하여야 한다. <개정 1981.7.30, 1990.8.28, 1993.3.6, 1995.10.19, 1996.6.30, 2003.5.18, 2005.6.30> ③제2항의 규정에 불구하고 특허권의 설정의 등록은 법 제79조의 규정에 따른 특 허 납	제7조 【등록의 순서】 ①신청에 의한 등록은 접수의 순서에 따라 하여야 한다. ②직권에 의한 등록은 등록의 원인이 생긴 순서에 따라 하여야 한다. ③제2항에 불구하고 실용신안권의 설정의 등록은 심사관이 직권등록을 의뢰한 순서에 따라 등록하여야 한다. 다만, 특허청장이 부여한 납부자번호로 등록료를 납부하는 경우에는 등	제35조 【등록의 순서】 ①신청에 의한 등록은 접수의 순서에 따른다. ②직권에 의한 등록은 등록의 원인이 생긴 순서에 따른다. ③제2항에도 불구하고 디자인권의 설정등록은 법 제31조에 따른 등록료를 납부(등록료의 일부를 납부하지 아니한 경우를 포함한다)한 납부서가 접수된 순서에 따른다. 다만, 특허청장이 부여한 납부자번호(이	제35조 【등록의 순서】 ①신청에 의한 등록은 접수의 순서에 따른다. ②직권에 의한 등록은 등록의 원인이 생긴 순서에 따른다. ③제2항에도 불구하고 상표권(국제등록기초상표권은 제외한다)의 설정등록, 지정상품의 추가등록 또는 존속기간갱신등록은 법 제34조에 따라 지식경제부령으로 정하는 등록료를 납부(등록료의 일부를 납부하지

특허등록령	실용신안등록령	디자인등록령	상표등록령
부(특허료의 일부를 납부하지 아니한 경우를 포함한다)한 납부서가 접수된 순서에 따라 등록하여야 한다. 다만, 특허청장이 부여한 납부자번호(이하 "지정납부자번호"라 한다)로 특허료를 납부하는 경우에는 특허료의 수납정보가 특허청 전산정보처리조직의 파일에 기록되는 순서에 따라 등록하여야 한다. <신설 2005.6.30, 2006.9.28>	록료의 수납정보가 특허청 전산정보처리조직의 파일에 기록되는 순서에 따라 등록하여야 한다.	하 "지정납부자번호"라 한다)로 등록료를 납부하는 경우에는 등록료의 수납 정보가 특허청 전산정보처리조직의 파일에 기록되는 순서에 따라 등록하여야 한다.	아니한 경우를 포함한다)한 납부서가 접수된 순서에 따른다. 다만, 특허청장이 부여한 납부자번호(이하 "지정납부자번호"라 한다)로 등록료를 납부하는 경우에는 등록료의 수납 정보가 특허청 전산정보처리조직의 파일에 기록되는 순서에 따라 등록하여야 한다.
제34조【신청 등의 불수리】 ① 특허청장은 다음 각 호의 어느 하나에 해당하는 경우에는 등록의 신청을 수리하지 아니한다.다만, 신청의 흠결이 보정될 수 있는 경우에 신청인이 그 신청을 한 날에 이를 보정한 때에는 그러하지 아니하다. <개정 1981.7.30, 1990.8.28, 1999.6.30, 2001.6.27, 2003.5.10, 2005.6.30, 2008.12.31> 1. 등록을 신청한 사항이 등록할 수 있는 것이 아닌 경우 1의2. 동일한 신청서를 중복 제출하여 신청한 사항이 이미 등록되어 있는 경우 2. 신청서가 방식에 적합하지 아니한 경우	**제9조【「특허등록령」의 준용】** ①「특허등록령」 제2조, 제4조 내지 제7조, 제9조 내지 제13조, 제15조 내지 제17조, 제19조 내지 제22조, 제24조 내지 제31조, 제31조의2, 제32조, 제34조 내지 제48조 및 제50조 내지 제63조의 규정은 실용신안에 관한 등록 및 그 절차와 실용신안원부에 관하여 이를 준용한다. ②제1항에 따라 준용하는 「특허등록령」 제26조제4항제4호 중 "신청인의 인감증명서(작성 후 6월 이내의 것이어야 하며, 인감증명제도가 없는 외국인인 경우에는 이에 준하는 증명서)"는 "신청인의 인감증명서	**제36조【신청 등의 불수리】** ① 특허청장은 다음 각 호의 어느 하나에 해당하는 경우에는 등록의 신청을 수리하지 아니한다. 다만, 신청의 흠결이 보정될 수 있는 경우에 신청인이 그 신청을 한 날에 보정하였을 때에는 그러하지 아니하다. 1. 등록을 신청한 사항이 등록할 수 있는 것이 아닌 경우 2. 같은 신청서를 중복 제출하여 신청한 사항이 이미 등록되어 있는 경우 3. 신청서가 방식에 맞지 아니한 경우 4. 신청서에 적힌 디자인등록번호 또는 등록의 목적인 권리의 표시가 디자인원부와 맞지	**제36조【신청 등의 불수리】** ① 특허청장은 다음 각 호의 어느 하나에 해당하는 경우에는 등록의 신청을 수리하지 아니한다. 다만, 신청의 흠이 보정될 수 있는 경우에 신청인이 그 신청을 한 날에 보정하였을 때에는 그러하지 아니하다. 1. 등록을 신청한 사항이 등록할 수 있는 것이 아닌 경우 2. 같은 신청서를 중복 제출하여 신청한 사항이 이미 등록되어 있는 경우 3. 신청서가 방식에 맞지 아니한 경우 4. 신청서에 적힌 상표등록번호·국제등록번호 또는 등록의 목적인 권리의 표시가 상표원

특허등록령	실용신안등록령	디자인등록령	상표등록령
3. 신청서에 기재한 특허번호 또는 등록의 목적인 권리의 표시가 특허원부와 부합하지 아니한 경우 4. 신청서에 기재한 등록의무자의 표시가 특허원부와 부합하지 아니한 경우. 다만, 제31조제2호의 경우를 제외한다. 5. 신청인이 등록명의인인 때는 그 표시가 특허원부와 부합하지 아니한 경우. 다만, 등록명의인의 표시의 변경 또는 경정의 등록을 신청하는 경우를 제외한다. 6. 삭제 <2001.6.27> 7. 신청서에 기재한 사항이 등록의 원인을 증명하는 서류와 부합하지 아니한 경우 8. 신청서에 필요한 서류를 첨부하지 아니한 경우 8의2. 제31조의2의 규정에 의하여 제출명령을 받았음에도 불구하고 정당한 소명 없이 서류를 제출하지 아니한 경우 9. 등록세, 인지세 및 등록료를 납부하지 아니한 경우 10. 제3항의 규정에 따라 불수리이유를 통지받은 신청인이 소명기간 내에 정당한 소명없이 제24조제1항의 규정에 따라 등록재신청서를 제출한 경우	(작성 후 6월 이내의 것이어야 하며, 인감증명제도가 없는 외국인인 경우에는 이에 준하는 증명서). 다만, 「특허법」 제87조제2항에 따라 특허권의 설정등록을 위하여 동일한 신청인이 특허권의 등록신청과 동시에 실용신안권의 포기를 원인으로 한 말소등록을 신청하는 경우에는 이를 생략할 수 있다."로 본다.	아니한 경우 5. 신청서에 적힌 등록의무자의 표시가 디자인원부와 맞지 아니한 경우. 다만, 신청인이 등록권리자 또는 등록의무자의 상속인이나 그 밖의 일반승계인인 경우는 제외한다. 6. 신청인이 등록명의인인 경우에는 그 표시가 디자인원부와 맞지 아니한 경우. 다만, 등록명의인의 표시의 변경 또는 경정의 등록을 신청하는 경우는 제외한다. 7. 신청서에 적힌 사항이 등록의 원인을 증명하는 서류와 맞지 아니한 경우 8. 신청서에 필요한 서류를 첨부하지 아니한 경우 9. 제33조에 따라 특허청장이 제출하도록 하였음에도 불구하고 정당한 소명 없이 서류를 제출하지 아니한 경우 10. 등록세, 인지세 및 등록료를 납부하지 아니한 경우 11. 제3항에 따라 불수리 이유를 통지받은 신청인이 소명기간에 정당한 소명 없이 제25조제1항에 따른 신청서를 다시 제출한 경우 ②특허청장은 다음 각 호의 어느 하나에 해당하는 경우에는	부와 맞지 아니한 경우 5. 신청서에 적힌 등록의무자의 표시가 상표원부와 맞지 아니한 경우. 다만, 신청인이 등록권리자 또는 등록의무자의 상속인이나 그 밖의 일반승계인인 경우는 제외한다. 6. 신청인이 등록명의인인 경우에는 그 표시가 상표원부와 맞지 아니한 경우. 다만, 등록명의인의 표시의 변경 또는 경정의 등록을 신청하는 경우는 제외한다. 7. 신청서에 적힌 사항이 등록의 원인을 증명하는 서류와 맞지 아니한 경우 8. 신청서에 필요한 서류를 첨부하지 아니한 경우 9. 제33조에 따라 특허청장이 제출하도록 하였음에도 불구하고 정당한 소명 없이 서류를 제출하지 아니한 경우 10. 등록세, 인지세 및 등록료를 납부하지 아니한 경우 11. 제3항에 따라 불수리 이유를 통지받은 신청인이 소명기간에 정당한 소명 없이 제25조제1항에 따른 신청서를 다시 제출한 경우 ②특허청장은 다음 각 호의 어느 하나에 해당하는 경우에는

특허등록령	실용신안등록령	디자인등록령	상표등록령
②특허청장은 다음 각 호의 어느 하나에 해당하는 경우에는 제33조제3항의 규정에 따른 납부서(지정납부자번호로 특허료를 납부하는 경우를 포함한다)를 수리하지 아니한다. 다만, 납부서의 흠결이 보정될 수 있는 경우에 납부자가 그 납부서를 제출한 날에 이를 보정한 때에는 그러하지 아니하다. <신설 2003.5.10, 2005.6.30> 1. 납부서의 기재사항이 등록할 수 있는 것이 아닌 경우 2. 납부서의 기재사항이 불명확하여 등록의 대상을 확인할 수 없는 경우 3. 특허료를 전혀 납부하지 아니한 경우 4. 법 제81조의2제2항의 규정에 따라 특허료를 보전하여야 하는 기간 이내에 특허료를 보전하지 아니한 경우 5. 납부에 필요한 서류를 첨부하지 아니한 경우 ③제1항 또는 제2항에 따라 신청 또는 납부서를 수리하지 아니하고자 하는 때에는 그 신청인 또는 납부자에게 그 이유를 통지하고 기간을 정하여 소명할 수 있는 기회를 주어야 한다. 다만, 제1항제1호의2 · 제8		제35조제3항에 따른 납부서(지정납부자번호로 등록료를 납부하는 경우를 포함한다)를 수리하지 아니한다. 다만, 납부서의 흠결이 보정될 수 있는 경우에 납부자가 그 납부서를 제출한 날에 보정하였을 때에는 그러하지 아니하다. 1. 납부서에 적힌 사항이 등록할 수 있는 것이 아닌 경우 2. 납부서에 적힌 사항이 명확하지 아니하여 등록의 대상을 확인할 수 없는 경우 3. 등록료를 전혀 납부하지 아니한 경우 4. 법 제33조의2제2항에 따라 등록료를 보전하여야 하는 기간에 등록료를 보전하지 아니한 경우 5. 납부에 필요한 서류를 첨부하지 아니한 경우 ③제1항 또는 제2항에 따라 신청 또는 납부서를 수리하지 아니하려는 경우에는 그 신청인 또는 납부자에게 그 이유를 통지하고 기간을 정하여 소명할 수 있는 기회를 주어야 한다. 다만, 제1항제2호 · 제9호 · 제11호 및 제2항제4호의 경우에는 소명의 기회를 주지 아니할 수 있다.	제35조제3항에 따른 납부서(지정납부자번호로 등록료를 납부하는 경우를 포함한다)를 수리하지 아니한다. 다만, 납부서의 흠이 보정될 수 있는 경우에 납부자가 그 납부서를 제출한 날에 보정하였을 때에는 그러하지 아니하다. 1. 납부서에 적힌 사항이 등록할 수 있는 것이 아닌 경우 2. 납부서에 적힌 사항이 명확하지 아니하여 등록의 대상을 확인할 수 없는 경우 3. 상표등록료를 전혀 납부하지 아니하거나 등록세 및 인지세를 납부하지 아니한 경우 4. 법 제36조의2제2항에 따라 상표등록료를 보전하여야 하는 기간에 등록료를 보전하지 아니한 경우 5. 납부에 필요한 서류를 첨부하지 아니한 경우 ③제1항 또는 제2항에 따라 신청 또는 납부서를 수리하지 아니하려는 경우에는 그 신청인 또는 납부자에게 그 이유를 통지하고 기간을 정하여 소명할 수 있는 기회를 주어야 한다. 다만, 제1항제2호 · 제9호 · 제11호 및 제2항제4호의 경우에는 소명의 기회를 주지 아니할

특허등록령	실용신안등록령	디자인등록령	상표등록령
호의2·제10호 및 제2항제4호의 경우에는 소명의 기회를 주지 아니할 수 있다. <개정 2001.6.27, 2003.5.10, 2005.6.30, 2006.9.28, 2008.12.31> [제목개정 2003.5.10]			수 있다.
제35조 【행정구역등의 변경】 행정구역 또는 그 명칭의 변경이 있는 경우에는 특허원부에 기재한 행정구역 또는 그 명칭은 당연히 변경된 것으로 본다.	제9조 【「특허등록령」의 준용】	제37조 【행정구역 등의 변경】 행정구역 또는 그 명칭이 변경된 경우에는 디자인원부에 적은 행정구역 또는 그 명칭은 당연히 변경된 것으로 본다.	제37조 【행정구역 등의 변경】 행정구역 또는 그 명칭이 변경된 경우에는 상표원부에 적은 행정구역 또는 그 명칭은 당연히 변경된 것으로 본다.
제36조 【착오 또는 누락의 통지】 ①특허청장은 등록을 완료한 후 그 등록에 착오 또는 누락이 있음을 발견한 경우에는 지체없이 그 뜻을 등록권리자와 등록의무자등 관계인에게 문서로 통지하여야 한다. <개정 1980.12.24> ②특허청장은 등록이 제27조의 규정에 의한 채권자의 신청에 의한 것인 경우에는 그 채권자에게도 제1항의 규정에 의한 통지를 하여야 한다. ③제1항 및 제2항의 규정에 의한 통지는 등록권리자·등록의무자 또는 채권자가 2인이상 있는 때에는 그중 1인에게만 통지할 수 있다.	제9조 【「특허등록령」의 준용】	제38조 【착오 또는 누락의 통지】 ①특허청장은 등록을 마친 후 그 등록에 착오 또는 누락이 있음을 발견한 경우에는 지체없이 그 뜻을 등록권리자와 등록의무자 등 관계인에게 문서로 통지하여야 한다. ②특허청장은 등록이 제28조에 따른 채권자의 신청에 의한 것인 경우에는 그 채권자에게도 제1항에 따른 통지를 하여야 한다. ③등록권리자, 등록의무자 또는 채권자가 둘 이상인 경우에는 제1항 및 제2항에 따른 통지를 각각 그 중 1명에게만 할 수 있다.	제38조 【착오 또는 누락의 통지】 ①특허청장은 등록을 마친 후 그 등록에 착오 또는 누락이 있음을 발견한 경우에는 지체없이 그 뜻을 등록권리자와 등록의무자 등 관계인에게 문서로 통지하여야 한다. ②특허청장은 등록이 제28조에 따른 채권자의 신청에 의한 것인 경우에는 그 채권자에게도 제1항에 따른 통지를 하여야 한다. ③등록권리자, 등록의무자 또는 채권자가 둘 이상인 경우에는 제1항 및 제2항에 따른 통지를 각각 그 중 어느 한쪽에만 할 수 있다.

특허등록령	실용신안등록령	디자인등록령	상표등록령
<신설 1990.8.28> **제37조 【직권에 의한 경정】** ① 특허청장은 등록을 완료한 후 그 등록에 착오 또는 누락이 있음을 발견한 경우에 그 착오 또는 누락이 특허청 또는 특허심판원직원의 과실로 인한 것인 때에는 등록상의 이해관계가 있는 제3자가 있는 경우를 제외하고 지체없이 그 등록을 경정하고 그 뜻을 등록권리자와 등록의무자에게 문서로 통지하여야 한다. <개정 1980.12.24, 1997.6.26> ②제36조제2항 및 제3항의 규정은 제1항의 경우에 이를 준용한다. <개정 1990.8.28>	**제9조 【「특허등록령」의 준용】**	**제39조 【직권에 의한 경정】** ① 특허청장은 등록을 마친 후 그 등록에 착오 또는 누락이 있음을 발견한 경우에 그 착오 또는 누락이 특허청 또는 특허심판원 직원의 과실에 따른 것인 때에는 등록에 대한 이해관계가 있는 제3자가 있는 경우 외에는 지체 없이 그 등록을 경정하고 그 뜻을 등록권리자와 등록의무자에게 문서로 통지하여야 한다. ②제1항의 경우에는 제38조제2항 및 제3항을 준용한다.	**제39조 【경정】** ①특허청장은 등록을 마친 후 그 등록에 착오 또는 누락이 있음을 발견한 경우에 그 착오 또는 누락이 특허청 또는 특허심판원 직원의 과실로 인한 것일 때에는 등록에 대한 이해관계가 있는 제3자가 있는 경우 외에는 지체 없이 그 등록을 경정하고 그 뜻을 등록권리자와 등록의무자에게 문서로 통지하여야 한다. ②특허청장은 제3조제2항에 따른 등록사항을 등록한 이후에 의정서 제2조(1)에 따른 국제사무국으로부터 해당 국제등록 기초상표권에 관한 국제등록부의 등록사항의 경정을 「표장의 국제등록에 관한 마드리드협정 및 동 협정에 대한 의정서 공통규칙」 제28조(2)에 따라 통지받은 경우에는 해당 등록사항을 경정하여야 한다. ③제1항의 경우에는 제38조제2항 및 제3항을 준용한다.
제38조 【공장재단 등의 등록의 변경 등】 「공장 및 광업재단 저당법」 제10조제1항에 따른 공장재단 또는 이에 준하는 것	**제9조 【「특허등록령」의 준용】**	**제40조 【공장재단 등의 등록의 변경 등】** 「공장 및 광업재단 저당법」 제11조제1항에 따른 공장재단 또는 이에 준하는 것	**제40조 【공장재단 등의 등록의 변경 등】** 「공장 및 광업재단 저당법」 제10조제1항에 따른 공장재단 또는 이에 준하는 것

특허등록령	실용신안등록령	디자인등록령	상표등록령
에 속한다는 뜻이 등록되어 있는 특허권이나 그 밖에 특허에 관한 권리가 변경되거나 소멸된 경우에는 특허청장은 지체 없이 그 뜻을 관할등기소에 문서로 통지하여야 한다. 〈개정 2005.6.30, 2010.7.26〉 [제목개정 2010.7.26] **제2절 실시권등에 관한 절차** **제39조 【통상실시권의 설정등의 등록신청】** ①통상실시권의 설정의 등록을 신청하는 경우에는 신청서에 다음 각호의 사항을 기재하여야 한다. 1. 설정할 통상실시권의 범위 2. 등록의 원인에 대가. 그 지급방법이나 지급시기에 관한 사항을 정하고 있는 경우에는 그 사항 ②통상실시권의 보존 또는 이전의 등록을 신청하는 경우에는 그 신청서에 보존 또는 이전할 통상실시권의 범위를 기재하여야 한다. ③특허 발명의 실시사업과 함께 통상실시권을 이전하는 경우에는 신청서에 이를 증명하는 서류를 첨부하여야 한다.	**제9조 【「특허등록령」의 준용】**	에 속한다는 뜻이 등록되어 있는 디자인권이나 그 밖에 디자인에 관한 권리가 변경 또는 소멸된 경우에는 특허청장은 지체 없이 그 뜻을 관할 등기소에 문서로 통지하여야 한다. **제2절 실시권 등에 관한 절차** **제41조 【통상실시권 설정 등의 등록 신청】** ①통상실시권의 설정등록을 신청하는 경우에는 신청서에 다음 각 호의 사항을 적어야 한다. 1. 설정할 통상실시권의 범위 2. 등록의 원인에 대가 또는 대가의 지급방법이나 지급시기에 관한 사항을 정하고 있는 경우에는 그 사항 ②통상실시권의 보존 또는 이전등록을 신청하는 경우에는 그 신청서에 보존 또는 이전할 통상실시권의 범위를 적어야 한다. ③등록디자인의 실시사업과 함께 통상실시권을 이전하는 경우에는 신청서에 이를 증명하는 서류를 첨부하여야 한다.	에 속한다는 뜻이 등록되어 있는 상표권이나 그 밖에 상표에 관한 권리가 변경되거나 소멸된 경우에는 특허청장은 지체 없이 그 뜻을 관할 등기소에 문서로 통지하여야 한다. **제2절 사용권 등에 관한 절차** **제41조 【통상사용권 설정 등의 등록 신청】** ①통상사용권의 설정등록을 신청하는 경우에는 신청서에 다음 각 호의 사항을 적어야 한다. 1. 설정할 통상사용권의 범위 2. 등록의 원인에 대가, 대가의 지급방법 또는 지급시기에 관한 사항을 정하고 있는 경우에는 그 사항 ②통상사용권의 보존 또는 이전등록을 신청하는 경우에는 그 신청서에 보존 또는 이전할 통상사용권의 범위를 적어야 한다.

특허등록령	실용신안등록령	디자인등록령	상표등록령
제40조【전용실시권의 설정등의 등록신청】 ①전용실시권의 설정의 등록을 신청하는 경우에는 신청서에 다음 각호의 사항을 기재하여야 한다. 1. 설정할 전용실시권의 범위 2. 등록의 원인에 대가. 그 지급방법이나 지급시기에 관한 사항을 정하고 있는 경우에는 그 사항 ②전용실시권의 이전의 등록을 신청하는 경우에는 신청서에 이전할 전용실시권의 범위를 기재하여야 한다. ③제39조제3항의 규정은 특허발명의 실시사업과 함께 전용실시권을 이전하는 경우에 이를 준용한다. 제41조【통상실시권이 허여된 특허권의 등록신청】 특허권에 관하여 다음 각호의 사항의 등록을 신청하는 경우에 그 특허권에 통상실시권이 있는 때에는 동시에 그 통상실시권에 대하여도 동일한 사항의 등록을 신청하여야 한다. <개정 1990.8.28, 1999.6.30, 2005.6.30> 1. 이전 2. 등록명의인의 표시의 변경	제9조【「특허등록령」의 준용】 제9조【「특허등록령」의 준용】	제42조【전용실시권 설정 등의 등록 신청】 ①전용실시권의 설정등록을 신청하는 경우에는 신청서에 다음 각 호의 사항을 적어야 한다. 1. 설정할 전용실시권의 범위 2. 등록의 원인에 대가 또는 대가의 지급방법이나 지급시기에 관한 사항을 정하고 있는 경우에는 그 사항 ②전용실시권의 이전등록을 신청하는 경우에는 신청서에 이전할 전용실시권의 범위를 적어야 한다. ③등록디자인의 실시사업과 함께 전용실시권을 이전하는 경우에는 신청서에 그 사실을 증명하는 서류를 첨부하여야 한다.	제42조【전용사용권 설정 등의 등록 신청】 ①전용사용권의 설정등록을 신청하는 경우에는 신청서에 다음 각 호의 사항을 적어야 한다. 1. 설정할 전용사용권의 범위 2. 등록의 원인에 대가, 대가의 지급방법 또는 지급시기에 관한 사항을 정하고 있는 경우에는 그 사항 ②전용사용권의 이전등록을 신청하는 경우에는 신청서에 이전할 전용사용권의 범위를 적어야 한다.

특허등록령	실용신안등록령	디자인등록령	상표등록령
또는 경정 **제3절 질권에 관한 절차** **제42조 【질권의 설정의 등록신청】** ①질권의 설정의 등록을 신청하는 경우에는 신청서에 다음 각호의 사항을 기재하여야 한다. <개정 1990.8.28, 2001.6.27, 2005.6.30> 1. 질권의 목적인 권리의 표시 2. 채권액 3. 등록의 원인에 존속기간·변제기·이자·위약금 또는 배상액에 관한 사항을 정하고 있는 경우, 법 제121조의 규정에 의한 계약이 있는 경우, 「민법」 제334조단서의 규정에 의한 약정이 있는 경우 또는 그 채권에 조건을 붙인 경우에는 그 정하고 있는 사항 또는 조건 4. 채무자의 성명 및 주소(법인인 경우에는 그 명칭 및 영업소의 소재지) ②일정한 금액을 목적으로 하지 아니하는 채권을 담보하기 위하여 질권의 설정등록을 신청하는 경우에는 신청서에 그 채권의 가액을 기재하여야 한다. <개정 1981.7.30>	**제9조 【「특허등록령」의 준용】**	**제3절 질권에 관한 절차** **제43조 【질권 설정의 등록 신청】** ①질권 설정의 등록을 신청하는 경우에는 신청서에 다음 각 호의 사항을 적어야 한다. 1. 질권의 목적인 권리의 표시 2. 채권액 3. 등록의 원인에 존속기간·변제기·이자·위약금 또는 배상액에 관한 사항을 정하고 있는 경우, 법 제56조에 따른 계약이 있는 경우, 「민법」 제334조 단서에 따른 약정이 있는 경우 또는 그 채권에 조건을 붙인 경우에는 그 정하고 있는 사항이나 조건 4. 채무자의 성명 및 주소(법인인 경우에는 그 명칭 및 영업소의 소재지를 말한다) ②일정한 금액을 목적으로 하지 아니하는 채권을 담보하기 위하여 질권의 설정등록을 신청하는 경우에는 신청서에 그 채권의 가액을 적어야 한다.	**제3절 질권에 관한 절차** **제43조 【질권 설정의 등록 신청】** ①질권 설정의 등록을 신청하는 경우에는 신청서에 다음 각 호의 사항을 적어야 한다. 1. 질권의 목적인 권리의 표시 2. 채권액 3. 등록의 원인에 존속기간·변제기·이자·위약금 또는 배상액에 관한 사항을 정하고 있는 경우, 「민법」 제334조 단서에 따른 약정이 있는 경우 또는 그 채권에 조건을 붙인 경우에는 그 정하고 있는 사항이나 조건 4. 채무자의 성명 및 주소(법인인 경우에는 그 명칭 및 영업소의 소재지를 말한다) ②일정한 금액을 목적으로 하지 아니하는 채권을 담보하기 위하여 질권의 설정등록을 신청하는 경우에는 신청서에 그 채권의 가액(價額)을 적어야 한다.

특허등록령	실용신안등록령	디자인등록령	상표등록령
제43조 【질권을 처분한 경우의 등록신청】 제42조제1항의 규정은 질권을 양도 또는 포기한 경우의 등록의 신청에 관하여 이를 준용한다.	**제9조 【「특허등록령」의 준용】**	**제44조 【질권을 처분한 경우의 등록 신청】** 질권을 양도 또는 포기한 경우의 등록 신청에 관하여는 제43조제1항을 준용한다.	**제44조 【질권을 처분한 경우의 등록 신청】** 질권을 양도하거나 포기한 경우의 등록 신청에 관하여는 제43조제1항을 준용한다.
제44조 【채권의 일부 양도등으로 인한 이전의 등록신청】 채권의 일부양도 또는 대위변제로 인한 질권의 이전의 등록을 신청하는 경우에는 신청서에 양도 또는 대위변제의 목적인 채권의 가액을 기재하여야 한다. <개정 1981.7.30>	**제9조 【「특허등록령」의 준용】**	**제45조 【채권의 일부 양도 등에 따른 이전의 등록 신청】** 채권의 일부 양도 또는 대위변제에 따른 질권 이전의 등록을 신청하는 경우에는 신청서에 양도 또는 대위변제의 목적인 채권의 가액을 적어야 한다.	**제45조 【채권의 일부 양도 등에 따른 이전의 등록 신청】** 채권의 일부 양도 또는 대위변제에 따른 질권 이전의 등록을 신청하는 경우에는 신청서에 양도 또는 대위변제의 목적인 채권의 가액을 적어야 한다.
제4절 말소에 관한 절차		**제4절 말소에 관한 절차**	**제4절 말소에 관한 절차**
제45조 【포기로 인한 등록의 말소】 특허권 기타 특허에 관한 권리의 포기로 인한 등록의 말소는 등록명의인만으로 신청할 수 있다.	**제9조 【「특허등록령」의 준용】**	**제46조 【포기에 따른 등록 말소】** 디자인권이나 그 밖에 디자인에 관한 권리의 포기에 따른 등록의 말소는 등록명의인만으로 신청할 수 있다.	**제46조 【포기에 의한 등록 말소】** 상표권이나 그 밖에 상표에 관한 권리의 포기에 의한 등록의 말소는 등록명의인만으로 신청할 수 있다.
제46조 【사망으로 인한 등록의 말소】 특허권 이외의 권리가 그 권리자의 사망으로 인하여 소멸한 경우에 신청서에 그 사망을 증명하는 가족관계등록부 증명서, 그 밖에 해당 사실을 증명할 수 있는 서류를 첨부한	**제9조 【「특허등록령」의 준용】**	**제47조 【사망에 따른 등록 말소】** 디자인권 외의 권리가 그 권리자의 사망에 따라 소멸한 경우에 신청서에 그 사망을 증명하는 가족관계등록부 증명서나 그 밖에 해당 사실을 증명할 수 있는 서류를 첨부한 때	**제47조 【사망으로 인한 등록 말소】** 상표권 외의 권리가 그 권리자의 사망으로 인하여 소멸한 경우에 신청서에 그 사망을 증명하는 가족관계등록부 증명서나 그 밖에 해당 사실을 증명할 수 있는 서류를 첨부하

특허등록령	실용신안등록령	디자인등록령	상표등록령
때에는 등록권리자만으로 등록의 말소를 신청할 수 있다. 다만, 「전자정부법」 제36조제1항에 따른 행정정보의 공동이용을 통하여 첨부서류에 대한 정보를 확인할 수 있는 경우에는 그 확인으로 첨부서류에 갈음할 수 있다.　　　　<개정 1981.7.30, 2004.3.17, 2005.6.30, 2008.12.31, 2010.5.4>		에는 등록권리자만으로 등록 말소를 신청할 수 있다. 다만, 「전자정부법」 제36조제1항에 따른 행정정보의 공동이용을 통하여 첨부서류에 대한 정보를 확인할 수 있는 경우에는 그 확인으로 첨부서류를 갈음할 수 있다.　<개정 2010.5.4>	였을 때에는 등록권리자만으로 등록 말소를 신청할 수 있다. 다만, 「전자정부법」 제36조제1항에 따른 행정정보의 공동이용을 통하여 첨부서류에 대한 정보를 확인할 수 있는 경우에는 그 확인으로 첨부서류를 갈음하여야 한다.
제47조【등록 의무자의 소재가 불명할 경우의 등록의 말소】 ①등록권리자는 등록의무자의 소재가 불명하여 등록의 말소를 신청할 수 없는 경우에는 민사소송법의 규정에 의하여 공시최고의 신청을 할 수 있다. ②제1항의 규정에 의하여 공시최고의 신청을 한 경우에 제권판결이 있는 때에는 신청서에 그 등본을 첨부하여 등록권리자만으로 등록의 말소를 신청할 수 있다. <개정 1981.7.30, 1999.6.30> ③제1항의 경우에 신청서에 채권증서 또는 원본의 영수증 및 등록된 채무의 변제증서를 첨부한 때에는 등록권리자만으로 질권에 관한 등록의 말소를 신	**제9조【「특허등록령」의 준용】**	**제48조【등록의무자의 소재가 분명하지 아니한 경우의 등록 말소】** ①등록권리자는 등록의무자의 소재가 분명하지 아니하여 등록 말소를 신청할 수 없는 경우에는 「민사소송법」에 따라 공시최고를 신청할 수 있다. ②제1항에 따라 공시최고를 신청한 경우에 제권판결(除權判決)이 있을 때에는 신청서에 그 등본을 첨부하여 등록권리자만으로 등록 말소를 신청할 수 있다. ③제1항의 경우에 신청서에 채권증서 또는 원본의 영수증 및 등록된 채무의 변제증서를 첨부한 때에는 등록권리자만으로 질권에 관한 등록 말소를 신청할 수 있다.	**제48조【등록의무자의 소재가 분명하지 아니한 경우의 등록 말소】** ①등록권리자는 등록의무자의 소재가 분명하지 아니하여 등록 말소를 신청할 수 없는 경우에는 「민사소송법」에 따라 공시최고를 신청할 수 있다. ②제1항에 따라 공시최고를 신청한 경우에 제권판결(除權判決)이 있을 때에는 신청서에 그 등본을 첨부하여 등록권리자만으로 등록 말소를 신청할 수 있다. ③제1항의 경우에 신청서에 채권증서 또는 원본의 영수증 및 등록된 채무의 변제증서를 첨부하였을 때에는 등록권리자만으로 질권에 관한 등록 말소를 신청할 수 있다.

특허등록령	실용신안등록령	디자인등록령	상표등록령
청할 수 있다. **제48조 【가등록의 말소】** ①가등록의 말소는 가등록 명의인만으로 신청할 수 있다. ②신청서에 가등록 명의인의 승낙서 또는 재판의 등본을 첨부한 경우에는 등록상의 이해관계가 있는 자만으로 가등록의 말소를 신청할 수 있다. <개정 1981.7.30, 1999.6.30> **제49조 【예고등록의 말소】** ①제1심 법원은 다음 각 호의 어느 하나에 해당하는 경우에는 촉탁서에 재판의 등본이나 소의 취하, 청구의 포기 또는 화해를 증명하는 서류를 첨부하여 예고등록의 말소를 특허청장에게 촉탁하여야 한다. <개정 2010.7.26> 1. 제3조제1호의 소를 각하한 재판 또는 이를 제기한 자에 대하여 패소를 선고한 재판이 확정된 경우 2. 소의 취하가 있는 경우 3. 청구의 포기가 있는 경우 4. 청구의 목적에 의하여 화해가 있는 경우 ②특허청장은 다음 각 호의 어느 하나에 해당하는 경우에는	**제9조 【「특허등록령」의 준용】** **제8조 【예고등록의 말소】** ①제3조제1호의 소를 각하한 재판 또는 이를 제기한 자에게 패소를 선고한 재판이 확정된 경우, 소의 취하가 있는 경우, 청구의 포기가 있는 경우 또는 청구의 목적에 의하여 화해가 있는 경우에는 제1심법원은 촉탁서에 재판의 등본 또는 소의 취하·청구의 포기 또는 화해를 증명하는 서류를 첨부하여 예고등록의 말소를 특허청장에게 촉탁하는 것으로 한다. ②특허청장은 다음 각 호의 어느 하나에 해당하는 경우에는 직권으로 예고등록을 말소하여야 한다. 1. 제3조제2호 또는 제3호에 따른 신청이나 청구에 대한 결	**제49조 【가등록의 말소】** ①가등록의 말소는 가등록명의인만으로 신청할 수 있다. ②신청서에 가등록명의인의 승낙서 또는 재판의 등본을 첨부한 경우에는 등록에 대한 이해관계가 있는 자만으로 가등록말소를 신청할 수 있다. **제50조 【예고등록의 말소】** ①제1심 법원은 다음 각 호의 어느 하나에 해당하는 경우에는 촉탁서에 재판의 등본 또는 소의 취하, 청구의 포기 또는 화해를 증명하는 서류를 첨부하여 예고등록의 말소를 특허청장에게 촉탁하여야 한다. 1. 제4조제1호의 소를 각하한 재판 또는 소를 제기한 자에 대하여 패소를 선고한 재판이 확정된 경우 2. 소의 취하가 있는 경우 3. 청구의 포기가 있는 경우 4. 청구의 목적에 의하여 화해가 있는 경우 ②특허청장은 다음 각 호의 어느 하나에 해당하는 경우에는 직권으로 예고등록을 말소하여	**제49조 【가등록의 말소】** ①가등록의 말소는 가등록명의인만으로 신청할 수 있다. ②신청서에 가등록명의인의 승낙서 또는 재판의 등본을 첨부한 경우에는 등록에 대한 이해관계가 있는 자만으로 가등록말소를 신청할 수 있다. **제50조 【예고등록의 말소】** ①제1심 법원은 다음 각 호의 어느 하나에 해당하는 경우에는 촉탁서에 재판의 등본이나 소의 취하, 청구의 포기 또는 화해를 증명하는 서류를 첨부하여 예고등록의 말소를 특허청장에게 촉탁하여야 한다. 1. 제5조제1호의 소를 각하한 재판 또는 소를 제기한 자에 대하여 패소를 선고한 재판이 확정된 경우 2. 소의 취하가 있는 경우 3. 청구의 포기가 있는 경우 4. 청구의 목적에 의하여 화해가 있는 경우 ②특허청장은 제5조제2호부터 제5호까지의 규정에 따른 심판청구, 재심청구, 소의 제기 또

특허등록령	실용신안등록령	디자인등록령	상표등록령
직권으로 예고등록을 말소하여야 한다. <개정 1997.6.26, 2006.9.28, 2010.7.26> 1. 삭제 <2006.9.28> 2. 제3조제2호 또는 제3호에 따른 신청에 대한 결정이 있거나 신청의 취하가 있는 경우 3. 제3조제4호부터 제7호까지의 규정에 따른 심판청구, 재심청구, 소의 제기 또는 상고가 다음 각목의 어느 하나에 해당하는 경우 가. 심판청구, 재심청구, 소의 제기 또는 상고를 각하한 심결 또는 판결이 확정된 경우 나. 심판청구, 재심청구, 소의 제기 또는 상고가 이유 없다는 심결 또는 판결이 확정된 경우 다. 심판청구, 재심청구, 소의 제기 또는 상고의 취하가 있는 경우 라. 심판청구, 재심청구 또는 소의 상급심에 대한 예고등록이 있는 경우 ③특허청장은 제1항 및 제2항의 경우 외에 등록의 원인이 무효나 취소라는 이유로 등록을 말소하거나 회복시킨 경우 또는 그 밖에 예고등록의 원인	정이 있거나 그 신청이나 청구의 취하가 있는 경우 2. 제3조제4호 내지 제7호에 따른 심판청구, 재심청구, 소의 제기 또는 상고가 다음 각 목의 어느 하나에 해당하는 경우 가. 심판청구, 재심청구, 소의 제기 또는 상고를 각하한 심결이나 판결이 확정된 경우 나. 심판청구, 재심청구, 소의 제기 또는 상고가 이유 없다는 심결이나 판결이 확정된 경우 다. 심판청구, 재심청구, 소의 제기 또는 상고의 취하가 있는 경우 라. 심판청구, 재심청구 또는 소의 상급심에 대한 예고등록이 있는 경우 ③특허청장은 제1항과 제2항의 경우 외에 등록의 원인의 무효나 취소로 인한 등록의 말소 또는 회복을 한 경우, 그 밖에 예고등록의 원인으로 된 사실이 소멸된 경우에는 직권으로 예고등록을 말소하여야 한다.	야 한다. 1. 제4조제2호에 따른 신청에 대한 결정이 있거나 신청의 취하가 있는 경우 2. 제4조제3호부터 제6호까지의 규정에 따른 심판청구, 재심청구, 소의 제기 또는 상고가 다음 각 목의 어느 하나에 해당하는 경우 가. 심판청구, 재심청구, 소의 제기 또는 상고를 각하한 심결 또는 판결이 확정된 경우 나. 심판청구, 재심청구, 소의 제기 또는 상고가 이유 없다는 심결 또는 판결이 확정된 경우 다. 심판청구, 재심청구, 소의 제기 또는 상고의 취하가 있는 경우 라. 심판청구, 재심청구 또는 소의 상급심에 대한 예고등록이 있는 경우 ③ 특허청장은 제1항 및 제2항의 경우 외에 등록의 원인이 무효나 취소라는 이유로 등록을 말소하거나 회복시킨 경우 나 그 밖에 예고등록의 원인이 된 사실이 소멸한 경우에는 직권으로 예고등록을 말소하여야 한다.	는 상고가 다음 각 호의 어느 하나에 해당하는 경우에는 직권으로 예고등록을 말소하여야 한다. 1. 심판청구, 재심청구, 소의 제기 또는 상고를 각하한 심결 또는 판결이 확정된 경우 2. 심판청구, 재심청구, 소의 제기 또는 상고가 이유 없다는 심결 또는 판결이 확정된 경우 3. 심판청구, 재심청구, 소의 제기 또는 상고의 취하가 있는 경우 4. 심판청구, 재심청구 또는 소의 상급심에 대한 예고등록이 있는 경우 ③ 특허청장은 제1항 및 제2항의 경우 외에 등록의 원인이 무효나 취소라는 이유로 등록을 말소하거나 회복시킨 경우 나 그 밖에 예고등록의 원인이 된 사실이 소멸한 경우에는 직권으로 예고등록을 말소하여야 한다.

특허등록령	실용신안등록령	디자인등록령	상표등록령
이 된 사실이 소멸한 경우에는 직권으로 예고등록을 말소하여야 한다. <개정 2010.7.26>			
제50조 【이해관계가 있는 제3자가 있는 경우의 등록의 말소】 등록의 말소를 신청하는 경우에 등록상의 이해관계가 있는 제3자가 있는 때에는 신청서에 그 승낙서 또는 그에 대항할 수 있는 재판의 등본을 첨부하여야 한다. <개정 1981.7.30, 1999.6.30>	제9조 【「특허등록령」의 준용】	제51조 【이해관계가 있는 제3자가 있는 경우의 등록 말소】 등록 말소를 신청하는 경우에 등록에 대한 이해관계가 있는 제3자가 있는 때에는 신청서에 그 승낙서 또는 그에 대항할 수 있는 재판의 등본을 첨부하여야 한다.	제51조 【이해관계가 있는 제3자가 있는 경우의 등록 말소】 등록 말소를 신청하는 경우에 등록에 대한 이해관계가 있는 제3자가 있을 때에는 신청서에 그 승낙서 또는 그에 대항할 수 있는 재판의 등본을 첨부하여야 한다.
제5절 신탁에 관한 절차		제5절 신탁에 관한 절차	제5절 신탁에 관한 절차
제51조 【등록권리자 및 등록의무자】 특허권 또는 그 특허에 관한 권리의 신탁의 등록에 있어서는 수탁자를 등록권리자로 하고 위탁자를 등록의무자로 한다. <개정 1981.7.30>	제9조 【「특허등록령」의 준용】	제52조 【등록권리자 및 등록의무자】 디자인권이나 그 디자인에 관한 권리 신탁의 등록은 수탁자를 등록권리자로 하고 위탁자를 등록의무자로 한다.	제52조 【등록권리자 및 등록의무자】 상표권이나 그 상표에 관한 권리 신탁의 등록은 수탁자를 등록권리자로 하고 위탁자를 등록의무자로 한다.
제52조 【신청의 특례】 ① 「신탁법」 제19조의 규정에 의하여 신탁재산에 속하는 특허권 또는 그 특허에 관한 권리의 신탁의 등록은 수탁자만으로 신청할 수 있다. <개정 1981.7.30, 2005.6.30> ②제1항의 규정은 「신탁법」	제9조 【「특허등록령」의 준용】	제53조 【신청의 특례】 ① 「신탁법」 제19조에 따라 신탁재산에 속하는 디자인권이나 그 디자인에 관한 권리 신탁의 등록은 수탁자만으로 신청할 수 있다. ② 「신탁법」 제38조에 따라 신탁재산의 회복을 청구하는	제53조 【신청의 특례】 ① 「신탁법」 제19조에 따라 신탁재산에 속하는 상표권이나 그 상표에 관한 권리 신탁의 등록은 수탁자만으로 신청할 수 있다. ② 「신탁법」 제38조에 따라 신탁재산의 회복을 청구하는 경우에는 제1항을 준용한다.

특허등록령	실용신안등록령	디자인등록령	상표등록령
제38조의 규정에 의하여 신탁재산의 회복을 청구하는 경우에 이를 준용한다. <개정 2005.6.30> 제53조 [신청절차] ①신탁의 등록을 신청하는 경우에는 신청서에 다음 각 호의 사항을 기재한 서류를 첨부하여야 한다. <개정 2001.6.27> 1. 위탁자·수익자 및 수익자의 성명 및 주소(법인인 경우에는 그 명칭 및 영업소의 소재지) 2. 신탁관리인이 있는 경우에는 그 성명 및 주소(법인인 경우에는 그 명칭 및 영업소의 소재지) 3. 신탁의 목적 4. 신탁재산의 관리의 방법 5. 신탁의 종료의 사유 6. 기타 신탁의 조항 ②특허청장은 특허등록원부에 제1항의 규정에 의한 신탁의 등록을 한 경우에는 통항 각 호의 사항을 직권으로 특허신탁의 원부에 등록하여야 한다. 제54조 [대위신청절차] ①수익자 또는 위탁자는 수탁자에 대하여 위탁자의 등록을 신청할	제9조 [「특허등록령」의 준용] 제9조 [「특허등록령」의 준용]	경우에는 제1항을 준용한다. 제54조 [신청절차] ①신탁의 등록을 신청하는 경우에는 신청서에 다음 각 호의 사항을 적은 서류를 첨부하여야 한다. 1. 위탁자, 수익자 및 수익자의 성명 및 주소(법인인 경우에는 그 명칭 및 영업소의 소재지를 말한다) 2. 신탁관리인이 있는 경우에는 그 성명 및 주소(법인인 경우에는 그 명칭 및 영업소의 소재지를 말한다) 3. 신탁의 목적 4. 신탁재산의 관리방법 5. 신탁 종료의 사유 6. 그 밖의 신탁조항 ②특허청장은 디자인등록원부에 제1항에 따른 신탁의 등록을 한 경우에는 직권으로 같은 항 각 호의 사항을 디자인신탁원부에 등록하여야 한다. 제55조 [대위신청 절차] ①수익자 또는 위탁자는 수탁자를 대위하여 신탁의 등록을 신청할	제54조 [신청절차] ①신탁의 등록을 신청하는 경우에는 신청서에 다음 각 호의 사항을 적은 서류를 첨부하여야 한다. 1. 위탁자, 수익자 및 수익자의 성명 및 주소(법인인 경우에는 그 명칭 및 영업소의 소재지를 말한다) 2. 신탁관리인이 있는 경우에는 그 성명 및 주소(법인인 경우에는 그 명칭 및 영업소의 소재지를 말한다) 3. 신탁의 목적 4. 신탁재산의 관리방법 5. 신탁 종료의 사유 6. 그 밖의 신탁조항 ②특허청장은 상표등록원부에 제1항에 따른 신탁의 등록을 한 경우에는 직권으로 같은 항 각 호의 사항을 상표신탁원부에 등록하여야 한다. 제55조 [대위신청 절차] ①수익자 또는 위탁자는 수탁자를 대위하여 신탁의 등록을 신청할 수

특허등록령	실용신안등록령	디자인등록령	상표등록령
수 있다. ②제27조의 규정은 제1항의 규정에 의한 신청에 관하여 이를 준용한다. 이 경우에는 신청서에 등록의 목적인 특허권 또는 그 특허에 관한 권리가 신탁재산임을 증명하는 서류를 첨부하여야 한다. <개정 1981.7.30>		수 있다. ②제1항에 따른 신청에 관하여는 제28조를 준용한다. 이 경우 신청서에 등록의 목적인 디자인권이나 그 디자인에 관한 권리가 신탁재산임을 증명하는 서류를 첨부하여야 한다.	있다. ②제1항에 따른 신청에 관하여는 제28조를 준용한다. 이 경우 신청서에 등록의 목적인 상표권이나 그 상표에 관한 권리가 신탁재산임을 증명하는 서류를 첨부하여야 한다.
제55조 【신탁등록의 동시신청】 ①신탁의 등록은 신탁에 의한 특허권의 이전 또는 특허권 이외의 권리의 설정이나 이전의 등록의 신청과 동일한 신청으로 신청하여야 한다. 다만, 제54조제1항의 규정에 의하여 수익자 또는 위탁자가 수탁자에 대위하여 신탁의 등록을 신청하는 경우에는 그러하지 아니하다. <개정 2001.6.27> ②제1항의 규정은 「신탁법」 제19조의 규정에 의하여 신탁재산에 속하는 특허권 또는 그 특허에 관한 권리의 신탁의 등록을 신청하거나 「신탁법」 제38조의 규정에 의하여 신탁재산의 회복을 청구하는 경우에 이를 준용한다. <개정 1981.7.30, 2005.6.30>	제9조 【「특허등록령」의 준용】	제56조 【신탁등록의 동시 신청】 ①신탁의 등록은 신탁에 의한 디자인권의 이전 또는 디자인권 외의 권리의 설정이나 이전 등록의 신청과 같은 신청서로 신청하여야 한다. 다만, 제55조제1항에 따라 수익자 또는 위탁자가 수탁자를 대위하여 신탁의 등록을 신청하는 경우에는 그러하지 아니하다. ②「신탁법」 제19조에 따라 신탁재산에 속하는 디자인권이나 그 디자인에 관한 권리 신탁의 등록을 신청하거나 「신탁법」 제38조에 따라 신탁재산의 회복을 청구하는 경우에는 제1항을 준용한다.	제56조 【신탁등록의 동시 신청】 ①신탁의 등록은 신탁에 의한 상표권의 이전 또는 상표권 외의 권리의 설정이나 이전등록의 신청과 같은 신청서로 신청하여야 한다. 다만, 제55조제1항에 따라 수익자나 위탁자가 수탁자를 대위하여 신탁의 등록을 신청하거나 국제등록기초상표권에 대한 신탁의 등록을 신청하는 경우에는 그러하지 아니하다. ②「신탁법」 제19조에 따라 신탁재산에 속하는 상표권이나 그 상표에 관한 권리 신탁의 등록을 신청하거나 「신탁법」 제38조에 따라 신탁재산의 회복을 청구하는 경우에는 제1항을 준용한다.

특허등록령	실용신안등록령	디자인등록령	상표등록령
제56조 【신탁등록의 말소신청】 ①신탁재산에 속하는 특허권 또는 그 특허에 관한 권리가 이전에 의하여 신탁재산에 속하지 아니하게 된 경우의 신탁등록의 말소는 특허권 또는 그 특허에 관한 권리의 이전 등록의 신청과 동일한 신청서로 신청하여야 한다. <개정 1981.7.30> ②제1항의 규정은 신탁의 종료에 의하여 신탁재산에 속하는 특허권 기타 특허에 관한 권리가 이전된 경우에 이를 준용한다.	**제9조 【「특허등록령」의 준용】**	**제57조 【신탁등록의 말소 신청】** ①신탁재산에 속하는 디자인권이나 그 디자인에 관한 권리가 이전으로 신탁재산에 속하지 아니하게 된 경우 신탁등록 말소는 디자인권이나 그 디자인에 관한 권리의 이전등록 신청과 같은 신청서로 신청하여야 한다. ②신탁이 종료됨에 따라 신탁재산에 속하는 디자인권이나 그 밖에 디자인에 관한 권리가 이전된 경우에는 제1항을 준용한다.	**제57조 【신탁등록의 말소 신청】** ①신탁재산에 속하는 상표권이나 그 상표에 관한 권리가 이전되어 신탁재산에 속하지 아니하게 된 경우 신탁등록 말소는 상표권이나 그 상표에 관한 권리의 이전등록 신청과 같은 신청서로 신청하여야 한다. 다만, 국제등록기초상표권에 대한 신탁등록의 말소를 신청하는 경우에는 그러하지 아니하다. ②신탁이 종료됨에 따라 신탁재산에 속하는 상표권이나 그 밖에 상표에 관한 권리가 이전된 경우에는 제1항을 준용한다.
제57조 【수탁자의 변경으로 인한 이전등록 신청절차】 수탁자가 변경된 경우에 특허권 또는 그 특허에 관한 권리의 이전 등록을 신청하는 경우에는 신청서에 그 변경을 증명하는 첨부서류를 첨부하여야 한다. <개정 1981.7.30>	**제9조 【「특허등록령」의 준용】**	**제58조 【수탁자의 변경에 따른 이전등록 신청절차】** 수탁자가 변경된 경우에 디자인권이나 그 디자인에 관한 권리의 이전등록을 신청하는 경우에는 신청서에 그 변경을 증명하는 서류를 첨부하여야 한다.	**제58조 【수탁자의 변경에 따른 이전등록 신청절차】** 수탁자가 변경된 경우에 상표권이나 그 상표에 관한 권리의 이전등록을 신청하거나 국제등록기초상표권의 상표신탁원부상 수탁자의 변경등록을 신청하는 경우에는 신청서에 그 변경을 증명하는 서류를 첨부하여야 한다.
제58조 【수탁자의 임무 종료로 인한 이전등록신청절차】 수탁자의 임무가 사망·파산·금치	**제9조 【「특허등록령」의 준용】**	**제59조 【수탁자의 임무 종료에 따른 이전등록 신청절차】** 제58조의 이전등록은 수탁자의 임	**제59조 【수탁자의 임무 종료에 따른 이전등록 신청절차】** 제58조의 등록은 수탁자의 임무가

특허등록령	실용신안등록령	디자인등록령	상표등록령
산·한정치산 또는 법원이나 주무관청의 해임명령에 의하여 종료한 경우에는 제57조의 이전등록은 신수탁자 또는 다른 수탁자만으로 신청할 수 있다. 수탁자인 법인의 임무가 그 해산으로 인하여 종료한 경우에도 또한 같다.		무가 사망·파산·금치산·한정치산 또는 법원이나 주무관청의 해임명령으로 종료된 경우에 새로운 수탁자 또는 다른 수탁자만으로 신청할 수 있다. 수탁자인 법인의 임무가 그 해산에 따라 종료된 경우에도 또한 같다.	사망·파산·금치산·한정치산 또는 법원이나 주무관청의 해임명령으로 종료된 경우에 새로운 수탁자 또는 다른 수탁자만으로 신청할 수 있다. 수탁자인 법인의 임무가 그 해산으로 인하여 종료된 경우에도 또한 같다.
제59조【특허신탁원부에의 등록촉탁】 법원이나 주무관청은 신탁관리인을 선임하거나 해임한 경우에는 특허신탁원부에 그 사실을 등록할 것을 특허청장에게 촉탁하여야 한다. 법원이나 주무관청이 수탁자를 해임한 경우에도 또한 같다. [전문개정 2010.7.26]	제9조【「특허등록령」의 준용】	**제60조【디자인신탁원부에의 등록 촉탁】** 법원 또는 주무관청은 신탁관리인을 선임하거나 해임한 경우에는 디자인신탁원부에 그 사실을 등록할 것을 특허청장에게 촉탁하여야 한다. 법원 또는 주무관청이 수탁자를 해임한 경우에도 또한 같다.	**제60조【상표신탁원부에의 등록 촉탁】** 법원이나 주무관청은 신탁관리인을 선임하거나 해임한 경우에는 상표신탁원부에 그 사실을 등록할 것을 특허청장에게 촉탁하여야 한다. 법원이나 주무관청이 수탁자를 해임한 경우에도 또한 같다.
제60조【신탁재산관리방법의 변경으로 인한 등록촉탁】 ①법원은 신탁재산의 관리의 방법을 변경한 경우에는 특허신탁원부에의 등록을 특허청장에게 촉탁하는 것으로 한다. ②제1항의 규정은 주무관청이 신탁의 조항을 변경한 경우에 이를 준용한다.	제9조【「특허등록령」의 준용】	**제61조【신탁재산 관리방법의 변경에 따른 등록 촉탁】** ①법원은 신탁재산의 관리방법을 변경한 경우에는 디자인신탁원부에 그 사실을 등록할 것을 특허청장에게 촉탁하여야 한다. ②주무관청이 신탁의 조항을 변경한 경우에는 제1항을 준용한다.	**제61조【신탁재산 관리방법의 변경에 따른 등록 촉탁】** ①법원은 신탁재산의 관리방법을 변경한 경우에는 상표신탁원부에 그 사실을 등록할 것을 특허청장에게 촉탁하여야 한다. ②주무관청이 신탁의 조항을 변경한 경우에는 제1항을 준용한다.
제61조【특허신탁 원부에의 직권등록】 특허청장은 제57조 또	제9조【「특허등록령」의 준용】	**제62조【디자인신탁원부에의 직권등록】** 특허청장은 제58조 또	**제62조【상표신탁원부에의 직권등록】** 특허청장은 제58조 또

특허등록령	실용신안등록령	디자인등록령	상표등록령
는 제58조의 경우에 특허등록원부에 특허권 또는 그 특허에 관한 권리의 이전 등록을 할 때에는 직권으로 특허신탁 원부에 이를 등록하여야 한다. <개정 1981.7.30>		는 제59조에 따른 신청을 받은 후 디자인등록원부에 디자인권 또는 그 디자인에 관한 권리의 이전등록을 할 때에는 직권으로 디자인신탁원부에 등록하여야 한다.	는 제59조에 따른 신청을 받은 후 상표등록원부에 상표권 또는 그 상표에 관한 권리의 이전등록을 할 때에는 직권으로 상표신탁원부에 등록하여야 한다.
제62조 【신탁사항변경의 등록신청】 ①제57조 내지 제60조의 경우를 제외하고 제53조제1항 각호의 사항의 변경에 관한 특허신탁원부에의 등록은 그 변경을 증명하는 서류를 첨부한 경우에 한하여 수탁자만으로 신청할 수 있다. ②수익자 또는 위탁자는 수탁자에 대하여 제1항의 규정에 의한 신청을 할 수 있다. ③제27조의 규정은 제2항의 규정에 의한 신청에 관하여 이를 준용한다.	제9조 【「특허등록령」의 준용】	제63조 【신탁사항 변경의 등록신청】 ①제58조부터 제61조까지의 규정에 따른 경우 외에 제54조제1항 각 호의 사항의 변경에 관한 디자인신탁원부에의 등록은 그 변경을 증명하는 서류를 첨부한 경우에만 수탁자만으로 신청할 수 있다. ②수익자 또는 위탁자는 수탁자에게 제1항에 따른 신청을 할 수 있다. ③제2항에 따른 신청에 관하여는 제28조를 준용한다.	제63조 【신탁사항 변경의 등록신청】 ①제58조부터 제61조까지의 규정에 따른 경우 외에 제54조제1항 각 호의 사항의 변경에 관한 상표신탁원부에의 등록은 그 변경을 증명하는 서류를 첨부한 경우에만 수탁자만으로 신청할 수 있다. ②수익자나 위탁자는 수탁자에게 제1항에 따른 신청을 할 수 있다. ③제2항에 따른 신청에 관하여는 제28조를 준용한다.
제63조 【수탁자의 해임에 대한 부기】 특허청장은 제59조 후단에 따라 특허신탁원부에 수탁자의 해임을 등록한 경우에는 직권으로 특허등록원부에 그 뜻을 부기하여야 한다. <개정 2010.7.26>	제9조 【「특허등록령」의 준용】	제64조 【수탁자의 해임에 대한 부기】 특허청장은 제60조 후단에 따라 디자인신탁원부에 수탁자의 해임을 등록한 경우에는 직권으로 디자인등록원부에 그 뜻을 부기하여야 한다.	제64조 【수탁자의 해임에 대한 부기】 특허청장은 제60조 후단에 따라 상표신탁원부에 수탁자의 해임을 등록한 경우에는 직권으로 상표등록원부에 그 뜻을 부기하여야 한다.

특허등록령 시행규칙	실용신안등록령 시행규칙	디자인등록령 시행규칙	상표등록령 시행규칙
[시행 2010. 7.28 [지식경제부령 제140호, 2010. 7.27, 일부개정]	[시행 2009. 1. 1] [지식경제부령 제56호, 2008.12.31, 일부개정]	[시행 2010. 7.28] [지식경제부령 제140호, 2010. 7.27, 타법개정]	[시행 2010. 7.28] [지식경제부령 제141호, 2010. 7.27, 전부개정]
제1장 등록에 관한 장부		**제1장 등록에 관한 장부**	**제1장 등록에 관한 장부**
제1조 【목적】 이 규칙은 「특허법」 및 「특허등록령」에서 위임된 사항과 그 시행에 관하여 필요한 사항을 규정함을 목적으로 한다. <개정 2005.2.11> [본조신설 2001.6.30] [종전 제1조는 제1조의2로 이동 <2001.6.30>]	**제1조 【목적】** 이 규칙은 「실용신안법」 및 「실용신안등록령」에서 위임된 사항과 그 시행에 관하여 필요한 사항을 규정함을 목적으로 한다. <개정 2006.9.29> [본조신설 2001.6.30] [종전 제1조는 제1조의2로 이동 <2001.6.30>]	**제1조 【목적】** 이 규칙은 「디자인보호법」 및 「디자인등록령」에서 위임된 사항과 그 시행에 관하여 필요한 사항을 규정함을 목적으로 한다.	**제1조 【목적】** 이 규칙은 「상표법」 및 「상표등록령」에서 위임된 사항과 그 시행에 필요한 사항을 규정함을 목적으로 한다.
제1조의2 【특허원부의 서식】 「특허등록령」(이하 "영"이라 한다) 제8조제1항에 따른 특허등록원부는 별지 제1호서식, 특허신탁원부는 별지 제3호서식에 따라 각각 작성한다. <개정 2005.2.11, 2010.7.27> [전문개정 1993.12.31] [제1조에서 이동 <2001.6.30>]	**제1조의2 【실용신안원부의 서식】** 「실용신안등록령」 제4조제1항의 규정에 의한 실용신안원부중 실용신안등록원부는 별지 제1호서식, 실용신안신탁원부는 별지 제2호서식에 의한다. <개정 2006.9.29> [제1조에서 이동 <2001.6.30>]	**제2조 【디자인원부의 서식】** 「디자인등록령」(이하 "영"이라 한다) 제9조제1항에 따른 디자인등록원부는 별지 제1호서식 또는 별지 제2호서식에 따라 작성하고, 디자인관계거절심결재심청구원부는 별지 제3호서식에 따라 작성하며, 디자인신탁원부는 별지 제4호서식에 따라 작성한다.	**제2조 【상표원부의 서식】** ①「상표등록령」(이하 "영"이라 한다) 제10조제1항에 따른 상표원부 중 상표등록원부(「상표법」 제86조의31에 따라 설정등록을 받은 상표권에 관한 상표등록원부는 제외한다)는 별지 제1호서식, 별지 제2호서식 또는 별지 제3호서식에 따라 작성하고, 상표신탁원부는 별지 제6호서식에 따라 작성한다. ②「상표법」(이하 "법"이라 한다) 제86조의31에 따라 설정

특허등록령 시행규칙	실용신안등록령 시행규칙	디자인등록령 시행규칙	상표등록령 시행규칙
			등록을 받은 상표권(이하 "국제등록기초상표권" 이라 한다)에 관한 상표등록원부는 별지 제4호서식 또는 별지 제5호서식에 따라 작성한다.
제2조 【특허원부의 작성】 ①제1조의2에 따른 특허등록원부는 특허권에 대하여 자기디스크 등으로 작성한다. <개정 2002.6.22, 2010.7.27> ②삭제 <2010.7.27> ③제1조의2에 따른 특허신탁원부는 신탁재산에 속하는 특허권이나 그 밖에 특허에 관한 권리에 대하여 자기디스크 등으로 작성한다. <개정 2002.6.22, 2010.7.27> [전문개정 1993.12.31] 제3조 삭제 <1981.8.31>	제2조 【실용신안원부의 작성】 ①제1조의2의 규정에 의한 실용신안등록원부(이하 "실용신안등록원부"라 한다)는 실용신안권에 대하여 자기디스크등으로 작성한다. ②제1조의2의 규정에 의한 실용신안신탁원부는 신탁재산에 속하는 실용신안권 기타 실용신안에 관한 권리에 대하여 자기디스크등으로 작성한다.	제3조 【디자인원부의 작성】 ①제2조에 따른 디자인등록원부는 디자인권에 대하여 자기디스크 등으로 작성한다. ②제2조에 따른 디자인관계거절심결재심청구원부는 재심청구에 관한 디자인출원에 대하여 자기디스크 등으로 작성한다. ③제2조에 따른 디자인신탁원부는 신탁재산에 속하는 디자인권이나 그 밖에 디자인에 관한 권리에 대하여 자기디스크 등으로 작성한다.	제3조 【상표원부의 작성】 ①제2조에 따른 상표등록원부는 상표권에 대하여 자기디스크 등으로 작성한다. ②제2조제1항에 따른 상표신탁원부는 신탁재산에 속하는 상표권이나 그 밖에 상표에 관한 권리에 대하여 자기디스크 등으로 작성한다.
제4조 【특허등록원부의 기재】 ①제1조의2의 규정에 의한 특허등록원부의 특허번호란에는 특허번호를 기재하여야 한다. <개정 1981.8.31, 1991.12.31, 1993.12.31, 2002.6.22> ②권리란중 사항란에는 특허권의 표시를 하는 외에 다음 각 호의 사항을 기재하고, 표시번	제3조 【실용신안등록원부의 기재】 ①실용신안등록원부에 기재하여야 하는 사항은 다음 각 호와 같다. <개정 2006.9.29> 1. 실용신안등록번호란에는 실용신안등록번호를 기재할 것 2. 권리란의 사항란에는 실용신안권의 표시를 하는 외에 다음 각 목의 사항을 기재하고,	제4조 【디자인등록원부의 기재】 ①제2조에 따른 디자인등록원부의 디자인등록번호란에는 디자인등록번호를 적어야 한다. ②권리란 중 등록사항란에는 디자인권의 표시를 하고, 그 밖에 다음 각 호의 사항을 적으며, 표시번호란에는 등록사항란에 적은 등록사항의 순위	제4조 【상표등록원부의 기재】 ①제2조제1항에 따른 상표등록원부의 상표등록번호란에는 상표등록번호를, 분할이전번호란에는 분할이전번호를, 분할번호란에는 분할번호를 각각 적어야 한다. ②권리란 중 등록사항란에는 다음 각 호의 사항을 적고, 상

특허등록령 시행규칙	실용신안등록령 시행규칙	디자인등록령 시행규칙	상표등록령 시행규칙
호란에는 사항란에 기재한 등록사항의 순위를 기재하여야 한다. <개정 1990.9.4, 1997.7.1, 1998.12.31, 2005.2.11, 2006.9.29, 2010.7.27> 1. 삭제 <2006.9.29> 1의2. 「특허법」(이하 "법"이라 한다) 제106조제1항 및 제106조의2제1항에 따른 특허권의 수용·실시 2. 법 제116조제1항의 규정에 의한 특허권의 취소 3. 법 제132조의3·법 제133조제1항·법 제134조제1항·법 제135조제1항·법 제136조제1항 및 법 제137조제1항의 규정에 의한 심판 4. 법 제178조제1항의 규정에 의한 재심 5. 법 제186조제1항의 규정에 의한 소 6. 법 제186조제8항의 규정에 의한 상고 ③특허권자란의 사항란에는 특허권자·특허권의 이전·특허권의 처분의 제한 또는 특허권을 목적으로 하는 질권에 관한 사항을 기재하여야 한다. <개정 1981.8.31> ④전용실시권자란의 사항란에는 전용실시권 및 이를 목적으	권리란의 표시번호란에는 사항란에 기재한 등록사항의 순위를 기재할 것 가. 「실용신안법」(이하 "법"이라 한다) 제28조에 따라 준용되는 「특허법」 제106조제1항에 따른 실용신안권의 수용·실시 나. 법 제28조에 따라 준용되는 「특허법」 제116조제1항에 따른 실용신안권의 취소 다. 법 제31조제1항·법 제32조 및 법 제33조에 따라 준용되는 「특허법」 제135조 내지 제137조에 따른 심판 라. 법 제33조에 따라 준용되는 「특허법」 제178조제1항에 따른 재심 마. 법 제33조에 따라 준용되는 「특허법」 제186조제1항에 따른 소 바. 법 제33조에 따라 준용되는 「특허법」 제186조제8항에 따른 상고 3. 실용신안권자란의 사항란에는 실용신안권자, 실용신안권의 이전, 실용신안권의 처분의 제한 또는 실용신안권을 목적으로 하는 질권에 관한 사항을 기재할 것 4. 전용실시권자란의 사항란에	를 적어야 한다. 1. 「디자인보호법」(이하 "법"이라 한다) 제29조의2제1항에 따른 디자인무심사등록 이의신청 2. 법 제67조의3(디자인등록취소결정에 대한 심판으로 한정한다), 제68조제1항, 제69조 및 제70조제1항·제2항에 따른 심판 3. 법 제73조제1항에 따른 재심(거절결정불복심판에 대한 재심은 제외한다) 4. 법 제75조제1항에 따른 소 5. 법 제75조제8항에 따른 상고 ③디자인권자란의 등록사항란에는 디자인권자, 디자인권의 이전, 디자인권의 처분의 제한 또는 디자인권을 목적으로 하는 질권에 관한 사항을 적어야 한다. ④전용실시권자란의 등록사항란에는 전용실시권 및 전용실시권을 목적으로 하는 질권에 관한 사항을 적어야 한다. ⑤통상실시권자란의 등록사항란에는 통상실시권 및 통상실시권을 목적으로 하는 질권에 관한 사항을 적어야 한다. ⑥디자인등록원부의 순위번호	표란에는 등록상표를 부착하며(둘 이상의 도면 또는 사진으로 구성된 상표는 제외한다. 이 경우 상표란에는 "상표첨부란에 부착"이라고 적는다), 표시번호란에는 등록사항란에 적은 등록사항의 순위를 적어야 한다. 1. 상표권의 표시, 존속기간의 갱신, 상품분류의 전환·소멸·회복 및 변경 2. 법 제71조제1항, 제72조제1항, 제72조의2제1항, 제73조제1항, 제74조제1항 및 제75조에 따른 심판 3. 법 제83조제1항에 따른 재심(거절결정 불복심판에 대한 재심은 제외한다) 4. 법 제86조제2항에 따라 준용되는 「특허법」 제186조제1항에 따른 소(訴) 5. 법 제86조제2항에 따라 준용되는 「특허법」 제186조제8항에 따른 상고 ③상표등록료란에는 분할납부 여부, 납부 회차(해당 기간), 상표등록료(이하 "등록료"라 한다) 금액 및 납부연월일을 적어야 한다. ④상표권자란의 등록사항란에는 상표권자, 상표권의 이전,

특허등록령 시행규칙	실용신안등록령 시행규칙	디자인등록령 시행규칙	상표등록령 시행규칙
로 하는 질권에 관한 사항을 기재하여야 한다. <개정 1981.8.31> ⑤통상실시권자란의 사항란에는 통상실시권 및 이를 목적으로 하는 질권에 관한 사항을 기재하여야 한다. <개정 1973.12.31, 1981.8.31> ⑥삭제 <1981.8.31> ⑦특허등록원부의 순위번호란에는 사항란에 등록사항을 기재한 순위번호를 기재하여야 한다. ⑧삭제 <2001.6.30> ⑨특허료란에는 해당연수, 특허료 및 납부연월일을 기재하여야 하며, 법 제83조의 규정에 의한 특허료납부가 면제 또는 감면될 때에는 그 사항도 기재하여야 한다. <개정 1990.9.4, 1993.12.31, 1999.7.1> ⑩특허등록원부의 매수는 원부 중앙하단부에 숫자로 표기하여야 한다. <개정 1993.12.31> **제5조 삭제** <2010.7.27>	는 전용실시권 및 이를 목적으로 하는 질권에 관한 사항을 기재할 것 5. 통상실시권자란의 사항란에는 통상실시권 및 이를 목적으로 하는 질권에 관한 사항을 기재할 것 6. 순위번호란에는 사항란에 등록사항을 기재한 순위번호를 기재할 것 7. 삭제 <2001.6.30> 8. 등록료란에는 해당연수, 실용신안등록료 및 납부연월일을 기재할 것. 이 경우 법 제20조의 규정에 의하여 준용되는 특허법 제83조의 규정에 의한 실용신안등록료납부가 면제 또는 감면되는 때에는 그 사항을 기재하여야 한다. ②실용신안등록원부의 매수는 그 중앙하단부에 숫자로 표기하여야 한다.	란에는 등록사항란에 적은 등록사항의 순위번호를 적어야 한다. ⑦등록료란에는 해당 연수, 등록료 및 납부연월일을 적어야 하며, 법 제35조에 따라 등록료 납부가 면제 또는 감면될 때에는 그 사항도 적어야 한다. ⑧디자인등록원부의 매수는 원부 중앙하단부에 숫자로 표기하여야 한다. **제5조【디자인관계거절심결재심청구원부의 기재】** ① 제2조에 따른 디자인관계거절심결재심청구원부의 청구번호란에는 최	상표권의 처분의 제한 또는 상표권을 목적으로 하는 질권(質權)에 관한 사항을 적어야 한다. ⑤전용사용권자란의 등록사항란에는 전용사용권 및 전용사용권을 목적으로 하는 질권에 관한 사항을 적어야 한다. ⑥통상사용권자란의 등록사항란에는 통상사용권 및 통상사용권을 목적으로 하는 질권에 관한 사항을 적어야 한다. ⑦상표등록원부의 순위번호란에는 등록사항란에 적은 등록사항의 순위번호를 적어야 한다. ⑧상표첨부란에는 등록상표(둘 이상의 도면 또는 사진으로 구성된 상표로 한정한다)를 부착하여야 한다. ⑨상표등록원부의 매수는 그 상표등록원부 중앙의 아랫부분에 숫자로 표기하여야 한다.

특허등록령 시행규칙	실용신안등록령 시행규칙	디자인등록령 시행규칙	상표등록령 시행규칙
		초에 등록한 순위에 따라 그 순위의 번호를 적어야 한다. ②디자인관계거절심결재심청구원부의 재심청구란 중 표시란에는 다음 각 호의 사항을 적고, 표시번호란에는 표시란에 적은 등록사항의 순위를 적어야 한다. 1. 디자인관계거절심결 또는 재심의 청구에 관한 디자인출원번호 2. 재심청구 연월일 3. 재심번호 및 재심청구 취지 ③디자인관계거절심결재심청구원부의 재심청구인란 중 등록사항란에는 청구인의 성명 및 주소(법인인 경우에는 그 명칭 및 영업소의 소재지를 말한다)를 적고, 순위번호란에는 등록사항란에 적은 등록사항의 순위번호를 적어야 한다.	제5조【국제등록기초상표권에 관한 상표등록원부의 기재】 ① 제2조제2항에 따른 국제등록기초상표권에 관한 상표등록원부의 국제등록번호란에는 국제등록번호를 적고, 분할이전국제등록번호란에는 분할이전국제등록번호를 적어야 한다.

특허등록령 시행규칙	실용신안등록령 시행규칙	디자인등록령 시행규칙	상표등록령 시행규칙
			②권리란 중 등록사항란에는 다음 각 호의 사항을 적고, 상표란에는 등록상표를 부착하며 (둘 이상의 도면 또는 사진으로 구성된 상표는 제외한다. 이 경우 상표란에는 "상표첨부란에 부착"이라고 적는다), 표시번호란에는 등록사항란에 적은 등록사항의 순위를 적어야 한다. 1. 국제등록기초상표권의 표시 2. 법 제71조제1항, 제73조제1항, 제74조제1항 및 제75조에 따른 심판 3. 법 제83조제1항에 따른 재심 4. 법 제86조제2항에 따라 준용되는 「특허법」 제186조제1항에 따른 소 5. 법 제86조제2항에 따라 준용되는 「특허법」 제186조제8항에 따른 상고 ③국제등록사항기재란의 등록사항란에는 국제등록기초상표권에 관하여 「표장의 국제등록에 관한 마드리드협정에 대한 의정서」 제2조(1)에 따른 국제등록부(이하 "국제등록부"라 한다)에 등록된 사항을 적고, 기재번호란에는 등록사항란에 적은 등록사항의 기재

특허등록령 시행규칙	실용신안등록령 시행규칙	디자인등록령 시행규칙	상표등록령 시행규칙
			순서에 따른 번호를 적어야 한다. ④제1항부터 제3항까지에서 규정한 사항 외에 국제등록기초상표권에 관한 상표등록원부의 기재에 관하여는 제4조제4항부터 제9항까지의 규정을 준용한다. **제30조 【국제등록기초상표권의 설정등록의 방법】** 국제등록기초상표권의 설정등록을 할 때에는 별지 제4호서식의 상표등록원부에 다음 각 호의 사항을 적거나 부착하여야 한다. 1. 국제등록번호란: 국제등록번호 2. 권리란 중 등록사항란: 다음 각 목의 사항 　가. 국제등록일 　나. 사후지정일(대한민국을 사후지정한 경우로 한정한다) 　다. 우선권 주장이 있는 경우에는 상품류 구분, 주장일자, 주장수 및 주장국가 　라. 우선권 주장이 있는 경우에는 원출원연월일 및 원출원번호 　마. 출원공고의 연월일 및 공고번호 　바. 상표등록결정 또는 심결

특허등록령 시행규칙	실용신안등록령 시행규칙	디자인등록령 시행규칙	상표등록령 시행규칙
			의 연월일 사. 상품류 구분, 상품류의 구분 수 및 지정상품 아. 입체적 형상·색채·홀로그램·동작·그 밖에 시각적으로 인식할 수 있는 것으로 된 상표 및 지리적 표시 단체표장(지리적 표시, 지리적 표시의 대상지역을 포함한다) 또는 이들을 결합한 상표를 설정등록하는 경우에는 그 상표권의 취지 자. 아목의 상표에 관한 설명(해당 상표에 대한 설명이 있는 경우로 한정한다) 차. 법 제6조제2항에 해당함을 나타내는 표시(같은 조 같은 항에 해당하여 상표권의 설정등록을 하는 경우로 한정한다) 카. 상표권 설정등록의 연월일 3. 권리란 중 상표란: 등록상표(둘 이상의 도면 또는 사진으로 구성된 상표는 제외한다. 이 경우 상표란에는 "상표첨부란에 부착" 이라고 적는다) 4. 상표권자란 중 등록사항란: 상표권자의 성명 및 주소(법인인 경우에는 그 명칭 및 영업소의 소재지를 말한다)

특허등록령 시행규칙	실용신안등록령 시행규칙	디자인등록령 시행규칙	상표등록령 시행규칙
			5. 상표첨부란: 등록상표(둘 이상의 도면 또는 사진으로 구성된 상표로 한정한다) **제31조 【국내등록상표가 있는 경우의 국제등록기초상표권의 설정등록방법】** ①법 제86조의17 제1항에 따라 출원일이 소급되는 국제상표등록출원에 따른 상표권(이하 "중복국제등록기초상표권"이라 한다)의 설정등록을 할 때에는 별지 제4호서식의 상표등록원부에 다음 각 호의 사항을 적거나 부착하여야 한다. 1. 제30조 각 호의 사항 2. 권리란 중 등록사항란: 다음 각 목의 사항 　가. 중복국제등록기초상표권의 취지 　나. 중복국제등록기초상표권과 중복되는 상표권(이하 "중복국내상표권"이라 한다)의 등록번호 ②제1항에 따라 중복국제등록기초상표권의 설정등록을 할 때에는 중복국내상표권에 관한 별지 제1호서식의 상표등록원부의 권리란 중 등록사항란에 중복국내상표권이라는 취지와 중복국제등록기초상표권의 국

특허등록령 시행규칙	실용신안등록령 시행규칙	디자인등록령 시행규칙	상표등록령 시행규칙
제6조 【특허신탁원부의 기재】 ①제1조의2의 규정에 의한 특허신탁원부의 특허신탁번호란에는 최초에 등록한 순위에 의하여 특허신탁번호를 기재하여야 한다. <개정 1981.8.31, 1991.12.31, 1993.12.31, 2001.6.30, 2002.6.22> ②특허신탁원부의 신탁권리란 중 표시란에는 신탁재산에 속하는 특허권 기타 특허에 관한 권리의 표시를 하며, 그 변경 및 소멸과 권리의 신탁의 종료를 기재하고 표시번호에는 표시란에 기재한 등록사항의 순위를 기재하여야 한다. <개정 1981.8.31> ③특허신탁원부의 사항부중 사항란에는 영 제53조제1항 각호에 게기한 사항 및 그 변경을 기재하고 순위번호란에는 사항란에 기재한 등록사항의 순위를 기재하여야 한다. <개정 1973.12.31>	**제7조 【준용】** 「특허등록령 시행규칙」 제6조 내지 제8조, 동규칙 제9조의2 내지 제9조의4, 동규칙 제10조 내지 제24조, 동규칙 제25조 내지 제31조 및 동규칙 제34조 내지 제53조의 규정은 실용신안에 관한 등록에 관하여 이를 준용한다. 이 경우 "특허번호"는 "실용신안등록번호"로, "특허권"은 "실용신안권"으로, "발명의 명칭"은 "고안의 명칭"으로, "특허료"는 "등록료"로, "특허증"은 "실용신안등록증"으로 본다. <개정 2001.6.30, 2002.6.22, 2006.9.29>	**제6조 【디자인신탁원부의 기재】** ①제2조에 따른 디자인신탁원부의 디자인신탁번호란에는 최초에 등록한 순위에 따라 디자인신탁번호를 적어야 한다. ②디자인신탁원부의 신탁권리란 중 표시란에는 신탁재산에 속하는 디자인권이나 그 밖에 디자인에 관한 권리의 표시를 하고, 그 변경 및 소멸과 권리신탁의 종료를 적으며, 표시번호란에는 표시란에 적은 등록사항의 순위를 적어야 한다. ③디자인신탁원부의 사항부란 중 등록사항란에는 영 제54조제1항 각 호에 따른 사항과 그 변경을 적고, 순위번호란에는 등록사항란에 적은 등록사항의 순위를 적어야 한다.	제등록번호를 적어야 한다. **제6조 【상표신탁원부의 기재】** ①제2조제1항에 따른 상표신탁원부의 상표신탁번호란에는 최초에 등록한 순위에 따라 상표신탁번호를 적어야 한다. ②상표신탁원부의 신탁권리란 중 표시란에는 신탁재산에 속하는 상표권이나 그 밖에 상표에 관한 권리의 표시를 하고, 그 변경 및 소멸과 권리 신탁의 종료를 적으며, 표시번호란에는 표시란에 적은 등록사항의 순위를 적어야 한다. ③상표신탁원부의 사항부란 중 등록사항란에는 영 제54조제1항 각 호의 사항과 그 변경을 적고, 순위번호란에는 등록사항란에 적은 등록사항의 순위를 적어야 한다.
제7조 【폐쇄특허원부의 작성 및 관리】 ①영 제12조의 규정에 의하여 특허원부를 폐쇄할 때에는 그 폐쇄의 원인·취지 및	**제7조 【준용】**	**제8조 【폐쇄디자인원부의 작성 및 관리】** ①영 제13조에 따라 디자인원부를 폐쇄할 때에는 그 폐쇄의 원인·취지 및 연월	**제8조 【폐쇄상표원부의 작성 및 관리】** ①영 제13조에 따라 상표원부를 폐쇄할 때에는 그 폐쇄의 원인·취지 및 연월일을

특허등록령 시행규칙	실용신안등록령 시행규칙	디자인등록령 시행규칙	상표등록령 시행규칙
연월일을 기재하여 폐쇄특허원부로 관리하고 폐쇄특허원부는 제8조의 규정에 의한 보존기간이 경과한 후 이를 폐기한다. <개정 1993.12.31> ②폐쇄특허원부를 폐쇄할 때에는 별지 제4호서식으로 목록을 작성하여야 한다. <개정 1993.12.31> ③삭제 <1981.8.31>		일을 적어 폐쇄디자인원부로 관리하고 폐쇄디자인원부는 제9조에 따른 보존기간이 지난 후에 폐기한다. ②폐쇄디자인원부를 폐쇄할 때에는 별지 제7호서식으로 목록을 작성하여야 한다.	적어 폐쇄상표원부로 관리하고 폐쇄상표원부는 제9조에 따른 보존기간이 지난 후 폐기한다. ②폐쇄상표원부를 폐쇄할 때에는 별지 제9호서식의 폐쇄상표원부목록을 작성하여야 한다.
제8조 【폐쇄특허원부의 보존기간】 제7조에 따른 폐쇄특허원부의 보존기간은 폐쇄한 날부터 10년으로 한다. <개정 1981.8.31, 1993.12.31, 2008.12.31>	제7조 【준용】	제9조 【폐쇄디자인원부의 보존기간】 제8조에 따른 폐쇄디자인원부의 보존기간은 폐쇄한 날부터 10년으로 한다.	제9조 【폐쇄상표원부의 보존기간】 제8조에 따른 폐쇄상표원부의 보존기간은 폐쇄한 날부터 10년으로 한다.
제9조 【부속서류】 ①영 제9조의 규정에 의한 부속서류는 다음의 장부로 한다. <개정 1973.12.31> 1. 특허등록접수부 2. 특허료납부접수부 ②제1항제1호의 규정에 의한 특허등록접수부는 별지 제5호서식, 제1항제2호의 규정에 의한 특허료납부접수부는 별지 제6호서식에 의하여 각각 작성하여야 한다. <개정 1981.8.31>	제4조 【부속서류】 ① 「실용신안등록령」 제9조의 규정에 의하여 준용되는 「특허등록령」 제9조의 규정에 의한 부속서류는 다음의 장부로 한다. <개정 2006.9.29> 1. 실용신안등록접수부 2. 실용신안등록료납부접수부 ②제1항제1호의 실용신안등록접수부는 별지 제3호서식, 제1항제2호의 실용신안등록료납부접수부는 별지 제4호서식에 의한다.	제7조 【부속서류】 ①영 제10조에 따른 부속서류는 다음 각 호와 같다. 1. 디자인등록접수부 2. 디자인등록료납부접수부 ②디자인등록접수부는 별지 제5호서식에 따라 작성하여야 하고, 디자인등록료납부접수부는 별지 제6호서식에 따라 작성하여야 한다.	제7조 【부속서류】 영 제11조에 따른 부속서류는 별지 제7호서식의 상표등록접수부 및 별지 제8호서식의 상표등록료납부접수부로 한다.

특허등록령 시행규칙	실용신안등록령 시행규칙	디자인등록령 시행규칙	상표등록령 시행규칙
제9조의2 【전자문서로 제출할 수 있는 서류】 법 제28조의3제4항의 규정에 의하여 전자문서로 제출할 수 있는 서류는 영 제31조의2 및 이 규칙 제9조의4제2항의 규정에 의하여 서류 제출명령을 받은 자가 제출하는 서류를 제외한 서류로 한다. [전문개정 2002.6.22]	제7조 【준용】		제10조 【전자문서로 제출할 수 있는 서류】 법 제5조에서 준용하는 「특허법」 제28조의3 제4항에 따라 전자문서로 제출할 수 있는 서류는 제12조제2항 및 영 제33조에 따라 서류 제출명령을 받은 자가 제출하는 서류를 제외한 서류로 한다.
제9조의3 【전자문서에 의한 통지 대상서류】 특허청장은 법 제28조의4제1항에 따라 전자문서 이용신고를 한 자 중 전자문서로 통지 또는 송달을 받으려는 자에 대하여는 법령에 특별한 규정이 있는 경우를 제외하고는 정보통신망을 이용하여 통지 또는 송달할 수 있다. [전문개정 2007.12.11]	제7조 【준용】		제11조 【전자문서에 의한 통지 대상서류】 특허청장은 법 제5조에서 준용하는 「특허법」 제28조의4제1항에 따라 전자문서 이용신고를 한 자 중 전자문서로 통지 또는 송달을 받으려는 자에 대해서는 법령에 특별한 규정이 있는 경우를 제외하고는 「정보통신망 이용촉진 및 정보보호 등에 관한 법률」에 따른 정보통신망을 이용하여 통지하거나 송달할 수 있다.
제9조의4 【전자적 이미지로 작성된 첨부서류의 제출】 ①특허등록에 관한 절차를 밟는 자로서 전자문서로 서류를 제출하는 자는 첨부서류를 전자적 이미지로 작성하여 제출할 수 있	제7조 【준용】		제12조 【전자적 이미지로 작성된 첨부서류의 제출】 ①상표등록에 관한 절차를 밟는 자로서 전자문서로 서류를 제출하는 자는 첨부서류를 전자적 이미지로 작성하여 제출할 수 있

특허등록령 시행규칙	실용신안등록령 시행규칙	디자인등록령 시행규칙	상표등록령 시행규칙
다. ②특허청장은 제1항의 규정에 의하여 제출된 전자적 이미지의 첨부서류가 판독이 곤란하여 내용의 확인이 필요하다고 인정되는 경우에는 신청인에게 기간을 정하여 해당서류를 서면으로 제출하도록 명할 수 있다. [본조신설 2002.6.22]			다. ②특허청장은 제1항에 따라 제출된 전자적 이미지의 첨부서류가 판독하기 곤란하여 내용을 확인할 필요가 있다고 인정되는 경우에는 기간을 정하여 신청인에게 「특허등록령 시행규칙」 별지 제17호서식의 서류제출서에 해당 서류를 첨부하여 서면으로 제출하도록 명할 수 있다.
제2장 신청의 절차		**제2장 신청의 절차**	**제2장 신청의 절차**
제10조 【특허등록 관련 신청 서식 등】 ①특허등록 관련 신청 서식은 다음 각 호의 구분과 같다. <개정 2006.12.29, 2007.12.11> 1. 등록명의인의 표시변경·경정등록신청 서식은 「특허법 시행규칙」 별지 제5호서식 1의2. 등록명의인 표시의 통합관리신청 서식은 별지 제7호서식 2. 특허권·전용실시권·통상실시권 또는 질권의 전부나 그 권리의 지분 전부의 이전등록신청, 그 권리의 일부 또는 지분 일부의 이전등록신청 서식은 별지 제8호서식	**제7조 【준용】**	**제10조 【디자인등록 관련 신청 서식 등】** ①디자인등록 관련 신청 서식은 다음 각 호의 구분과 같다. 1. 등록명의인의 표시변경·경정등록신청 서식은 「특허법 시행규칙」 별지 제5호서식 2. 등록명의인 표시의 통합관리신청 서식은 「특허등록령 시행규칙」 별지 제7호서식 3. 디자인권, 전용실시권, 통상실시권 또는 질권의 전부나 그 권리의 지분 전부의 이전등록신청, 그 권리의 일부 또는 지분 일부의 이전등록신청 및 디자인권의 분할이전등록신청 서식은 「특허등록령 시행규칙」	**제13조 【상표등록 관련 신청 서식 등】** ①상표등록 관련 신청 서식은 다음 각 호의 구분과 같다. 1. 등록명의인의 표시변경신청·경정등록신청 서식: 「특허법 시행규칙」 별지 제5호서식 2. 등록명의인 표시의 통합관리신청 서식: 「특허등록령 시행규칙」 별지 제7호서식 3. 상표권 존속기간갱신등록신청 서식: 별지 제11호서식 4. 상표권, 전용사용권, 통상사용권 또는 질권의 전부나 그 권리의 지분 전부의 이전등록신청, 그 권리의 일부 또는 지

특허등록령 시행규칙	실용신안등록령 시행규칙	디자인등록령 시행규칙	상표등록령 시행규칙
3. 전용실시권 설정등록신청, 통상실시권 설정등록신청 서식은 별지 제9호서식 4. 질권 설정등록신청 서식은 별지 제10호서식 5. 질권 변경등록신청 및 실시권 변경등록신청 서식은 별지 제11호서식 6. 권리의 포기, 사망, 등록의 무자의 소재불명, 가등록명의인의 등록말소에 대한 승낙, 채무변제 또는 계약해제 등에 따른 특허권, 기타 특허에 관한 권리의 말소등록신청 서식은 별지 제12호서식 7. 특허권, 기타 특허에 관한 권리의 신탁등록신청 서식은 별지 제13호서식 8. 회복등록신청 서식은 별지 제14호서식 ②영 제34조제3항의 규정에 따라 불수리 이유를 통지받은 등록 신청에 대하여 그 흠결을 보완하여 재신청(1회에 한한다)하고자 하는 때에는 별지 제15호서식의 등록재신청서를 특허청장에게 제출하여야 한다. <신설 2005.7.1, 2006.12.29> ③특허권의 설정등록을 받고자 하는 자는 별지 제16서식의 납부서를 특허청장에게 제출하여		별지 제8호서식 4. 전용실시권 설정등록신청, 통상실시권 설정등록신청 서식은 「특허등록령 시행규칙」별지 제9호서식 5. 질권 설정등록신청 서식은 「특허등록령 시행규칙」별지 제10호서식 6. 질권 변경등록신청 및 실시권 변경등록신청 서식은 「특허등록령 시행규칙」별지 제11호서식 7. 권리의 포기, 사망, 등록의 무자의 소재불명, 가등록명의인의 등록말소에 대한 승낙, 채무변제 또는 계약해제 등에 따른 디자인권, 그 밖에 디자인에 관한 권리의 말소등록신청 서식은 「특허등록령 시행규칙」별지 제12호서식 8. 디자인권, 그 밖에 디자인에 관한 권리의 신탁등록신청 서식은 「특허등록령 시행규칙」별지 제13호서식 9. 회복등록신청 서식은 「특허등록령 시행규칙」별지 제14호서식 ②영 제36조제3항에 따라 불수리 이유를 통지받은 등록 신청에 대하여 그 흠결을 보완하여 재신청(1회로 한정한다)하려는	분 일부의 이전등록신청 및 상표권의 분할이전등록신청 또는 분할등록신청 서식: 「특허등록령 시행규칙」별지 제8호서식 5. 전용사용권 설정등록신청 및 통상사용권 설정등록신청 서식: 「특허등록령 시행규칙」별지 제9호서식 6. 질권 설정등록신청 서식: 「특허등록령 시행규칙」별지 제10호서식 7. 질권 변경등록신청 및 사용권 변경등록신청 서식: 「특허등록령 시행규칙」별지 제11호서식 8. 권리의 포기, 사망, 등록의 무자의 소재불명, 가등록 명의인의 등록말소에 대한 승낙, 채무변제 또는 계약해제 등에 따른 상표권의 전부 또는 일부 말소, 그 밖에 상표에 관한 권리의 말소등록신청 서식: 「특허등록령 시행규칙」별지 제12호서식 9. 상표권, 그 밖에 상표에 관한 권리의 신탁등록신청 서식: 「특허등록령 시행규칙」별지 제13호서식 10. 회복등록신청 서식: 「특허등록령 시행규칙」별지 제14

특허등록령 시행규칙	실용신안등록령 시행규칙	디자인등록령 시행규칙	상표등록령 시행규칙
야 한다. 다만, 특허결정시 특허청장이 부여한 납부자번호(이하 "지정납부자번호"라 한다)로 특허료를 납부하는 경우에는 그러하지 아니하다. <개정 2005.7.1, 2006.12.29> ④특허권자가 연차특허료를 납부하려고 하는 경우에는 별지 제16호서식의 납부서를 특허청장에게 제출하여야 한다. 다만, 특허청장이 통보한 지정납부자번호로 「특허료 등의 징수규칙」 제8조제8항에 따른 기간 이내에 연차특허료를 납부하는 경우에는 그러하지 아니하다. <개정 2006.4.28, 2006.12.29> ⑤특허료를 보전하고자 하는 자는 별지 제16호서식의 납부서를 특허청장에게 제출하여야 한다. <신설 2003.5.12, 2006.12.29> ⑥특허권 및 그 특허에 관한 권리의 공유자가 특허원부에 지분의 확인등록을 신청하려는 경우에는 별지 제28호서식의 공유지분확인등록신청서를 제출하여야 한다. 이 경우 등록에 대한 이해관계가 있는 제3자가 있을 때에는 신청서에 그 승낙서나 그에 대항할 수 있는 재판의 등본을 첨부하여야 한		때에는 「특허등록령 시행규칙」 별지 제15호서식의 등록재신청서를 특허청장에게 제출하여야 한다. ③디자인권의 설정등록을 받으려는 자는 「특허등록령 시행규칙」 별지 제16호서식의 납부서를 특허청장에게 제출하여야 한다. 다만, 디자인등록결정 시 특허청장이 부여한 납부자번호(이하 "지정납부자번호"라 한다)로 등록료를 납부하는 경우에는 그러하지 아니하다. ④디자인권자가 연차등록료를 납부하려는 경우에는 「특허등록령 시행규칙」 별지 제16호서식의 납부서를 특허청장에게 제출하여야 한다. 다만, 지정납부자번호로 「특허료 등의 징수규칙」 제8조제8항에 따른 기간에 연차등록료를 납부하는 경우에는 그러하지 아니하다. ⑤등록료를 보전하려는 자는 「특허등록령 시행규칙」 별지 제16호서식의 납부서를 특허청장에게 제출하여야 한다. ⑥디자인권 및 그 디자인에 관한 권리의 공유자가 디자인원부에 지분의 확인등록을 신청하려는 경우에는 「특허등록령 시행규칙」별지 제28호서식의	호서식 ②영 제36조제3항에 따라 불수리(부수리) 이유를 통지받은 등록신청에 대하여 그 흠을 보완하여 재신청(1회로 한정한다)하려는 경우에는 「특허등록령 시행규칙」 별지 제15호서식의 등록재신청서를 특허청장에게 제출하여야 한다. ③상표권의 설정등록을 받으려는 자는 「특허등록령 시행규칙」 별지 제16호서식의 납부서를 특허청장에게 제출하여야 한다. 다만, 상표등록결정 시 특허청장이 부여한 납부자번호(이하 "지정납부자번호"라 한다)로 등록료를 납부하는 경우에는 그러하지 아니하다. ④상표권자가 존속기간갱신등록료를 분할납부하면서 2회차를 납부하는 경우에는 「특허등록령 시행규칙」 별지 제16호서식의 납부서를 특허청장에게 제출하여야 한다. ⑤지정상품(서비스업, 업무) 추가등록료를 납부하려는 자는 「특허등록령 시행규칙」 별지 제16호서식의 납부서를 특허청장에게 제출하여야 한다. ⑥등록료를 보전하려는 자는 「특허등록령 시행규칙」 별지

특허등록령 시행규칙	실용신안등록령 시행규칙	디자인등록령 시행규칙	상표등록령 시행규칙
다. <신설 2010.7.27> ⑦가등록을 신청하는 경우에는 해당등록신청서에 가등록신청임을 표시하여 제출하여야 한다. <개정 2010.7.27> [전문개정 1998.12.31]		공유지분확인등록신청서를 제출하여야 한다. 이 경우 등록에 대한 이해관계가 있는 제3자가 있을 때에는 신청서에 그 승낙서나 그에 대항할 수 있는 재판의 등본을 첨부하여야 한다. <신설 2010.7.27> ⑦가등록을 신청하는 경우에는 해당 등록신청서에 가등록신청임을 표시하여 제출하여야 한다. <개정 2010.7.27>	제16호서식의 납부서를 특허청장에게 제출하여야 한다. ⑦등록료 납부기간의 연장을 받으려면 별지 제10호서식의 등록료납부기간연장신청서를 특허청장에게 제출하여야 한다. ⑧상표권 및 그 상표에 관한 권리의 공유자가 상표원부에 지분의 확인등록을 신청하려는 경우에는 「특허등록령 시행규칙」 별지 제28호서식의 공유지분확인등록신청서를 제출하여야 한다. 이 경우 등록에 대한 이해관계가 있는 제3자가 있을 때에는 신청서에 그 승낙서나 그에 대항할 수 있는 재판의 등본을 첨부하여야 한다. ⑨가등록을 신청하는 경우에는 해당 등록신청서에 가등록신청임을 표시하여 제출하여야 한다. 제14조 【존속기간갱신등록신청의 절차】 ①상표권 존속기간갱신등록을 받으려는 자는 제13조제1항제3호의 신청서를 제출하여야 한다. 다만, 제13조제4항의 경우에는 그러하지 아니하다. ②제1항에 따라 신청서를 제출

특허등록령 시행규칙	실용신안등록령 시행규칙	디자인등록령 시행규칙	상표등록령 시행규칙
제10조의2【병합의 절차】 특허권의 등록의무자 및 등록권리자와 특허를 받을 수 있는 권리의 양도인 및 양수인이 각각 같은 경우에는 특허권의 이전등록신청(2 이상의 특허권의 이전등록신청인 경우에는 등록의 원인 및 목적이 같은 경우만 해당한다)과 「특허법 시행규칙」 제26조에 따른 특허출원인변경신고를 함께 할 수 있다. 이 경우 해당 신청과 신고를 함께 하려는 자는 별지 제8호 서식의 권리이전등록신청서에 해당 사항을 적어 특허청장에게 제출하여야 한다. [전문개정 2007.12.11]		**제11조【병합의 절차】** 디자인권의 등록의무자 및 등록권리자와 디자인권을 받을 수 있는 권리의 양도인 및 양수인이 각각 같은 경우에는 디자인권의 이전등록신청(둘 이상의 디자인권의 이전등록신청인 경우에는 등록의 원인 및 목적이 같은 경우만 해당한다)과 「디자인보호법 시행규칙」 제10조의12에 따른 디자인등록출원인변경신고를 함께 할 수 있다. 이 경우 해당 신청과 신고를 함께 하려는 자는 「특허등록령 시행규칙」 별지 제8호서식의 권리이전등록신청서에 해당 사항을 적어 특허청장에게 제출하여야 한다.	하는 경우에는 「특허료 등의 징수규칙」 제5조제2항에서 정하는 존속기간갱신등록료를 납부하여야 한다. **제15조【병합의 절차】** 상표권의 등록의무자 및 등록권리자와 상표권을 받을 수 있는 권리의 양도인 및 양수인이 각각 같은 경우에는 상표권의 이전등록신청(둘 이상의 상표권의 이전등록신청인 경우에는 등록의 원인 및 목적이 같은 경우만 해당한다)과 「상표법 시행규칙」 제36조에서 준용하는 「특허법 시행규칙」 제26조에 따른 상표등록출원인변경신고를 함께 할 수 있다. 이 경우 해당 신청과 신고를 함께 하려는 자는 「특허등록령 시행규칙」 별지 제8호서식의 권리이전등록신청서에 해당 사항을 적어 특허청장에게 제출하여야 한다. **제16조【증명서 등의 첨부】** 영 제17조제3항에 따라 지식경제부령으로 정하는 것은 다음 각 호의 어느 하나에 해당하는 서류로 한다. 1. 「상표법조약 규칙」에서 정

특허등록령 시행규칙	실용신안등록령 시행규칙	디자인등록령 시행규칙	상표등록령 시행규칙
			하고 있는 국제표준서식(한글로 번역된 것으로 한정한다)에 따라 작성된 양도증명서 또는 양도문서 2. 상표권의 이전을 증명하는 계약서의 사본 또는 발췌본(공증인 또는 공공기관에 의하여 인증된 것으로 한정한다)
제10조의3 【서류의 제출】 영 제31조의2에 따라 서류제출명령을 받은 자는 별지 제17호서식의 서류제출서에 지정받은 서류를 첨부하여 특허청장에게 제출하여야 한다. 다만, 영 제31조의2제1항에 따른 소명기간 내에 별지 제18호 서식의 소명서를 제출하여 특허청장이 신청인에 대하여 확인을 한 경우에는 그러하지 아니하다. <개정 2002.6.22, 2006.12.29, 2009.6.30> [본조신설 2001.6.30]		제12조 【서류의 제출】 영 제33조제1항에 따라 서류를 제출하여야 하는 자는 「특허등록령 시행규칙」 별지 제17호서식의 서류제출서에 지정받은 서류를 첨부하여 특허청장에게 제출하여야 한다. 다만, 영 제33조제1항에 따른 기간에 「특허등록령 시행규칙」 별지 제18호서식의 소명서를 제출하여 특허청장이 신청인에 대하여 확인을 한 경우에는 그러하지 아니하다.	제17조 【서류의 제출】 영 제33조에 따라 서류를 제출하여야 하는 자는 「특허등록령 시행규칙」 별지 제17호서식의 서류제출서에 지정받은 서류를 첨부하여 특허청장에게 제출하여야 한다. 다만, 영 제33조제3항에 따른 기간에 「특허등록령 시행규칙」 별지 제18호서식의 소명서를 제출하여 특허청장이 신청인에 대하여 확인을 한 경우에는 그러하지 아니하다.
제10조의4 【소명서 등】 ①영 제31조의2제2항 또는 영 제34조제3항의 규정에 의하여 소명서를 제출하고자 하는 자는 별지 제18호서식의 소명서를 특허청장에게 제출하여야 한다. <개정 2003.5.12, 2006.12.29>		제13조 【소명서 등】 ①제12조 단서 또는 영 제36조제3항에 따라 소명서를 제출하려는 자는 「특허등록령 시행규칙」 별지 제18호서식의 소명서를 특허청장에게 제출하여야 한다.	제18조 【소명서 등】 ①영 제33조제3항 또는 제36조제3항에 따라 소명서를 제출하려는 자는 「특허등록령 시행규칙」 별지 제18호서식의 소명서를 특허청장에게 제출하여야 한다.

특허등록령 시행규칙	실용신안등록령 시행규칙	디자인등록령 시행규칙	상표등록령 시행규칙
②영 제34조제3항의 규정에 의하여 불수리이유통지를 받은 자가 소명없이 소명기간내에 당해 서류를 반환받고자 하는 경우에는 별지 제19호서식의 서류반환요청서를 특허청장에게 제출하여야 한다. <개정 2003.5.12, 2006.12.29> [본조신설 2001.6.30]		②영 제36조제3항에 따라 불수리이유 통지를 받은 자가 소명없이 소명기간에 해당 서류를 반환받으려는 경우에는 「특허등록령 시행규칙」 별지 제19호서식의 서류반환요청서를 특허청장에게 제출하여야 한다.	②영 제36조제3항에 따라 불수리 이유를 통지받은 자가 소명없이 소명기간에 해당 서류를 반환받으려는 경우에는 「특허등록령 시행규칙」 별지 제19호서식의 서류반환요청서를 특허청장에게 제출하여야 한다.
제11조 【선순위의 질권의 기재】 질권설정의 등록을 신청하는 경우에 있어서 선순위의 질권의 등록이 있을 때에는 신청서에 그 취지를 기재하여야 한다.	**제7조 【준용】**	**제14조 【선순위의 질권의 기재】** 질권설정 등록을 신청하는 경우 선순위의 질권 등록이 있을 때에는 신청서에 그 취지를 적어야 한다.	**제19조 【선순위 질권의 기재】** 질권의 설정등록을 신청하는 경우 선순위의 질권등록이 있을 때에는 신청서에 그 취지를 적어야 한다.
제3장 등록의 절차 **제1절 통칙**		**제3장 등록의 절차** **제1절 통칙**	**제3장 등록의 절차** **제1절 통칙**
제12조 【번호의 기재】 ①영 제6조의 규정에 의한 부기등록의 순위의 번호를 기재할 때에는 주등록의 번호를 기재하고, 그 밑에 부기의 순위에 의하여 그 번호를 기재하여야 한다. <개정 1973.12.31> ②제1항의 경우에는 주등록의 순위번호밑에 약호를 사용하여	**제7조 【준용】**	**제15조 【번호의 기재】** ①영 제7조에 따른 부기등록의 순위의 번호를 적을 때에는 주등록의 번호를 적고, 그 밑에 부기의 순위에 따라 그 번호를 적어야 한다. ②제1항의 경우에는 주등록의 순위번호 밑에 약호를 사용하여 부기등록의 순위번호를 적	**제20조 【번호의 기재】** ①영 제8조에 따른 부기등록 순위의 번호를 적을 때에는 주등록의 번호를 적고, 그 밑에 부기의 순위에 따라 해당 번호를 적어야 한다. ②제1항의 경우에는 주등록의 순위번호 밑에 약호를 사용하여 부기등록의 순위번호를 적

특허등록령 시행규칙	실용신안등록령 시행규칙	디자인등록령 시행규칙	상표등록령 시행규칙
부기등록의 순위번호를 기재하여야 한다. <개정 1981.8.31>		어야 한다.	어야 한다.
第13조 【외국인의 국적 기재】 특허원부에 외국인의 성명 및 주소(법인인 경우에는 그 명칭 및 영업소의 소재지)를 기재할 때에는 그 국적도 기재하여야 한다. <개정 1981.8.31, 1990.9.4, 2001.6.30>	第7조 【준용】	第16조 【외국인의 국적 기재】 디자인원부에 외국인의 성명 및 주소(법인인 경우에는 그 명칭 및 영업소의 소재지를 말한다)를 적을 때에는 그 국적도 적어야 한다.	第21조 【외국인의 국적 기재】 상표원부에 외국인의 성명 및 주소(법인인 경우에는 그 명칭 및 영업소의 소재지를 말한다)를 적을 때에는 해당 국적도 적어야 한다. 다만, 해당 외국인이 국제등록기초상표권의 상표권자인 경우에는 그러하지 아니하다.
第14조 【변경된 등록사항등의 말소】 변경 또는 경정의 등록을 할 때에는 변경 또는 경정된 등록사항을 음영으로 말소하여야 한다. <개정 1993.12.31, 1998.12.31>	第7조 【준용】	第17조 【변경된 등록사항 등의 말소】 변경 또는 경정의 등록을 할 때에는 변경 또는 경정된 등록사항을 음영으로 말소하여야 한다.	第22조 【변경된 등록사항 등의 말소】 변경 또는 경정의 등록을 할 때에는 변경 또는 경정된 등록사항을 음영(陰影)으로 말소하여야 한다.
第15조 【말소의 등록방법】 ①말소의 등록을 할 때에는 그 원인 및 등록을 말소하는 취지를 기재한 후 말소할 등록을 음영으로 말소하여야 한다. 다만, 직권으로 말소의 등록을 하는 때에는 그 원인발생연월일도 기재하여야 한다. <개정 1993.12.31, 2001.6.30> ②특허원부에 제1항의 규정에 의한 말소에 관한 권리를 목적	第7조 【준용】	第18조 【말소등록 방법】 ①말소등록을 할 때에는 그 원인 및 등록을 말소하는 취지를 적은 후 말소할 등록사항을 음영으로 말소하여야 한다. 다만, 직권으로 말소등록을 하는 때에는 그 원인발생연월일도 적어야 한다. ②디자인원부에 제1항에 따른 말소에 관한 권리를 목적으로 하는 제3자의 권리에 관한 등	第23조 【말소의 등록방법】 ①말소등록을 할 때에는 그 원인 및 등록을 말소하는 취지를 적은 후 말소할 등록사항을 음영으로 말소하여야 한다. 다만, 직권으로 말소등록을 할 때에는 그 원인 발생연월일도 적어야 한다. ②상표원부에 제1항에 따른 말소에 관한 권리를 목적으로 하는 제3자의 권리에 관한 등록

상표등록령 시행규칙

이 있을 때에는 상표원부 중 해당 부분의 등록사항란에 그 권리의 등록을 말소함으로써 제3자의 권리에 관한 등록이 말소된다는 취지를 적은 후 그 등록사항을 음영으로 말소하여야 한다.

제24조 [회복의 등록방법] ①상표권의 소멸등록을 한 후 그 상표권의 회복등록을 할 때에는 소멸 전 상표권의 권리란 중 등록사항란에 회복의 원인, 취지 및 연월일을 적은 후 소멸등록된 해당 번호란의 음영을 제거하고, 소멸등록 시 적은 등록취지를 음영으로 말소한다.
②제1항에 따라 회복등록을 하였을 때에는 별지 제9호서식의 폐쇄상표원부목록 중 비고란에 회복등록이 된 취지 및 그 연월일을 적어야 한다.
③제1항에서 규정한 경우 외의 회복등록을 할 때에는 해당 등록사항란에 회복의 원인, 취지 및 연월일을 적은 후 해당 부분의 음영을 제거하고, 말소등록 시 적은 등록취지를 음영으로 말소한다.

디자인등록령 시행규칙

이 있을 때에는 등록원부 중 해당 부분의 등록사항란에 그 권리의 등록을 말소함으로써 제3자의 권리에 관한 등록이 말소된다는 취지를 적은 후 그 등록사항을 음영으로 말소하여야 한다.

제19조 [회복의 등록방법] ①디자인권의 소멸등록을 한 후 그 디자인권의 회복등록을 할 때에는 소멸 전 디자인권의 권리란 중 등록사항란에 회복의 원인, 취지 및 연월일을 적은 후 소멸등록된 해당 번호란의 음영을 제거하고, 소멸등록 시 적은 등록취지를 음영으로 말소한다.
②제1항에 따라 회복등록을 한 때에는 폐쇄디자인원부 목록 중 비고란에 회복등록이 된 취지 및 그 연월일을 적어야 한다.
③제1항에서 규정한 경우 외의 회복등록을 할 때에는 해당 사항란에 회복의 원인, 취지 및 연월일을 적은 후 해당 부분의 음영을 제거하고, 말소등록 시 적은 등록취지를 음영으로 말소한다.

실용신안등록령 시행규칙

제7조 [준용]

특허등록령 시행규칙

으로 하는 제3자의 권리에 관한 등록이 있을 때에는 등록원부 중 해당 부분의 사항란에 그 권리의 등록을 말소함으로써 제3자의 권리에 관한 등록이 말소된다는 취지의 기재를 한 후 그 등록을 음영으로 말소하여야 한다. <개정 1981.8.31, 1993.12.31>

제16조 [회복의 등록방법] ①특허권의 소멸등록을 한 후 그 특허권의 회복등록을 할 때에는 소멸 전 특허권의 권리란 중 사항란에 회복의 원인, 취지 및 연월일을 기재한 후 소멸등록된 해당 번호란의 음영을 제거하여 회복의 등록을 하고, 소멸등록 시 적은 등록취지를 음영으로 말소한다.
②제1항의 규정에 의하여 회복 등록을 한 때에는 폐쇄특허원부 목록 중 비고란에 회복등록이 된 취지 및 그 연월일을 기재하여야 한다. [전문개정 1993.12.31]

특허등록령 시행규칙	실용신안등록령 시행규칙	디자인등록령 시행규칙	상표등록령 시행규칙
		소한다. ④제3항에 따라 회복등록을 할 경우에 그 디자인등록원부가 폐쇄되어 있을 때에는 그 디자인등록원부 중 해당 사항란에 회복등록의 취지 및 그 연월일을 적어야 한다.	으로 말소한다. ④제3항에 따라 회복등록을 할 경우에 그 상표원부가 폐쇄되어 있을 때에는 그 상표원부 중 해당 등록사항란에 회복등록의 취지 및 그 연월일을 적어야 한다.
제17조 【회복의 등록방법】 ①제16조제1항에서 규정하는 경우 이외에 회복등록을 할 때에는 당해사항란에 회복의 원인, 취지 및 연월일을 기재한 후 해당부분의 음영을 제거하고 말소등록시 기재한 등록취지를 음영으로 말소한다. ②제1항의 규정에 의하여 회복등록을 할 경우에 그 특허등록원부가 폐쇄되어 있을 때에는 그 특허등록원부중 당해사항란에 회복등록의 취지 및 그 연월일을 기재하여야 한다. [전문개정 1993.12.31]	제7조 【준용】		
제18조 【등록연월일의 기재】 각 사항란 또는 특허료란에 등록을 한 때에는 그 말미에 등록연월일을 기재하여야 한다. <개정 1993.12.31>	제7조 【준용】	제20조 【등록연월일의 기재】 각 사항란 또는 등록료란에 등록을 한 때에는 그 끝 부분에 등록연월일을 적어야 한다.	제25조 【등록연월일의 기재】 각 등록사항란 또는 상표등록료란에 등록을 하였을 때에는 그 끝 부분에 등록연월일을 적어야 한다.
제19조 【횡선에 의한 분계】 권	제7조 【준용】	제21조 【횡선에 따른 분계】 권	제26조 【가로줄에 따른 구분】

특허등록령 시행규칙	실용신안등록령 시행규칙	디자인등록령 시행규칙	상표등록령 시행규칙
리란의 사항란에 등록을 한 때에는 표시번호란 및 사항란에, 기타 사항란에 등록을 한 때에는 순위번호란 및 사항란에 각각 횡선을 긋고 여백과 구분되게 횡선중앙하단에 이하 여백이라 표기하여야 한다. <개정 1993.12.31, 2001.6.30> [전문개정 1981.8.31]		리란의 등록사항란에 등록을 한 때에는 표시번호란 및 등록사항란에, 그 밖의 등록사항란에 등록을 한 때에는 순위번호란 및 등록사항란에 각각 횡선을 긋고 여백과 구분되게 횡선 중앙 아래에 '이하 여백'이라 표기하여야 한다.	권리란의 등록사항란에 등록을 하였을 때에는 표시번호란 및 등록사항란에, 그 밖의 등록사항란에 등록을 하였을 때에는 순위번호란 및 등록사항란에 각각 가로줄을 긋고 여백과 구분되게 가로줄 중앙 아래에 "이하 여백"이라고 적어야 한다.
제20조【특허신탁번호의 기재】 특허등록원부에 신탁의 등록을 할 때에는 특허신탁번호를 기재하여야 한다.	제7조【준용】	**제22조【디자인신탁번호의 기재】** 디자인등록원부에 신탁의 등록을 할 때에는 디자인신탁번호를 적어야 한다.	**제27조【상표신탁번호의 기재】** 상표등록원부에 신탁의 등록을 할 때에는 상표신탁번호를 적어야 한다.
제21조 삭제 <1993.12.31>	제7조【준용】		
제22조 삭제 <1993.12.31>	제7조【준용】		
제23조【특허원부의 정리·관리 및 보관등】 특허원부의 정리·관리 및 보관등의 방법은 다음 각호와 같다. <개정 1993.12.31> 1. 특허원부는 멸실 또는 손상에 대비하여 1부이상을 별도로 복제하여 안전하게 보관하여야 하며, 보관장소 및 보관방법등 그 관리에 필요한 사항은 특허청장이 정한다. 2. 특허원부를 작성·변경·폐	제7조【준용】	**제23조【디자인원부의 정리·관리 및 보관 등】** ①디자인원부는 멸실 또는 손상을 대비하여 1부 이상을 별도로 복제하여 안전하게 보관하여야 하며, 보관장소 및 보관방법 등 그 관리에 필요한 사항은 특허청장이 정한다. ②디자인원부를 작성·변경·폐쇄 또는 폐기하는 경우에는 특허청장이 정하는 바에 따라 원부관리대장에 적어야 한다.	**제28조【상표원부의 정리·관리 및 보관 등】** ①상표원부는 멸실 또는 손상을 대비하여 1부 이상을 별도로 복제하여 안전하게 보관하여야 하며, 보관장소 및 보관방법 등 그 관리에 필요한 사항은 특허청장이 정한다. ②상표원부를 작성, 변경, 폐쇄 또는 폐기하는 경우에는 특허청장이 정하는 바에 따라 상표원부 관리대장에 적어야 한다.

특허등록령 시행규칙	실용신안등록령 시행규칙	디자인등록령 시행규칙	상표등록령 시행규칙
쇄 또는 폐기하는 경우에는 특허청장이 정하는 바에 의하여 이를 원부관리대장에 기재하여야 한다. 3. 특허원부의 입력·출력·편집 및 검색등에 관한 사항은 특허청장이 정한다. [본조신설 1991.12.31] **제2절 직권에 의한 등록의 절차** **제24조 【특허권설정의 등록방법】** 특허권의 설정등록을 할 때에는 특허등록원부에 다음 각호의 사항을 기재하여야 한다. <개정 1999.7.1, 2001.6.30> 1. 특허번호란에는 특허번호 2. 권리란중 사항란에는 특허출원의 연월일·출원번호·등록공고의 연월일 및 공고번호·특허결정 또는 심결의 연월일, 특허청구범위의 항수, 분류기호 및 발명의 명칭 기타 필요한 사항 3. 특허권자란중 사항란에는 특허권자의 성명 및 주소(법인인 경우에는 그 명칭 및 영업소의 소재지) [전문개정 1990.9.4]	제7조 【준용】	③디자인원부의 입력·출력·편집 및 검색 등에 관한 사항은 특허청장이 정한다. **제2절 직권에 따른 등록의 절차** **제24조 【디자인권 설정의 등록방법】** ①디자인권의 설정등록을 할 때에는 디자인등록원부에 다음 각 호의 구분에 따른 사항을 적어야 한다. 1. 디자인등록번호란: 디자인등록번호 2. 권리란 중 등록사항란: 디자인등록출원의 번호 및 연월일, 디자인의 수, 디자인의 대상이 되는 물품과 그 물품의 일련번호 및 분류번호 3. 디자인권자란 중 등록사항란: 디자인권자의 성명 및 주소(법인인 경우에는 그 명칭 및 영업소의 소재지를 말한다) ②물품의 부분에 관한 디자인(이하 "부분디자인"이라 한다)에 관하여 디자인권의 설정등	③상표원부의 입력·출력·편집 및 검색 등에 관한 사항은 특허청장이 정한다. **제2절 직권에 의한 등록의 절차** **제29조 【상표권 설정의 등록방법】** ①상표권의 설정등록을 할 때에는 별지 제1호서식의 상표등록원부(국제등록기초상표권에 관한 상표등록원부는 제외한다)에 다음 각 호의 사항을 적거나 부착하여야 한다. 1. 상표등록번호란: 상표등록번호 2. 권리란 중 등록사항란: 다음 각 목의 사항 　가. 상표등록출원의 연월일 및 출원번호 　나. 우선권 주장이 있는 경우에는 상품류 구분, 주장일자, 주장수 및 주장국가 　다. 우선권 주장이 있는 경우에는 원출원연월일 및 원출원번호

특허등록령 시행규칙	실용신안등록령 시행규칙	디자인등록령 시행규칙	상표등록령 시행규칙
		록을 할 때에는 제1항의 사항 외에 디자인등록원부의 권리란 중 등록사항란에 부분디자인에 관한 디자인권이라는 취지를 적어야 한다.	라. 출원공고의 연월일 및 공고번호 마. 상표등록결정 또는 심결의 연월일 바. 상품류 구분, 상품류의 구분 수 및 지정상품 사. 입체적 형상·색채·홀로그램·동작·그 밖에 시각적으로 인식할 수 있는 것으로 된 상표 및 지리적 표시 단체표장(지리적 표시, 지리적 표시의 대상지역을 포함한다) 또는 이들을 결합한 상표를 설정등록하는 경우에는 그 상표권의 취지 아. 사목의 상표에 관한 설명(해당 상표에 대한 설명이 있는 경우로 한정한다) 자. 법 제6조제2항에 해당함을 나타내는 표시(같은 조 같은 항에 해당하여 상표권의 설정등록을 하는 경우로 한정한다) 차. 상표권 설정등록의 연월일 3. 권리란 중 상표란: 등록상표(둘 이상의 도면 또는 사진으로 구성된 상표는 제외한다. 이 경우 상표란에는 "상표첨부란에 부착"이라고 적는다) 4. 상표등록료란: 분할납부 여

특허등록령 시행규칙	실용신안등록령 시행규칙	디자인등록령 시행규칙	상표등록령 시행규칙
			부, 납부 회차(해당 기간), 등록료 금액 및 납부연월일 5. 상표권자란 중 등록사항란: 상표권자의 성명 및 주소(법인인 경우에는 그 명칭 및 영업소의 소재지를 말한다) 6. 상표첨부란: 등록상표(둘 이상의 도면 또는 사진으로 구성된 상표로 한정한다) ②법 제86조의41 각 호의 어느 하나에 해당하는 상표등록출원(이하 "재출원"이라 한다)에 관하여 상표권의 설정등록을 할 때에는 별지 제1호서식의 상표등록원부의 권리란 중 등록사항란에 제1항 각 호의 사항 외에 재출원에 의한 상표권이라는 취지로 다음 각 호의 사항을 적어야 한다. 1. 재출원의 근거가 되는 국제상표등록출원(법 제86조의14제3항에 따른 국제상표등록출원을 말한다. 이하 같다) 또는 국제등록기초상표권의 국제등록번호 2. 재출원의 근거가 되는 국제상표등록출원 또는 국제등록기초상표권의 국제등록일(법 제86조의14제2항 본문에 따른 국제등록일을 말한다. 이하 같다) 3. 재출원의 근거가 되는 국제

특허등록령 시행규칙	실용신안등록령 시행규칙	디자인등록령 시행규칙	상표등록령 시행규칙
			상표등록출원 또는 국제등록기초상표권이 대한민국을 사후지정(법 제86조의6제1항에 따른 사후지정을 말한다. 이하 같다)하여 행하여지거나 설정등록된 경우에는 그 사후지정이 국제등록부에 등록된 날(이하 "사후지정일"이라 한다)
제24조의2 【특허권의 존속기간의 연장등록방법】 법 제89조의 규정에 의하여 특허권의 존속기간의 연장등록을 할 때에는 권리란중 사항란에 연장등록 출원의 연월일·출원번호·연장등록결정 또는 심결의 연월일·연장기간·연장대상의 특허청구범위·허가등의 내용을 기재하여야 한다. <개정 2001.6.30> [본조신설 1990.9.4]			제32조 【상표권의 존속기간갱신등록 등】 상표권의 존속기간 갱신등록을 할 때에는 상표등록원부(국제등록기초상표권에 관한 상표등록원부는 제외한다)에 다음 각 호의 사항을 적어야 한다. 1. 권리란 중 등록사항란: 다음 각 목의 사항 　가. 갱신등록신청의 번호 및 연월일 　나. 갱신된 상품류 구분, 상품류의 구분수 및 지정상품 2. 상표등록료란: 분할납부 여부, 납부 회차(해당 기간), 갱신등록료의 금액 및 납부연월일
제25조 【특허발명의 명칭의 정정등록방법】 ①법 제136조에 따른 명세서의 정정으로 인하여 특허발명의 명칭이 변경된 때	제7조 【준용】		

특허등록령 시행규칙	실용신안등록령 시행규칙	디자인등록령 시행규칙	상표등록령 시행규칙
에는 변경 후의 명칭을 적어야 한다. 심판의 확정심결에 대한 재심에 있어서도 또한 같다. <개정 2009.6.30> ②제1항의 규정에 의하여 등록을 하는 경우에는 동시에 별지 제3호서식의 특허신탁원부에 특허발명의 명칭변경의 등록을 하여야 한다. [전문개정 1998.12.31]		**제25조【복수디자인등록된 디자인권의 분할이전 등록방법】** ①법 제46조제5항에 따라 복수디자인등록된 디자인권(이하 "원디자인권"이라 한다)을 각 디자인마다 분할하여 이전등록을 할 때에는 별지 제2호서식에 따른 디자인등록원부에 다음 각 호의 구분에 따른 사항을 적어야 한다. 1. 디자인등록번호란: 원디자인권의 디자인등록번호 2. 분할이전등록번호란: 분할이전등록되는 등록디자인의 순위번호 3. 권리란 중 등록사항란: 다음 각 목의 사항 　가. 원디자인권의 디자인등록출원의 연월일 및 출원번호 　나. 공고의 연월일 및 공고	

특허등록령 시행규칙	실용신안등록령 시행규칙	디자인등록령 시행규칙	상표등록령 시행규칙
		번호 　다. 디자인등록결정 또는 심결연월일 　라. 디자인의 수, 분할이전되는 디자인의 대상이 되는 물품과 그 물품의 일련번호 및 분류번호 　마. 분할이전등록의 연월일 4. 디자인권자란 중 등록사항란: 디자인권자의 성명 및 주소(법인인 경우에는 그 명칭 및 영업소의 소재지를 말한다) ②제1항에 따른 등록을 할 때에는 원디자인권의 디자인등록원부의 권리란 중 등록사항란에 다음 각 호의 사항을 적고, 분할이전되는 디자인권의 일련번호 및 디자인의 대상이 되는 물품은 원디자인권설정등록사항에서 음영으로 지워야 한다. 1. 분할이전등록번호 및 분할이전되는 디자인권의 일련번호 2. 분할이전되는 디자인의 대상이 되는 물품 및 분할이전등록의 연월일 ③제1항에 따른 등록을 하는 경우 원디자인권에 관한 권리제한사항(권리제한에 대한 예고등록사항을 포함한다)이 분할이전등록되는 디자인권에 승계될 때에는 분할이전등록되는	

특허등록령 시행규칙	실용신안등록령 시행규칙	디자인등록령 시행규칙	상표등록령 시행규칙
		디자인등록원부에도 그 사항을 이기등록하여야 한다. 이 경우 이기등록함으로써 원디자인권에 대한 권리제한사유나 예고등록의 필요성이 해소된 때에는 그 취지를 적고 이를 음영으로 지워야 한다.	**제33조 【상품분류전환등록의 방법】** 상품분류전환등록을 할 때에는 상표등록원부(국제등록기초상표권에 관한 상표등록원부는 제외한다)의 권리란 중 등록사항란에 다음 각 호의 사항을 적어야 한다. 1. 상품분류전환등록신청의 번호 및 연월일 2. 상품분류전환등록결정 또는 심결의 연월일 3. 변경 후의 상품류 구분, 상품류의 구분 수 및 지정상품 **제34조 【지정상품의 추가등록의 방법】** 지정상품의 추가등록을 할 때에는 상표등록원부(국제등록기초상표권에 관한 상표등록원부는 제외한다)의 권리란 중 등록사항란에 다음 각 호의 사항을 적어야 한다. 1. 지정상품의 추가등록출원의 연월일 및 출원번호

특허등록령 시행규칙	실용신안등록령 시행규칙	디자인등록령 시행규칙	상표등록령 시행규칙
			2. 출원공고의 연월일 및 공고번호 3. 지정상품의 추가등록결정 또는 심결의 연월일 4. 추가된 상품류 구분, 상품류의 구분 수 및 지정상품 **제35조【상표권 분할이전 및 분할등록의 방법】** ①법 제54조제1항 및 법 제54조의2제1항에 따라 상표권(이하 "원상표권"이라 한다)을 그 지정상품별로 분할이전등록을 하거나 분할등록을 할 때에는 별지 제2호서식 또는 별지 제3호서식의 상표등록원부에 다음 각 호의 사항을 적거나 부착하여야 한다. 1. 상표등록번호란: 원상표권의 상표등록번호 2. 분할이전 및 분할 번호란: 분할이전등록 또는 분할등록되는 등록상표의 순위번호 3. 권리란 중 등록사항란: 다음 각 목의 사항 　가. 원상표권의 상표등록출원(갱신등록신청을 포함한다)의 연월일 및 출원번호(갱신등록신청은 포함되지 않는다) 　나. 우선권 주장이 있는 경우에는 상품류 구분, 주장일자,

특허등록령 시행규칙	실용신안등록령 시행규칙	디자인등록령 시행규칙	상표등록령 시행규칙
			주장수 및 주장국가 　다. 우선권 주장이 있는 경우에는 원출원연월일 및 원출원번호 　라. 출원공고의 연월일 및 공고번호 　마. 상표등록결정·지정상품의 추가등록결정 또는 심결의 연월일 　바. 상품류 구분 및 분할이전 또는 분할되는 지정상품 　사. 입체적 형상·색채·홀로그램·동작·그 밖에 시각적으로 인식할 수 있는 것으로 된 상표 및 지리적 표시 단체표장(지리적 표시, 지리적 표시의 대상지역을 포함한다) 또는 이들을 결합한 상표를 설정등록하는 경우에는 그 상표권의 취지 　아. 사목의 상표에 관한 설명(해당 상표에 대한 설명이 있는 경우로 한정한다) 　자. 상표권 설정등록의 연월일 　차. 분할이전등록 또는 분할등록의 연월일 4. 권리란 중 상표란: 등록상표(둘 이상의 도면 또는 사진으로 구성된 상표는 제외한다. 이 경우 상표란에는 "상표첨

특허등록령 시행규칙	실용신안등록령 시행규칙	디자인등록령 시행규칙	상표등록령 시행규칙
			부란에 부착" 이라고 적는다) 5. 상표등록료란: 분할납부 여부, 납부 회차(해당 기간), 등록료의 금액 및 납부연월일 6. 상표권자란 중 등록사항란: 상표권자의 성명 및 주소(법인인 경우에는 그 명칭 및 영업소의 소재지를 말한다) 7. 상표첨부란: 등록상표(둘 이상의 도면 또는 사진으로 구성된 상표로 한정한다) ②제1항에 따른 등록을 할 때에는 원상표권의 상표등록원부의 권리란 중 등록사항란에 다음 각 호의 사항을 적고, 분할이전 또는 분할되는 지정상품은 원상표권 설정등록사항에서 그 내용을 음영으로 지워야 한다. 1. 지정상품에 대한 분할이전 또는 분할의 차수 2. 상품류 구분 및 분할이전 또는 분할되는 지정상품 ③제1항에 따른 등록을 하는 경우 원상표권에 관한 권리 제한사항(권리 제한에 대한 예고등록사항을 포함한다)이 분할이전등록 또는 분할등록되는 상표권에 승계될 때에는 분할이전등록 또는 분할등록되는 상표등록원부에도 그 사항을

특허등록령 시행규칙	실용신안등록령 시행규칙	디자인등록령 시행규칙	상표등록령 시행규칙
			옮겨 적어야 한다. 이 경우 옮겨 적음으로써 원상표권에 대한 권리 제한사유나 예고등록의 필요성이 없어진 경우에는 원상표권의 상표등록원부에 그 취지를 적고 이를 음영으로 지워야 한다. **제36조 【국제등록기초상표권의 분할이전등록방법】** ①국제등록기초상표권을 법 제54조제1항에 따라 그 지정상품별로 분할이전등록을 할 때에는 별지 제5호서식의 상표등록원부에 다음 각 호의 사항을 적거나 부착하여야 한다. 1. 국제등록번호란: 분할이전의 대상이 되는 국제등록기초상표권(이하 "원국제등록기초상표권"이라 한다)의 국제등록번호 2. 분할이전국제등록번호란: 분할이전으로 인하여 부여되는 국제등록번호 3. 권리란 중 등록사항란: 다음 각 목의 사항 가. 원국제등록기초상표권의 국제등록일 나. 원국제등록기초상표권의 사후지정일(대한민국을 사후지정한 경우로 한정한다)

특허등록령 시행규칙	실용신안등록령 시행규칙	디자인등록령 시행규칙	상표등록령 시행규칙
			다. 우선권 주장이 있는 경우에는 상품류 구분, 주장일자, 주장수 및 주장국가 라. 우선권 주장이 있는 경우에는 원출원연월일 및 원출원번호 마. 출원공고의 연월일 및 공고번호 바. 상표등록결정 또는 심결의 연월일 사. 상품류 구분 및 분할이 전되는 지정상품 아. 입체적 형상·색채·홀로그램·동작·그 밖에 시각적으로 인식할 수 있는 것으로 된 상표 및 지리적 표시 단체표장(지리적 표시, 지리적 표시의 대상지역을 포함한다) 또는 이들을 결합한 상표를 설정등록하는 경우에 그 상표권의 취지 자. 아목의 상표에 관한 설명(해당 상표에 대한 설명이 있는 경우로 한정한다) 차. 상표권 설정등록의 연월일 카. 분할이전등록의 연월일 4. 권리란 중 상표란: 등록상표(둘 이상의 도면 또는 사진으로 구성된 상표는 제외한다. 이 경우 상표란에는 "상표첨

특허등록령 시행규칙	실용신안등록령 시행규칙	디자인등록령 시행규칙	상표등록령 시행규칙
			부란에 부착"이라고 적는다) 5. 상표권자란 중 등록사항란: 상표권자의 성명 및 주소(법인인 경우에는 그 명칭 및 영업소의 소재지를 말한다) 6. 상표첨부란: 등록상표(둘 이상의 도면 또는 사진으로 구성된 상표로 한정한다) ②제1항에 따른 등록을 하였을 때에는 원국제등록기초상표권의 상표등록원부의 권리란 중 등록사항란에 다음 각 호의 사항을 적고, 분할이전되는 지정상품은 원국제등록기초상표권의 설정등록사항에서 이를 음영으로 지워야 한다. 1. 지정상품에 대한 분할이전의 차수 2. 상품류 구분 및 분할이전되는 지정상품 ③제1항에 따른 등록을 하는 경우 원국제등록기초상표권에 관한 권리 제한사항(권리 제한에 대한 예고등록사항을 포함한다)이 분할이전등록되는 국제등록기초상표권에 승계되는 경우에는 분할이전등록되는 국제등록기초상표권의 상표등록원부에도 그 사항을 옮겨 적어야 한다. 이 경우 옮겨 적음으로써 원국제등록기초상표권에

특허등록령 시행규칙	실용신안등록령 시행규칙	디자인등록령 시행규칙	상표등록령 시행규칙
			관한 권리 제한사유나 예고등록의 필요성이 없어진 경우에는 원국제등록기초상표권의 상표등록원부에 그 취지를 적고 그 내용을 음영으로 지워야 한다.
제26조 【특허권소멸의 등록방법】 특허권의 소멸(포기로 인한 것은 제외한다)을 등록한 때에는 그 특허권의 등록을 말소하여야 한다.	**제7조 【준용】**	**제26조 【디자인권 소멸의 등록방법】** 디자인권의 소멸(포기에 따른 것은 제외한다)을 등록한 때에는 그 디자인권의 등록을 말소하여야 한다.	**제37조 【상표권 소멸의 등록방법】** 상표권의 소멸(포기에 따른 것은 제외한다)을 등록하였을 때에는 그 상표권의 등록을 말소하여야 한다.
제27조 【정정의 무효의 등록방법】 법 제137조제1항의 규정에 의한 심판 또는 그 심판의 확정심결에 대한 재심에 의한 정정의 무효등록을 할 때에는 그 정정의 등록을 말소하여야 한다. <개정 1990.9.4, 1997.7.1, 1999.7.1> [전문개정 1981.8.31]	**제7조 【준용】**		
제28조 【혼동으로 인한 전용실시권·통상실시권 또는 질권의 소멸의 등록방법】 혼동으로 인한 전용실시권·통상실시권 또는 질권의 소멸의 등록을 할 때에는 그 전용실시권·통상실시권 또는 질권의 등록을 말소하여야 한다.	**제7조 【준용】**	**제27조 【혼동에 따른 전용실시권, 통상실시권 또는 질권 소멸의 등록방법】** 혼동에 따른 전용실시권, 통상실시권 또는 질권 소멸의 등록을 할 때에는 그 전용실시권, 통상실시권 또는 질권의 등록을 말소하여야 한다.	**제38조 【혼동에 따른 전용사용권, 통상사용권 또는 질권 소멸의 등록방법】** 혼동에 따른 전용사용권, 통상사용권 또는 질권 소멸의 등록을 할 때에는 그 전용사용권, 통상사용권 또는 질권의 등록을 말소하여야 한다.

특허등록령 시행규칙	실용신안등록령 시행규칙	디자인등록령 시행규칙	상표등록령 시행규칙
<개정 1973.12.31> 제29조 【통상실시권 설정의 재정 및 그 취소등의 등록방법】 ① 법 제107조제1항의 규정에 의한 통상실시권 설정의 재정으로 인한 등록을 할 때에는 실시할 특허권의 등록원부중 통상실시권자란의 사항란에 다음 각호의 사항을 기재하여야 한다. <개정 1996.6.22, 1999.7.1, 2001.6.30> 1. 재정의 연월일 2. 통상실시권의 범위 3. 대가와 그 지급방법 및 지급시기 4. 통상실시권자의 성명 및 주소(법인인 경우에는 그 명칭 및 영업소의 소재지) ②제1항의 규정에 의하여 등록된 통상실시권이 법 제114조제1항의 규정에 의하여 취소된 때에는 그 등록을 말소하여야 한다. ③법 제106조의2제1항에 따른 실시에 따른 등록 및 그 등록의 말소에 관하여는 제1항 및 제2항을 준용한다. <개정 2010.7.27> [전문개정 1990.9.4]	제7조 【준용】		

특허등록령 시행규칙	실용신안등록령 시행규칙	디자인등록령 시행규칙	상표등록령 시행규칙
제30조 【통상실시권의 허여심결에 의한 등록방법】 ①제29조의 규정은 법 제138조제1항 및 제3항의 규정에 의한 통상실시권의 등록을 할 경우에 이를 준용한다. <개정 1981.8.31, 1990.9.4, 1997.7.1> ②제1항의 규정에 의한 등록을 한 경우에는 당해통상실시권자의 특허권의 등록원부중 통상실시권자란의 사항란에도 통상실시권이 허여된 특허권·실용신안권 또는 디자인권의 특허번호 또는 등록번호 및 그 특허권·실용신안권 또는 디자인권에 통상실시권이 설정되어 있다는 취지를 기재하여야 한다. <개정 1981.8.31, 2006.9.29> [전문개정 1973.12.31]	제7조 【준용】	제28조 【통상실시권의 허여심결에 따른 등록방법】 ①법 제70조제1항 및 제2항에 따라 통상실시권의 허여심결을 받고 이에 따라 통상실시권의 등록을 할 때에는 실시할 디자인권의 등록원부 중 통상실시권자란의 등록사항란에 다음 각 호의 사항을 적어야 한다. 1. 심결의 연월일 2. 통상실시권의 범위 3. 대가와 그 지급방법 및 지급시기 4. 통상실시권자의 성명 및 주소(법인인 경우에는 그 명칭 및 영업소의 소재지를 말한다) 5. 통상실시권을 허여한다는 심결과 관련된 특허권, 실용신안권, 디자인권 또는 상표권의 특허번호 또는 등록번호와 그 특허권, 실용신안권, 디자인권 또는 상표권에 대하여 통상실시권이 설정되어 있다는 취지 ②법 제52조제1항에 따른 통상실시권을 실시함에 따른 등록 및 그 등록의 말소의 경우에는 제1항을 준용한다.	
제31조 【수용의 처분으로 인한 등록방법】 ①법 제106조제1항의 규정에 의한 수용의 처분으	제7조 【준용】		

특허등록령 시행규칙	실용신안등록령 시행규칙	디자인등록령 시행규칙	상표등록령 시행규칙
로 인한 등록을 하는 경우에는 그 특허권의 특허등록원부중 특허권자란의 사항란에 다음 각호의 사항을 기재하여야 한다. <개정 1990.9.4> 1. 수용의 연월일 2. 수용의 범위 3. 보상금액 및 그 지급시기 4. 수용기관의 명칭 및 주소 ②제1항의 등록을 할 때에는 법 제106조제2항의 규정에 의하여 특허권외의 등록된 권리는 이를 말소하여야 한다. <신설 1990.9.4> [전문개정 1981.8.31] **제32조 【확정심결등의 등록방법】** ①법 제132조의3·법 제133조제1항·법 제134조제1항·법 제135조제1항·법 제136조제1항 및 법 제137조제1항에 따른 심판의 확정심결, 법 제178조제1항에 따른 재심의 확정심결 또는 법 제186조제1항 및 제8항에 따른 소의 확정판결 및 상고의 판결의 등록을 할 때에는 특허등록원부의 권리란 중 사항란에 다음 각 호의 사항을 기재하여야 한다. <개정 2006.9.29> 1. 심판·재심·소 또는 상고	**제5조 【확정심결등의 등록방법】** ①법 제31조제1항·법 제32조 및 법 제33조에 따라 준용되는 「특허법」 제135조 내지 제137조에 따른 심판의 확정심결, 법 제33조에 따라 준용되는 「특허법」 제178조제1항에 따른 재심의 확정심결 또는 법 제33조에 따라 「특허법」 제186조제1항 및 제8항에 따른 소의 확정판결 및 상고의 판결의 등록을 하는 때에는 실용신안등록원부의 권리란의 사항란에 다음 각 호의 사항을 기재하여야 한다.	**제29조 【확정심결 등의 등록방법】** ①법 제29조의2제1항에 따른 디자인무심사등록이의신청의 확정결정, 법 제67조의3(디자인등록취소결정에 대한 심판만 해당한다), 제68조제1항, 제69조에 따른 심판에 대한 확정심결, 법 제73조제1항에 따른 재심에 대한 확정심결 또는 법 제75조제1항 및 제8항에 따른 소에 대한 확정판결 및 상고에 대한 판결의 등록을 할 때에는 디자인등록원부의 권리란 중 등록사항란에 다음 각 호의 사항을 적어야 하며, 표시번호란	**제39조 【확정심결 등의 등록방법】** ①법 제71조제1항, 제72조제1항, 제72조의2제1항, 제73조제1항, 제74조제1항 및 제75조에 따른 심판에 대한 확정심결, 법 제83조제1항에 따른 재심(거절결정 불복심판에 대한 재심은 제외한다)에 대한 확정심결 또는 법 제86조제2항에 따라 준용되는 「특허법」 제186조제1항 및 제8항에 따른 소에 대한 확정판결 및 상고에 대한 판결의 등록을 할 때에는 상표등록원부의 권리란 중 등록사항란에 다음 각 호의 사항을

특허등록령 시행규칙	실용신안등록령 시행규칙	디자인등록령 시행규칙	상표등록령 시행규칙
의 번호 2. 확정심결·확정판결 또는 대법원판결의 연월일 3. 확정심결·확정판결 또는 대법원판결의 요지 ②제1항의 등록을 할 때에는 이에 반하는 확정심결 또는 확정판결의 등록을 말소하여야 한다. [전문개정 1997.7.1]	<개정 2006.9.29> 1. 심판·재심·소 또는 상고의 번호 2. 확정심결·확정판결 또는 대법원판결의 연월일 및 요지 ②제1항의 등록을 하는 때에는 이에 반하는 확정심결 또는 확정판결의 등록을 말소하여야 한다.	에는 등록사항란에 적은 등록사항의 순위를 적어야 한다. 1. 디자인무심사등록이의신청·심판·재심·소 또는 상고의 번호 2. 확정결정, 확정심결, 확정판결 또는 대법원판결의 연월일 3. 확정결정, 확정심결, 확정판결 또는 대법원판결의 요지 ②제1항의 등록을 할 때에는 이에 반하는 확정심결 또는 확정판결의 등록을 말소하여야 한다.	적고, 표시번호란에는 등록사항란에 적은 등록사항의 순위를 적어야 한다. 1. 심판, 재심, 소 또는 상고의 번호 2. 확정결정, 확정심결, 확정판결 또는 대법원판결의 연월일 3. 확정결정, 확정심결, 확정판결 또는 대법원판결의 요지 ②제1항의 등록을 할 때에는 이에 반하는 확정심결 또는 확정판결의 등록을 말소하여야 한다.
제33조【예고등록의 방법】 ①법 제132조의3·법 제133조제1항·법 제134조제1항·법 제135조제1항·법 제136조제1항 및 법 제137조제1항에 따른 심판청구, 법 제178조제1항에 따른 재심의 청구·법 제186조제1항 및 제8항에 따른 소의 제기 및 상고에 대하여 예고등록을 할 때에는 특허등록원부의 권리란 중 사항란에 다음 각 호의 사항을 기재하여야 한다. <개정 2006.9.29> 1. 심판·재심청구·소의 제기 또는 상고의 번호 및 연월일 2. 심판·재심청구·소의 제기 또는 상고의 취지 및 청구인	**제6조【예고등록의 방법】** ①법 제31조제1항·법 제32조 및 법 제33조에 따라 준용되는 「특허법」 제135조 내지 제137조에 따른 심판의 청구, 법 제33조에 따라 준용되는 「특허법」 제178조제1항에 따른 재심의 청구 또는 법 제33조에 따라 준용되는 「특허법」 제186조제1항 및 제8항에 따른 소의 제기 및 상고에 대하여 예고등록을 하는 때에는 실용신안등록원부의 권리란의 사항란에 심판청구, 재심청구, 소의 제기 또는 상고의 번호·연월일 및 취지와 청구인 또는 소제기인을 기재하여야 한다.	**제30조【예고등록방법】** ①법 제29조의2제1항에 따른 디자인무심사등록이의신청, 법 제67조의3(디자인등록취소결정에 대한 심판만 해당한다), 제68조제1항, 제69조에 따른 심판의 청구, 법 제73조제1항에 따른 재심의 청구 또는 법 제75조제1항 및 제8항에 따른 소의 제기 및 상고에 대하여 예고등록을 할 때에는 디자인등록원부의 권리란 중 등록사항란에 다음 각 호의 사항을 적어야 하며, 표시번호란에는 등록사항란에 적은 등록사항의 순위를 적어야 한다. 1. 디자인무심사등록이의신청·	**제40조【예고등록의 방법】** 법 제71조제1항, 제72조제1항 제72조의2제1항, 제73조제1항, 제74조제1항 및 제75조에 따른 심판에 대한 확정심결, 법 제83조제1항에 따른 재심(거절결정 불복심판에 대한 재심은 제외한다)에 대한 확정심결 또는 법 제86조제2항에 따라 준용되는 「특허법」 제186조제1항 및 제8항에 따른 소에 대한 확정판결 및 상고에 대하여 예고등록을 할 때에는 상표등록원부의 권리란 중 등록사항란에 다음 각 호의 사항을 적고, 표시번호란에는 등록사항란에 적은 등록사항의 순위를 적어야

특허등록령 시행규칙	실용신안등록령 시행규칙	디자인등록령 시행규칙	상표등록령 시행규칙
②법 제106조의2제1항에 따른 특허권의 실시의 신청, 법 제107조제1항에 따른 재정신청, 법 제114조제1항에 따른 재정의 취소신청 및 법 제138조제1항 또는 제3항에 따른 통상실시권허여의 심판청구에 대하여 예고등록을 할 경우에는 통상실시권자란 중 사항란에, 법 제106조제1항에 따른 특허권의 수용신청에 대하여 예고등록을 할 경우에는 특허권자란 중 사항란에 각각 그 신청 또는 청구의 취지와 그 연월일 및 신청인 또는 청구인을 기재하여야 한다. <개정 2010.7.27>[전문개정 1990.9.4]	②법 제28조에 따라 준용되는 「특허법」 제106조제1항에 따른 실용신안권의 실시의 신청, 법 제28조에 따라 준용되는 「특허법」 제107조제1항에 따른 재정청구, 법 제28조에 따라 준용되는 「특허법」 제114조제1항에 따른 재정의 취소신청 또는 법 제32조제1항 또는 제3항에 따른 통상실시권허여의 심판청구에 대하여 예고등록을 하는 경우에는 실용신안등록원부의 통상실시권자란의 사항란에, 법 제28조에 따라 준용되는 「특허법」 제106조제1항에 따른 실용신안권의 수용신청에 대하여 예고등록을 하는 경우에는 실용신안등록원부의 실용신안권자란의 사항란에 그 신청 또는 청구의 취지 및 그 연월일과 신청인 또는 청구인을 기재하여야 한다. [전문개정 2006.9.29]	심판·재심청구·소의 제기 또는 상고의 번호 및 연월일 2. 디자인무심사등록이의신청·심판·재심청구·소의 제기 또는 상고의 취지 및 청구인 ②법 제70조제1항 또는 제2항에 따른 통상실시권허여의 심판청구에 대하여 예고등록을 할 때에는 통상실시권자란 중 등록사항란에 그 신청 또는 청구의 취지와 그 연월일 및 신청인 또는 청구인을 적어야 한다.	한다. 1. 심판·재심청구·소의 제기 또는 상고의 번호 및 연월일 2. 심판·재심청구·소의 제기 또는 상고의 취지 및 청구인
제34조 【동일순위에 의한 신탁등록】 특허권설정의 등록을 할 경우에 있어서 당해특허를 받을 권리가 신탁재산에 속할 때에는 그 설정의 등록과 동일한 순위로 신탁등록을 하여야 한다.	제7조 【준용】	제31조 【동일순위에 따른 신탁등록】 디자인권 설정등록을 할 경우 해당 디자인의 등록을 받을 권리가 신탁재산에 속할 때에는 그 설정등록과 같은 순위로 신탁등록을 하여야 한다.	제41조 【동일순위에 따른 신탁등록】 상표권의 설정등록을 할 때 해당 상표의 등록을 받을 권리가 신탁재산에 속하는 경우에는 그 설정등록과 같은 순위로 신탁등록을 하여야 한다.

특허등록령 시행규칙	실용신안등록령 시행규칙	디자인등록령 시행규칙	상표등록령 시행규칙
제35조 【특허권의 변경등이 있는 경우의 특허신탁원부의 등록】 직권에 의하여 등록을 한 경우에 있어서 당해특허권 또는 그 특허에 관한 권리가 신탁재산에 속할 때에는 동시에 특허신탁원부에 그 등록을 하여야 한다. <개정 1973.12.31, 1981.8.31> **제35조의2 【준용】** 제32조제1항 및 제33조제1항의 규정은 법 제116조제1항의 규정에 의한 특허권 취소의 등록 및 특허권 취소 신청의 예고등록에 관하여 이를 준용한다. [본조신설 1997.7.1]	제7조 【준용】	**제32조 【디자인권의 변경 등이 있는 경우의 디자인신탁원부의 등록】** 직권으로 등록을 한 경우 해당 디자인권 또는 그 디자인에 관한 권리가 신탁재산에 속할 때에는 디자인신탁원부에 그 등록을 동시에 하여야 한다. **제33조 【준용】** 법 제67조의3(디자인등록취소결정에 대한 심판만 해당한다)에 따라 디자인등록취소결정에 대한 심판이 청구된 경우 디자인권 취소등록 및 디자인권 취소신청의 예고등록에 관하여는 제29조제1항 및 제30조제1항을 준용한다.	**제42조 【상표권의 변경 등이 있는 경우의 상표신탁원부의 등록】** 직권으로 등록을 할 때 해당 상표권 또는 그 상표에 관한 권리가 신탁재산에 속하는 경우에는 상표신탁원부에 그 등록을 동시에 하여야 한다.
제3절 촉탁에 의한 등록의 절차		**제3절 촉탁에 따른 등록의 절차**	**제3절 촉탁에 의한 등록의 절차**
제36조 【미등록의 통상실시권등에 관한 등록방법】 촉탁에 의하여 등록되지 아니한 통상실시권 또는 이를 목적으로 하는 질권의 처분의 제한의 등록을 할 때에는 등록원부의 통상실시권자란의 사항란에 권리자의 성명 및 주소(법인인 경우에는	제7조 【준용】	**제34조 【미등록의 통상실시권 등에 관한 등록방법】** 촉탁에 의하여 등록되지 아니한 통상실시권 또는 이를 목적으로 하는 질권의 처분의 제한의 등록을 할 때에는 등록원부의 통상실시권자란의 등록사항란에 권리자의 성명 및 주소(법인인 경	**제43조 【미등록의 통상사용권 등에 관한 등록방법】** 촉탁에 의하여 등록되지 아니한 통상사용권 또는 이를 목적으로 하는 질권의 처분 제한의 등록을 할 때에는 상표등록원부의 통상사용권자란의 등록사항란에 권리자의 성명 및 주소(법인인 경

특허등록령 시행규칙	실용신안등록령 시행규칙	디자인등록령 시행규칙	상표등록령 시행규칙
그 명칭 및 영업소의 소재지)와 촉탁에 의하여 통상실시권 또는 이를 목적으로 하는 질권의 등록을 하는 취지를 기재하여야 한다. <개정 1973.12.31>		우에는 그 명칭 및 영업소의 소재지를 말한다)와 촉탁에 의하여 통상실시권 또는 이를 목적으로 하는 질권의 등록을 하는 취지를 적어야 한다.	우에는 그 명칭 및 영업소의 소재지를 말한다)와 촉탁에 의하여 통상사용권 또는 이를 목적으로 하는 질권의 등록을 하는 취지를 적어야 한다.
제37조 【예고등록의 방법】 영 제3조제1호의 규정에 의한 소에 대하여 예고등록을 할 때에는 등록원부의 해당권리자란중 사항란에 당해소가 제기된 취지·연월일 및 제소인을 기재하여야 한다. <개정 1990.9.4> [전문개정 1981.8.31]	제7조 【준용】	제35조 【예고등록의 방법】 영 제4조제1호에 따른 소에 대하여 예고등록을 할 때에는 디자인등록원부의 해당 권리자란 중 등록사항란에 해당 소가 제기된 취지, 연월일 및 제소인을 적어야 한다.	제44조 【예고등록의 방법】 영 제5조제1호에 따른 소에 대하여 예고등록을 할 때에는 상표등록원부의 해당 권리자란 중 등록사항란에 해당 소가 제기된 취지, 연월일 및 제소인을 적어야 한다.
제38조 【등록필의 통지】 촉탁에 의하여 등록을 완료하였을 때에는 제39조에서 준용하는 제52조의 규정에 의하여 반환 및 통지하는 이외에 특허권 기타 특허에 관한 권리의 표시, 등록의 원인, 그 발생연월일, 등록권리자의 성명 또는 명칭 및 주소 또는 거소, 등록의 목적, 등록의 연월일과 등록필의 취지를 특허권자 기타 특허에 관한 권리를 가진 자(등록의무자를 제외한다)에게 통지하여야 한다.	제7조 【준용】	제36조 【등록필의 통지】 촉탁에 의하여 등록을 완료하였을 때에는 제37조에서 준용하는 제50조에 따라 통지하고, 그 외에 디자인권이나 그 밖에 디자인에 관한 권리의 표시, 등록의 원인, 그 발생연월일, 등록권리자의 성명 또는 명칭 및 주소 또는 거소, 등록의 목적, 등록의 연월일과 등록필의 취지를 디자인권자나 그 밖에 디자인에 관한 권리를 가진 자(등록의무자는 제외한다)에게 통지하여야 한다.	제45조 【등록완료의 통지】 촉탁에 의하여 등록을 완료하였을 때에는 제46조에서 준용하는 제59조에 따라 통지하고, 그 외에 상표권이나 그 밖에 상표에 관한 권리의 표시, 등록의 원인, 그 발생연월일, 등록권리자의 성명 또는 명칭 및 주소 또는 거소, 등록의 목적, 등록의 연월일과 등록완료의 취지를 상표권자나 그 밖에 상표에 관한 권리를 가진 자(등록의무자는 제외한다)에게 통지하여야 한다.
제39조 【준용규정】 신청에 의한	제7조 【준용】	제37조 【준용규정】 촉탁에 따른	제46조 【준용규정】 촉탁에 의한

특허등록령 시행규칙	실용신안등록령 시행규칙	디자인등록령 시행규칙	상표등록령 시행규칙
등록절차에 관한 규정은 법령에 따로 규정이 있는 경우를 제외하고는 촉탁에 의한 등록절차에 이를 준용한다.		등록절차에 관하여는 법령에 따로 규정이 있는 경우 외에는 신청에 따른 등록절차에 관한 규정을 준용한다.	등록절차에 관하여는 법령에 따로 규정이 있는 경우 외에는 신청에 의한 등록절차에 관한 규정을 준용한다.
제4절 신청에 의한 등록절차 **제40조 【등록접수부의 기재】** ① 등록신청서의 제출이 있는 때에는 그 신청서에 접수연월일·접수번호를, 등록접수부에 접수연월일·접수번호·특허번호·등록의 목적·등록료·신청인의 성명 또는 대리인의 성명을 기재하여야 한다. <개정 1981.8.31> ②제1항의 규정에 의한 접수번호는 접수순위에 의하여야 한다. 다만, 동일한 특허권 또는 그 특허에 관한 권리에 관하여 동시에 2이상의 신청이 있을 때에는 동일한 접수번호로 하여야 한다. <개정 1981.8.31> ③제2항의 규정에 의하여 등록접수부에 신청인의 성명을 기재하는 경우에 있어서 신청인이 2인이상일 때에는 신청서에 기재한 대표자 또는 신청인중 첫번째로 기재되어 있는 자의 성명 및 신청인의 수를 기재하여야 한다.	**제7조 【준용】**	**제4절 신청에 따른 등록절차** **제38조 【등록접수부의 기재】** ① 등록신청서를 접수한 때에는 그 신청서에 접수연월일과 접수번호를 적고, 등록접수부에 접수연월일, 접수번호, 디자인등록번호, 등록의 목적, 등록료, 신청인의 성명 또는 대리인의 성명을 적어야 한다. ②제1항에 따른 접수번호는 접수순위에 따라야 한다. 다만, 같은 디자인권 또는 그 디자인에 관한 권리에 관하여 동시에 둘 이상의 신청이 있을 때에는 같은 접수번호로 하여야 한다. ③제2항에 따라 등록접수부에 신청인의 성명을 적는 경우 신청인이 2명 이상일 때에는 신청서에 적은 대표자 또는 신청인 중 첫 번째로 적혀 있는 자의 성명 및 신청인의 수를 적어야 한다.	**제4절 신청에 의한 등록절차** **제47조 【상표등록접수부의 기재】** ① 등록신청서를 접수하였을 때에는 그 신청서에 접수연월일과 접수번호를 적고, 별지 제7호서식의 상표등록접수부에 접수연월일, 접수번호, 상표등록번호, 등록의 목적, 등록료, 신청인 및 대리인의 성명(법인인 경우에는 그 명칭을 말한다)을 적어야 한다. ②제1항에 따른 접수번호는 접수순위에 따라야 한다. 다만, 같은 상표권 또는 그 상표에 관한 권리에 관하여 동시에 둘 이상의 신청이 있을 때에는 같은 접수번호로 하여야 한다. ③제2항에 따라 상표등록접수부에 신청인의 성명을 적는 경우 신청인이 2명 이상일 때에는 신청서에 적은 대표자 또는 신청인 중 첫 번째로 적혀 있는 자의 성명 및 신청인의 수를 적어야 한다.

특허등록령 시행규칙	실용신안등록령 시행규칙	디자인등록령 시행규칙	상표등록령 시행규칙
<개정 1981.8.31, 1999.7.1> **제41조 【특허료납부접수부의 기재】** 특허료납부서가 접수된 때(지정납부자번호로 특허료를 납부한 때를 포함한다)에는 그 납부서에 접수연월일 및 접수번호를, 특허료납부접수부에 그 접수연월일·접수번호·특허번호(특허권설정을 위한 특허료의 납부에 대하여는 특허출원번호)·납부연차·특허료 및 특허료를 납부한 자의 성명 및 주소를 기재하여야 한다. <개정 2005.7.1> [전문개정 1999.7.1]	제7조 【준용】	**제39조 【등록료납부접수부의 기재】** 등록료납부서가 접수된 때(지정납부자번호로 등록료를 납부한 때를 포함한다)에는 그 납부서에 접수연월일 및 접수번호를 적고, 등록료납부접수부에 그 접수연월일, 접수번호, 디자인등록번호(디자인권설정을 위한 등록료 납부의 경우에는 디자인출원번호를 말한다), 납부연차, 등록료 및 등록료를 납부한 자의 성명 및 주소를 적어야 한다.	**제48조 【상표등록료납부접수부의 기재】** 상표등록료납부서가 접수되었을 때(지정납부자번호로 등록료를 납부한 때를 포함한다)에는 그 납부서에 접수연월일 및 접수번호를 적고, 상표등록료납부접수부에 그 접수연월일, 접수번호, 상표등록번호(상표권설정을 위한 등록료 납부의 경우에는 상표출원번호를 말한다), 납부 회차, 등록료 및 등록료를 납부한 자의 성명 및 주소(법인인 경우에는 그 명칭 및 영업소의 소재지를 말한다)를 적어야 한다.
제42조 【접수번호의 갱신】 접수번호는 매년 이를 갱신하여야 한다.	제7조 【준용】	**제40조 【접수번호의 갱신】** 접수번호는 매년 갱신하여야 한다.	**제49조 【접수번호의 갱신】** 접수번호는 매년 갱신하여야 한다.
제43조 【동일한 순위번호의 기재】 제40조제2항 단서의 규정에 의하여 동일한 접수번호를 붙인 2이상의 신청서에 의하여 등록을 할 경우에 있어서 그 등록사항이 동일한 사항란에 등록을 하여야 할 것일 때에는 동일한 순위번호를 기재하여야 한다.	제7조 【준용】	**제41조 【동일한 순위번호의 기재】** 제38조제2항 단서에 따라 같은 접수번호를 붙인 둘 이상의 신청서에 의하여 등록을 할 경우 그 등록사항이 같은 사항란에 등록을 하여야 할 것일 때에는 같은 순위번호를 적어야 한다.	**제50조 【동일한 순위번호의 기재】** 제47조제2항 단서에 따라 같은 접수번호를 붙인 둘 이상의 신청서에 따른 등록을 할 때 그 등록사항이 같은 등록사항란에 등록을 하여야 할 것인 경우에는 같은 순위번호를 적어야 한다.

특허등록령 시행규칙	실용신안등록령 시행규칙	디자인등록령 시행규칙	상표등록령 시행규칙
제43조의2 【불수리통지서의 기재사항】 특허청장은 영 제34조제1항의 규정에 의하여 등록의 신청 또는 영 제34조제2항의 규정에 의한 납부서(지정납부자번호로 특허료를 납부하는 경우를 포함한다)를 수리하지 아니하고자 하는 때에는 다음 각 호의 사항을 기재한 문서를 신청인 또는 납부자에게 송달하여야 한다. <개정 2003.5.12, 2005.7.1> 1. 접수연월일 2. 접수번호 3. 특허번호 4. 등록권리자의 성명 및 주소(법인인 경우에는 그 명칭 및 영업소의 소재지) 5. 등록권리자의 대리인이 있는 경우에는 그 대리인의 성명 및 주소나 영업소의 소재지(대리인이 특허법인인 경우에는 그 명칭, 사무소의 소재지 및 지정된 변리사의 성명) 6. 불수리의 대상이 되는 서류명 7. 불수리의 사유 8. 불수리연월일 9. 지정납부자번호로 특허료를 납부한 경우에는 그 지정납부		**제42조 【불수리통지서의 기재사항】** 특허청장은 영 제36조제1항에 따라 등록의 신청을 수리하지 아니하거나, 영 제36조제2항에 따라 납부서(지정납부자번호로 등록료를 납부하는 경우를 포함한다)를 수리하지 아니하려는 때에는 다음 각 호의 사항을 적은 문서를 신청인 또는 납부자에게 송달하여야 한다. 1. 접수연월일 2. 접수번호 3. 디자인등록번호 4. 등록권리자의 성명 및 주소(법인인 경우에는 그 명칭 및 영업소의 소재지를 말한다) 5. 등록권리자의 대리인이 있는 경우에는 그 대리인의 성명 및 주소나 영업소의 소재지(대리인이 특허법인인 경우에는 그 명칭, 사무소의 소재지 및 지정된 변리사의 성명을 말한다) 6. 불수리의 대상이 되는 서류명 7. 불수리의 사유 8. 불수리연월일 9. 지정납부자번호로 등록료를 납부한 경우에는 그 지정납부	**제51조 【불수리 통지서의 기재사항】** 특허청장은 영 제36조제1항에 따라 등록의 신청을 수리하지 아니하거나, 영 제36조제2항에 따라 상표등록료납부서(지정납부자번호로 등록료를 납부하는 경우를 포함한다)를 수리하지 아니하려는 경우에는 다음 각 호의 사항을 적은 문서를 신청인 또는 납부자에게 송달하여야 한다. 1. 접수연월일 2. 접수번호 3. 상표등록번호 4. 등록권리자의 성명 및 주소(법인인 경우에는 그 명칭 및 영업소의 소재지를 말한다) 5. 등록권리자의 대리인이 있는 경우에는 그 대리인의 성명 및 주소나 영업소의 소재지(대리인이 특허법인인 경우에는 그 명칭, 사무소의 소재지 및 지정된 변리사의 성명을 말한다) 6. 불수리의 대상이 되는 서류명 7. 불수리의 사유 8. 불수리연월일 9. 지정납부자번호로 등록료를 납부한 경우에는 그 지정납부

특허등록령 시행규칙	실용신안등록령 시행규칙	디자인등록령 시행규칙	상표등록령 시행규칙
자번호 [본조신설 2001.6.30] **제44조 【사항란등에의 등록방법】** ①권리란중 사항란에 등록할 때에는 다음 각호의 사항을 기재하여야 한다. <개정 2001.6.30> 1. 등록신청서의 접수연월일 및 접수번호 2. 등록원인 3. 등록목적 ②각 권리자란중 사항란에 등록할 때에는 다음 각호의 사항을 기재하여야 한다. <개정 1999.7.1, 2001.6.30> 1. 등록신청서의 접수연월일 및 접수번호 2. 등록권자의 성명 및 주소(법인인 경우에는 그 명칭 및 영업소의 소재지) 3. 등록원인 4. 등록목적 5. 기타 등록신청서에 기재된 사항중 등록하여야 할 권리에 관한 사항 ③영 제27조·제54조제1항 또는 제62조제2항의 규정에 의한 신청에 의하여 각 사항란에 등록을 할 때에는 제2항에 규정하는 사항외에 다음 각호의 사	**제7조 【준용】**	**제43조 【등록사항란 등의 등록방법】** ①권리란 중 등록사항란에 등록할 때에는 다음 각 호의 사항을 적어야 한다. 1. 등록신청서의 접수연월일 및 접수번호 2. 등록원인 3. 등록목적 ②각 권리자란 중 등록사항란에 등록할 때에는 다음 각 호의 사항을 적어야 한다. 1. 등록신청서의 접수연월일 및 접수번호 2. 등록권자의 성명 및 주소(법인인 경우에는 그 명칭 및 영업소의 소재지를 말한다) 3. 등록원인 4. 등록목적 5. 그 밖에 등록신청서에 적힌 사항 중 등록하여야 할 권리에 관한 사항 ③영 제28조, 제55조제1항 또는 제63조제2항에 따른 신청에 의하여 각 사항란에 등록을 할 때에는 제2항에 규정한 사항 외에 다음 각 호의 사항을 적어야 한다. 1. 채권자, 수익자, 위탁자의	**제52조 【등록사항란 등의 등록방법】** ①상표등록원부의 권리란 중 등록사항란에 등록할 때에는 다음 각 호의 사항을 적어야 한다. 1. 등록신청서의 접수연월일 및 접수번호 2. 등록의 원인 3. 등록의 목적 ②각 권리자란 중 등록사항란에 등록할 때에는 다음 각 호의 사항을 적어야 한다. 1. 등록신청서의 접수연월일 및 접수번호 2. 등록권자의 성명 및 주소(법인인 경우에는 그 명칭 및 영업소의 소재지를 말한다) 3. 등록의 원인 4. 등록의 목적 5. 그 밖에 등록신청서에 적힌 사항 중 등록하여야 할 권리에 관한 사항 ③영 제28조, 제55조제1항 또는 제63조제2항에 따른 신청에 의하여 각 등록사항란에 등록을 할 때에는 제2항에서 규정한 사항 외에 다음 각 호의 사항을 적어야 한다.

특허등록령 시행규칙	실용신안등록령 시행규칙	디자인등록령 시행규칙	상표등록령 시행규칙
항을 기재하여야 한다. <개정 1999.7.1, 2001.6.30> 1. 채권자·수익자·위탁자의 성명 및 주소(법인인 경우에는 그 명칭 및 영업소의 소재지) 2. 대위의 원인 ④삭제 <2001.6.30> [전문개정 1981.8.31]		성명 및 주소(법인인 경우에는 그 명칭 및 영업소의 소재지를 말한다) 2. 대위의 원인	1. 채권자, 수익자, 위탁자의 성명 및 주소(법인인 경우에는 그 명칭 및 영업소의 소재지를 말한다) 2. 대위(代位)의 원인
제45조 【포기로 인한 특허권의 소멸의 등록방법】 포기로 인한 특허권의 소멸의 등록을 할 때에는 그 특허권의 등록을 말소하여야 한다.	제7조 【준용】	제44조 【포기에 따른 디자인권의 소멸등록방법】 포기에 따른 디자인권의 소멸등록을 할 때에는 그 디자인권의 등록을 말소하여야 한다.	제53조 【포기에 의한 상표권의 소멸의 등록방법】 포기에 의한 상표권의 소멸등록을 할 때에는 그 상표권의 등록을 말소하여야 한다.
제46조 【질권의 순위의 양도등의 경우에 있어서의 순위번호의 기재】 등록되어 있는 질권의 순위, 양도 또는 포기로 인한 질권변경의 등록을 할 때에는 그 질권설정의 등록의 순위번호 밑에 질권변경의 등록의 순위번호를 기재하여야 한다.	제7조 【준용】	제45조 【질권 양도 등의 경우에 있어서의 순위번호의 기재】 등록되어 있는 질권의 양도 또는 포기에 따른 질권변경의 등록을 할 때에는 그 질권설정등록의 순위번호 밑에 질권변경등록의 순위번호를 적어야 한다.	제54조 【질권 양도 등의 경우에 있어서의 순위번호의 기재】 등록되어 있는 질권의 양도 또는 포기에 의한 질권 변경의 등록을 할 때에는 그 질권 설정등록의 순위번호 아래 질권 변경등록의 순위번호를 적어야 한다.
제47조 【2이상의 권리를 목적으로 하는 질권의 설정 또는 소멸의 등록방법】 영 제25조의 규정에 의한 신청에 의하여 2 이상의 특허권 또는 이에 관한 권리에 대하여 질권설정의 등록을 할 때에는 각각 특허권의	제7조 【준용】	제46조 【둘 이상의 권리를 목적으로 하는 질권의 설정 또는 소멸등록방법】 영 제26조에 따른 신청에 의하여 둘 이상의 디자인권 또는 이에 관한 권리에 대하여 질권설정의 등록을 할 때에는 각각 디자인권의 등	제55조 【둘 이상의 권리를 목적으로 하는 질권의 설정 또는 소멸의 등록방법】 영 제26조에 따른 신청에 의하여 둘 이상의 상표권 또는 이에 관한 권리에 대하여 질권 설정의 등록을 할 때에는 각각 상표권의

특허등록령 시행규칙	실용신안등록령 시행규칙	디자인등록령 시행규칙	상표등록령 시행규칙
등록원부중 당해권리자란의 사항란에 그 취지를 기재하고 그 당해 권리자란의 사항란에 다른 특허권 또는 이에 관한 권리의 표시를 하여 이에 관한 권리가 다같이 질권의 목적이라는 취지를 기재하여야 한다. <개정 1973.12.31, 1981.8.31>		록원부 중 해당 권리자란의 등록사항란에 그 취지를 적고 그 해당 권리자란의 등록사항란에 다른 디자인권 또는 이에 관한 권리의 표시를 하여 이에 관한 권리가 다 같이 질권의 목적이라는 취지를 적어야 한다.	등록원부 중 해당 권리자란의 등록사항란에 그 취지를 적고 그 해당 권리자란의 등록사항란에 다른 상표권 또는 이에 관한 권리의 표시를 하여 이에 관한 권리가 다 같이 질권의 목적이라는 취지를 적어야 한다.
제48조【2이상의 권리를 목적으로 하는 특허등록된 질권중 1 권리를 목적으로 하는 질권말소의 등록방법】 영 제25조의 규정에 의한 신청에 의하여 2 이상의 특허권 또는 이에 관한 권리를 목적으로 하는 질권의 설정의 등록을 한 경우에 있어서 그 중의 1의 권리를 목적으로 하는 질권의 소멸의 등록을 할 때에는 다른 특허권의 등록원부중 당해권리자란의 사항란에 그 권리를 표시하고 당해권리를 목적으로 하는 질권이 소멸되었다는 취지를 기재하며 소멸에 관한 사항을 음영으로 말소하여야 한다. <개정 1973.12.31, 1981.8.31, 1993.12.31>	제7조【준용】	제47조【둘 이상의 권리를 목적으로 하는 디자인등록된 질권 중 하나의 권리를 목적으로 하는 질권말소의 등록방법】 영 제26조에 따른 신청에 의하여 둘 이상의 디자인권 또는 이에 관한 권리를 목적으로 하는 질권설정의 등록을 한 경우, 그 중 하나의 권리를 목적으로 하는 질권의 소멸등록을 할 때에는 다른 디자인권의 등록원부 중 해당 권리자란의 등록사항란에 그 권리를 표시하고 해당 권리를 목적으로 하는 질권이 소멸되었다는 취지를 적으며 소멸에 관한 사항을 음영으로 말소하여야 한다.	제56조【둘 이상의 권리를 목적으로 하는 상표등록된 질권 중 하나의 권리를 목적으로 하는 질권 말소의 등록방법】 영 제26조에 따른 신청에 의하여 둘 이상의 상표권 또는 이에 관한 권리를 목적으로 하는 질권 설정의 등록을 한 경우, 그 중 하나의 권리를 목적으로 하는 질권의 소멸등록을 할 때에는 다른 상표권의 등록원부 중 해당 권리자란의 등록사항란에 그 권리를 표시하고 해당 권리를 목적으로 하는 질권이 소멸되었다는 취지를 적으며 소멸에 관한 사항을 음영으로 말소하여야 한다.
제49조【가등록의 방법】 가등록은 등록원부의 당해권리자란중	제7조【준용】	제48조【가등록의 방법】 가등록은 등록원부의 해당 권리자란	제57조【가등록의 방법】 가등록은 상표등록원부의 해당 권리

특허등록령 시행규칙	실용신안등록령 시행규칙	디자인등록령 시행규칙	상표등록령 시행규칙
사항란에 이를 하여야 한다. <개정 1981.8.31>		중 등록사항란에 하여야 한다.	자란 중 등록사항란에 하여야 한다.
제50조 삭제 <1993.12.31>	제7조 【준용】		
제51조 【가등록후의 본등록등】 가등록을 한 후 본등록의 신청이 있을 때에는 가등록의 아래에 가등록의 순위번호와 동일한 순위번호로 그 등록을 하여야 한다. 본등록을 하기 전에 가등록의 말소신청이 있을 때에도 또한 같다. <개정 1993.12.31>	제7조 【준용】	제49조 【가등록 후의 본등록 등】 가등록을 한 후 본등록의 신청이 있을 때에는 가등록의 아래에 가등록의 순위번호와 같은 순위번호로 등록하여야 한다. 본등록을 하기 전에 가등록의 말소신청이 있을 때에도 또한 같다.	제58조 【가등록 후의 본등록 등】 가등록을 한 후 본등록의 신청이 있을 때에는 가등록의 아래에 가등록의 순위번호와 같은 순위번호로 등록하여야 한다. 본등록을 하기 전에 가등록의 말소신청이 있을 때에도 가등록의 아래에 가등록의 순위번호와 같은 순위번호로 등록하여야 한다.
제52조 【채권자대위등에 관한 등록필의 통지】 ①신청에 의한 등록을 완료한 경우에는 접수연월일·접수번호·특허번호·등록연월일 및 그 취지를 기재한 등록필 통지서를 신청인에게 송부하여야 한다. <개정 1973.12.31, 1978.11.24, 1981.8.31, 1990.9.4, 1999.7.1> ②영 제27조·영 제54조제1항 또는 영 제29조제2항의 규정에 의한 신청에 의하여 등록을 완료한 경우에는 등록의무자에게 그 뜻을 통지하여야 하며 등록의무자가 그 등록에 관한 특허	제7조 【준용】	제50조 【채권자대위 등에 관한 등록필의 통지】 ①신청에 따른 등록을 완료한 경우에는 접수연월일, 접수번호, 디자인등록번호, 등록연월일 및 그 취지를 적은 등록필 통치서를 신청인에게 송부하여야 한다. ②영 제28조, 제30조제2항 또는 제55조제1항에 따른 신청에 의하여 등록을 완료한 경우에는 등록의무자에게 그 뜻을 통지하여야 하며 등록의무자가 그 등록에 관한 디자인권 또는 그 디자인에 관한 권리의 공유자 중 1명인 때에는 다른 공유	제59조 【채권자대위 등에 관한 등록완료의 통지】 ①신청에 의한 등록을 완료한 경우에는 접수연월일, 접수번호, 상표등록번호, 등록연월일 및 그 취지를 적은 등록완료 통지서를 신청인에게 송부하여야 한다. ②영 제28조, 제30조제2항 또는 제55조제1항에 따른 신청에 의하여 등록을 완료한 경우에는 등록의무자에게 그 사실을 통지하여야 하며, 등록의무자가 그 등록에 관한 상표권 또는 그 상표에 관한 권리의 공유자 중 1명인 경우에는 다른

특허등록령 시행규칙	실용신안등록령 시행규칙	디자인등록령 시행규칙	상표등록령 시행규칙
권 또는 그 특허에 관한 권리의 공유자중 1인인 때에는 다른 공유자에게 이를 통지하여야 한다. <개정 1973.12.31, 1981.8.31> ③삭제 <1973.12.31> **제53조【특허권의 신탁등에 관한 등록필의 통지】** 영 제52조·영 제56조·영 제57조 또는 영 제62조제1항의 규정에 의한 신청에 의하여 등록을 한 때에는 특허권 또는 그 특허에 관한 권리의 표시·등록의 원인·등록권리자의 성명 및 주소(법인인 경우에는 그 명칭 및 영업소의 소재지)·등록의 목적과 그 등록필의 취지를 수익자에게 통지하여야 한다. <개정 1973.12.31, 1981.8.31, 1999.7.1, 2001.6.30> **제54조 삭제** <1993.12.31>	**제7조【준용】**	자에게 통지하여야 한다. **제51조【디자인권의 신탁 등에 관한 등록필의 통지】** 영 제53조, 제57조, 제58조 또는 제63조에 따른 신청에 의하여 등록을 한 때에는 디자인권 또는 그 디자인에 관한 권리의 표시, 등록의 원인, 등록권리자의 성명 및 주소(법인인 경우에는 그 명칭 및 영업소의 소재지를 말한다), 등록의 목적과 그 등록필의 취지를 수익자에게 통지하여야 한다.	공유자에게 통지하여야 한다. **제60조【상표권의 신탁 등에 관한 등록완료의 통지】** 영 제53조, 제57조, 제58조 또는 제63조에 따른 신청에 의하여 등록을 완료한 경우에는 상표권 또는 그 상표에 관한 권리의 표시, 등록의 원인, 등록권리자의 성명 및 주소(법인인 경우에는 그 명칭 및 영업소의 소재지를 말한다), 등록의 목적과 그 등록완료의 취지를 수익자에게 통지하여야 한다. **제61조【「상표법조약 규칙」에서 정하는 국제표준서식의 사용】** 법, 영 및 이 규칙에 따른 각종 신청을 할 때에는 이 규칙에서 정하는 서식 외에 「상표법조약 규칙」에서 정하는 국제표준서식(한글로 번역된 것으로 한정한다)을 사용할 수 있다.

특허법	실용신안법	디자인보호법	상표법
제12조 【「민사소송법」의 준용】 이 법에서 대리인에 관하여 특별한 규정이 있는 것을 제외하고는 「민사소송법」 제1편제2장제4절의 규정을 준용한다. <개정 2006.3.3>	**제3조 【「특허법」의 준용】** 「특허법」 제3조 내지 제7조, 제7조의2, 제8조 내지 제26조, 제28조, 제28조의2 내지 제28조의5의 규정은 실용신안에 관하여 이를 준용한다.	**제4조의11 【「민사소송법」의 준용】** 이 법에서 대리인에 관하여 특별한 규정이 있는 것을 제외하고는 「민사소송법」 제1편제2장제4절을 준용한다.	**제5조 【「특허법」의 준용】** 「특허법」 제3조 내지 제26조 및 제28조 내지 제28조의5의 규정은 상표에 관하여 이를 준용한다. 이 경우 동법 제3조제2항 중 "심판"은 "상표등록이의신청·심판"으로 보고, 동법 제4조 중 "출원심사의 청구인"은 "상표등록이의신청인"으로 보며, 동법 제6조·제11조제1항제4호 및 제17조 본문 중 "제132조의3"은 각각 "제70조의2 또는 제70조의3"으로 보고, 동법 제15조제1항 중 "제132조의3"은 "제26조의 규정에 따른 상표등록이의신청 이유 등의 보정기간, 제70조의2 또는 제70조의3"으로 보며, 동법 제28조제2항 단서 중 "특허권 및 특허"는 "상표권 및 상표"로, "「특허협력조약」 제2조(vii)"는 "「표장의 국제등록에 관한 마드리드협정에 대한 의정서」(이하 "의정서"라 한다) 제2조(2)"로 본다. <개정 2007.1.3>
제13조 【재외자의 재판적】 재외자의 특허권 또는 특허에 관한 권리에 관하여 특허관리인이 있는 때에는 그 특허관리인의 주소 또는 영업소를, 특허관리	**제3조 【「특허법」의 준용】**	**제4조의12 【재외자의 재판관할】** 재외자의 디자인권 또는 디자인에 관한 권리에 관하여 디자인관리인이 있으면 그 디자인관리인의 주소 또는 영업소를,	**제5조 【「특허법」의 준용】**

특허법	실용신안법	디자인보호법	상표법
인이 없는 때에는 특허청 소재지를 「민사소송법」 제11조의 규정에 의한 재산소재지로 본다. <개정 2002.1.26, 2006.3.3> **제154조 【심리등】** ⑤심판장은 제1항의 규정에 의하여 구술심리에 의한 심판을 할 경우에는 특허심판원장이 지정한 직원에게 기일마다 심리의 요지 기타 필요한 사항을 기재한 조서를 작성하게 하여야 한다. <개정 1995.1.5, 2001.2.3> ⑦「민사소송법」 제153조·제154조 및 동법 제156조 내지 제160조의 규정은 제5항의 조서에 관하여 이를 준용한다. <개정 2002.1.26, 2006.3.3>	**제33조 【「특허법」의 준용】** 실용신안에 관한 심판·재심 및 소송에 관하여는 「특허법」 제132조의3, 제133조의2, 제135조부터 제137조까지, 제139조, 제140조, 제140조의2, 제141조부터 제153조까지, 제153조의2, 제154조부터 제166조까지, 제170조부터 제172조까지, 제176조, 제178조부터 제188조까지, 제188조의2, 제189조부터 제191조까지 및 제191조의2를 준용한다.	디자인관리인이 없으면 특허청 소재지를 「민사소송법」 제11조에 따른 재산이 있는 곳으로 본다. **제72조의18 【심리 등】** ④심판장은 제1항에 따라 구술심리에 의한 심판을 할 경우에는 특허심판원장이 지정한 직원에게 기일마다 심리의 요지와 그 밖에 필요한 사항을 적은 조서를 작성하게 하여야 한다. ⑥제4항의 조서에 관하여는 「민사소송법」 제153조·제154조 및 제156조부터 제160조까지의 규정을 준용한다.	**제77조 【「특허법」의 준용】** 「특허법」 제139조·제140조·제141조 내지 제153조·제153조의2 및 제154조 내지 제166조의 규정은 심판에 관하여 이를 준용한다. 이 경우 동법 제139조제1항 중 "제133조제1항·제134조제1항 및 제137조제1항의 무효심판"은 "제71조제1항·제72조제1항 및 제72조의2제1항의 무효심판, 제73조제1항의 취소심판"으로 보고, 동법 제161조제2항 중 "제133조제1항의 무효심판"은 "제71조제1항·제72조제1항·제72조의2제1항의 무효심판"으로 보며, 동법 제164조제1항 중 "다른 심판"은 "상표등록이의신청에 대한 결정 또는 다른 심판"으로 보고, 동법 제165조제1항 중 "제133조제1항·제134조제1항·제135조 및 제137조제1항"은 "제71조제1항·제72조제1항·제72조의2제1항·제73조제1항 및 제75조"로 보며, 동법

특허법	실용신안법	디자인보호법	상표법
			제165조제3항 중 "제132조의 3 · 제136조 또는 제138조"는 "제70조의2 또는 제70조의3"으로 본다. <개정 2007.1.3>
제154조 【심리등】 ⑧「민사소송법」 제143조 · 제259조 · 제299조 및 동법 제367조의 규정은 심판에 관하여 이를 준용한다. <개정 2002.1.26, 2006.3.3>	제33조 【「특허법」의 준용】	제72조의18 【심리 등】 ⑦심판에 관하여는 「민사소송법」 제143조 · 제259조 · 제299조 및 제367조를 준용한다.	제33조 【「특허법」 등의 준용】 「특허법」 제142조 · 제148조제1호 내지 제5호 · 제7호 및 동법 제157조, 「민사소송법」 제143조 · 제299조 및 동법 제367조의 규정은 상표등록출원의 심사에 관하여 이를 준용한다. 이 경우 「특허법」 제148조제1호 내지 제3호 및 제5호 중 "당사자 또는 참가인"은 각각 "당사자 · 참가인 또는 상표등록이의신청인"으로 보고, 동조제6호 중 "특허여부결정"은 "상표등록여부결정 · 상표등록이의신청에 대한 결정"으로 본다. <개정 2007.1.3>
제157조 【증거조사 및 증거보전】 ①심판에서는 당사자 · 참가인 또는 이해관계인의 신청에 의하여 또는 직권으로 증거조사나 증거보전을 할 수 있다. ②「민사소송법」 중 증거조사 및 증거보전에 관한 규정은 제1항의 규정에 의한 증거조사	제33조 【「특허법」의 준용】	제72조의21 【증거조사 및 증거보전】 ①심판에서는 당사자, 참가인 또는 이해관계인의 신청에 따라 또는 직권으로 증거조사나 증거보전을 할 수 있다. ②제1항에 따른 증거조사 및 증거보전에 관하여는 「민사소송법」 중 증거조사 및 증거보	제77조 【「특허법」의 준용】

특허법	실용신안법	디자인보호법	상표법
및 증거보전에 관하여 이를 준용한다. 다만, 심판관은 과태료의 결정을 하거나 구인을 명하거나 보증금을 공탁하게 하지 못한다. <개정 1995.1.5, 2006.3.3>		전에 관한 규정을 준용한다. 다만, 심판관은 과태료의 결정을 하거나 구인을 명하거나 보증금을 공탁하게 하지 못한다.	
제165조 【심판비용】 ①제133조제1항·제134조제1항·제135조 및 제137조제1항의 심판비용의 부담은 심판이 심결에 의하여 종결할 때에는 그 심결로써, 심판이 심결에 의하지 아니하고 종결할 때에는 결정으로써 정하여야 한다. ②「민사소송법」 제98조 내지 제103조, 제107조제1항·제2항, 제108조, 제111조, 제112조 및 동법 제116조의 규정은 제1항의 심판비용에 관하여 이를 준용한다. <개정 2002.1.26, 2006.3.3>	제33조 【「특허법」의 준용】	제72조의29 【심판비용】 ①제68조제1항·제69조의 심판비용의 부담은 심판이 심결에 의하여 종결할 때에는 그 심결로써, 심판이 심결에 의하지 아니하고 종결할 때에는 결정으로써 정하여야 한다. ②제1항의 심판비용에 관하여는 「민사소송법」 제98조부터 제103조까지, 제107조제1항·제2항, 제108조, 제111조, 제112조 및 제116조를 준용한다.	제77조 【「특허법」의 준용】
제165조 【심판비용】 ③제132조의3·제136조 또는 제138조의 심판비용은 청구인의 부담으로 한다. <개정 1995.1.5, 2001.2.3, 2006.3.3> ④「민사소송법」 제102조의 규정은 제3항의 규정에 의하여 청구인이 부담하는 비용에 관	제33조 【「특허법」의 준용】	제72조의29 【심판비용】 ③제67조의2·제67조의3 또는 제70조의 심판비용은 청구인 또는 디자인무심사등록이의신청인의 부담으로 한다. ④제3항에 따라 청구인 또는 디자인무심사등록이의신청인이 부담하는 비용에 관하여는 「민	제77조 【「특허법」의 준용】

특허법	실용신안법	디자인보호법	상표법
하여 이를 준용한다. <개정 1995.1.5, 2002.1.26, 2006.3.3>		사소송법」 제102조를 준용한다.	
제178조 【재심의 청구】 ①당사자는 확정된 심결에 대하여 재심을 청구할 수 있다. ②「민사소송법」 제451조 및 동법 제453조의 규정은 제1항의 재심청구에 관하여 이를 준용한다. <개정 2002.1.26, 2006.3.3>	제33조 【「특허법」의 준용】	제73조 【재심의 청구】 ①당사자는 확정된 심결에 대하여 재심을 청구할 수 있다. ②「민사소송법」 제451조 및 동법 제453조의 규정은 제1항의 재심청구에 관하여 이를 준용한다. <개정 2002.1.26, 2007.1.3>	제83조 【재심의 청구】 ①당사자는 확정된 심결에 대하여 재심을 청구할 수 있다. ②「민사소송법」 제451조 및 동법 제453조의 규정은 제1항의 재심청구에 관하여 이를 준용한다. <개정 2002.1.26, 2007.1.3>
제185조 【「민사소송법」의 준용】 「민사소송법」 제459조 제1항의 규정은 재심청구에 관하여 이를 준용한다. <개정 2006.3.3>	제33조 【「특허법」의 준용】	제74조의5 【「민사소송법」의 준용】 재심청구에 관하여는 「민사소송법」 제459조제1항을 준용한다.	
제188조의2 【기술심리관의 제척·기피·회피】 ①제148조, 「민사소송법」 제42조 내지 제45조, 제47조 및 제48조의 규정은 「법원조직법」 제54조의2의 규정에 의한 기술심리관의 제척·기피에 관하여 이를 준용한다. <개정 2002.1.26, 2006.3.3>	제33조 【「특허법」의 준용】		
제191조의2 【변리사의 보수와 소송비용】 소송을 대리한 변리사의 보수에 관하여는 「민	제33조 【「특허법」의 준용】	제75조의7 【변리사의 보수와 소송비용】 소송을 대리한 변리사의 보수에 관하여는 「민사	제86조 【「특허법」 등의 준용】 ②「특허법」 제186조 내지 제188조, 제189조 및 제191조의2

특허법	실용신안법	디자인보호법	상표법
사소송법」 제109조의 규정을 준용한다. 이 경우 "변호사"는 "변리사"로 본다.		소송법」 제109조를 준용한다. 이 경우 "변호사"는 "변리사"로 본다.	의 규정은 소송에 관하여 이를 준용한다. 이 경우 동법 제186조제1항중 "심결에 대한 소"는 "심결에 대한 소와 제81조제1항(제86조제1항의 규정에 의하여 준용하는 「특허법」 제184조의 경우를 포함한다)의 규정에 의하여 준용되는 제17조제1항의 규정에 의한 보정각하결정"으로, 동법 제187조 단서중 "제133조제1항・제134조제1항・제135조제1항・제137조제1항・제138조제1항 및 제3항"은 "제71조제1항・제72조제1항・제72조의2제1항・제73조제1항 및 제2항・제74조제1항과 제75조"로 본다. <개정 1995.1.5, 2001.2.3, 2007.1.3>
제232조 【과태료】 ①다음 각 호의 어느 하나에 해당하는 자는 50만원이하의 과태료에 처한다. <개정 1995.1.5, 2002.1.26, 2006.3.3> 1. 「민사소송법」 제299조제2항 및 동법 제367조의 규정에 의하여 선서를 한 자로서 특허심판원에 대하여 허위의 진술을 한 자	**제52조 【과태료】** ①다음 각 호의 어느 하나에 해당하는 자는 50만원 이하의 과태료에 처한다. 1. 「민사소송법」 제299조제2항 및 동법 제367조의 규정에 의하여 선서를 한 자로서 특허심판원에 대하여 허위의 진술을 한 자	**제88조 【과태료】** ①다음 각호의 1에 해당하는 자는 50만원이하의 과태료에 처한다. <개정 1995.1.5, 2002.1.26, 2007.1.3> 1. 「민사소송법」 제299조제2항 및 동법 제367조의 규정에 의하여 선서를 한 자로서 특허심판원에 대하여 허위의 진술을 한 자	**제98조 【과태료】** ①다음 각호의 1에 해당하는 자는 50만원 이하의 과태료에 처한다. <개정 1995.1.5, 2002.1.26, 2007.1.3> 1. 「민사소송법」 제299조제2항 및 동법 제367조의 규정에 의하여 선서를 한 자로서 특허심판원에 대하여 허위의 진술을 한 자
제65조 【출원공개의 효과】 ①특	**제15조 【「특허법」의 준용】** 실	**제23조의3 【출원공개의 효과】**	**제24조의2 【손실보상청구권】** ①

특허법	실용신안법	디자인보호법	상표법
허출원인은 출원공개가 있은 후 그 특허출원된 발명을 업으로서 실시한 자에게 특허출원된 발명임을 서면으로 경고할 수 있다. ②제1항의 규정에 의한 경고를 받거나 출원공개된 발명임을 알고 그 특허출원된 발명을 업으로 실시한 자에게 특허출원인은 그 경고를 받거나 출원공개된 발명임을 안 때부터 특허권의 설정등록시까지의 기간동안 그 특허발명의 실시에 대하여 통상 받을 수 있는 금액에 상당하는 보상금의 지급을 청구할 수 있다. <개정 1997.4.10> ③제2항의 규정에 의한 청구권은 당해 특허출원에 대한 특허권의 설정등록이 있은 후가 아니면 이를 행사할 수 없다. <개정 1997.4.10> ④제2항의 규정에 의한 청구권의 행사는 특허권의 행사에 영향을 미치지 아니한다. <개정 1997.4.10> ⑤제127조·제129조·제132조 또는 민법 제760조 및 동법 제766조의 규정은 제2항의 규정에 의한 청구권을 행사하는 경우에 이를 준용한다. 이 경우	용신안등록출원의 심사·결정에 관하여는 「특허법」 제57조, 제58조, 제58조의2, 제60조, 제61조, 제63조의2, 제64조부터 제66조까지, 제66조의2, 제67조, 제67조의2, 제68조 및 제78조를 준용한다.	①디자인등록출원인은 출원공개가 있은 후 그 디자인등록출원된 디자인 또는 이와 유사한 디자인을 업으로서 실시한 자에게 디자인등록출원된 디자인임을 서면으로 경고할 수 있다. <개정 2004.12.31> ②제1항의 규정에 의한 경고를 받거나 출원공개된 디자인임을 알고 그 디자인등록출원된 디자인 또는 이와 유사한 디자인을 업으로서 실시한 자에게 디자인등록출원인은 그 경고를 받거나 출원공개된 디자인임을 안 때부터 디자인권의 설정등록시까지의 기간동안 그 등록디자인 또는 이와 유사한 디자인의 실시에 대하여 통상 받을 수 있는 금액에 상당하는 보상금의 지급을 청구할 수 있다. <개정 2004.12.31> ③제2항의 규정에 의한 청구권은 당해 디자인등록출원된 디자인에 대한 디자인권의 설정등록이 있은 후가 아니면 이를 행사할 수 없다. <개정 2004.12.31> ④제2항의 규정에 의한 청구권의 행사는 디자인권의 행사에 영향을 미치지 아니한다. <개정 2004.12.31>	출원인은 제24조제2항(제49조제3항 및 제81조제1항의 규정에 의하여 준용되는 경우를 포함한다)의 규정에 의한 출원공고가 있은 후 당해 상표등록출원에 관한 지정상품과 동일하거나 이와 유사한 상품에 대하여 당해 상표등록출원에 관한 상표와 동일하거나 이와 유사한 상표를 사용하는 자에게 서면으로 경고할 수 있다. 다만, 출원인이 당해 상표등록출원의 사본을 제시하는 경우에는 출원공고전이라도 서면으로 경고할 수 있다. ②제1항의 규정에 의하여 경고를 한 출원인은 경고후 상표권을 설정등록할 때까지의 기간에 발생한 당해 상표의 사용에 관한 업무상 손실에 상당하는 보상금의 지급을 청구할 수 있다. ③제2항의 규정에 의한 청구권은 당해 상표등록출원에 대한 상표권의 설정등록이 있은 후가 아니면 이를 행사할 수 없다. ④제2항의 규정에 의한 청구권의 행사는 상표권의 행사에 영향을 미치지 아니한다. ⑤제52조·제66조·제69조 및

특허법	실용신안법	디자인보호법	상표법
「민법」 제766조제1항중 "피해자나 그 법정대리인이 그 손해 및 가해자를 안 날"은 "당해 특허권의 설정등록일"로 본다. <개정 1997.4.10, 2006.3.3>		⑤제63조·제67조 또는 「민법」 제760조 및 동법 제766조의 규정은 제2항의 규정에 의한 청구권을 행사하는 경우에 이를 준용한다. 이 경우 「민법」 제766조제1항중 "피해자나 그 법정대리인이 그 손해 및 가해자를 안 날"은 "당해 디자인권의 설정등록일"로 본다. <개정 2004.12.31, 2007.1.3> ⑥출원공개후 디자인등록출원이 포기·무효 또는 취하된 때, 디자인등록출원의 디자인등록거절결정이 확정된 때, 제29조의7제3항에 따른 디자인등록취소결정이 확정된 때 또는 제68조에 따른 디자인등록을 무효로 한다는 심결(같은 조 제1항제4호에 따른 경우는 제외한다)이 확정된 때에는 제2항에 따른 청구권은 처음부터 발생하지 아니한 것으로 본다. <신설 2001.2.3, 2004.12.31, 2009.6.9> [본조신설 1995.12.29]	제70조와 「민법」 제760조 및 제766조의 규정은 제2항의 규정에 의한 청구권을 행사하는 경우에 이를 준용한다. 이 경우 「민법」 제766조제1항중 "피해자나 그 법정대리인이 그 손해 및 가해자를 안 날"은 "당해 상표권의 설정등록일"로 본다. <개정 2007.1.3> ⑥상표등록출원이 다음 각 호의 어느 하나에 해당하는 때에는 제2항의 규정에 의한 청구권은 처음부터 발생하지 아니한 것으로 본다. <개정 2007.1.3> 　1. 상표등록출원이 포기·취하 또는 무효로 된 때 　2. 상표등록출원에 대한 상표등록거절결정이 확정된 때 　3. 제71조의 규정에 의하여 상표등록을 무효로 한다는 심결(동조제1항제4호 내지 제6호의 규정에 의한 경우를 제외한다)이 확정된 때 [본조신설 2001.2.3]

준용 민사소송법 · 민법

◆ 특허법 제12조, 실용신안법 제3조, 디자인보호법 제4조의11, 상표법 제5조 에서 준용

【민사소송법】

제4절 소송대리인

제87조 【소송대리인의 자격】
법률에 따라 재판상 행위를 할 수 있는 대리인 외에는 변호사가 아니면 소송대리인이 될 수 없다.

제88조 【소송대리인의 자격의 예외】
① 단독판사가 심리·재판하는 사건 가운데 그 소송목적의 값이 일정한 금액 이하인 사건에서, 당사자와 밀접한 생활관계를 맺고 있고 일정한 범위안의 친족관계에 있는 사람 또는 당사자와 고용계약 등으로 그 사건에 관한 통상사무를 처리·보조하여 오는 등 일정한 관계에 있는 사람이 법원의 허가를 받은 때에는 제87조를 적용하지 아니한다.
②제1항의 규정에 따라 법원의 허가를 받을 수 있는 사건의 범위, 대리인의 자격 등에 관한 구체적인 사항은 대법원규칙으로 정한다.
③법원은 언제든지 제1항의 허가를 취소할 수 있다.

제89조 【소송대리권의 증명】
①소송대리인의 권한은 서면으로 증명하여야 한다.
②제1항의 서면이 사문서인 경우에는 법원은 공증인, 그 밖의 공증업무를 보는 사람(이하 "공증사무소"라 한다)의 인증을 받도록 소송대리인에게 명할 수 있다.
③당사자가 말로 소송대리인을 선임하고, 법원사무관등이 조서에 그 진술을 적어 놓은 경우에는 제1항 및 제2항의 규정을 적용하지 아니한다.

제90조 【소송대리권의 범위】
① 소송대리인은 위임을 받은 사건에 대하여 반소(反訴)·참가·강제집행·가압류·가처분에 관한 소송행위 등 일체의 소송행위와 변제(辨濟)의 영수를 할 수 있다.
②소송대리인은 다음 각호의 사항에 대하여는 특별한 권한을 따로 받아야 한다.
1. 반소의 제기
2. 소의 취하, 화해, 청구의 포기·인낙 또는 제80조의 규정에 따른 탈퇴
3. 상소의 제기 또는 취하
4. 대리인의 선임

제91조 【소송대리권의 제한】
소송대리권은 제한하지 못한다. 다만, 변호사가 아닌 소송대리인에 대하여는 그러하지 아니하다.

제92조 【법률에 의한 소송대리인의 권한】
법률에 의하여 재판상 행위를 할 수 있는 대리인의 권한에는 제90조와 제91조의 규정을 적용하지 아니한다.

제93조 【개별대리의 원칙】
①여러 소송대리인이 있는 때에는 각자가 당사자를 대리한다.
②당사자가 제1항의 규정에 어긋나는 약정을 한 경우 그 약정은 효력을 가지지 못한다.

제94조 【당사자의 경정권】
소송대리인의 사실상 진술은 당사자가 이를 곧 취소하거나 경정(更正)한 때에는 그 효력을 잃는다.

제95조 【소송대리권이 소멸되지 아니하는 경우】
다음 각호 가운데 어느 하나에 해당하더라도 소송대리권은 소멸되지 아니한다.
1. 당사자의 사망 또는 소송능력의 상실
2. 당사자인 법인의 합병에 의한 소멸
3. 당사자인 수탁자(受託者)의 신탁임무의 종료
4. 법정대리인의 사망, 소송능력의 상실 또는 대리권의 소멸·변경

제96조 【소송대리권이 소멸되지 아니하는 경우】
①일정한 자격에 의하여 자기의 이름으로 남을 위하여 소송당사자가 된 사람에게 소송대리인이 있는 경우에 그 소송대리인의 대리권은 당사자가 자격을 잃더라도 소멸되지 아니한다.
②제53조의 규정에 따라 선정된 당사자가 그 자격을 잃은 경우에는 제1항의 규정을 준용한다.

제97조 【법정대리인에 관한 규정의 준용】
소송대리인에게는 제58조제2항·제59조·제60조

및 제63조의 규정을 준용한다.

◆ 특허법 제13조, 실용신안법 제3조, 디자인보호법 제4조의12, 상표법 제5조에서 준용

【민사소송법】

제11조 【재산이 있는 곳의 특별 재판적】 대한민국에 주소가 없는 사람 또는 주소를 알 수 없는 사람에 대하여 재산권에 관한 소를 제기하는 경우에는 청구의 목적 또는 담보의 목적이나 압류할 수 있는 피고의 재산이 있는 곳의 법원에 제기할 수 있다.

◆ 특허법 제154조 7항, 실용신안법 제33조, 디자인보호법 제72조의18 6항, 상표법 77조에서 준용

【민사소송법】

제153조 【형식적 기재사항】 조서에는 법원사무관등이 다음 각호의 사항을 적고, 재판장과 법원사무관등이 기명날인한다. 다만, 재판장이 기명날인할 수 없는 사유가 있는 때에는 합의부원이 그 사유를 적은 뒤에 기명날인하며, 법관 모두가 기명날인할 수 없는 사유가 있는 때에는 법원사무관등이 그 사유를 적는다.

1. 사건의 표시
2. 법관과 법원사무관등의 성명
3. 출석한 검사의 성명
4. 출석한 당사자·대리인·통역인과 출석하지 아니한 당사자의 성명
5. 변론의 날짜와 장소
6. 변론의 공개여부와 공개하지 아니한 경우에는 그 이유

제154조 【실질적 기재사항】 조서에는 변론의 요지를 적되, 특히 다음 각호의 사항을 분명히 하여야 한다.

1. 화해, 청구의 포기·인낙, 소의 취하와 자백
2. 증인·감정인의 선서와 진술
3. 검증의 결과
4. 재판장이 적도록 명한 사항과 당사자의 청구에 따라 적는 것을 허락한 사항
5. 서면으로 작성되지 아니한 재판
6. 재판의 선고

제156조 【서면 등의 인용·첨부】 조서에는 서면, 사진, 그 밖에 법원이 적당하다고 인정한 것을 인용하고 소송기록에 붙여 이를 조서의 일부로 삼을 수 있다.

제157조 【관계인의 조서낭독 등 청구권】 조서는 관계인이 신청하면 그에게 읽어 주거나 보여주어야 한다.

제158조 【조서의 증명력】 변론방식에 관한 규정이 지켜졌다는 것은 조서로만 증명할 수 있다. 다만, 조서가 없어진 때에는 그러하지 아니하다.

제159조 【변론의 속기와 녹음】 ①법원은 필요하다고 인정하는 경우에는 변론의 전부 또는 일부를 녹음하거나, 속기자로 하여금 받아 적도록 명할 수 있으며, 당사자가 녹음 또는 속기를 신청하면 특별한 사유가 없는 한 이를 명하여야 한다.
②제1항의 녹음테이프와 속기록은 조서의 일부로 삼는다.
③제1항 및 제2항의 규정에 따라 녹음테이프 또는 속기록으로 조서의 기재를 대신한 경우에, 소송이 완결되기 전까지 당사자가 신청하거나 그 밖에 대법원규칙이 정하는 때에는 녹음테이프나 속기록의 요지를 정리하여 조서를 작성하여야 한다.
④제3항의 규정에 따라 조서가 작성된 경우에는 재판이 확정되거나, 양 쪽 당사자의 동의가 있으면 법원은 녹음테이프와 속기록을 폐기할 수 있다. 이 경우 당사자가 녹음테이프와 속기록을 폐기한다는 통지를 받은 날부터 2주 이내에 이의를 제기하지 아니하면 폐기에 대하여 동의한 것으로 본다.

제160조 【다른 조서에 준용하는 규정】 법원·수명법관 또는 수탁판사의 신문(訊問) 또는 심문과 증거조사에는 제152조 내지 제159조의 규정을 준용한다.

◆ 특허법 제154조 8항, 실용신안법 제33조, 디자인보호법 제72조의18 7항, 상표법 33조에서 준용

【민사소송법】

준용 민사소송법 · 민법

제143조 【통역】 ①변론에 참여하는 사람이 우리말을 하지 못하거나, 듣거나 말하는 데 장애가 있으면 통역인에게 통역하게 하여야 한다. 다만, 위와 같은 장애가 있는 사람에게는 문자로 질문하거나 진술하게 할 수 있다.
②통역인에게는 이 법의 감정인에 관한 규정을 준용한다.

제259조 【중복된 소제기의 금지】 법원에 계속되어 있는 사건에 대하여 당사자는 다시 소를 제기하지 못한다.

제299조 【소명의 방법】 ①소명은 즉시 조사할 수 있는 증거에 의하여야 한다.
②법원은 당사자 또는 법정대리인으로 하여금 보증금을 공탁하게 하거나, 그 주장이 진실하다는 것을 선서하게 하여 소명에 갈음할 수 있다.
③제2항의 선서에는 제3 2조, 제321조제1항·제3항·제4항 및 제322조의 규정을 준용한다.

제367조 【당사자신문】 법원은 직권으로 또는 당사자의 신청에 따라 당사자 본인을 신문할

수 있다. 이 경우 당사자에게 선서를 하게 하여야 한다.

◆ 특허법 제157조 2항, 실용신안법 제33조 1항, 디자인보호법 제72조의 21 2항, 상표법 77조에서 준용

【민사소송법】

제288조 【불요증사실】 법원에서 당사자가 자백한 사실과 현저한 사실은 증명을 필요로 하지 아니한다. 다만, 진실에 어긋나는 자백은 그것이 착오로 말미암은 것임을 증명한 때에는 취소할 수 있다.

제289조 【증거의 신청과 조사】
① 증거를 신청할 때에는 증명할 사실을 표시하여야 한다.
②증거의 신청과 조사는 변론기일전에도 할 수 있다.

제290조 【증거신청의 채택여부】 법원은 당사자가 신청한 증거를 필요하지 아니하다고 인정한 때에는 조사하지 아니할 수 있다. 다만, 그것이 당사자가 주장하는 사실에 대한 유일한 증거인 때에는 그러하지 아니하

다.

제291조 【증거조사의 장애】 법원은 증거조사를 할 수 있을지, 언제 할 수 있을지 알 수 없는 경우에는 그 증거를 조사하지 아니할 수 있다.

제292조 【직권에 의한 증거조사】 법원은 당사자가 신청한 증거에 의하여 심증을 얻을 수 없거나, 그 밖에 필요하다고 인정한 때에는 직권으로 증거조사를 할 수 있다.

제293조 【증거조사의 집중】 증인신문과 당사자신문은 당사자의 주장과 증거를 정리한 뒤 집중적으로 하여야 한다.

제294조 【조사의 촉탁】 법원은 공공기관·학교, 그 밖의 단체·개인 또는 외국의 공공기관에게 그 업무에 속하는 사항에 관하여 필요한 조사 또는 보관중인 문서의 등본·사본의 송부를 촉탁할 수 있다.

제295조 【당사자가 출석하지 아니한 경우의 증거조사】 증거조사는 당사자가 기일에

출석하지 아니한 때에도 할 수 있다.

제296조 【외국에서 시행하는 증거조사】 ① 외국에서 시행할 증거조사는 그 나라에 주재하는 대한민국 대사·공사·영사 또는 그 나라의 관할 공공기관에 촉탁한다.
②외국에서 시행한 증거조사는 그 나라의 법률에 어긋나더라도 이 법에 어긋나지 아니하면 효력을 가진다.

제297조 【법원밖에서의 증거조사】 ①법원은 필요하다고 인정할 때에는 법원밖에서 증거조사를 할 수 있다. 이 경우 합의부원에게 명하거나 다른 지방법원 판사에게 촉탁할 수 있다.
②수탁판사는 필요하다고 인정할 때에는 다른 지방법원 판사에게 증거조사를 다시 촉탁할 수 있다. 이 경우 그 사유를 수소법원과 당사자에게 통지하여야 한다.

제298조 【수탁판사의 기록송부】 수탁판사는 증거조사에 관한 기록을 바로 수소법원에 보내

준용 민사소송법·민법

◆ 특허법 제165조 2항, 실용신안법 제33조, 디자인보호법 제72조의29 2항, 상표법 제77조에서 준용

[민사소송법]

제98조 [소송비용부담의 원칙] 소송비용은 패소한 당사자가 부담한다.

제99조 [원칙에 대한 예외] 법원은 사정에 따라 승소한 당사자로 하여금 그 권리를 늘리거나 지키는 데 필요하지 아니한 행위로 말미암은 소송비용 또는 상대방의 권리를 늘리거나 지키는 데 필요한 행위로 말미암은 소송비용의 전부나 일부를 부담하게 할 수 있다.

제100조 [원칙에 대한 예외] 당사자가 적당한 시기에 공격이나 방어의 방법을 제출하지 아니하였거나, 기일이나 기간의 준수를 게을리하였거나, 그 밖에 당사자가 책임져야 할 사유로 소송이 지연된 때에는 법원은 지연됨으로 말미암은 소송비용의 전부나 일부를 부담하게 할 수 있다.

제101조 [일부패소의 경우] 일부패소의 경우에 당사자들이 부담할 소송비용은 법원이 정한다. 다만, 사정에 따라 한 쪽 당사자에게 소송비용의 전부를 부담하게 할 수 있다.

제102조 [공동소송의 경우] ①공동소송인은 소송비용을 균등하게 부담한다. 다만, 법원은 사정에 따라 공동소송인에게 소송비용을 연대하여 부담하게 하거나 다른 방법으로 부담하게 할 수 있다. ②제1항의 규정에 불구하고 법원은 권리를 늘리거나 지키는 데 필요하지 아니한 행위로 생긴 소송비용은 그 행위를 한 당사자에게 부담하게 할 수 있다.

제103조 [참가소송의 경우] 참가소송의 비용에 대한 참가인과 상대방 사이의 부담과, 참가인과 그가 보조하는 당사자 사이의 부담에 관하여는 제98조 내지 제102조의 규정을 준용한다.

제107조 [제3자의 비용상환] ①법원은 법정대리인·소송대리인·법원사무관 등이나 집행관이 고의 또는 중대한 과실로 쓸데없는 비용을 지급하게 한 경우에는 수소법원은 직권으로 또는 당사자의 신청에 따라 그에게 비용을 갚도록 명할 수 있다. ②법정대리인 또는 소송대리인으로서 소송행위를 한 사람이 제1항의 경우에는 그 대리권 또는 소송행위에 필요한 권한을 받았음을 증명하지 못하거나, 추인을 받지 못한 경우에 그 소송행위로 말미암아 발생한 소송비용에 대하여는 제1항의 규정을 준용한다.

제108조 [무권대리인의 비용부담] 제107조제2항의 경우에 소가 각하된 경우에는 소송비용은 그 소송행위를 한 대리인이 부담한다.

제111조 [상대방에 대한 최고] ①법원은 소송비용액을 결정하기 전에 상대방에게 비용계산서의 등본을 교부하고, 이에 대한 진술을 할 것과 일정한 기간 이내에 비용계산서와 비용액을 소명하는 데 필요한 서면을 제출할 것을 최고(催告)하여야 한다.

제299조 [소명의 방법] ①소명은 즉시 조사할 수 있는 증거에 의하여야 한다. ②법원은 당사자 또는 법정대리인으로 하여금 보증금을 공탁하게 하거나, 그 주장이 진실하다는 것을 선서하게 하여 소명에 갈음할 수 있다. ③제2항의 선서에는 제320조, 제321조제1항·제3항·제4항 및 제322조의 규정을 준용한다.

제300조 [보증금의 몰취] 제299조제2항의 규정에 따라 보증금을 공탁한 당사자 또는 법정대리인이 거짓 진술을 한 때에는 법원은 결정으로 보증금을 몰취(沒取)한다.

제301조 [거짓 진술에 대한 제재] 제299조제2항의 규정에 따라 선서한 당사자 또는 법정대리인이 거짓 진술을 한 때에는 법원은 결정으로 200만원 이하의 과태료에 처한다.

제302조 [불복신청] 제300조 및 제301조의 결정에 대하여는 즉시항고를 할 수 있다.

야 한다.

②상대방이 제1항의 서면을 기간 이내에 제출하지 아니한 때에는 법원은 신청인의 비용에 대하여서만 결정할 수 있다. 다만, 상대방도 제110조제1항의 확정결정을 신청할 수 있다.

제112조 【부담비용의 상계】 법원이 소송비용을 결정하는 경우에 당사자들이 부담할 비용은 대등한 금액에서 상계(相計)된 것으로 본다. 다만, 제111조제2항의 경우에는 그러하지 아니하다.

제116조 【비용의 예납】 ① 비용을 필요로 하는 소송행위에 대하여 법원은 당사자에게 그 비용을 미리 내게 할 수 있다.

②비용을 미리 내지 아니하는 때에는 법원은 그 소송행위를 하지 아니할 수 있다.

◈ 특허법 제165조 4항, 실용신안법 제33조, 디자인보호법 제72조의29 4항, 상표법 77조에서 준용

【민사소송법】

제102조 【공동소송의 경우】 ① 공동소송인은 소송비용을 균등하게 부담한다. 다만, 법원은 사정에 따라 공동소송인에게 소송비용을 연대하여 부담하게 하거나 다른 방법으로 부담하게 할 수 있다.

②제1항의 규정에 불구하고 법원은 권리를 늘리거나 지키는데 필요하지 아니한 행위로 생긴 소송비용은 그 행위를 한 당사자에게 부담하게 할 수 있다.

◈ 특허법 제178조 2항, 실용신안법 제33조, 디자인보호법 제73조2항, 상표법 제83조에서 준용

【민사소송법】

제451조 【재심사유】 ①다음 각 호 가운데 어느 하나에 해당하면 확정된 종국판결에 대하여 재심의 소를 제기할 수 있다. 다만, 당사자가 상소에 의하여 그 사유를 주장하였거나, 이를 알고도 주장하지 아니한 때에는 그러하지 아니하다.

1. 법률에 따라 판결법원을 구성하지 아니한 때
2. 법률상 그 재판에 관여할 수 없는 법관이 관여한 때
3. 법정대리권·소송대리권 또는 대리인이 소송행위를 하는 데에 필요한 권한의 수여에 흠이 있는 때. 다만, 제60조 또는 제97조의 규정에 따라 추인한 때에는 그러하지 아니하다.
4. 재판에 관여한 법관이 그 사건에 관하여 직무에 관한 죄를 범한 때
5. 형사상 처벌을 받을 다른 사람의 행위로 말미암아 자백을 하였거나 판결에 영향을 미칠 공격 또는 방어방법의 제출에 방해를 받은 때
6. 판결의 증거가 된 문서, 그 밖의 물건이 위조되거나 변조된 것인 때
7. 증인·감정인·통역인의 거짓 진술 또는 당사자신문에 따른 당사자나 법정대리인의 거짓 진술이 판결의 증거가 된 때
8. 판결의 기초가 된 민사나 형사의 판결, 그 밖의 재판 또는 행정처분이 다른 재판이나 행정처분에 따라 바뀐 때
9. 판결에 영향을 미칠 중요한 사항에 관하여 판단을 누락한 때
10. 재심을 제기할 판결이 전에 선고한 확정판결에 어긋나는 때
11. 당사자가 상대방의 주소 또는 거소를 알고 있었음에도 있는 곳을 잘 모른다고 하거나 주소나 거소를 거짓으로 하여 소를 제기한 때

②제1항제4호 내지 제7호의 경우에는 처벌받을 행위에 대하여 유죄의 판결이나 과태료부과의 재판이 확정된 때 또는 증거부족 외의 이유로 유죄의 확정판결이나 과태료부과의 확정재판을 할 수 없을 때에만 재심의 소를 제기할 수 있다.

③항소심에서 사건에 대하여 본안 하였을 때에는 제1심 판결에 대하여 재심의 소를 제기하지 못한다.

제453조 【재심관할법원】 ①재심은 재심을 제기할 판결을 한 법원의 전속관할로 한다.

②심급을 달리하는 법원이 같은 사건에 대하여 내린 판결에 대한 재심의 소는 상급법원이 관할한다. 다만, 항소심판결과 상고심판결에 각각 독립된 재심사유가 있는 때에는 그러하지 아니하다.

준용 민사소송법 · 민법

◆ 특허법 제185조, 실용신안법 제33조, 디자인보호법 제74조의5, 상표법 제83조에서 준용

【민사소송법】

제459조 【변론과 재판의 범위】 ①본안의 변론과 재판은 재심청구이유의 범위안에서 하여야 한다.

◆ 특허법 제188조의2, 실용신안법 제33조에서 준용

【민사소송법】

제42조 【제척의 재판】 법원은 제척의 이유가 있는 때에는 직권으로 또는 당사자의 신청에 따라 제척의 재판을 한다.

제43조 【당사자의 기피권】 ①당사자는 법관에게 공정한 재판을 기대하기 어려운 사정이 있는 때에는 기피신청을 할 수 있다.
②당사자가 법관을 기피할 이유가 있다는 것을 알면서도 본안에 관하여 변론하거나 변론준비기일에서 진술을 한 경우에는 기피신청을 하지 못한다.

제44조 【제척과 기피신청의 방식】 ①합의부의 법관에 대한 제척 또는 기피는 그 합의부에, 수명법관(受命法官)·수탁판사(受託判事) 또는 단독판사에 대한 제척 또는 기피는 그 법관에게 이유를 밝혀 신청하여야 한다.
②제척 또는 기피하는 이유와 소명방법은 신청한 날부터 3일 이내에 서면으로 제출하여야 한다.

제45조 【제척 또는 기피신청의 각하 등】 ①제척 또는 기피신청이 제44조의 규정에 어긋나거나 소송의 지연을 목적으로 하는 것이 분명한 경우에는 신청을 받은 법원 또는 법관은 결정으로 이를 각하(却下)한다.
②제척 또는 기피를 당한 법관은 제1항의 경우를 제외하고는 바로 제척 또는 기피신청에 대한 의견서를 제출하여야 한다.

제47조 【불복신청】 ①제척 또는 기피신청에 정당한 이유가 있다는 결정에 대하여는 불복할 수 없다.
②제45조제1항의 각하결정(却下決定) 또는 제척이나 기피신청이 이유 없다는 결정에 대하여는 즉시항고를 할 수 있다.
③제45조제1항의 각하결정에 대한 즉시항고는 집행정지의 효력을 가지지 아니한다.

제48조 【소송절차의 정지】 법원은 제척 또는 기피신청이 있는 경우에는 그 재판이 확정될 때까지 소송절차를 정지하여야 한다. 다만, 제척 또는 기피신청이 각하된 경우 또는 종국판결(終局判決)을 선고하거나 긴급을 요하는 행위를 하는 경우에는 그러하지 아니하다.

◆ 특허법 제191조의2, 실용신안법 제33조, 디자인보호법 제75조의7, 상표법 제86조에서 준용

【민사소송법】

제109조 【변호사의 보수와 소송비용】 ①소송을 대리한 변호사에게 당사자가 지급하였거나 지급할 보수는 대법원규칙이 정하는 금액의 범위안에서 소송비용으로 인정한다.
②제1항의 소송비용을 계산할 때에는 여러 변호사가 소송을 대리하였더라도 한 변호사가 대리한 것으로 본다.

◆ 특허법 제232조 1항1호, 실용신안법 제52조1항1호, 디자인보호법 제88조1항호, 상표법 제98조에서 준용

【민사소송법】

제299조 【소명의 방법】 ①소명은 즉시 조사할 수 있는 증거에 의하여야 한다.
②법원은 당사자 또는 법정대리인으로 하여금 보증금을 공탁하게 하거나, 그 주장이 진실하다는 것을 선서하게 하여 소명에 갈음할 수 있다.

제367조 【당사자신문】 법원은 직권으로 또는 당사자의 신청에 따라 당사자 본인을 신문할 수 있다. 이 경우 당사자에게 선서를 하게 하여야 한다.

◆ 특허법 제65조 5항, 실용신안법 제15조, 디자인보호법 제23조의3 5항, 상표법 제24조의2 5항에서 준용

【민법】

제760조 【공동불법행위자의 책

임】 ①수인이 공동의 불법행위로 타인에게 손해를 가한 때에는 연대하여 그 손해를 배상할 책임이 있다.

②공동 아닌 수인의 행위중 어느 자의 행위가 그 손해를 가한 것인지를 알 수 없는 때에도 전항과 같다.

③교사자나 방조자는 공동행위자로 본다.

제766조【손해배상청구권의 소멸시효】 ①불법행위로 인한 손해배상의 청구권은 피해자나 그 법정대리인이 그 손해 및 가해자를 안 날로부터 3년간 이를 행사하지 아니하면 시효로 인하여 소멸한다.

②불법행위를 한 날로부터 10년을 경과한 때에도 전항과 같다.

특허협력조약 (Patent Cooperation Treaty (PCT))[발효일 1984. 08. 10] [다자조약, 제840호, 1984. 05. 15]

총 강

제1조 【동맹의 설립】

(1) 이 조약의 당사국(이하 "당사국"이라 칭함)은 발명의 보호를 위한 출원의 제출, 조사 및 심사에 있어서의 협력 및 특별한 기술용역의 제공을 위한 동맹을 구성한다. 이 동맹은 국제특허협력동맹이라 한다.

(2) 이 조약의 어떠한 규정도 공업소유권의 보호를 위한 파리협약당사국 국민 또는 거주자의 동 협약상의 권리를 축소하는 것으로 해석되지 아니한다.

제2조 【정의】

이 조약과 규칙의 목적상, 그리고 명시적으로 별도의 규정이 있는 경우를 제외하고,

(i) "출원"은 발명의 보호를 위한 신청을 의미한다. "출원"이라 할 때에는 발명특허, 발명자증, 실용증, 실용신안, 추가특허 또는 증서, 추가발명자증, 추가실용증의 출원을 지칭하는 것으로 해석된다.

(ii) "특허"라 할 때에는 발명특허, 발명자증, 실용증, 실용신안, 추가특허, 추가발명자증 및 추가실용증을 지칭하는 것으로 해석된다.

(iii) "국내특허"라 함은 국내당국이 허여하는 특허를 의미한다.

(iv) "지역특허"라 함은 2개이상의 국가에서 효력을 가지는 특허를 허여하는 권한을 가진 국내당국 또는 정부간당국이 허여하는 특허를 의미한다.

(v) "지역출원"이라 함은 지역특허의 출원을 의미한다.

(vi) "국내출원"이라 할 때에는 이 조약에 따라 제출되는 출원 이외의 국내 특허의 출원을 지칭하는 것으로 해석된다.

(vii) "국제출원"이라 함은 이 조약에 따라 제출되는 출원을 의미한다.

(viii) "출원"이라 할 때에는 국제출원과 국내출원을 지칭하는 것으로 해석된다.

(ix) "특허"라 할 때에는 국내특허와 지역특허를 지칭하는 것으로 해석된다.

(x) "국내법"이라 할 때에는 체약국의 국내법 또는 지역출원이나 지역특허에 관련되는 경우에는 지역출원의 제출 또는 지역특허의 허여에 관한 조약을 지칭하는 것으로 해석된다.

(xi) "우선일"이라 함은 기간의 계산상 다음을 의미한다.

(a) 국제출원이 제8조상의 우선권 주장을 수반하는 경우에는 동 우선권이 주장되는 출원의 제출일

(b) 국제출원이 제8조의 규정에 의한 두개이상의 우선권의 주장을 수반하는 경우에는 우선권을 가장 먼저 주장한 출원의 제출일

(c) 국제출원이 제8조의 규정에 의한 우선권의 주장을 수반하지 아니하는 경우에는 동 국제출원의 제출일

(xii) "국내관청"이라 함은 특허를 허여하는 임무를 가지는 체약국의 정부당국을 의미한다. "국내관청"이라 할 때에는 둘이상의 국가로부터 지역특허를 허여하는 임무가 위임되어 있는 정부간 당국도 의미한다. 다만, 이들 국가중에 적어도 하나의 국가가 당사국이며 이들 국가가 이 조약과 규칙상 국내관청의 임무를 부담하고 권한을 행사할 것을 당해 정부간 당국에 위임하고 있는 경우에 한한다.

(xiii) "지정관청"이라 함은 제1장의 규정에 따라 출원인에 의하여 지정된 국가의 국내관청 또는 그 국가를 위하여 행동하는 국내관청을 의미한다.

(xiv) "선택관청"이란 제2장의 규정에 따라 출원인에 의하여 선택된 국가의 국내관청 또는 그 국가를 위하여 행동하는 국내관청을 의미한다.

(xv) "수리관청"이란 국제출원이 수리된 국내관청 또는 정부간기구를 의미한다.(xvi) "동맹"이란 국제특허협력동맹을 의미한다.

(xvii) "총회"란 동맹의 총회를 의미한다.

(xviii) "기구"란 세계지적소유권기구를 의미한다.

(xix) "국제사무국"이란 세계지적소유권기구의 국제사무국을 의미하며, 지적소유권보호 합동국제사무국이 존속하는 한 동 국제사무국을 의미한다.

(xx) "사무국장"이란 기구의 사무국장을 의미하며 지적소유권보호 합동국제사무국이 존속하는 한 동 사무국장을 의미한다.

특허협력조약 (Patent Cooperation Treaty (PCT))[발효일 1984. 08. 10] [다자조약, 제840호, 1984. 05. 15]

제1장 국제출원과 국제조사

제3조 【국제출원】

(1) 당사국에서의 발명의 보호를 위한 출원은 이 조약에 의한 제출원으로서 할 수 있다.

(2) 국제출원은 이 조약과 규칙이 정하는 바에 따라 출원서, 명세서, 청구의 범위, 필요한 도면 및 초록을 포함하여야 한다.

(3) 초록은 기술정보로서만 사용하며 기타 다른 목적을 위하여 특히 요구되는 보호의 범위를 해석하는데 참고할 수 없다.

(4) 국제출원은 다음 요건을 충족하여야 한다.
(i) 소정의 언어로 작성될 것
(ii) 소정의 서식상의 요건을 충족할 것
(iii) 소정의 발명의 단일성에 대한 요건을 충족할 것
(iv) 소정의 수수료를 지불할 것

제4조 【출원서】

(1) 출원서에는 다음 사항을 기재한다.
(i) 국제출원이 이 조약에 따라 처리될 것을 요망하는 신청

(ii) 국제출원에 기초하여 발명의 보호가 요구되는 하나 또는 둘 이상의 당사국의 지정(이와 같이 지정되는 당사국을 "지정국"이라 한다) 모든 지정국에 대하여 지역특허를 취득할 수 있으며 국내특허 대신 지역특허를 받을 것을 희망하는 경우에는 출원서에 그러한 의사를 표시한다. 지역특허에 관한 조약에 의하여 출원인이 동 조약 당사국중 일부의 국가에 출원을 한정할 수 없는 경우에는, 동 조약당사국중 하나의 국가의 지정과 지역특허를 받을 것을 희망하는 의사의 표시는 동 조약의 모든 당사국을 지정하는 것으로 본다. 지정국의 국내법령에 의하여 그 국가의 지정이 지역특허의 출원과 같은 효과를 가지는 경우에는 그 국가의 지정은 지역특허를 받을 것을 희망하는 의사표시로 본다.
(iii) 출원인과 대리인이 있는 경우에는 대리인의 성명 및 이들에 관한 기타의 소정사항
(iv) 발명의 명칭
(v) 지정국중 적어도 1개 국가의 국내법령이 국내출원을 할 때 발명자의 성명과 기타 발명자에 관한 소정사항을 갖출 것

을 요구하고 있는 경우에 그러한 사항. 기타 지정관청 소속국가의 국내법령이 그러한 사항을 갖출 것을 요구하고 있으나 국내출원 일시보다 나중에 갖출 것을 인정하고 있을 때에는 동 사항을 출원서나 당해 지정관청에 제출하는 별도의 통보서에 표시할 수 있다.

(2) 모든 지정을 할 때에는 소정기간내에 소정의 수수료를 지불하여야 한다.

(3) 출원인이 제43조에 규정하는 다른 종류의 보호를 요청하지 않는 경우에는 지정은 요구된 발명의 보호가 지정국에 의하여 또는 지정국을 위하여 허여된 특허를 의미한다. 본 항의 목적상 제2조(ii)의 규정은 적용되지 아니한다.

(4) 발명자의 성명과 기타 발명자에 관한 소정사항이 출원서에 표시되어 있지 아니한 것은, 지정국의 국내법령이 그러한 사항을 갖출 것을 정하고 있으나 국내출원 일시보다 늦게 갖추는 것을 인정하고 있는 경우에는 당해 지정국에 있어서 어떠한 영향도 미치지 아니한다. 별도의 통보서에 그러한 사항을 갖추지 아니한 것도 지정국의

국내법령이 그러한 사항을 갖출 것을 정하고 있지 아니하는 경우에는 당해 지정국에 있어서 어떠한 영향도 미치지 아니한다.

제5조 【명세서】

명세서에는 당해 기술분야의 전문가가 동 발명을 실시할 수 있을 정도로 명확하고 또한 완벽하게 발명을 기술한다.

제6조 【청구의 범위】

청구의 범위는 보호를 받고자 하는 사항을 명시한다. 청구의 범위는 명확하고 또한 간결하게 기재되어야 한다. 청구의 범위는 명세서에 의하여 충분히 뒷받침되어야 한다.

제7조 【도면】

(1) 제2항(ii)의 규정이 적용되는 경우를 제외하고 도면은 발명의 이해에 필요한 경우에 요구된다.

(2) 도면이 발명의 이해에 필요하지 아니하는 경우에도 발명의 성질상 도면에 의하여 설명할 수 있을 때에는
(i) 출원인은 국제출원을 할 때에 도면을 국제출원에 포함

특허협력조약 (Patent Cooperation Treaty (PCT))[발효일 1984. 08. 10] [다자조약, 제840호, 1984. 05. 15]

할 수 있다.
(ii) 지정관청은 출원인에 대하여 소정의 기간내에 도면을 제출할 것을 요구할 수 있다.

제8조 【우선권 주장】
(1) 국제출원은 규칙에 정하는 바에 따라 공업소유권의 보호를 위한 파리협약의 당사국에서 또는 동 조약의 당사국에 대하여 행하여진 선출원에 의한 우선권을 주장하는 선언을 수반할 수 있다.
(2) (a) (b)의 규정이 적용되는 경우를 제외하고 제1항의 규정에 의하여 신청된 우선권주장의 조건과 효과는 공업소유권의 보호를 위한 파리협약의 스톡홀름의정서 제4조의 정하는 바에 의한다.
  (b) 어느 당사국에서 또는 어느 당사국에 대하여 행하여진 선출원에 의한 우선권주장을 수반하는 국제출원에는 당해 체약국의 지정을 포함할 수 있다. 국제출원이 어느 지정국에서 또는 어느 지정국에 대하여 행하여진 국제출원에 의한 우선권주장을 수반하는 경우 또는 하나의 국가만의 지정을 포함한 국제출원에 의한 우선권

주장을 수반하는 경우에는 당해 지정국에서의 우선권주장의 조건 및 효과는 당해 지정국의 국내법령이 정하는 바에 의한다.

제9조 【출원인】
(1) 체약국의 거주자와 국민은 국제출원을 할 수 있다.
(2) 총회는 이 조약의 당사국은 아니나 공업소유권의 보호를 위한 파리협약의 당사국인 어느 국가의 거주자와 국민이 국제출원을 하는 것을 인정하도록 결정할 수 있다.
(3) 주소와 국적의 개념과 2인이상의 출원인이 있는 경우 또는 출원인이 모든 지정국에 대하여 동일하지 아니하는 경우에 있어서의 이러한 개념의 적용에 대하여는 규칙에 정한다.

제10조 【수리관청】
국제출원은 소정의 수리관청에 하며 수리관청은 이 조약과 규칙의 정하는 바에 따라 국제출원을 검토하고 처리한다.

제11조 【국제출원일 및 국제출원의 효과】
(1) 수리관청은 다음의 요건이 수

리시에 충족되어 있음을 확인하는 것을 조건으로 하여 국제출원을 수리한 날을 국제출원일로 인정한다.
(i) 출원인이 당해 수리관청에 국제출원을 할 권리에 주소 또는 국적상의 이유에 의하여 명백한 흠결이 없는 자일 것
(ii) 국제출원이 소정의 언어로 작성되어 있을 것.
(iii) 국제출원에 적어도 다음 사항이 포함되어 있을 것.
  (a) 국제출원이라는 표시
  (b) 적어도 하나의 체약국 지정
  (c) 출원인 성명의 소정의 표시
  (d) 명세서라는 것이 외견상 인정되는 부분
  (e) 청구의 범위라는 것이 외견상 인정되는 부분
(2) (a) 수리관청은 국제출원이 제1항에 열거된 요건을 수리시에 충족하지 아니함을 발견하는 경우에는 규칙이 정하는 바에 따라 출원인에 의하여 보완할 것을 요구한다.
  (b) 수리관청은 출원인이 규칙이 정하는 바에 따라 (a)의 요구에 호응하는 경우에는 당해 보완을 수리한 날을 국제출

원일로 인정한다.
(3) 제64조제4항의 규정에 따를 것을 조건으로, 제1항(i)에서 (iii)까지 열거된 요건을 충족하고 또한 국제출원일이 부여된 국제출원은 국제출원일로부터 각 지정국에서 정규의 국내출원의 효과를 가지며 동 국제출원일은 각 지정국에서 실제의 출원일로 간주된다.
(4) 제1항(i)에서 (iii)까지에 열거된 요건을 충족하는 국제출원은 공업소유권의 보호를 위한 파리협약에서 의미하는 정규의 국내출원에 해당하는 것으로 본다.

제12조 【국제출원의 국제사무국과 국제조사 기관에의 송부】
(1) 규칙에 정하는 바에 따라 국제출원의 1통(수리관청용 사본)은 수리관청이 보유하고 1통(기록원본)은 국제사무국에 송부되고 다른 1통(조사용 사본)은 제16조에 규정하는 관할국제조사 기관에 송부된다.
(2) 기록원본이 국제출원의 정본이 된다.
(3) 국제사무국이 소정의 기간내에 기록원본을 수리하지 아니하였을 때에는 국제출원은 취

하된 것으로 본다.

제13조 【국제출원사본의 지정관청에 의한 입수 가능성】

(1) 지정관청은 제20조에 규정된 송달에 앞서 국제출원의 사본을 송부할 것을 국제사무국에 요청할 수 있으며, 국제사무국은 우선일로부터 1년이 경과한 후 될 수 있는 한 신속히 동 사본을 동 지정관청에 송부한다.

(2) (a) 출원인은 언제든지 국제출원의 사본을 지정관청에 송부할 수 있다.

(b) 출원인은 언제든지 국제출원의 사본을 지정관청에 송부할 것을 국제사무국에 요청할 수 있으며, 국제사무국은 될 수 있는 한 신속히 동 사본을 동 지정관청에 송부한다.

(c) 모든 국내관청은 (b)의 규정에 의한 사본의 수령을 희망하지 아니한다는 취지를 국제사무국에 통고할 수 있다. 이 경우에는.(b)의 규정은 그 국내관청에 대하여는 적용되지 아니한다.

제14조 【국제출원의 결함】

(1) (a) 수리관청은 국제출원에 다음중 어느 결함이 포함되어 있는지 여부를 점검한다.

(ⅰ) 규정이 정하는 바에 따라 서명되지 않음.

(ⅱ) 출원인에 관한 소정의 기재를 포함하지 않음.

(ⅲ) 명칭을 포함하지 않음.

(ⅳ) 초록을 포함하지 않음.

(ⅴ) 소정의 서식상의 요건이 규칙에 정하는 범위까지 부합되지 않음.

(b) 수리관청은 (a)의 어느 결함을 발견하였을 경우에는 출원인에 대하여 소정의 기간내에 국제출원을 보완할 것을 요청한다. 보완을 하지 아니하였을 때에는 그 국제출원을 취하한 것으로 보고 수리관청은 그러한 취지를 선언한다.

(2) 국제출원이 실제 그 국제출원에 포함되어 있지 아니한 도면에 언급하고 있는 경우에는 수리관청은 출원인에 대하여 그 취지를 통지하여야 하며 출원인은 소정의 기간내에 그 도면을 제출할 수 있다. 출원인이 소정의 기간내에 그 도면을 제출할 경우에는 수리관청이 그 도면을 수리한 날을 국제출원일로 한다. 기타의 경우에는 그 도면에의 언급은 없는 것으로 본다.

(3) (a) 제3조제4항(ⅳ)에 규정된 소정의 수수료가 소정기간내에 또한 어느 지정국에 대하여서도 제4조제2항에 규정된 소정의 수수료가 소정기간내에 지불되지 아니하였다고 수리관청이 인정한 경우에는 국제출원은 취하된 것으로 보고 수리관청은 이러한 의사를 선언한다.

(b) 제4조제2항에 규정된 소정의 수수료가 소정의 기간내에 하나 또는 둘이상의 지정국에 대하여 지불되었으나 모든 지정국에 대하여는 지불되지 아니하였다고 수리관청이 인정한 경우에는 그 수수료가 소정의 기간내에 지불되지 아니한 지정국의 지정은 취하된 것으로 보고 수리관청은 그 취지를 선언한다.

(4) 수리관청이 국제출원인을 인정한 후 소정의 기간내에 당해 국제출원이 제11조제1항(ⅰ)에서 (ⅲ)까지 열거한 어느 요건을 그 국제출원일에 있어서 충족하지 아니하였다고 인정한 경우에는 당해 국제출원은 취하된 것으로 보고 수리관청은 그 취지를 선언한다.

제15조 【국제조사】

(1) 모든 국제출원은 국제조사의 대상이 된다.

(2) 국제조사는 관련이 있는 선행기술을 발견하는 것을 목적으로 한다.

(3) 국제조사는 명세서와 도면을 적당히 고려하여 청구의 범위에 기준을 두고 행한다.

(4) 제16조에 규정된 국제조사기관은 동 시설이 허용하는 한 많은 관련선행기술을 발견하도록 노력하고 모든 경우에 규칙에 정하는 자료를 참고한다.

(5) (a) 당사국의 국내법령이 인정하는 경우에는 당해 당사국의 국내관청 또는 당해 당사국을 위하여 행동하는 국내관청에 국내출원을 한 출원인은 국내법령이 정하는 조건에 따라 국제조사와 유사한 조사(국제형조사)가 동 국내출원에 대하여 행하여질 것을 청구할 수 있다.

(b) 체약국의 국내법령이 인정하는 경우에는 당해 당사국의 국내관청 또는 당해 체약국을 위하여 행동하는 국내관청은 당해 국내관청에 출원된 국내출원을 국제형 조사에 의뢰할 수 있다.

(c) 국제형조사는 국내출원이

특허협력조약 (Patent Cooperation Treaty (PCT))[발효일 1984. 08. 10][다자조약, 제840호, 1984. 05. 15]

국제출원으로서 (a) 및 (b)에 규정하는 국내관청에 출원되었을 경우 국제조사를 할 권한이 있는 제16조에 규정하는 국제조사기관이 행한다. 국제조사기관이 처리할 수 없다고 인정되는 언어로 국내출원이 되어 있는 경우에는 국제형조사는 국제출원을 위한 소정의 언어로서 당해 국제조사기관이 국제출원의 언어로도 인정할 것을 약속하고 있는 출원인이 작성한 번역문에 의하여 행한다. 국내출원과 필요한 경우 번역문은 국제출원을 위한 소정의 형식으로 제출한다.

제16조 [국제조사기관]

(1) 국제조사는 국제조사기관이 행하며 국내관청 또는 출원대상인 발명에 관한 선행기술에 대하여 자료조사보고를 작성하는 임무를 가지는 정부간기구(예를 들면 국제특허협회)를 국제조사기관으로 할 수 있다.

(2) 단일의 국제조사기관이 설립되기 전에 복수의 국제조사기관이 존재하는 경우에는, 각 수리관청은 제3항(b)에 규정하는 적용가능한 협정조항에 따라 국제출원의 국제조사를 행할 권한이 있는 하나 또는 둘 이상의 국제조사기관을 지정한다.

(3) (a) 국제조사기관은 총회가 선정한다. 국내관청 및 정부간기구는 (c)에 규정하는 요건을 충족하고 있는 경우에는 국제조사기관으로 선정될 수 있다.

(b) 선정은 선정되는 국내관청 또는 정부간기구의 동의를 얻을 것과 총회의 승인을 얻어 당해 국내관청 또는 당해 정부간기구와 국제사무국과의 사이에 협정이 체결될 것을 조건으로 한다. 이 협정은 당사국의 권리 및 의무 특히 모든 공동의 준수를 적용하고 또한 준수한다는 취지의 당해 국내관청 또는 당해 정부간기구의 공식약속을 명기한다.

(c) 규정은 국내관청 또는 정부간기구가 국제조사기관으로 선정되고 또한 국제기관으로 활약하는 한 충족하여야 할 최소한의 요건, 특히 인원 및 자료에 관한 요건을 정한다.

(d) 선정은 일정기간의 임기를 가지며 동 기간은 갱신할 수 있다.

(e) 총회는 국내관청이나 정부간기구의 선정 또는 선정기간의 갱신에 대하여 결정하기 전이나 선정기간의 만료전에 당해 국내관청 또는 당해 정부간기구의 의견을 청취하고 제56조에 규정하는 기술협력위원회가 설치될 경우에는 동위원회의 조언을 구한다.

제17조 [국제조사기관에서의 절차]

(1) 국제조사기관에서의 절차는 이 조약의 규정, 규칙 및 국제사무국이 이 조약과 규칙에 따라 당해 국제조사기관과 체결하는 협정이 정하는 바에 의한다.

(2) (a) 국제조사기관은 국제출원에 대하여는 다음과 같은 사유가 있는 경우에는 그러한 취지를 선언하며 출원인과 국제사무국에 대하여 국제조사보고를 작성하지 아니한다는 취지를 통지한다.

(i) 국제출원이 규칙에 따라 국제조사기관에 의한 조사를 요하지 아니하는 대상에 관련되고 또한 특수한 경우에 당해 출원에 대해 조사를 행하지 아니할 것을 결정할 경우

(ii) 국제조사기관이 명세서, 청구의 범위 또는 도면이 의미 있는 조사를 행할 수 있는 정도의 소정의 요건을 충족하지 아니한다고 판단한 경우

(b) (a)에 규정하는 사유가 오직 일부의 청구와 관련하여 존재하는 경우에는 국제조사보고는 그러한 청구의 범위에 대하여는 동 사실을 나타내고, 기타 다른 청구의 범위에 대하여는 제18조의 규정에 따라 작성한다.

(3) (a) 국제조사기관은 국제출원이 규정에 정하는 발명의 단일성의 요건을 충족하지 아니하다고 간주되는 경우에는 출원인에 대하여 추가수수료의 지불을 요구한다. 국제조사기관은 청구의 범위가 최초로 언급된 발명(주발명)에 관계되는 국제출원 부분과 필요한 추가수수료가 소정의 기간내에 지불된 경우에는 추가수수료가 지불된 발명에 관계되는 국제출원 부분에 관하여 국제조사보고를 작성한다.

(b) 지정국의 국내법령은 당해 지정국의 국내관청이 (a)에 규정한 국제조사기관의 요구가 정당하다고 인정하고 출원인이 추가수수료를 완불하지 않았을 경우에는 국제조사가 행하여

특허협력조약 (Patent Cooperation Treaty (PCT))[발효일 1984. 08. 10] [다자조약, 제840호, 1984. 05. 15]

지지 아니한 국제출원의 부분은, 당해 지정국에서의 효과에 관한 한, 출원인이 당해 지정국의 국내관청에 특별수수료를 지불하는 경우를 제외하고는 취하된 것으로 본다고 규정할 수 있다.

제18조 【국제조사보고】
(1) 국제조사보고는 소정의 기간내에 소정의 형식으로 작성한다.
(2) 국제조사기관은 국제조사보고를 작성후 신속히 출원인과 국제사무국에 송부한다.
(3) 국제조사보고 또는 제17조제2항(a)의 선언은 규칙이 정하는 바에 의하여 번역된다. 번역문은 국제사무국이 직접 또는 그 책임하에 작성한다.

제19조 【국제사무국에 제출하는 청구범위의 보정서】
(1) 출원인은 국제조사보고를 받은 후, 소정의 기간내에 국제사무국에 보정서를 제출함으로써 국제출원의 요구범위에 대하여 일차에 한하여 보정할 수 있다. 동시에 출원인은 보정의 내용 및 동 보정이 명세서와 도면에 미칠 수 있는 영향에 대하여

규칙이 정하는 바에 따라 간단한 설명서를 제출할 수 있다.
(2) 보정은 출원시 국제출원의 공개된 범위를 넘어서는 아니된다.
(3) 지정국의 국내법령이 제2항의 공개된 범위를 넘어서는 보정을 허용하고 있는 경우에는, 제2항의 규정위반은 당해 지정국에 있어서는 어떠한 영향도 미치지 아니한다.

제20조 【지정관청에의 송달】
(1) (a) 국제출원은 국제조사보고 (제17조제2항(b)에 언급된 표시를 포함한다) 또는 제17조제2항(a)에 언급된 선언과 함께 이 규칙이 정하는 바에 따라 각 지정관청에 송달된다. 다만, 당해 지정관청이 송달의무의 전부 또는 일부를 면제하는 경우에는 그러하지 아니한다.
    (b) 송달되는 문서는 (a)의 국제조사보고 또는 선언의 소정의 번역문을 포함한다.
(2) 청구범위가 제19조제1항의 규정에 의하여 보정된 경우에 송달되는 문서는 출원시에 있어서의 청구범위의 전문과 보정후에 청구범위의 전문을 포함하거 출원시에 있어서의 청

구범위의 전문과 보정을 명기하는 기재를 포함하며 또 제19조제1항에 규정하는 설명서가 있는 경우에는 동 설명서를 포함한다.
(3) 국제조사기관은 지정관청 또는 출원인의 청구에 응하여 규칙이 정하는 바에 따라 동 지정관청 또는 출원인에게 국제조사보고에 기재된 문헌의 사본을 송부한다.

제21조 【국제공개】
(1) 국제사무국은 국제출원을 국제공개한다.
(2) (a) 국제출원의 국제공개는 (b)와 제64조제3항에 정하는 경우를 제외하고 국제출원의 우선일로부터 18개월이 경과한 후 신속히 한다.
    (b) 출원인은 (a)에 정하는 기간의 만료전 어느 때라도 국제출원의 국제공개를 행할 것을 국제사무국에 청구할 수 있으며 국제사무국은 규칙이 정하는 바에 따라 절차를 밟는다.
(3) 국제조사보고 또는 제17조제2항(a)의 선언은 규칙이 정하는 바에 따라 공개한다.
(4) 국제공개의 언어, 형식 기타 세부사항은 규칙에 따른다.

(5) 국제공개의 기술적 준비가 완료되기 전에 국제출원이 취하되거나 또는 취하된 것으로 보이는 경우에는 국제공개는 하지 아니한다.
(6) 국제사무국은 국제출원이 선량한 풍속이나 공공의 질서에 반하는 표현이나 도면을 포함하고 있거나 규칙에 규정된 비방하는 기재사항을 포함하고 있다고 인정하는 경우에는 그 간행물에서 그와 같은 표현, 도면 및 기재사항을 삭제할 수 있다. 이 경우에는 삭제한 표현 또는 도면의 장소와 수자를 표시하며 삭제된 부분의 별도 사본은 청구할 경우 교부한다.

제22조 【지정관청에 국제출원의 사본과 번역문의 제출 및 수수료의 지불】
(1) 출원인은 우선일로부터 20개월이 경과할 때까지 각 지정관청에 국제출원의 사본(제20조의 속달이 이미 되어 있는 경우는 제외한다)과 소정의 번역문을 제출하고 이와 더불어 해당하는 경우에는 국내수수료를 지불한다. 지정국의 국내법령이 발명자의 성명과 기타 발명자에 관한 소정의 사항을 표시할

특허협력조약 (Patent Cooperation Treaty (PCT))[발효일 1984. 08. 10] [다자조약, 제840호, 1984. 05. 15]

것을 규정하고 있으나 국내출원을 할 때보다 늦게 표시하는 것을 인정하고 있는 경우에 출원인은 동 사항이 출원서에 포함되어 있지 아니하는 경우에는 당해 지정국의 국내관청이나 지정국을 위하여 행동하는 국내관청에 우선일로부터 20개월이 경과하기 전에 동 사항을 제출한다.

(2) 제1항의 규정에 불구하고 국제조사기관이 제17조제2항(a)의 규정에 의하여 국제조사보고를 작성하지 아니한다는 취지를 선언하였을 때에는 제1항에 규정하는 행위를 하여야 할 기간은 그것을 선언한 출원인에게 통지한 날로부터 2개월로 한다.

(3) 국내법령은 제1항 또는 제2항에 규정하는 행위를 하여야 할 기간으로서 동 조항들에 정하는 기간보다 늦게 만료하는 기간을 정할 수 있다.

제23조 【국내절차의 연기】

(1) 지정관청은 제22조에 규정하는 적용기간의 만료전에 국제출원의 처리 또는 심사를 하여서는 아니된다.

(2) 제1항의 규정에 불구하고 지정관청은 출원인의 명시적 청구에 따라 국제출원의 처리 또는 심사를 언제든지 할 수 있다.

제24조 【지정국에서의 효과의 상실】

(1) 제11조제3항에 정하는 국제출원의 효과는, 아래(ⅱ)의 경우에는 제25조의 규정에 따를 것을 조건으로, 지정국에서 해당지정국에서의 국내출원의 취하와 동일한 효과를 가지고 소멸한다.

(ⅰ) 출원인이 국제출원 또는 해당지정국의 지정을 취하한 경우

(ⅱ) 국제출원이 제12조제3항, 제14조제1항(b), 제3항(a) 또는 제4항의 규정에 따라 취하된 것으로 보는 경우, 또는 해당지정국의 지정이 제14조제3항(b)의 규정에 따라 취하된 것으로 보는 경우

(ⅲ) 출원인이 제22조에 규정하는 행위를 해당기간내에 하지 아니한 경우(2) 제1항의 규정에 불구하고 제25조제2항의 규정에 따라 효과를 유지할 필요가 없는 경우에도 지정관청은 제11조제3항에 규정하는 효과를 유지할 수 있다.

제25조 【지방관청에 의한 검사】

(1) (a) 수리관청이 국제출원일의 인정을 거부한 경우, 국제출원이 취하된 것으로 보는 취지를 선언한 경우, 또는 국제사무국이 제12조제3항의 규정에 따라 소정의 기간내에 기록원본을 수리하지 아니하였음을 인정한 경우에는 국제사무국은 출원인의 청구에 따라 출원인이 지정한 지정관청에게 해당출원에 관한 서류의 사본을 신속히 송부한다.

(b) 수리관청이 어느 국가의 지정이 취하된 것으로 보는 취지를 선언한 경우에는 국제사무국은 출원인의 청구에 따라 당해 국가의 국내관청에 해당 출원에 관한 서류의 사본을 신속히 송부한다.

(c) (a) 또는 (b)에서 말하는 청구는 소정의 기간내에 행한다.

(2) (a) (b)의 규정에 따를 것을 조건으로 각 지정관청은 필요한 국내수수료의 지불과 소정의 적당한 번역문의 제출이 소정의 기간내에 있었을 경우에는 제1항의 거부, 선언 또는 인정이 조약 및 규칙에 비추어 정당한지의 여부를 결정하고, 동 거부 또는 선언이 수리관청의 과실이나 태만의 결과이고 동 인정이 국제사무국의 과실이나 태만의 결과임을 인정한 경우에는 해당국제출원의 해당 지정관청이소재하는 국가에서의 효과에 관한 한, 이와 같은 과실이나 태만이 발생하지 아니한 것으로 취급한다.

(b) 기록원부가 출원인의 과실이나 태만에 의하여 제12조제3항에서 말하여 소정기관의 만료후에 국제사무국에 도달한 경우에는 (a)의 규정은 다만 제48조제2항의 규정이 적용되는 경우에 한하여 적용한다.

제26조 【지정관청에서의 보완의 기회】

지정관청은 동일 또는 유사한 경우의 국내출원에 대하여 국내법령에 정하는 범위내에서 또는 절차에 따라 국제출원을 보완할 기회를 미리 출원인에게 부여하지 않고 이 조약 및 규칙에 정하는 요건이충족되지 아니하였다는 것을 이유로 하여 국제출원을 거절하여서는 아니된다.

제27조 【국내적 요건】

(1) 국내법령은 국제출원이 그 형식 또는 내용에 대하여 이 조약 및 규칙에 정하는 요건과 다르거나 이에 추가하는 요건을 충족할 것을 요구하여서는 아니된다.

(2) 제1항의 규정은 제7조제2항의 규정의 적용에 영향 주지 아니하며 또한 지정관청에서의 국제출원의 처리가 개시된 후에 국내법령이

(ⅰ) 출원인이 법인인 경우에 그 법인을 대표하는 자격을 가지는 임원의 성명을 제출할 것, 또는

(ⅱ) 국제출원의 일부는 아니나 국제출원에서 행한 주장이나 진술의 증거가 되는 서류(출원시에 출원인의 대표자 또는 대리인이 국제출원에 서명하고 있는 경우에 출원인이 자기의 서명에 의하여 국제출원을 확인하는 것을 포함한다)를 제출할 것을 요구하는 것을 배제하지 아니한다.

(3) 출원인이 발명자가 아니라는 이유로 해당지정국의 국내법령에 의하여 국내출원을 할 자격을 가지고 있지 아니하는 경우에는 해당지정관청은 해당국제출원을 거절할 수 있다.

(4) 지정국의 국내법령이 국내출원의 형식 또는 내용에 대하여 이 조약 및 규칙이 국제출원에 대하여 정하는 요건보다 출원인측에서 보아 유리한 요건을 정하고 있는 경우에도 해당지정국의 국내관청, 법원 기타의 권한있는 기관 또는 해당지정국을 위하여 행동하는 이들 기관은 이 조약 및 규칙이 정하는 요건에 대신하여 해당국내법령이 정하는 요건을 국제출원에 대하여 적용할 수 있다. 다만, 출원인이 이 조약 및 규칙에 정하는 요건이 국제출원에 대하여 적용되는 것을 요구할 때에는 그러하지 아니한다.

(5) 이 조약 및 규칙의 어떠한 규정도 각 당사국이 희망하는 바대로 특허성의 실질적인 조건을 규정하는 자유를 제한하는 것으로 해석되어서는 아니된다. 특히 선행기술의 정의에 관한 이 조약 및 규칙의 규정은 오로지 국제적 절차에 대하여 적용되는 것이며 따라서 어느 당사국도 국제출원에서 주장된 발명의 특허성을 판단함에 있어서 선행기술과 출원의 형식 및 내용에 관한 요건을 구성하지 아니하는 기타의 특허성의 조건에 관한 국내법령상의 기준을 적용하는 자유를 가진다.

(6) 국내법령은 그가 정하는 특허성의 실질적인 조건에 관한 증거를 출원인이 제출할 것을 요구할 수 있다.

(7) 수리관청 또는 국제출원의 처리를 개시한 지정관청은 동 수리인에 의하여 출원인이 대표되어야 하고 출원인은 통지를 받기 위한 주소를 지정국내에 가지고 있어야 한다는 요건에 관련된 한 국내법령을 적용할 수 있다.

(8) 이 조약 및 규칙의 어떠한 규정도 당사국이 자국의 국가안보를 유지하기 위하여 필요하다고 판단되는 조치를 취할 자유나 당사국이 자국의 일반적인 경제적 이익의 보호를 위하여 자국의 거주자 또는 국민이 국제출원을 할 권리를 제한하는 것으로 해석되어서는 아니된다.

제28조 【지정관청에서의 청구의 범위, 명세서 및 도면의 보정】

(1) 출원인은 각 지정관청에서 소정의 기간내에 청구의 범위, 명세서 및 도면에 대하여 보정을 할 기회가 부여된다. 지정관청은 출원인의 명시적 동의가 없는 한, 그 기간의 만료전에 특허를 허여하여서는 아니되며 특허를 거절하여서도 아니된다.

(2) 보정은 출원시의 국제출원에 기술된 범위를 넘어 하여서는 아니된다. 다만, 지정국의 국내법령이 인정하는 경우에는 그러하지 아니하다.

(3) 보정은 이 조약 및 규칙에 규정하지 아니한 기타 사항에 대하여는 지정국의 국내법령이 정하는 바에 따른다.

(4) 지정관청이 국제출원의 번역문을 필요로 하는 경우에는 보정서는 그 번역문의 언어로 작성한다.

제29조 【국제공개의 효과】

(1) 지정국에서 출원인의 권리의 보호에 관한 한, 지정국에서의 국제출원의 국제공개 효과는 제2항에서 제4항까지의 규정에 따를 것을 조건으로, 심사를 거치지 아니한 국내출원의 강제적인 국내공개에 대한 해당지정국의 국내법령이 정하는 효과와 동일하다.

(2) 해당지정국에서 국내법령에 의한 공개에 사용되는 언어와

다른 언어로 국제공개가 행하여진 경우에는 지정국의 국내법령은 제1항에 정하는 효과는 다음의 어느 때로부터만 발생한다고 정할 수 있다.

(i) 공개에 사용되는 언어에 의한 번역문이 국내법령이 정하는 바에 의하여 공중에게 열람되어서 공중이 이용할 수 있도록 되어 있을 때

(ii) 공개에 사용되는 언어에 의한 번역문이 국내법령이 정하는 바에 의하여 공중이 사용되는 국내법령에 의하여 열람되도록 공부에 송부하였을 때

(iii) 출원인이 공개에 사용되는 언어에 의한 번역문을 현재 사용하고 있거나 사용할 것으로 예상되는 자에게 송부하였을 때

(iv) (i)과 (ii)에 규정하는 조치나 (ii)와 (iii)에 규정하는 조치를 모두 취하였을 때

(3) 지정국의 국내법령은 국제공개가 출원인의 청구에 의하여 우선일로부터 18개월을 경과하기 전에 행하여진 경우에는 제1항에 정하는 효과는 우선일로부터 18개월을 경과한 때로부터만 발생한다고 규정할 수 있다.

(4) 지정국의 국내법령은 제21조의 규정에 의하여 행하는 효과는 공개된 국제공개일 또는 당해 지정국의 국내관청에 의해 지정국을 위하여 행하여진 공개에 의한 것으로부터만 발생한다고 규정할 수 있다. 해당국내관청은 관보에 이하여 공표되었을 동 국제출원의 수령일을 가능한 한 신속히 게재한다.

제30조 [국제출원의 비밀유지]

(1) (a) (b)규정이 적용되는 경우를 제외하고, 국제사무국 및 국제조사기관은 국제출원인의 국제출원이 국제공개가 행하여지기 전에 어떠한 자 또는 당국에 대하여서도 아니한 자 또는 당국에 대하여서는 아니 국제출원을 공개하여서는 아니 된다. 다만, 출원인의 청구에 의한 경우 또는 그의 승낙을 얻은 경우는 예외로 한다.

(b) (a)의 규정은 관할국제조사기관에 대한 송부, 제13조에 의한 송부 및 제20조에 의한 송부에 대하여는 적용하지 아니한다.

(2) (a) 국내관청은 다음중 가장 빠른 날이전에 제3자에게 국제출원이 공개되도록 허용하여서는 아니된다. 다만, 출원인의 청구에 의하거나 그의 승낙을 얻은 경우는 예외로 한다.

(i) 국제출원의 국제공개일

(ii) 제20조의 규정에 따라 송달되는 국제출원인의 수리일

(iii) 제22조의 규정에 의한 국제출원인의 사본의 수리일

(b) (a)의 규정은 국내관청이 자기가 지정관청으로 지정된 사실을 제3자에 통지하거나 사실을 공표하는 것을 방해하는 것은 아니다. 다만, 그런 통지 또는 공표는 출원인의 성명, 국제출원번호 및 국제출원일, 국제출원의 제목 및 그 이외의 사항을 포함할 수 없다.

(c) (a)의 규정은 지정관청이 사법당국의 목적을 위하여 국제출원을 공개하는 것을 방해하는 것은 아니다.

(3) (2) (a)의 규정은 제12조제1항에 의한 송부의 경우를 제외하고 모든 수리관청에 대하여 적용한다.

(4) 본조 규정의 목적상 "공개"란 제3자가 알 수 있도록 하는 모든 방법을 의미하며 개별통보나 일반적인 공표를 포함한다. 다만, 국내관청의 국제공개전 또는 국제공개가 우선일로부터 20개월을 경과하기 전에는 국제출원이나 그 번역문을 일반에 공표하여서는 아니된다는 것을 조건으로 한다.

제2장 국제예비심사

제31조 [국제예비심사의 청구]

(1) 국제출원은 출원인의 청구에 의하여 다음의 제조항 및 규정이 정하는 바에 의하여 국제예비심사의 대상이 된다.

(2) (a) 출원인이 규정이 정하는 바에 의하여 제2장의 규정에 구속되는 당사국의 거주자 또는 국민인 경우에 그와 같은 체약국의 수리관청 또는 그와 같은 체약국을 위하여 행동하는 수리관청에 국제출원을 하였을 때에는 등 출원인은 국제예비심사의 청구를 할 수 있다.

(b) 총회는 국제출원을 할 자격을 가지는 자에 대하여 동일이 본 조약의 비당사국 또는 제2장의 규정에 구속되지 아니하는 당사국의 거주자나 국민인 경우에 있어서도 국제예비심사의 청구를 요청할 수 있도록 허용하도록 결정할 수 있다.

(3) 국제예비심사의 청구는 국제출원과는 별도로 행한다. 이 청구서에는 소정의 사항을 기재하고 모든 수리관청에 대하여 적용한다.

(4) 본조 규정의 목적상 제3자가 알 수 있도록 하는 모든 방법을 의미하며 개별통보나 일반적인 공표를 포함한다.

특허협력조약 (Patent Cooperation Treaty (PCT))[발효일 1984. 08. 10] [다자조약, 제840호, 1984. 05. 15]

하여 소정의 언어 및 형식으로 작성된다.

(4) (a) 국제예비심사의 청구서에는 국제예비심사의 결과를 이용하는 것을 출원인이 의도하는 하나 또는 둘이상의 체약국(선택국)을 표시한다. 선택국은 추후 선택에 의하여 추가할 수 있다. 선택의 대상은 제4조의 규정에 의하여 이미 지정된 체약국에 한정할 수 있다.

　(b) 2항(a)의 출원인은 제2장의 규정에 기속되는 어느 체약국도 선택할 수 있다. 제2항(b)의 출원인은 제2항의 규정에 기속되는 당사국으로서 제2항(b)의 출원인에 의하여 선택될 준비가 되어 있다고 선언한 국가만을 선택할 수 있다.

(5) 국제예비심사를 청구하기 위하여서는 소정의 기간내에 소정의 수수료를 지불하여야 한다.

(6) (a) 국제예비심사의 청구는 제32조에 규정하는 관할국제예비심사기관에 제출한다.

　(b) 추후 선택은 국제사무국에 제출한다.

(7) 각 선택관청은 자기가 선택관청으로 된 사실을 통지받는다.

제32조 【국제예비심사기관】

(1) 국제예비심사는 국제예비심사기관이 행한다.

(2) 제31조제2항(a)에서 말하는 국제예비심사의 청구의 경우에는 수리관청이 동조제2항(b)에서 말하는 국제예비심사의 청구의 경우에는 총회가 관계예비심사기관과 국제사무국간 적용협정에 따라 국제예비심사를 관할하게 될 하나 또는 둘 이상의 국제예비심사기관을 지정한다.

(3) 제16조제3항의 규정은 국제예비심사기관에 대하여 준용한다.

제33조 【국제예비심사】

(1) 국제예비심사는 청구의 범위에 기재되어 있는 발명이 신규성, 진보성(자명한 것이 아닌 것) 및 산업상의 이용가능성을 가지는 여부에 대한 예비적이고 구속력이 없는 견해를 표시하는 것을 목적으로 한다.

(2) 국제예비심사의 목적상, 청구의 범위에 기재되어 있는 발명은 규칙에 정의된 선행기술에 의하여 예상되지 아니한 경우에는 신규성을 가지는 것으로 본다.

(3) 국제예비심사의 목적상, 청구의 범위에 기재되어 있는 발명은 규칙에 정의된 선행기술을 고려할 때 소정의 기준일에 당해 기술분야의 전문가에게 명백한 것이 아닌 경우에는 진보성을 가지는 것으로 한다.

(4) 국제예비심사의 목적상, 청구의 범위에 기재되어 있는 발명은 어떠한 종류의 산업분야에서든지 동 발명의 실정에 따라 기술적인 의미에서 생산되고 사용될 수 있는 것일 경우에는 산업상의 이용가능성을 가지는 것으로 한다. "산업"은 공업소유권의 보호를 위한 파리협약에 있어서와 같이 가장 광의로 해석된다.

(5) 제1항에서 제4항까지에 규정하는 기준은 국제예비심사에만 사용한다. 체약국은 청구의 범위에 기재되어 있는 발명이 자국에서 특허를 받을 수 있는 발명인지의 여부를 결정함에 있어서는 추가 또는 다른 기준을 적용할 수 있다.

(6) 국제예비심사는 국제조사보고에 인용된 모든 문헌을 참고할 것이며, 또한 해당사안에 관련이 있다고 인정되는 문헌도 참고할 수 있다.

제34조 【국제예비심사기관에서의

절차】

(1) 국제예비심사기관에서의 절차는 이 조약, 규칙 및 국제사무국이 조약과 규칙에 따라 당해 국제예비심사기관과 체결하는 협정이 정하는 바에 의한다.

(2) (a) 출원인은 국제예비심사기관과 구두와 서면으로 연락할 권리를 가진다.

　(b) 출원인은 국제예비심사보고가 작성되기 전에 소정의 방법으로 소정의 기간내에 청구의 범위, 명세서 및 도면을 보정할 권리를 가진다. 이 보정은 출원시에 있어서 국제출원에 기술된 범위를 넘어서는 아니된다.

　(c) 출원인은 국제예비심사기관이 다음의 모든 조건이 충족되어 있다고 인정하지 않는 경우에는 적어도 1회 당해 국제예비심사기관으로부터 서면에 의한 견해를 통보받는다.

(ⅰ) 발명이 제32조제1항에 규정하는 기준을 충족할 것

(ⅱ) 국제출원이 당해 국제예비심사기관이 점검한 범위내에서 이 조약과 규칙이 정하는 요건을 충족할 것

(ⅲ) 제35조제2항의 최종문장에 따른 의견 진술을 의도하고 있

특허협력조약 (Patent Cooperation Treaty (PCT))[발효일 1984. 08. 10] [다자조약, 제840호, 1984. 05. 15]

지 아니할 것(d) 출원인은 국제예비심사기관의 서면에 의한 견해피력에 대하여 응답을 할 수 있다.

(3) (a) 국제예비심사기관은 국제출원이 규칙에 정하는 발명의 단일성의 요건을 충족하고 있지 아니하다고 인정하는 경우에는 출원인에게 그의 선택에 의하여 요건을 충족하도록 청구의 범위를 제한하거나 또는 추가수수료를 지불할 것을 요구할 수 있다.

(b) (a)의 규정에 의하여 출원인이 청구의 범위를 제한하기로 선택하는 경우에는 해당선택국에서의 효과에 관한 한, 출원인이 해당선택국의 국내관청에 특수수수료를 지불한 경우를 제외하고는 그 제한의 결과 국제예비심사의 대상이 되지 아니하는 국제출원의 부분은 취하된 것으로 본다고 선택국의 국내법령은 규정할 수 있다.

(c) 출원인이 소정의 기간내에 (a)의 요구에 응하지 아니하는 경우에는 국제예비심사기관은 국제출원중 주발명이라고 간주되는 발명에 관계되는 부분에 대하여 국제예비심사보고를 작성하여 이 보고에 관계사실을 기재한다. 선택국의 국내법령은 해당선택국의 국내관청이 국제예비심사기관의 요구를 정당하다고 인정하는 경우에는 주발명에 관계되는 부분이외의 국제출원의 부분은 해당 선택국에서의 효과에 관한 한, 출원인이 해당국내관청에 특별수수료를 지불한 경우를 제시하고 취하된 것으로 본다고 규정할 수 있다.

(4) (a) 국제예비심사기관은 국제출원에 대하여 다음의 어느 사유가 있는 경우에는 제33조제1항의 문제를 검토하지 아니하며 출원인에 대하여 그러한 취지의 견해 및 이유를 통지한다.

(ⅰ) 국제예비심사기관이 동 국제출원을 규칙에 따라 국제예비심사를 요하지 아니하는 주제에 관한 것으로 간주하며 특별한 경우 국제예비심사를 행하지 아니할 것을 결정한 경우

(ⅱ) 국제예비심사기관이 명세서, 청구의 범위 및 도면이 명료하지 아니하기 때문에 또는 청구의 범위가 명세서에 의하여 충분한 뒷받침이 되어 있지 아니하기 때문에 청구의 범위에 기재되어 있는 발명의 신규성, 진보성(자명한 것이 아닐 것) 또는 산업상의 이용가능성에 대하여 의의있는 견해를 표시할 수 없다고 인정한 경우

(b) (a)에 규정한 어느 사유가 일부의 청구의 범위에만 존재하거나 또는 일부의 청구에만 관련이 있는 경우에는 (a)의 규정은 해당되는 청구의 범위에 대하여서만 적용한다.

제35조 【국제예비심사보고】

(1) 국제예비심사보고는 소정의 기간내에 소정의 형식으로 작성한다.

(2) 국제예비심사보고는 청구의 범위에 기재되어 있는 발명이 어느 국내법령에 의하여 특허를 받을 수 있는 발명인지의 여부 또는 특허를 받을 수 있는 발명이라고 생각되는지의 여부의 문제에 대한 어떠한 진술도 하여서는 아니된다. 국제예비심사보고는 제3항의 규정에 따라 각 청구의 범위에 있어서 청구의 범위가 국제예비심사에 있어서의 제33조제1항에서 제4항까지에 규정하는 신규성, 진보성(자명한 것이 아닐 것) 및 산업상의 이용가능성의 기준에 적합하다고 인정되는지의 여부를 진술한다. 동 진술에는 진술의 결론을 뒷받침하는 것으로 믿어지는 문헌을 이용하며, 경우에 따라 필요한 설명을 붙인다. 동 진술은 또한 규칙이 규정하는 기타 견해들을 수반한다.

(3) (a) 국제예비심사기관은 국제예비심사보고의 작성시 제34조제4항(a)에 규정한 어느 사유가 있다고 인정하는 경우에는 국제예비심사보고에 그러한 취지의 견해 및 이에 대한 이유를 진술한다. 동 국제예비심사보고는 제2항의 어떠한 진술도 포함하지 아니한다.

(b) 제34조제4항(b)에 규정하는 사정이 있다고 인정되는 경우에는 국제예비심사보고는 당해 청구범위에 대하여는 (a)의 진술을 포함하며 다른 청구범위에 대하여는 제2항의 진술을 포함한다.

제36조 【국제예비심사보고의 송부, 번역 및 송달】

(1) 국제예비심사보고는 소정의 부속서류와 함께 출원인 및 국제사무국에 송부된다.

(2) (a) 국제예비심사보고 및 부속서류는 소정의 언어로 번역

된다.

(b) 국제예비심사보고의 번역문은 국제사무국에 의하여 또는 그의 책임하에 작성되며 부속서류의 번역문은 출원인이 작성한다.

(3) (a) 국제예비심사보고는 소정의 번역문 및 원어로 된 부속서류와 함께 국제사무국이 각 선택관청에 송달한다.

(b) 부속서류의 소정의 번역문은 출원인이 소정의 기간내에 선택관청에 송부한다.

(4) 제20조제3항의 규정은 국제예비심사보고에 인용한 문헌으로서 국제조사보고에는 인용되지 아니한 문서의 사본에 대하여 준용한다.

제37조 【국제예비심사보고의 청구 또는 선택의 취하】

(1) 출원인은 일부 또는 모든 선택을 취하할 수 있다.

(2) 모든 선택국의 선택이 취하된 경우에는 국제예비심사의 청구는 취하된 것으로 본다.

(3) (a) 모든 취하는 국제사무국에 통보된다.

(b) 국제사무국은 관계선택관청 및 관계국제예비심사기관에 동 사실을 통지한다.

(4) (a) (b)의 규정이 적용되는 경우를 제외하고 국제예비심사의 청구 또는 체약국의 선택의 취하는 관계체약국의 국내법령에 별도의 규정이 없는 한 관계체약국에 있어서 국제출원의 취하로 본다.

(b) 국제예비심사의 청구나 선택의 취하는 제22조에 규정하는 적용기간의 만료전에 행하여진 경우에는 국제출원의 취하로 보지 아니한다. 특히 당사국은 자국의 국내관청이 동 기간내에 국제출원의 사본, 소정의 번역문 및 국내 수수료를 받은 경우에만 앞의 규정이 적용된다고 국내법령에 규정할 수 있다.

제38조 【국제예비심사의 비밀유지】

(1) 국제사무국 및 국제예비심사기관은 어떠한 때에도 어떠한 자 또는 당국(국제예비심사보고의 작성후에는 선택관청은 제외)에게도 국제예비심사의 일건서류를 제30조제4항(단서를 포함)에 정의하는 의미에서 공개하여서는 아니된다. 다만, 출원인의 청구에 의하는 경우 또는 그의 승낙을 얻을 경우는 예외로 한다.

(2) 상기 제1항, 제36조제1항과 제3항 및 제37조제3항(b)의 규정에 따를 것을 조건으로 국제사무국 및 국제예비심사기관은 국제예비심사보고의 작성유무 및 국제예비심사의 청구 또는 선택의 취하 유무에 대하여 정보를 제공하여서는 아니된다. 다만, 출원인의 청구에 의하는 경우 또는 그의 승낙을 얻은 경우는 예외로 한다.

제39조 【선택관청에 대한 국제출원의 사본과 번역문의 제출 및 수수료의 지불】

(1) (a) 당사국의 선택이 우선일로부터 19개월을 경과하기 전에 행하여진 경우에는 제22조의 규정은 당해 체약국에 대하여는 적용하지 아니하며, 출원인은 우선일로부터 25개월이 경과하기 전까지 각 선택관청에게 국제출원의 사본(제20조의 송달이 이미 되어 있는 경우는 제외)과 소정의 번역문을 제출하고 해당하는 경우에는 국내수수료를 지불한다.

(b) 국내법령은 (a)에 규정하는 행위를 하기 위하여 (a)에 정하는 기간보다 나중에 만료되는 기간을 정할 수 있다.

(2) 제11조제3항에 정하는 효과는 출원인이 제1항(a)에 규정하는 행위를 제1항(a) 또는 (b)에 규정하는 기한내에 하지 아니한 경우에는 선택국에서 해당 선택국에서의 국내출원의 취하효과와 동일한 결과를 가지고 소멸한다.

(3) 선택관청은 출원인이 제1항 (a) 또는 (b)요건을 충족하지 아니한 경우에도 제11조제3항에 규정하는 효과를 유지할 수 있다.

제40조 【국내심사와 다른 절차의 연기】

(1) 당사국의 선택이 우선일로부터 19개월을 경과하기전에 행하여진 경우에는 제23조의 규정은 해당체약국에 대하여는 적용하지 아니하며 해당체약국의 국내관청 또는 해당체약국을 위하여 행동하는 국내관청은 제2항의 규정이 적용되는 경우를 제외하고 제39조에 규정하는 해당기간의 만료전에 국제출원의 심사와 다른 절차를 개시하여서는 아니된다.

(2) 제1항의 규정에 불구하고 선택관청은 출원인의 명시적 청

특허협력조약 (Patent Cooperation Treaty (PCT))[발효일 1984. 08. 10] [다자조약, 제840호, 1984. 05. 15]

구에 의하여 국제출원의 심사와 다른 절차를 언제든지 개시할 수 있다.

제41조 【선택관청에서의 청구의 범위, 명세서 및 도면의 보정】

(1) 출원인은 각 선택관청에서 소정의 기간내에 청구의 범위, 명세서 및 도면에 대하여 보정을 할 기회가 부여된다. 선택관청은 출원인의 명시적 동의가 없는 한, 동 기간의 만료전에 특허를 허여하거나 거절하여서도 아니된다.

(2) 보정은 출원시 국제출원에 기술된 범위를 넘어서 하여서는 아니된다. 다만, 선택국의 국내법령이 인정하는 경우에는 예외로 한다.

(3) 보정은 이 조약과 규칙에 규정하지 아니하는 모든 사항에 대하여는 선택국의 국내법령이 정하는 바에 따른다.

(4) 보정서는 선택관청이 국제출원의 번역문의 제출을 요구하는 경우에는 동 번역문의 언어로 작성한다.

제42조 【선택관청에서의 국내심사의 결과】

국제예비심사보고를 수령하는 선택관청은 출원인에게 다른 선택관청에서의 동일한 국제출원에 관한 심사에 관계되는 서류의 사본제출이나 동 서류의 내용에 관한 정보의 제공을 요구할 수 없다.

제3장 공동규정

제43조 【특정한 종류의 보호를 요구하는 출원】

지정국 또는 선택국이 발명자증, 실용증, 실용신안, 추가특허, 추가발명자증 또는 추가실용증을 부여하는 것을 국내법령에 정하고 있는 경우에는, 출원인은 해당지정국 또는 해당선택국에 관한 한 국제출원이 특허가 아니고 발명자증, 실용증 및 실용신안을 요구하는 출원이라는 것, 또는 국제출원이 추가특허, 추가발명자증 및 추가실용증을 요구하는 출원이라는 것을 규칙이 정하는 바에 의하여 표시할 수 있다. 이러한 국제출원의 효과는 출원인의 이와 같은 선택에 따라 처리된다. 제2조(ii)의 규정은 본조 및 본조에 관한 규칙 규정에 대하여는 적용하지 아니한다.

제44조 【두가지 종류의 보호를 요구하는 출원】

지정국 또는 선택국이 특허 또는 제43조에 규정하는 다른 종류의 보호중 하나를 요구하는 출원으로써 다른 종류의 보호도 요구할 수 있다는 것을 국내법령으로 인정하는 경우에는 출원인은 그가 요구하는 두가지 종류의 보호를 규칙이 정하는 바에 의하여 표시할 수 있으며 이러한 국제출원의 효과는 출원인의 이와 같은 의사에 따라 처리된다. 제2조(ii)의 규정은 본조의 규정에 대하여는 적용하지 아니한다.

제45조 【지역특허조약】

(1) 지역특허의 허여에 관한 조약(지역특허조약)으로 제9조의 규정에 의하여 국제출원을 할 자격을 가지는 모든 자에 대하여 지역특허의 출원을 할 자격을 부여하는 모든 조약은 지역특허조약의 당사국이며 또한 이 조약의 당사국인 국가를 지정 또는 선택하는 국제출원을 지역특허의 출원으로 등록할 수 있다고 규정할 수 있다.

(2) 제1항에 규정하는 지정국 또는 선택국의 국내법령은 국제출원에서의 해당지정국 또는 해당선택국의 지정 또는 선택이 지역특허조약에 의한 지역특허를 받는 것을 희망하는 의사표시의 효과를 갖는다고 규정할 수 있다.

제46조 【국제출원의 오역】

국제출원이 정확히 번역되지 아니하였기 때문에 해당국제출원에 의하여 허여된 특허의 범위가 원어의 국제출원의 범위를 초과하는 경우에는 당해 당사국의 권한있는 당국은 이에 대하여 특허의 범위를 소급하여 한정할 수 있으며 특허의 범위가 원어의 국제출원의 범위를 초과하는 부분에 대하여 특허가 무효라는 것을 선언할 수 있다.

제47조 【기간】

(1) 이 조약이 규정하는 기간의 계산에 대하여는 규칙에 정한다.

(2) (a) 이 조약의 제1,2장에 정하는 모든 기간은 제60조의 규정에 의한 개정 이외에 당사국의 결정에 의하여도 변경할 수 있다.

  (b) (a)의 결정은 총회에서

특허협력조약 (Patent Cooperation Treaty (PCT))[발효일 1984. 08. 10] [다자조약, 제840호, 1984. 05. 15]

또는 통신에 의한 투표에 의하여 만장일치에 의하여 취해진다.

　(c) 절차의 세부사항은 규칙에 정한다.

제48조 【준수되지 아니한 기간】
(1) 이 조약 또는 규칙에 정하는 기간이 우편업무의 중단 또는 피할 수 없는 우편물의 망실 또는 우편의 지연으로 인하여 준수되지 아니한 경우에 있어서 규칙에 정하는 경우에 해당하고 또한 규칙에 정하는 입증, 기타의 조건이 충족되어 있을 때에는 기간은 준수된 것으로 본다.

(2) (a) 당사국은 기간이 준수되지 아니한 것이 국내법령으로 인정되어 있는 지체의 사유와 동일한 사유에 의한 경우에는 자국에 관한 한 지체를 용인한다.

　(b) 당사국은 기간이 준수되지 아니한 것이 (a)의 사유 이외의 사유에 의하는 경우일지라도 자국에 관한 한 지체를 용인할 수 있다.

제49조 【국제기관에 대하여 직업적조치를 취할 권리】

변호사, 변리사, 기타의 자로서 해당 국제출원이 제출된 국내관청에 대하여 직업적조치를 취할 권리를 가지는 자는 해당 국제출원에 대하여 국제사무국, 관할국제조사기구 및 관할국제예비심사기관에 대하여도 직업적조치를 취할 권리를 가진다.

제4장 기술적 용역

제50조 【특허정보제공용역】
(1) 국제사무국은 공표된 문서(주로 특허와 공표된 출원)에 기초하여 그가 입수할 수 있는 기술정보와 기타의 적절한 정보를 제공하는 용역(본조에서 "정보제공용역"이라 칭함)을 제공할 수 있다.

(2) 국제사무국은 직접 또는 그와 협정을 체결한 국제조사기관이나 기타 국내적 또는 국제적인 전문조직을 통하여 정보제공용역을 제공할 수 있다.

(3) 정보제공용역은 특히 개발도상당사국의 기술적 지식과 기술(입수가능한 공표된 지식과 기술을 포함한다)의 취득을 용이하게 하도록 행한다.

(4) 정보제공용역은 당사국의 정부와 국민 및 거주자에게 제공된다. 총회는 정보제공용역을 다른 자도 이용할 수 있도록 결정할 수 있다.

(5) (a) 당사국정부에 대한 용역은 실비로 제공한다. 개발도상당사국 정부에 제공되는 용역은 실비와의 차액을 체약국정부 이외의 자에게 제공되는 용역에서 발생되는 이익이나 제51조제4항에 언급된 재원으로 보충할 수 있는 경우에는 실비에 미달하는 금액으로 제공한다.

　(b) (a)의 실비는 국내관청의 용역제공이나 국제조사기관의 임무수행에 의하여 통상 발생하는 비용을 초과하는 경비로 양해된다.

(6) 본조 규정의 실시에 관한 세부사항은 총회나 총회가 정하는 범위내에서 총회가 설치하는 작업반이 행하는 결정에 의하여 규정된다.

(7) 총회는 필요하다고 인정할 때에는 제5항에 규정하는 재정조치를 보충하기 위한 재정조치를 권고한다.

제51조 【기술원조】
(1) 총회는 기술원조위원회(본조에서 "위원회"라 칭함)를 설치한다.

(2) (a) 위원회의 구성국은 개발도상국가가 대표되도록 타당한 고려를 한 후 당사국중에서 선출한다.

　(b) 사무국장은 자신의 주도 또는 위원회의 요청에 의하여 개발도상국가에 대한 기술원조에 관여하는 정부간 기구의 대표가 위원회의 작업에 참가하도록 초청한다.

(3) (a) 위원회의 임무는 개발도상당사국의 개별적 또는 지역적인 특허제도의 발견을 목적으로 공여되는 기술원조를 조직하고 감독하는 것이다.

　(b) 기술원조는 특허 전문가의 훈련과 파견 및 전시용과 실무용 시설의 공여를 포함한다.

(4) 국제사무국은 본조 규정에 의한 사업계획의 자금조달을 위하여 일방에 있어서 국제금융기관 및 정부간 기구 특히 국제연합의 제 기구 및 기술원조에 관여하는 국제연합의 전문기구와 타방에 있어서 기술원조를 받는 국가의 정부와 협정을 체결하도록 노력한다.

(5) 본조 규정의 실시에 관한 세부사항은 총회의 결정과 총회

가 정하는 범위내에서 총회가 설치하는 작업반의 결정에 의하여 규정된다.

제52조 【조약의 다른 규정과의 관계】

본장의 어떠한 규정도 다른 장의 재정에 관한 규정에 영향을 미치지 아니한다. 동 재정관계 규정은 본장의 규정 및 본장의 규정의 실시에 대하여는 적용되지 아니한다.

제5장 행정규정

제53조 【총 회】

(1) (a) 총회는 제57조제8항의 규정에 따를 것을 조건으로 당사국으로 구성한다.

(b) 각 당사국의 정부는 1인의 대표에 의하여 대표되며 대표는 교체대표, 자문위원 및 전문가의 보좌를 받을 수 있다.

(2) (a) 총회는 다음 사항을 행한다.

(ⅰ) 동맹의 유지 및 발전과 이 조약의 실시에 관한 모든 문제를 처리

(ⅱ) 이 조약의 다른 규정에 의하여 명시적으로 총회에 부여된 임무를 수행

(ⅲ) 국제사무국에 개정회의 준비에 관한 지시를 부여

(ⅳ) 사무국장의 동맹에 관한 보고와 활동을 검토하고 승인하며, 사무국장에게 동맹의 권한내의 사항에 대한 모든 필요한 지시를 하달

(ⅴ) 제9항의 규정에 따라 설치되는 집행위원회의 보고와 활동을 검토하고 승인하며, 집행위원회에 대하여 지시를 하달

(ⅵ) 동맹의 사업계획을 결정하고 3개년 예산을 채택하며 결산을 승인

(ⅶ) 동맹의 재정규칙을 채택

(ⅷ) 동맹의 목적을 달성하기 위하여 필요하다고 인정되는 위원회 및 작업반을 설치

(ⅸ) 비당사국 및 제8항의 규정에 따를 것을 조건으로 정부간기구와 비정부간 국제기구가 총회의 회합에 옵저버로서 참석하는 것을 인정할지 여부 결정

(ⅹ) 동맹의 목적을 달성하기 위하여 기타 적절한 조치를 취하고 또한 기타 이 조약에 의한 적절한 기능을 수행(b) 총회는 세계지적소유권기구가 관리하고 있는 다른 동맹에도 이해관계가 있는 사항에 대하여는, 동 기구의 조정위원회의 조언을 들은 후에 결정한다.

(3) 대표는 일개국가만을 대표하며 그 국가의 명의로서만 투표할 수 있다.

(4) 각 당사국은 각기 한표를 가진다.

(5) (a) 당사국의 과반수를 정족수로 한다.

(b) 총회는 정족수에 미달하는 경우에도 결정을 할 수 있다. 그러나 총회의 절차에 관한 결정을 제외하고 그 결정은 규칙에 정하는 통신에 의한 투표로 정족수가 충족되고 또한 필요한 다수가 얻어진 경우에만 효력이 발생한다.

(6) (a) 제47조제2항(b), 제58조제2항(b)와 제3항 및 제61조제2항(b)의 규정이 적용되는 경우를 제외하고 총회의 결정은 투표의 3분의 2이상의 다수결에 의한다.

(b) 기권은 투표로 보지 아니한다.

(7) 제2장의 규정에 기속되는 당사국에만 이해관계가 있는 사항에 대하여는 제4항, 제5항, 제6항에서 언급하는 당사국이란 제2장에 규정에 기속되는 당사국만을 말한다.

(8) 국제조사기관이나 국제예비심사기관으로 지정된 정부간기구는 총회에 옵저버로서 참석하는 것이 허용된다.

(9) 총회는 당사국의 수가 40개국을 초과하는 경우에는 집행위원회를 설치한다. 이 조약 및 규칙에서 말하는 집행위원회라 함은 동 집행위원회가 설치된 경우 이를 의미한다.

(10) 총회는 집행위원회가 설치되기 이전에는 사무국장이 작성한 연차사업계획과 연차예산을 사업계획 및 3개년 예산의 범위내에서 승인한다.

(11) (a) 총회는 집행위원회가 설치될 때까지는 사무국장의 소집에 의하여 매년 1회 정기회기로서 회합하며, 예외적인 경우를 제외하고 기구의 조정위원회와 동일기간중에 동일한 장소에서 회합한다.

(b) 총회는 집행위원회가 설치된 후에는 사무국장의 소집에 의하여 3년마다 1회 정기회기로서 회합하며, 예외적인 경우를 제외하고 기구의 총회와 동일기간중에 동일한 장소에서 회합한다.

(c) 총회는 집행위원회의 요

특허협력조약 (Patent Cooperation Treaty (PCT))[발효일 1984. 08. 10] [다자조약, 제840호, 1984. 05. 15]

청 또는 체약국의 4분의 1이상의 요청에 의하여 임시회기로서 회합한다.

(12) 총회는 자신의 의사규칙을 채택한다.

제54조 【집행위원회】

(1) 총회가 집행위원회를 설치하였을 때에는 동 집행위원회는 아래 규정에 따른다.

(2) (a) 집행위원회는 제57조제8항의 규정에 따를 것을 조건으로 총회의 구성국중에서 총회에 의하여 선출된 국가로 구성한다.

(b) 집행위원회의 각 구성국의 정부는 1인의 대표에 의하여 대표되며, 대표는 교체대표, 자문위원 및 전문가의 보좌를 받을 수 있다.

(3) 집행위원회 구성국의 수는 총회 구성국 수의 4분의 1로 한다. 의석수의 결정에 있어서는 4로 나머지의 수는 고려하지 아니한다.

(4) 총회는 집행위원회 구성국 선출에 있어서 공평한 지리적 배분을 고려한다.

(5) (a) 집행위원회의 구성국의 임기는 그가 선출된 총회회기의 종료시로부터 총회의 다음 통상 회기의 종료시까지로 한다.

(b) 집행위원회 구성국은 최대한 그 구성국의 3분의 2까지 재선될 수 있다.

(c) 총회는 집행위원회 구성국의 선출과 재선에 관한 규칙의 세부사항을 정한다.

(6) (a) 집행위원회는 다음 사항을 행한다.

(i) 총회의 의사일정안 작성

(ii) 사무국장이 작성한 동맹의 사업계획안과 3개년 예산안을 총회에 제출

(iii) 사무국장이 작성한 연차사업계획과 연차예산을 사업계획 및 3개년 예산의 범위내에서 승인

(iv) 사무국장의 정기보고와 연차회계검사보고에 적절한 의견을 붙여 총회에 제출

(v) 총회의 결정에 따르고 총회의 통상회기 사이에 발생하는 상황을 고려하여 사무국장이 동맹의 사업계획을 실시할 수 있도록 모든 필요한 조치를 취함

(vi) 기타 이 조약에 의하여 집행위원회에 부여되는 임무를 수행

(b) 집행위원회는 기구가 관리업무를 행하고 있는 다른 동맹에도 이해관계가 있는 사항에 대하여는 동 기구의 조정위원회의 조언을 들은 후에 결정한다.

(7) (a) 집행위원회는 사무국장의 소집에 의하여 매년 1회 통상회기로서 회합하며, 될 수 있는 한 기구의 조정위원회와 동일한 기간중에 동일한 장소에서 회합한다.

(b) 집행위원회는 사무국장의 발의에 의하여 또는 집행위원회의 의장 또는 그 구성국의 4분의 1이상의 요청에 의하여 사무국장이 소집하여 임시회기로서 회합한다.

(8) (a) 집행위원회의 각 구성국은 하나의 투표권을 가진다.

(b) 집행위원회의 구성국의 과반수를 정족수로 한다.

(c) 결정은 투표의 단순다수에 의한 의결로써 한다.

(d) 기권은 투표로 보지 아니한다.

(e) 대표는 일개국가만을 대표하고 그 국가의 명의로서만 투표할 수 있다.

(9) 집행위원회의 구성국이 아닌 당사국 및 국제조정기관이나 국제예비심사기관으로 선정된 정부간기구는 집행위원회의 회합에 옵저버로 참석하는 것이 허용된다.

(10) 집행위원회는 자신의 의사규칙을 채택한다.

제55조 【국제사무국】

(1) 동맹의 행정업무는 국제사무국이 행한다.

(2) 국제사무국은 동맹의 제기구의 사무국의 직무를 행한다.

(3) 사무국장은 동맹의 수석행정직원으로서 동맹을 대표한다.

(4) 국제사무국은 회보, 기타 규칙이 정하거나 총회가 요구하는 간행물을 발행한다.

(5) 국내관청이 국제사무국, 국제조사기관 및 국제예비심사기관의 이 조약에 의한 임무수행을 지원하기 위하여 제공하는 용역에 대하여는 규칙에 정한다.

(6) 사무국장 및 그가 지명하는 직원은 총회, 집행위원회, 기타 이 조약이나 규칙에 의하여 설치되는 위원회 또는 작업반의 모든 회합에 투표권없이 참가한다. 사무국장 또는 그가 지명하는 직원 1인은 이들 기관의 당연직 서기가 된다.

(7) (a) 국제사무국은 총회의 지시에 따라 또한 집행위원회와

특허협력조약 (Patent Cooperation Treaty (PCT))[발효일 1984. 08. 10] [다자조약, 제840호, 1984. 05. 15]

협력하여 개정회의의 준비를 한다.
(b) 국제사무국은 개정회의의 준비에 관하여 정부간기구 및 비정부간 국제기구와 협의할 수 있다.
(c) 사무국장 및 그가 지명하는 자는 개정회의에서의 심의에 투표권없이 참가한다.
(8) 국제사무국은 기타 국제사무국에 부여되는 임무를 수행한다.

제56조 【기술협력위원회】
(1) 총회는 기술협력위원회(본조에서 "위원회"라고 칭함)를 설치한다.
(2) (a) 총회는 개발도상에 있는 국가가 형평하게 대표되도록 타당한 고려를 하여 위원회를 구성하고 그 구성원을 임명한다.
(b) 국제조사기관 및 국제예비심사기관은 위원회의 당연직 구성원이 된다. 국제조사기관 또는 국제예비심사관이 당사국의 국내관청인 경우에는 동 당사국은 위원회에서 중복하여 대표를 낼 수 없다.
(c) 당사국의 수가 허용하는 경우에는 위원회의 구성원의

총수는 위원회의 당연직 구성원 수의 두배이상으로 한다.
(d) 사무국장은 그의 발의 또는 위원회의 요청에 의하여 관계기관에 이해관계가 있는 토의에 당해 관계기관의 대표가 참가하도록 초청한다.
(3) 위원회는 조언 또는 권고를 통하여 다음 사항에 기여함을 목적으로 한다.
(i) 이 조약에 의하여 제공되는 용역의 꾸준한 개선
(ii) 둘이상의 국제조사기관 또는 국제예비심사기관이 존재하는 경우, 그들의 자료작성 및 작업방법에 있어서 최대한의 통일성을 확보하고 그들의 보고의 질을 최대한 높고 균일하게 확보
(iii) 총회 또는 집행위원회의 발의에 의하여 특히 단일의 국제조사기관의 설립에 관한 기술적 문제의 해결
(4) 당사국 및 관련국제기구는 위원회에 위원회의 권한내에 있는 문제에 대하여 서면에 의하여 의견을 진술할 수 있다.
(5) 위원회는 사무국장에 대하여 또는 사무국장을 통하여 총회, 집행위원회, 전체 또는 일부의 국제조사기관, 국제예비심사기

관 및 수리관청에 대하여 조언과 권고를 할 수 있다.
(6) (a) 사무국장은 어떠한 경우에도 위원회의 모든 조언과 권고를 집행위원회에 송부한다. 사무국장은 그 조언과 권고에 대하여 자신의 의견을 붙일 수 있다.
(b) 집행위원회는 위원회의 조언, 권고 또한 기타의 활동에 대하여 견해를 표명할 수 있으며, 위원회에 위원회의 권한내에 있는 문제에 대하여 연구하고 보고하도록 요구할 수 있다. 집행위원회는 적당한 의견을 붙여서 위원회의 조언, 권고와 보고를 총회에 제출할 수 있다.
(7) 집행위원회가 설치될 때까지는 제6항에서 말하는 집행위원회란 총회를 의미한다.
(8) 위원회절차의 세부사항은 총회의 결정에 의한다.

제57조 【재 정】
(1) (a) 동맹은 예산을 가진다.
(b) 동맹의 예산은 수입, 동맹의 고유경비 및 기구가 관리하고 있는 제 동맹의 공동경비예산에 대한 동맹의 분담금을 포함한다.
(c) 제 동맹의 공동경비란 동

맹뿐만 아니라, 기구가 관리하고 있는 다른 동맹에도 귀속될 수 있는 경비를 말한다. 공동경비에 대한 동맹의 분담의 비율은 공동경비가 동맹에 가져올 이익에 비례한다.
(2) 동맹의 예산은 기구가 관리하고 있는 다른 동맹의 예산과 조정할 필요성을 고려하여 결정한다.
(3) 제5항의 규정에 따르는 것을 조건으로 동맹의 예산은 다음을 재원으로 한다.
(i) 국제사무국이 동맹과 관련하여 제공하는 용역에 대하여 납부되는 수수료 및 요금
(ii) 국제사무국의 동맹에 관한 간행물의 판매대금 및 이들 간행물에 대한 사용료
(iii) 증여, 유증 및 보조금
(iv) 임대료, 이자, 기타의 잡수입
(4) 국제사무국에 납부되는 수수료와 요금의 액수 및 국제사무국의 간행물의 가격은 본 조약의 관리업무에 관계되는 국제사무국의 모든 경비를 통상의 상태에서 충분히 부담할 수 있도록 정한다.
(5) (a) 회계연도가 결손으로 종료하는 경우에는 당사국은 (b)

및 (c)의 규정에 따를 것을 조건으로 동 결손을 보충하기 위하여 분담금을 납부한다.

(b) 각 체약국의 분담금액은 해당연도에서의 각 체약국으로부터의 국제출원의 수에 타당한 고려를 하여 총회가 정한다.

(c) 총회는 결손의 전부 또는 일부를 다른 방법에 의하여 잠정적으로 보충할 수 있는 경우에는 그 결손을 이월하여 체약국에 분담금의 납부를 요구하지 아니하도록 결정할 수 있다.

(d) 총회는 동맹의 재정상태가 허용하는 경우에는 (a)의 규정에 납부된 분담금은 이를 납부한 당사국에 환불하도록 결정할 수 있다.

(e) (b)의 규정에 의한 분담금은 총회가 정하는 납부기일로부터 2년이내에 납부하지 아니한 당사국은 동맹의 어느 기관에서도 투표권을 행사할 수 없다. 다만, 동맹의 어느 기관도 납부의 연체가 예외적이며 피할 수 없는 사정에 의한 것이라고 인정되는 경우, 당해 당사국이 당해 기관에서 계속하여 투표권을 행사하도록 허용할 수 있다.

(6) 예산이 신회계연도 개시전에 채택되지 아니하는 경우에는 재정규칙이 정하는 바에 의하여 전년도의 예산과 같은 수준의 예산으로 한다.

(7) (a) 동맹은 각 당사국의 1회 납부금으로·구성되는 운용자금을 가진다. 운용자금이 충분하지 아니한 경우에는 총회는 그의 증액을 위한 조치를 취한다. 운용자금의 일부가 필요하지 아니하게 된 경우에는 동 운용자금의 일부를 환불한다.

(b) 운용자금에 대한 각 당사국의 당초의 납부금액 및 운용자금의 증액부분에 대한 각 당사국의 분담금은 제5항(b)에 정하는 원칙과 동일한 원칙에 의하여 총회가 정한다.

(c) 납부조건은 사무국장의 제안에 의하여 기구의 조정위원회의 조언을 들은 후에 총회가 정한다.

(d) 환불액은 각 당사국이 납부한 날을 고려하고 각 당사국이 납부한 금액에 비례한다.

(8) (a) 자국영역내에 기구의 본부가 소재하는 국가와 체결하는 본부협정은 운용자금이 충분하지 아니하는 경우에는 동 국가에서 입체하도록 규정한다. 입체금액과 조건은 동 국가와 기구간의 별도 협정에 의하여 수시로 정한다. 동 국가는 입체하여 줄 의무를 가지는 한 당연히 총회와 집행위원회에 의석을 가진다.

(b) (a)의 국가 및 기구는 서면통고에 의하여 입체를 하여 줄 의무를 폐기할 권리를 가진다. 폐기는 통고가 행하여진 연도말부터 3년이 경과한 후에 효력을 발생한다.

(9) 회계감사는 재정규칙이 정하는 바에 의하여 하나 또는 둘 이상의 체약국이나 외부의 회계감사 전문가가 한다. 이들 당사국 또는 회계감사 전문가는 총회가 이들의 동의를 얻어서 지정한다.

제58조 【규 칙】

(1) 이 조약에 부속하는 규칙에는 다음 사항에 관한 세부규칙을 둔다.

(ⅰ) 이 조약이 명시적으로 규칙에 위임한 사항 또는 규칙 소관사항이라는 것이 명시적으로 규정되어 있는 사항

(ⅱ) 업무상의 요건, 사항 또는 절차

(ⅲ) 이 조약의 규정을 시행하는데 유용한 세부사항

(2) (a) 총회는 규칙을 개정할 수 있다.

(b) 제3항의 규정에 따른 것을 조건으로 개정은 투표수의 4분의 3이상의 다수결에 의한다.

(3) (a) 규칙에는 다음 경우에만 개정할 수 있는 세부규칙을 둔다.

(ⅰ) 전원일치의 합의가 있는 경우

(ⅱ) 자국의 국내관청이 국제조사기관 또는 국제예비심사기관으로 활동하는 모든 체약국이 반대하지 아니하며 동 기관들이 정부기구인 경우에는 동 정부간기구의 권한있는 기관에서 다른 회원국으로부터 위임받은 당해 정부간기구의 회원국인 당사국이 이의를 제기하지 아니하는 경우

(b) 장래에 적용할 수 있는 요건으로 상기 규정을 삭제하기 위해서는 경우에 따라 (a)(ⅰ) 또는 (ⅱ)에서 정하는 조건을 충족하여야 한다.

(c) 장래에 (a)에 언급한 요건에 어떤 규정을 첨가하기 위하여는 전원일치의 합의가 있어야 한다.

(4) 규칙은 총회의 통제하에 사무

특허협력조약 (Patent Cooperation Treaty (PCT))[발효일 1984. 08. 10] [다자조약, 제840호, 1984. 05. 15]

국장이 행정적 지시사항을 작성하는 것에 관하여 규정한다.
(5) 이 조약의 규정과 규칙의 규정이 상충되는 경우에는 이 조약의 규정이 우선한다.

제6장 분 쟁

제59조 【분 쟁】

제64조제5항의 규정이 적용하는 경우를 제외하고, 이 조약이나 규칙의 해석 또는 적용에 관한 둘이상의 당사국 사이의 분쟁이 교섭에 의하여 해결되지 아니하는 경우 분쟁당사국이 다른 해결 방법에 합의하지 아니하는 한 어느 일반당사국이 국제사법재판소규정에 따라 신청함으로써 동 분쟁을 국제사법재판소에 부탁할 수 있다. 분쟁을 국제사법재판소에 부탁하는 당사국은 그 취지를 국제사무국에 통보하여야 하며 국제사무국은 그 사실을 다른 체약국에 통보한다.

제7장 개정 및 수정

제60조 【조약의 개정】

(1) 이 조약은 당사국의 특별회의에 의하여 수시개정할 수 있다.

(2) 개정회의의 소집은 총회가 결정한다.
(3) 국제조사기관이나 국제예비심사기관으로 선정된 정부간 기구는 개정회의에 옵저버로 참석하는 것이 인정된다.
(4) 제53조제5항, 제9항 및 제11항, 제54조, 제55조제4항에서 제8항까지, 제56조와 제57조의 규정은 개정회의에 의하여 또는 제61조의 규정에 따라 수정될 수 있다.

제61조 【조약의 특정조항의 수정】

(1) (a) 제53조(a) 및 제11항, 제54조, 제55조제4항에서 제8항까지, 제56조 및 제57조 규정의 수정 제안은 총회의 구성국, 집행위원 또는 사무국장이 할 수 있다.
  (b) (a)의 제안은 늦어도 총회심의 6개월전까지 사무국장이 체약국에 송부한다.
(2) (a) 제1항에 언급한 조항의 수정은 총회가 채택한다.
  (b) 채택은 투표한 수의 4분의 3이상의 다수를 요한다.
(3) (a) 제1항에 언급된 조항의 수정은 그 수정이 채택된 때에 총회의 회원국이었던 국가의 4

분의 3으로부터 각자의 헌법상 절차에 따른 수락에 관한 서면 통고를 사무국장이 수령한 1개월후 효력을 발생한다.
  (b) 상기 언급된 조항의 수락된 수정은 그 수정이 효력을 발생할 때에 총회의 회원국인 모든 국가를 구속한다. 다만, 당사국의 재정상의 의무를 증가시키는 수정은 그 수정의 수락을 통고한 체약국만을 구속한다.
  (c) (a)의 규정에 따라 수락된 수정은 그 수정이 (a)의 규정에 따라 효력을 발생한 날 이후에 총회의 회원국이 되는 모든 국가를 구속한다.

제8장 최종규정

제62조 【조약 당사국이 되기 위한 절차】

(1) 공업소유권의 보호를 위한 국제동맹의 회원국은 다음 중 어느 절차에 의하여 당사국이 될 수 있다.
(i) 서명한 후 비준서 기탁, 또는
(ii) 가입서 기탁
(2) 비준서 또는 가입서는 사무국장에게 기탁한다.

(3) 공업소유권의 보호를 위한 파리협약의 스톡홀름개정의정서 제24조의 규정은 이 조약에 적용된다.
(4) 제3항의 규정은 동항 규정에 의하여 어느 당사국인 동 조약을 적용할 수 있도록 한 영토에 관한 실제상황을 다른 당사국이 승인하거나 묵시적으로 수락하는 것을 의미하는 것으로 이해되어서는 아니된다.

제63조 【조약의 발효】

(1) (a) 이 조약은 제3항의 규정에 따를 것을 조건으로 8개국가가 비준서 또는 가입서를 기탁한 3개월후에 효력을 발생한다. 다만, 그들 적어도 4개국가가 각각 다음의 어느 것을 조건을 충족하여야 한다.
(i) 당사국에서 행 하 출원의 수가 국제사무국이 공표한 가장 최근의 연차통계상 4만이상
(ii) 당사국의 국민 또는 거주자가 일개의 외국에 제출한 출원의 수가 국제사무국이 공표한 가장 최근의 연차통계상 1천이상
(iii) 당사국의 국내관청이 외국의 국민 또는 거주자로부터 접

수한 출원수가 국제사무국이 공표한 가장 최근의 연차통계상 1만이상

(b) 동항 규정의 목적상, 출원은 실용신안의 출원을 포함하지 아니한다.

(2) 제3항의 규정에 따를 것을 조건으로, 이 조약이 제1항의 규정에 따라 효력을 발생할 때에 당사국이 되지 아니하는 국가는 비준서 또는 가입서를 기탁한 날로부터 3개월후에 이 조약에 기속된다.

(3) 제2장의 규정과 이 조약에 부속된 규칙중 동장의 규정에 상응하는 규정은, 제1항의 3가지 조건중 적어도 하나의 조건을 충족하는 3개의 국가가 동장의 규정에 기속될 의사가 없다는 것을 제64조제1항의 규정에 의하여 선언하지 않고 당사국이 된 날로부터 적용한다. 그러나 그 날은 제1항의 규정에 의한 최초의 효력발생일이전이 아니어야 한다.

제64조 【유 보】

(1) (a) 모든 국가는 제2장의 규정에 기속되지 아니한다는 것을 선언할 수 있다.

(b) (a)의 선언을 행한 국가는 제2장의 규정 및 규칙중 동장의 규정에 상응하는 조항에 기속되지 아니한다.

(2) (a) 제1항의 선언을 하지 아니하는 국가는 아래 사항을 선언할 수 있다.

(i) 국제출원의 사본과 소정의 번역문의 제출에 대하여는 제39조의1의 규정에 기속되지 아니한다는 것

(ii) 제40조에 규정하는 국내절차를 연기할 의무가 자국의 국내관청에 의하거나 이를 통한 국제출원 또는 동 출원의 번역문의 공표를 방해하지 않을 것. 그러나 이는 제30조 및 제38조에 규정된 제한으로부터 면제되지는 아니한다.

(b) (a)의 선언을 한 국가는 이에 따라 당해 규정에 기속된다.

(3) (a) 어느 국가도 자국에 관한 국제출원을 국제공개할 필요가 없다고 선언할 수 있다.

(b) 우선일로부터 18개월을 경과한 때에 국제출원이 (a)의 선언을 행한 국가만을 지정하고 있는 경우에는 제21조제2항의 규정에 의한 국제공개는 하지 아니한다.

(c) (b)의 규정이 적용되는 경우일지라도 국제사무국은

(i) 출원인으로부터 청구가 있을 때에는 규칙이 정하는 바에 의하여 당해 국제출원을 국제공개한다.

(ii) 국제출원에 기초한 특허 또는 국내출원이 (a)의 선언을 행한 어느 지정국의 국내관청에 의하여 또는 동 국내관청을 대신하며 공표된 때에는 그 공표후 신속히 당해 국제출원을 국제공개한다. 다만, 우선일로부터 18개월이 경과하기전에 공개하여서는 아니된다.

(4) (a) 자국의 국내법이 자국특허의 선행기술효과를 공표이전부터 인정하고 있으나 공업소유권의 보호를 위한 파리협약에 의하여 주장되는 우선일을 선행기술의 목적상 자국에서의 실제의 출원일과 동일하게 하지 아니하는 국가는 자국을 지정하는 타국에서의 국제출원을 선행기술의 목적상 자국에서의 실제의 출원과 동등하게 취급하지 아니한다고 선언할 수 있다.

(b) (a)의 선언을 하는 국가는 그 범위내에서 제11조제3항의 규정에 기속되지 아니한다.

(c) (a)의 선언을 하는 국가는 동시에 자국을 지정하는 국제출원이 자국에서 선행기술로서의 효력을 발생하게 되는 날과 이를 위한 조건을 서면으로 선언한다 동 선언은 사무국장에게 보내는 통지에 의하여 언제든지 변경할 수 있다.

(5) 각국은 제59조의 규정에 기속되지 아니한다는 것을 선언할 수 있으며, 이러한 적용하지 아니한다.

(6) (a) 본조 규정에 의한 모든 선언은 서면으로 한다. 동 선언은 이 조약의 서명시, 비준서나 가입서의 기탁시 또는 제5항에 언급된 경우를 제외하고는 사무국장에게 보내는 통고에 의하여 그후 언제든지 할 수 있다. 통고에 의한 선언을 사무국장이 그 통고를 수령한 후에 효력을 발생하며 그 6개월의 만료전에 접수된 국제출원에는 영향을 미치지 아니한다.

(b) 본조 규정에 의한 선언은 사무국장에게 보내는 통고로 언제든지 철회할 수 있다. 철회는 사무국장이 통고를 수령한 3개월후에 효력을 발생하며, 제3항에 의한 선언을 철회하는 경우에는 그 3개월의 기간만료전에 접수된 국제출원에는 영

특허협력조약 (Patent Cooperation Treaty (PCT))[발효일 1984. 08. 10] [다자조약, 제840호, 1984. 05. 15]

향을 미치지 아니한다.

(7) 본 조약에 대한 유보는 본조 제1항에서 제5항까지의 규정에 의한 유보를 제외하고는 어떠한 규정에 대해서도 허용되지 아니한다.

제65조 【단계적 적용】

(1) 국제조사기관 또는 국제예비심사기관과의 협정이 동 기관이 처리를 담당하는 국제출원의 수 또는 종류를 잠정적으로 제한하는 경우에는 총회는 특정한 범위의 국제출원에 대한 이 조약 및 규칙의 점진적 적용을 위하여 필요한 조치를 취한다. 이 조항은 제15조제5항 규정에 의한 국제형조사의 청구에 대하여도 준용한다.

(2) 총회는 제1항에 규정한 조건하에서 국제출원을 할 수 있는 일자와 국제예비심사의 청구를 전출할 수 있는 일자를 정한다. 이들 일자는 각각 제63조제1항에 따라 이 조약이 효력을 발생한 후 6개월이내와 동조 제3항에 따라 제2항의 규정이 적용되게 된 후 6개월이내의 일자로 한다.

제66조 【폐 기】

(1) 모든 당사국은 사무국장에게 보내는 통고에 의하여 이 조약을 폐기할 수 있다.

(2) 폐기는 사무국장이 동 통고를 수령한 6개월후에 효력을 발생한다. 폐기는 국제출원이 상기 6개월 기간만료전에 제출되고, 폐기국이 선택된 경우에 그 선택이 동 6개월의 기간만료전에 행하여진 경우에는 폐기국에서의 당해 국제출원의 효력에 영향을 미치지 아니한다.

제67조 【서명과 언어】

(1) (a) 이 조약은 동등히 정본인 영어와 불란서어로 된 원본 1부에 서명된다.

(b) 사무국장은 관계정부와의 협의하에 독일어, 일본어, 포르투갈어, 노어, 스페인어, 기타 총회가 지정하는 언어로 된 공식번역본을 작성한다.

(2) 이 조약은 1970년 12월 31일까지 워싱턴에서 서명을 위하여 개방된다.

제68조 【기 탁】

(1) 이 조약의 원본은 서명을 위한 개방이 종료한 때 사무국장에게 기탁된다.

(2) 사무국장은 공업소유권의 보호를 위한 파리협약의 모든 당사국 정부와, 요청이 있을 때에는 기타 국가의 정부에게 이 조약 및 이 조약에 부속되는 규칙의 사본 2부를 인증하여 송부한다.

(3) 사무국장은 이 조약을 국제연합사무국에 등록한다.

(4) 사무국장은 모든 당사국의 정부와 요청이 있을 때에는 기타 국가의 정부에게 이 조약 및 규칙의 수정된 사본 2통을 인증하여 송부한다.

제69조 【통 보】

사무국장은 공업소유권의 보호를 위한 파리협약의 모든 당사국 정부에 다음 사항을 통보한다.

(i) 제62조에 의한 서명

(ii) 제62조에 의한 비준서 또는 가입서의 기탁

(iii) 이 조약의 효력발생일 및 제63조제3항에 따라 제2장의 규정이 적용하게 되는 일자

(iv) 제64조제1항에서 제5항까지의 규정에 의한 모든 선언

(v) 제64조제6항(b)의 규정에 의한 선언의 철회

(vi) 제66조의 규정에 의하여 접수한 폐기

(vii) 제31조제4항의 규정에 의

한 모든 선언

조 문 색 인

p.467 – p.503

특허법	실용신안법	디자인보호법	상표법
			제73조 【상표등록의 취소심판】 ··· 213
			제74조 【전용사용권 또는 통상사용권 등록의 취소심판】 ·········· 221
제135조 【권리범위 확인심판】 ····· 222	제33조 【「특허법」의 준용】 ····· 222	제69조 【권리범위 확인심판】 ····· 222	제75조 【권리범위 확인심판】 ··· 222
제136조 【정정심판】 ·········· 223	제33조 【「특허법」의 준용】 ····· 223		
제137조 【정정의 무효심판】 ······· 226	제33조 【「특허법」의 준용】 ····· 226		
제138조 【통상실시권 허여의 심판】 ··· 227	제32조 【통상실시권 허여의 심판】 ····· 227	제70조 【통상실시권 허여의 심판】 ··· 227	
제139조 【공동심판의 청구등】 ····· 229	제33조 【「특허법」의 준용】 ····· 229	제72조 【공동심판의 청구 등】 ····· 229	제77조 【「특허법」의 준용】 ··· 229
제140조 【심판청구방식】 ·········· 231	제33조 【「특허법」의 준용】 ····· 231	제72조의2 【심판청구방식】 ·········· 231	제77조 【「특허법」의 준용】 ··· 231
			제78조 삭제 ·················· 234
제140조의2 【특허거절결정에 대한 심판청구방식】 ········ 234	제33조 【「특허법」의 준용】 ····· 234	제72조의3 【디자인등록거절결정 등에 대한 심판청구방식】 ········ 234	제79조 【거절결정 또는 보정각하결정에 대한 심판청구방식】 ········ 234
제141조 【심판청구서의 각하】 ····· 235	제33조 【「특허법」의 준용】 ····· 235	제72조의4 【심판청구서의 각하】 ··· 235	제77조 【「특허법」의 준용】 ··· 235
제142조 【보정불능한 심판청구의 심결각하】 ······ 236	제33조 【「특허법」의 준용】 ····· 236	제72조의5 【보정할 수 없는 심판청구의 심결각하】 ··· 236	제33조 【「특허법」등의 준용】 ··· 236
			제77조 【「특허법」등의 준용】 ··· 237
		제67조의2 【보정각하결정에 대한 심판】 ············ 237	제70조의3 【보정각하결정에 대한 심판】 ············ 237
제143조 【심판관】 ·················· 237	제33조 【「특허법」의 준용】 ····· 237	제72조의6 【심판관】 ············ 237	제77조 【「특허법」의 준용】 ··· 237

판례와 4법을 한 번에 비교해 볼 수 있는

산업재산권법 4법 대조　　定價 24,000원

2010年 10月 5日 1판 인쇄
2010年 10月 10日 1판 발행
편 저 : 대한법률편찬연구회
발행인 : 김 현 호
발행처 : 법문 북스
공급처 : 법률미디어

①⑤②-0⑤0
서울 구로구 구로동 636-62
TEL : 2636-2911~3, FAX : 2636~3012
등록 : 1979년 8월 27일 제5-22호
Home : www.bubmun.co.kr

▌ISBN 978-89-7535-178-5 13360
▌파본은 교환해 드립니다.
▌본서의 무단 전재·복제행위는 저작권법에 의거, 3년 이하의
　징역 또는 3,000만원 이하의 벌금에 처해집니다.